Chez le même éditeur
Autres best-sellers de Robert T. Kiyosaki

Père riche, Père pauvre
Ce que les gens riches enseignent à leurs enfants à propos de l'argent – et que ne font pas les gens pauvres et de la classe moyenne!
Mis à jour pour illustrer la réalité actuelle plus 9 séances d'étude
Nouvelle édition 20e anniversaire, 2017, 336 pages.

Une seconde chance
Pour votre argent, votre vie et notre monde, 2016, 382 pages.

Père riche, Père pauvre
Devenir riche ne s'apprend pas à l'école!
Ce que les parents riches enseignent à leurs enfants à propos de l'argent afin qu'il soit à leur service 2000, 2004, 2014 (nouvelle édition), 240 pages.

L'Entreprise du 21e siècle
2012, 192 pages.

Augmentez votre intelligence financière
Faites plus avec votre argent, 2009, 240 pages.

Avant de quitter votre emploi
10 leçons pratiques que tout entrepreneur devrait connaître s'il veut ériger une entreprise multimillionnaire, 2006, 288 pages.

L'École des affaires
Pour les gens qui aiment aider les gens, 2005, 224 pages.

Guide pour investir
Tout ce qu'il faut savoir sur les investissements des gens riches que ne font pas les gens pauvres et de la classe moyenne, 2004, 528 pages.

Nos enfants riches et brillants
Donnez un bon départ financier à votre enfant, 2003, 352 pages.

Père riche, Père pauvre
(Album double de 145 minutes sur disques compacts)
Condensé de ce best-seller
Devenir riche ne s'apprend pas à l'école!
Ce que les parents riches enseignent à leurs enfants à propos de l'argent afin qu'il soit à leur service, 2003, deux disques compacts réunis.

Le Quadrant du CASHFLOW
Père riche, Père pauvre (la suite)
Un guide pour atteindre votre liberté financière, 2001, 280 pages.

FAUX

FAUSSE MONNAIE · FAUX PROFESSEURS · FAUX ACTIFS

COMMENT DES MENSONGES APPAUVRISSENT
LES PAUVRES ET LA CLASSE MOYENNE

Catalogage avant publication de Bibliothèque et Archives nationales du Québec et Bibliothèque et Archives Canada

Titre : Faux : fausse monnaie, faux professeurs, faux actifs : comment des mensonges appauvrissent les pauvres et la classe moyenne / Robert Kiyosaki ; version française, Jocelyne Roy.
Autres titres : Fake. Français
Noms : Kiyosaki, Robert T., 1947- auteur.
Description : Traduction de : Fake.
Identifiants : Canadiana 20190026669 | ISBN 9782924973073
Vedettes-matière : RVM : Finances personnelles. | RVM : Culture financière. | RVM : Désinformation.
Classification : LCC HG179 K59614 2019 | CDD 332.024—dc23

Adresse municipale :
Les éditions Un monde différent
3905, rue Isabelle, bureau 101
Brossard (Québec) Canada
J4Y 2R2
Tél. : 450 656-2660 ou 800 443-2582
Téléc. : 450 659-9328
Site Internet : www.umd.ca
www.facebook.com/EditionsUnMondeDifferent
Courriel : info@umd.ca

Adresse postale :
Les éditions Un monde différent
C.P. 51546
Greenfield Park (Québec)
J4V 3N8

Cet ouvrage a été publié en anglais sous le titre original :
FAKE: FAKE MONEY • FAKE TEACHERS • FAKE ASSETS
HOW LIES ARE MAKING THE POOR AND MIDDLE CLASS POORER
Published by Plata Publishing, LLC
4330 N. Civic Center Plaza, Suite 100, Scottsdale, Arizona 85251 U.S.A. (480) 998-6971
Sites Web: PlataPublishing.com et RichDad.com

Dépôts légaux : 4e trimestre 2019
Bibliothèque et Archives nationales du Québec
Bibliothèque et Archives Canada
Bibliothèque nationale de France

Conception graphique française de la couverture : OLIVIER LASSER
Version française : JOCELYNE ROY
Photocomposition et mise en pages : ANDRÉA JOSEPH, [pagexpress@videotron.ca]
ISBN 978-2-924973-07-3
(Édition originale : ISBN 978-1-61268-084-2, Plata Publishing Edition, Arizona)

Financé par le gouvernement du Canada | Canada

Gouvernement du Québec – Programme de crédit d'impôt pour l'édition de livres et l'aide à l'édition – Gestion SODEC.

IMPRIMÉ AU CANADA

ROBERT KIYOSAKI

DE L'AUTEUR DU BEST-SELLER INTERNATIONAL *PÈRE RICHE, PÈRE PAUVRE*

FAUX

FAUSSE MONNAIE · FAUX PROFESSEURS · FAUX ACTIFS

COMMENT DES MENSONGES APPAUVRISSENT LES PAUVRES ET LA CLASSE MOYENNE

UN MONDE DIFFÉRENT

Mon père riche disait souvent :

« On ne peut pas pêcher un poisson en eau claire. »

… en faisant référence à un vieux proverbe chinois.

transparence n.f.

trans•pa•rence | trãsparãs (phonétique)

Définition

1. Qualité d'un corps transparent.
2. Qui est translucide.
3. La mesure dans laquelle les investisseurs ont aisément accès à des informations **financières** à propos d'une entreprise ; par exemple, niveaux des prix, capacité d'absorption du marché et états **financiers** vérifiés.

À tous ceux qui cherchent la vérité

REMERCIEMENTS

L'ÉLÈVE QUI OBTENAIT DES « C » REMERCIE L'ÉLÈVE QUI OBTENAIT DES « A »

J'ai eu deux échecs à l'école secondaire parce que je n'arrivais pas à bien écrire. En 10e année, j'ai obtenu un « F » en anglais. Ce n'est pas parce que je ne savais pas écrire. Je savais écrire – mais j'étais nul en orthographe et en ponctuation, et j'étais toujours « grammaticalement incorrect ».

Toutefois, je crois que ce « F » est surtout attribuable au fait que mon professeur d'anglais n'était pas d'accord avec ce que j'écrivais. Je couchais sur papier ce que je pensais de lui. Je voulais savoir pourquoi il nous obligeait à lire des livres qui ne nous intéressaient pas. Et, soit dit en passant, je ne crois pas qu'il faisait bien le travail pour lequel il avait été engagé, car il a fait échouer 75 % des élèves de notre classe.

Après cet échec, j'ai sérieusement songé à abandonner mes études. J'étais anéanti. Personne n'aime se faire dire qu'il est « stupide ». J'avais appris à détester l'école. Je voulais apprendre, mais pas dans les matières que l'on nous obligeait à étudier. Heureusement que mon père, mon père pauvre, m'a convaincu de ne pas abandonner… mais les dommages étaient faits. Le fils de mon père riche a également obtenu un « F » en anglais, une note donnée par le même professeur.

J'ai terminé mes études secondaires assis à côté de la fille la plus brillante de ma classe, une élève qui obtenait des « A ». Le système d'éducation considère que demander de l'aide, c'est… « tricher ». Le monde des affaires appelle cela de la « coopération ». Si je n'avais pas *coopéré* avec une élève qui obtenait des « A », je n'aurais jamais obtenu mon diplôme.

Aujourd'hui, je suis connu comme un « auteur de best-sellers ». L'auteur de l'ouvrage traitant de finances personnelles le plus populaire de tous les temps. J'ai atteint ce statut grâce à la coopération.

C'est une façon un peu longue de dire « merci » à Mona Gambetta, une entrepreneure dans le monde de l'édition. Mona est cette élève qui obtenait des « A ». Elle est mon éditrice, ma mentore, ma meneuse de claque et mon amie.

Nous avons coopéré pendant des années et publié de nombreux livres ensemble. Celui-ci, *FAUX*, aurait pu ne jamais voir le jour si Mona ne faisait pas partie de mon équipe... et si elle n'était pas ma nouvelle élève qui obtient des « A ».

FAUX aurait dû être publié il y a plus d'un an. Le livre était écrit – et puis, il a été réécrit – parce que le monde changeait très rapidement et qu'il fallait qu'un sujet aussi complexe que la fausse monnaie reste simple. Sans se plaindre, sans me condamner ni me critiquer, Mona a continué de m'encourager, même si j'ai recommencé l'écriture de *FAUX*... encore et encore. Elle ne m'a jamais laissé tomber.

Je dédie ce livre à Mona pour lui dire : « Merci. » Si ce n'était de Mona Gambetta – de ses encouragements, de sa patience et de son empressement à me donner de la rétroaction, même lorsque c'était difficile –, je ne serais probablement pas l'écrivain, le *véritable* écrivain que je suis aujourd'hui.

TABLE DES MATIÈRES

INTRODUCTION

L'AVENIR EST FAUX

Ce livre, *Faux*, a été terminé en avril 2018 – et ensuite révisé afin d'être publié à l'automne de la même année.

Le 28 mai 2018, je passais devant un kiosque à journaux, balayant des yeux des rangées et des rangées de magazines qui semblaient m'interpeller: « Regarde-moi ! », « Ouvre-moi ! », « Achète-moi ! », « Lis-moi ! »

Évidemment, ce sont les magazines dont la couverture montrait de jolies femmes et des voitures de sport qui retenaient surtout mon attention. Pourtant, c'est la une plutôt terne du magazine *Time* qui m'a pris au collet et m'a dit: *Tu dois me lire.* Le gros titre criait:

Comment ma génération a brisé l'Amérique

C'est cet article – et l'impact qu'il a eu sur moi – qui a retardé la publication de ce livre.

La dernière pièce du puzzle

Avez-vous déjà fait un puzzle géant de 1 000 pièces ? Avez-vous déjà passé des heures, parfois des jours, des semaines, à chercher lentement parmi un amas de pièces celle qui permettrait d'en achever une section ?

Cet article du *Time* était la dernière pièce de mon puzzle géant. Un puzzle qui donnerait une image du passé, du présent et de l'avenir. *Faux* se devait de tenir compte de cet article. Et cela voulait dire qu'il devait être réécrit.

L'élite

Le 28 mai 2018, l'article paru dans le *Time* et signé par Steven Brill, traite des universités prestigieuses. M. Brill lui-même en est le produit. Il a fréquenté la Deerfield Academy, une école secondaire privée du Massachusetts, et puis a obtenu ses diplômes à l'université de Yale et à l'École de droit de Yale.

Voici un extrait de cet article :

Les réussites personnelles des leaders de ma génération [les baby-boomers] qui sont entrés dans le monde professionnel après être sortis d'universités prestigieuses ont souvent eu de fâcheuses conséquences sociétales.

Traduction : L'élite a privilégié ses intérêts personnels, aux dépens de ceux du reste de la population.

L'élite… a créé une économie basée sur des transactions qui déplaçaient les actifs au lieu d'en créer de nouveaux.

Traduction : L'élite a avant tout voulu s'enrichir au lieu de créer de nouvelles entreprises, de nouveaux produits et davantage d'emplois, et de reconstruire l'économie américaine.

Elle a créé des instruments financiers sophistiqués et risqués, dont les instruments dérivés et les swaps (contrats d'échange, échanges financiers) sur surveillance de crédit, qui dégageaient des profits immédiats, mais séparaient les preneurs de risques de ceux qui en subiraient les conséquences.

Traduction : L'élite a créé de faux actifs qui l'enrichissaient, elle et ses amis, et détroussaient les autres. Lorsque les membres de cette élite se trompaient, ils recevaient une prime. Maman, papa et leurs enfants ont alors dû mettre la main à la poche en payant davantage d'impôts et subir les contrecoups de l'inflation.

La première pièce du puzzle

L'article de Steven Brill a été la dernière pièce de mon puzzle. La première a été la lecture de *Grunch of Giants*, un ouvrage publié en 1983.

Grunch, un acronyme formé à partir de **Gr**oss **Un**iversal **C**ash **H**eist (une grossière escroquerie à l'échelle mondiale), a été écrit par R. Buckminster Fuller, qui avait une réputation de futuriste et à qui l'on doit l'invention du dôme géodésique.

Le pavillon des États-Unis à Expo 67

En 1967, j'ai fait de l'autostop à partir de New York afin de visiter Expo 67 : Terre des Hommes, qualifiée (comme d'autres avant elle), d'« exposition mondiale de l'avenir », dans la province de Québec, au Canada. Ce pavillon était le dôme géodésique de Fuller.

Bien que je n'aie pas eu l'occasion de faire la rencontre de Richard Buckminster Fuller à Montréal, j'ai eu la chance d'étudier avec lui en 1981, 1982 et 1983. Sur la photo ci-contre, on peut me voir en sa compagnie lors d'un événement appelé « The Future of Business » (L'avenir du commerce) tenu à Kirkwood, en Californie, près du lac Tahoe, en 1981. Chaque événement auquel j'ai assisté avec M. Fuller a été transformateur pour moi et a changé le cours de ma vie.

Le chanteur John Denver qualifie M. Fuller de « grand-père de l'avenir » dans sa chanson « What One Man Can Do » (Ce qu'un homme peut faire), qu'il a dédiée à ce grand homme.

Richard Buckminster Fuller est décédé le 1er juillet 1983, environ trois semaines après notre dernière rencontre. Je me rappelle m'être aussitôt procuré un exemplaire de son livre, *Grunch of Giants*, et de l'avoir lu. M. Fuller y exposait un grand nombre des choses que mon père riche nous avait enseignées à son fils et à moi. *Grunch* est l'histoire de la façon dont les ultra-riches « détroussent » le monde. *Grunch* a constitué la première pièce de mon nouveau puzzle géant.

Entre 1983 et 2018, j'ai étudié, j'ai assisté à des séminaires, j'ai ouvert grand les oreilles et j'ai appris auprès de tous ceux que je soupçonnais être les détenteurs d'une pièce de ce puzzle.

Dans la deuxième partie de cet ouvrage, Faux professeurs, je parlerai de quelques-uns des vrais professeurs qui ont croisé ma route, dont j'ai lu les ouvrages et avec qui j'ai étudié – de vrais professeurs qui avaient des pièces du puzzle en leur possession.

Le 28 mai 2018, 35 ans après avoir lu *Grunch*, je suis tombé sur cet article de Steven Brill paru dans le *Time* – ce qui m'a fourni la dernière pièce de mon puzzle géant. M. Brill y confirmait la majeure partie des préoccupations et des prédictions de Richard Buckminster Fuller.

Fuller était un futuriste. Un grand nombre des prédictions et des préoccupations qu'il expose dans *Grunch* se concrétisent actuellement, et c'est pourquoi l'article de M. Brill « tombe pile ».

Bien que cet article ait retardé la publication de ce livre, je suis reconnaissant envers Steven Brill d'avoir révélé ses pensées, sa perception d'un monde dont peu de gens connaissent l'existence – le monde de l'élite universitaire de l'Amérique qui est composée des gens les plus doués, les plus brillants et les plus avisés du pays.

Au cas où vous vous poseriez la question, en voici quelques-uns parmi les plus célèbres :

1. Le président Bill Clinton ;
2. La secrétaire d'État Hillary Clinton ;
3. Le président Barack Obama ;
4. Le président George H. W. Bush ;
5. Le président George W. Bush ;
6. Le président de la Réserve fédérale américaine Ben Bernanke ;
7. La présidente de la Réserve fédérale américaine Janet Yellen ;
8. Le sénateur Mitt Romney.

Et ils ne sont pas les seuls. Cette élite est présente partout dans le monde et c'est elle qui le dirige.

Ce n'est pas un complot projeté par de mauvaises personnes

Je ne dis pas que cette élite est composée de mauvaises personnes (bien que certaines puissent l'être) ou qu'elle participe à un complot. Lui accordant le bénéfice du doute, j'ose croire qu'elle est en majorité composée de bonnes personnes qui font ce qu'elles estiment être « bien ». Mais le problème est le suivant : ces personnes sont si intelligentes que la faculté d'introspection leur fait souvent défaut, et elles persistent à faire ce qu'elles jugent être juste, même si cela détruit la vie de milliards d'individus innocents.

Qui sont les escrocs ?

Les escrocs et l'élite universitaire ne sont *pas* nécessairement les mêmes personnes. Richard Buckminster Fuller ne comparait pas l'élite à des escrocs. Les conférences et les ouvrages de M. Fuller me laissent croire qu'il considérait les membres de l'élite comme des marionnettes, et les artisans de la grande escroquerie comme les marionnettistes qui les manipulent. Comme vous le savez, on voit rarement les marionnettistes. Ils préfèrent demeurer derrière le rideau, dans l'ombre. Dans cet ouvrage, je ferai de mon mieux pour braquer les projecteurs sur eux.

Donc, voici la version révisée de *FAUX*…

Qu'est-ce qui est vrai… et qu'est-ce qui est faux?

À moins de vivre sur une île déserte, tout ce que nous entendons aujourd'hui est « faux ceci » et « faux cela ». Presque tout ce en quoi nous avons cru un jour… est maintenant faux.

Le président Donald Trump a popularisé l'expression « fausses nouvelles » en s'en prenant aux médias – pour la divulgation d'une variété de faits, avérés ou perçus comme étant erronés. Dans les médias sociaux, de nombreuses personnes ont de faux adeptes. Des millions d'individus dépensent des milliards pour acheter de fausses Rolex et de faux articles signés Louis Vuitton ou Versace. Et il y a même de faux médicaments.

Le 17 janvier 2019, le *Time* a attiré l'attention sur ce qui distingue l'« information » et la « désinformation » (les fausses nouvelles) en citant ce passage de *Zucked*[1], un ouvrage de Roger McNamee : « Sur Facebook, l'information et la désinformation semblent identiques ; la seule différence, c'est que la désinformation génère davantage de revenus et qu'elle reçoit par conséquent un meilleur traitement. »

Ce type de désinformation alimente ce qui irrite les gens… et ils se sentent continuellement provoqués, agités et indignés.

La contrefaçon profonde

Il existe une nouvelle technologie appelée « contrefaçon profonde ou hypertrucage » qui donne à des amateurs la possibilité d'effectuer des montages visuels et sonores pour en faire de vraies

---

1. Zucked, en anglais, fait référence à la soudaine perte de richesses que subissent les investisseurs et les dirigeants d'entreprises lorsqu'une société point-com s'effondre. *(Note de la traductrice)*

fausses vidéos mettant en vedette des célébrités. Et comme on pouvait s'y attendre, l'usage le plus populaire de cette technologie de contrefaçon profonde consiste à prendre de véritables vedettes du cinéma et d'en faire de fausses stars du porno. Une utilisation plus dangereuse de cette technologue serait de s'en servir pour faire croire qu'un puissant dirigeant déclare la guerre à un autre pays.

En termes simples, nous ne pouvons plus croire aveuglément à ce que nous voyons et entendons.

Dans le monde d'aujourd'hui, la vérification de ce qui est vrai et de ce qui est faux peut faire la différence entre la richesse et la pauvreté, la guerre et la paix, et même la vie et la mort.

De quoi traite ce livre

Ce livre traite de trois *faussetés*:

1. **La fausse monnaie:** La fausse monnaie a le pouvoir d'enrichir les riches alors qu'en même temps elle appauvrit les pauvres et la classe moyenne.

L'ÉCART
Variation de la part du revenu *vs* 1979, après impôts et inflation

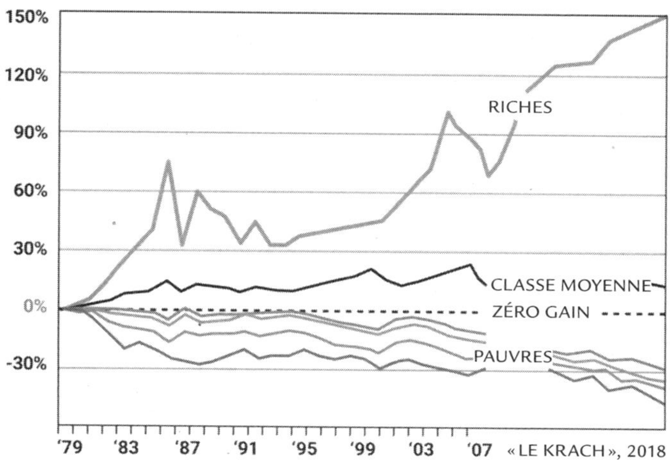

Source: Service d'études budgétaires du Congrès

2. **Les faux professeurs:** Quelle éducation financière avez-vous reçue à l'école? Pour la majorité des gens, la réponse est «aucune». La plupart des professeurs sont des personnes extraordinaires. Mais, notre système d'éducation est déficient, dépassé et ne prépare pas les étudiants à affronter le monde réel.

Au lieu de guider les étudiants vers la lumière, notre système d'éducation entraîne des millions de jeunes gens dans des ténèbres financières et la pire des dettes: la dette étudiante.

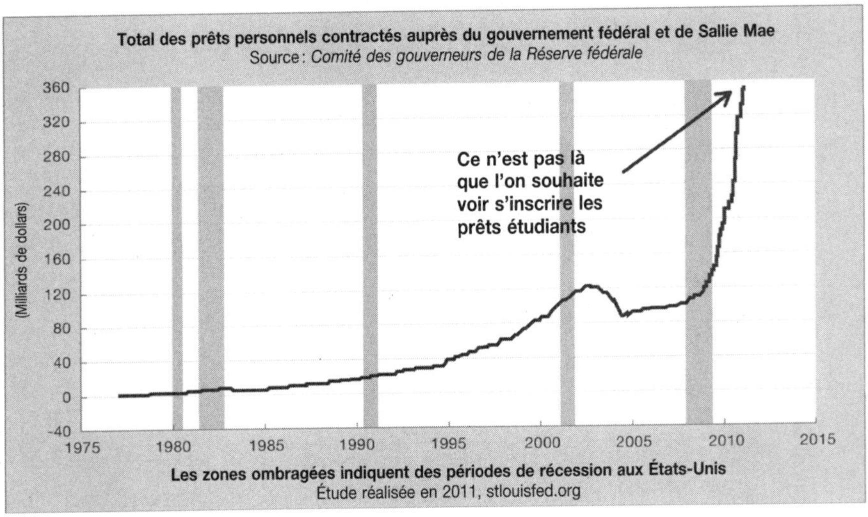

La dette reliée aux prêts étudiants est de plus de 1,2 trillion de dollars et constitue le principal actif du gouvernement américain. Dans le monde interlope, cela s'appelle de l'*extorsion.*

Définition du mot *extorsion*:

1. L'action d'extorquer quelque chose (par la force) dans le but d'obtenir de l'argent ou une propriété et, dans un sens plus étroit, le délit commis par un fonctionnaire qui se livre à cette pratique;

2. Un grossier trop-perçu, une surfacturation.

3. **Les faux actifs:** Tout d'abord, nous devons définir et comprendre la différence entre un actif et un élément de passif.

LEÇON DE CULTURE FINANCIÈRE
Les actifs mettent de l'argent dans votre poche.
Les éléments de passif retirent de l'argent de votre poche.

Mon père pauvre disait toujours: « Notre maison est notre actif le plus important. »

Mon père riche disait: « Votre maison n'est pas un actif, c'est un élément de passif. »

Des millions d'individus croient que leur maison est un actif.

VOTRE MAISON N'EST PAS UN ACTIF
L'indice mondial des prix de l'immobilier est pratiquement revenu à son niveau d'avant la crise financière (indice pondéré)

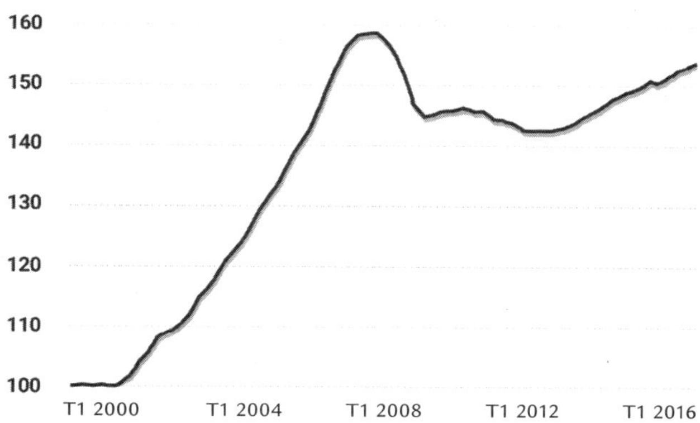

Sources: Banque des règlements internationaux, Réserve fédérale de Dallas, Savills et sources nationales

En 2008, le marché de l'habitation s'est effondré. À l'exception de quelques villes comme San Francisco, New York et Honolulu où les prix immobiliers ont augmenté, il y a de nombreuses villes dans le monde où ils n'ont pas encore rebondi, comme les données du FMI le montrent sur le diagramme précédent.

Un faux krach immobilier

Le *krach immobilier* n'était pas un véritable krach immobilier. Il a été provoqué par de faux actifs – les mêmes faux actifs que décrit Steven Brill dans son article. Il vaut la peine de répéter ses mots:

> [L'élite] *a créé une économie basée sur des transactions qui déplaçaient les actifs au lieu d'en créer de nouveaux. Elle a conçu des instruments financiers sophistiqués et risqués, dont les instruments dérivés et les swaps sur surveillance de crédit, qui dégageaient des profits immédiats, mais séparaient les preneurs de risques de ceux qui en subiraient les conséquences.*

Des armes de destruction massive

Warren Buffett qualifie les instruments dérivés d'« armes de destruction massive ».

Il est bien placé pour le savoir. L'une de ses entreprises évalue et assure ces instruments dérivés.

En 2008, le marché des instruments dérivés, évalué à près de 700 trillions de dollars, a explosé et pratiquement détruit l'économie mondiale.

D'aucuns ont blâmé les emprunteurs « à haut risque ».

Mais en fait, comme le confirme Steven Brill, l'élite créait de faux actifs appelés instruments dérivés. C'était cela le vrai problème.

Une image vaut mille mots

Vous trouverez à la page suivante un diagramme illustrant la courbe de l'indice Dow Jones, le marché boursier, sur 125 ans.

Bucky Fuller nous a enseigné à prendre connaissance de la situation générale avant de nous pencher sur les détails. Malheureusement, la plupart des investisseurs ne le font pas. Par exemple, dès leur réveil, ils vérifient si le cours de leur action préférée a fluctué, et puis ils vont travailler. Ils sont peut-être des experts de, disons, Amazon, mais ils négligent souvent de considérer la situation dans

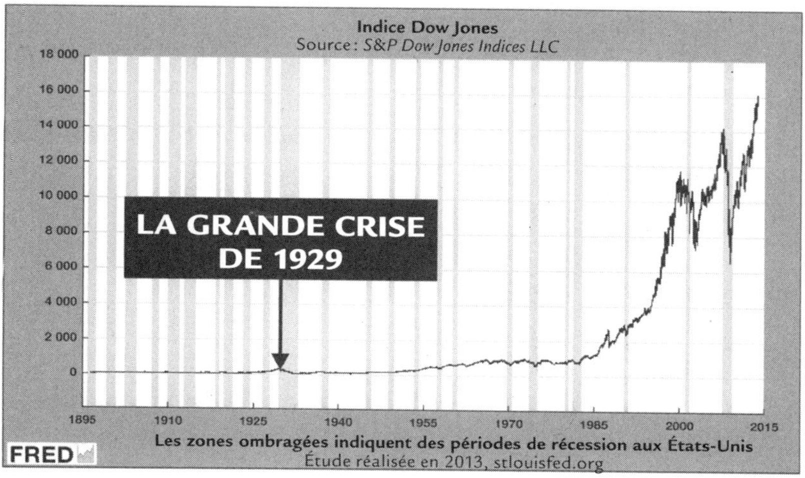

son ensemble. Une action parmi des milliers d'autres dans un marché mondial ne nous donne pas beaucoup d'information sur l'avenir.

Comment voir l'avenir

Bucky Fuller enseignait à ses étudiants : « Si vous voulez voir l'avenir, vous devez étudier le passé. »

Le diagramme ci-dessus illustre l'évolution du marché boursier sur une période de 125 ans et nous donne une vue d'ensemble de la situation. La majeure partie de ce livre a été conçue selon le même principe de manière à vous aider à voir l'avenir en vous basant sur la situation générale.

L'argent est invisible

Une autre chose que vous apprendrez dans ces pages, c'est que l'argent est invisible. Les diagrammes permettent de voir cet « argent invisible » évoluer dans divers marchés. Dans *Père riche, Père pauvre*, j'ai parlé de l'importance du cashflow, et c'est pour cette raison que mon épouse, Kim, et moi avons créé le jeu de table *CASHFLOW*® en 1996. Mon père riche disait souvent : « Beaucoup d'argent entre dans la poche des riches, et beaucoup d'argent sort de la poche des pauvres et de la classe moyenne. »

Et M. Fuller nous a enseigné que « l'on ne peut échapper à quelque chose que l'on ne peut pas voir. » C'est pourquoi il est si important de *voir* l'avenir.

Pour écrire ce livre, j'ai utilisé le principe KISS (*Keep It Super Simple*, en anglais) – une ligne directrice de conception qui préconise la simplicité. C'est pour cette raison que j'utiliserai des supports visuels et des diagrammes plutôt que des listes de faits et de chiffres, ce que beaucoup de gens trouvent ennuyeux.

Le krach géant

Sur le diagramme illustrant l'évolution du Dow Jones, ce n'est pas sans raison que la Grande Crise de 1929 est mise en évidence. Si vous remontez dans le temps et considérez le krach de 1929 et le comparez à la « dégringolade des sociétés point-com » de 2000 et à la crise des prêts hypothécaires à risque de 2008, vous comprendrez mieux pourquoi Richard Buckminster Fuller a écrit *Grunch of Giants*, pourquoi j'ai écrit *Père riche, Père pauvre*, et pourquoi Steven Brill a écrit l'article : « Comment ma génération a brisé l'Amérique ».

Je répète, encore une fois, cette déclaration de Steven Brill parce qu'elle est importante :

> *[L'élite] a créé des instruments financiers sophistiqués et risqués, dont les instruments dérivés et les swaps sur surveillance de crédit, qui dégageaient des profits immédiats, mais séparaient les preneurs de risques de ceux qui en subiraient les conséquences.*

Les cycles de croissance et de contraction économiques que le monde a connus ont été provoqués par des trillions de dollars en fausse monnaie qui ont été injectés dans le système par l'élite.

L'élite a-t-elle réglé le problème ? Bien sûr que non. Pourquoi régler un problème qui l'enrichit ? Pourquoi changer ? Pourquoi faire les choses différemment ? La vie est belle pour l'élite.

En 2008, la valeur des instruments dérivés était évaluée à près de 700 trillions de dollars.

En 2018, elle était estimée à 1,2 billiard de dollars.

C'est exact. L'élite a amplifié le problème, en a presque doublé l'ampleur. Alors que j'écris ces lignes en 2019, un désastre d'un billiard de dollars nous guette.

Le but de ce livre

Si j'ai écrit cet ouvrage et créé le jeu de table *CASHFLOW*, c'est pour donner aux gens ordinaires – des gens comme vous et moi, des gens qui n'appartiennent pas à l'élite –, la possibilité de survivre, de peut-être réussir, et même de devenir très riches après le krach qui s'annonce. Un krach d'un *billiard* de dollars.

Décortiquons les chiffres

Nous parlons ici d'*un grand nombre de zéros…*

Que représente un million ?
De nombreux individus rêvent de devenir millionnaires.
Un million est mille fois mille :

1 000 $ x 1 000 = 1 000 000 $

Que représente un milliard ?
Un milliard est un million fois mille :
1 000 000 $ x 1 000 = 1 000 000 000 $

Que représente un trillion ?
Un trillion est un milliard fois 1 000 :
1 000 000 000 $ x 1 000 = 1 000 000 000 000 $

Que représente un billiard ?
Un billiard est un trillion fois 1 000 :
1 000 000 000 000 $ x 1 000 = 1 000 000 000 000 000 $

Cela soulève la question suivante : Qu'arrivera-t-il lorsque les instruments dérivés estimés à 1,2 billiard de dollars exploseront ?

C'est pour y répondre que j'ai écrit *FAUX*.

Ce château de cartes qu'est actuellement l'économie est ce qui arrive lorsque l'élite manipule notre monnaie, nos professeurs et nos actifs.

Mettons les choses en perspective

- Il y a un milliard de secondes, nous étions en 1987.
- Il y a un milliard de minutes, Jésus marchait sur Terre.
- Il y a un milliard d'heures, les êtres humains vivaient dans des cavernes.
- Il y a un milliard de jours, les êtres humains n'existaient pas.
- À toutes les deux heures, le gouvernement américain dépense un milliard de dollars.

En 1983, Buckminster Fuller a prédit cet avenir.

En 1996, le jeu de table *CASHFLOW* a été créé.

En 1997, *Père riche, Père pauvre* a été publié (version originale anglaise).

En 2018, Steven Brill a confirmé que l'avenir que M. Fuller a vu venir est maintenant une réalité.

C'est pour cette raison que j'ai retardé la publication de *Faux*.

Je voulais que vous voyiez le puzzle dans son entier.

PREMIÈRE PARTIE

FAUSSE MONNAIE

En 1971, le président Richard Nixon a mis fin
à la convertibilité du dollar américain en or.

En 1971, le dollar américain est devenu une
« monnaie fiduciaire »... l'argent du gouvernement.

Mon père riche qualifiait l'argent
du gouvernement... de « fausse monnaie ».

Il disait aussi :
« La fausse monnaie enrichit les riches.
Malheureusement...
la fausse monnaie appauvrit également les pauvres
et la classe moyenne.

C'est pourquoi la première leçon dans
Père riche, Père pauvre est :
« Les riches ne travaillent pas pour l'argent. »
Alors, pour paraphraser :

« Les riches ne travaillent pas pour de la ^fausse^ monnaie. »

— RTK

Premier mensonge:
Épargner vous permettra de devenir riche.

INTRODUCTION

PREMIÈRE PARTIE

La véritable éducation financière :

C'est voir avec votre esprit
ce que vos yeux ne peuvent pas voir.

— RTK

Chapitre 1

LA FAUSSE MONNAIE

LE MONDE EST SUR LE POINT DE CHANGER…

En 1972, j'étais dans la Marine. J'avais le grade de lieutenant et je pilotais un hélicoptère de reconnaissance armé, stationné à bord d'un porte-avions au large de la côte du Vietnam. C'était ma deuxième période de service au Vietnam. La première avait eu lieu en 1966 alors que j'étais aspirant de marine et étudiant à l'Académie de marine marchande des États-Unis, à Kings Point.

En 1966, à l'âge de 19 ans, je me trouvais à bord d'un « Victory Ship », l'un des navires cargo fabriqués en série pendant la Seconde Guerre mondiale et destinés à transporter des armes et des approvisionnements aux unités qui combattaient les Allemands, les Italiens et les Japonais. Mais en 1966, la cargaison de ce vieux navire rouillé était composée de bombes de 225, 350 et 450 kilos… et nous nous dirigions vers le Vietnam.

En 1972, à l'âge de 25 ans, j'étais pilote à bord d'un autre navire. Cette fois, il s'agissait d'un porte-avions.

Une lettre de mon père riche

Un jour, à bord du porte-avions, j'ai reçu une lettre de mon père riche. Il m'écrivait : « Le président Nixon a mis fin à la convertibilité du dollar américain en or. Attention, le monde est sur le point de changer. »

Le président Richard Nixon a mis fin à la convertibilité du dollar américain en or le 15 août 1971. Il l'a annoncé en interrompant la populaire émission de télé intitulée *Bonanza*. Apparemment, j'avais raté cet épisode de la série – et la déclaration du président.

Un message non reçu

En 2018, alors que j'écris ces lignes, une vaste majorité d'individus ne comprennent toujours pas l'importance du message livré en 1971 par Richard Nixon. Comme le disait mon père riche: « Le monde est sur le point de changer », et il a changé. En mettant fin à la convertibilité du dollar américain en or, le président Nixon a apporté l'un des plus grands changements dans l'histoire du monde. Malheureusement, peu de gens comprennent – même aujourd'hui – à quel point ce changement a un impact sur la vie de chacun d'entre nous, partout dans le monde.

Je veux en savoir plus

En 1972, je ne savais absolument pas comment et pourquoi le monde changerait. Je ne comprenais pas le message du président Nixon. Toutefois, l'avertissement de mon père riche m'intriguait.

Dans la « salle des préparatifs » des pilotes à bord du porte-avions, j'ai trouvé un exemplaire du *Wall Street Journal* et j'ai commencé à chercher des réponses. Même dans ce quotidien, l'or ne bénéficiait pas d'une large couverture. On y trouvait seulement quelques commentaires sur l'augmentation du cours de l'or, qui était passé à 35 $ l'once, et qui fluctuait entre 40 $ et 60 $ l'once. Dans une autre publication, j'ai trouvé un article écrit par un « cinglé » qui prédisait que le cours de l'or atteindrait 100 $ l'once.

La fluctuation du cours de l'or m'a intrigué. *Pourquoi augmente-t-il?* me suis-je demandé. *Qu'est-ce que cela signifie?*

Aujourd'hui, pendant que j'écris ce livre, le cours du bitcoin (cryptomonnaie) fluctue beaucoup et rapidement. Encore une fois, très peu de gens comprennent comment le bitcoin ou la technologie des chaînes de blocs influera sur leur vie, leur avenir et leur sécurité financière.

L'augmentation du cours de l'or en 1971 et celle du bitcoin en 2018 sont les signes précurseurs de profonds changements à l'échelle mondiale, de glissements des plaques tectoniques financières et de tsunamis financiers partout dans le monde.

Une véritable éducation financière

Ted était un camarade pilote qui s'intéressait également à l'or. Pendant nos temps libres, nous avons entrepris nos propres recherches afin de mieux comprendre la relation qui existait entre l'or et les changements que connaîtrait le monde.

Nous avons appris que le président Nixon avait mis fin à la convertibilité du dollar américain en or parce que les États-Unis importaient trop de Volkswagen de l'Allemagne, trop de Toyota du Japon et trop de vins fins de France. Les États-Unis avaient un problème de balance commerciale.

LEÇON DE CULTURE FINANCIÈRE : Déficit commercial : La valeur des importations était supérieure à la valeur des exportations.

Le problème : Des pays comme la France, l'Italie et la Suisse ne voulaient pas être payés en dollars américains. Ils voulaient de l'or. Le dollar américain ne leur inspirait pas confiance.

La solution : Nixon a « fermé la fenêtre de l'or ». Donc, l'or ne quittait plus les États-Unis.

Vrai ou faux : Était-ce la véritable raison pour laquelle cette fenêtre avait été fermée, ou était-ce une raison bidon ?

Cela relève probablement du mensonge. Le monde n'appelait pas sans raison le président Nixon « Richard la crapule ».

Plus loin dans cet ouvrage, vous découvrirez pourquoi la raison avancée par Nixon était un mensonge. Plus loin dans cet ouvrage, je vous dirai ce que je crois être la raison qui l'a poussé à mettre fin à la convertibilité du dollar américain en or.

Nixon avait également promis de rétablir cette convertibilité une fois que les États-Unis auraient éliminé leur déficit commercial. Il n'a pas tenu sa promesse. Et il a démissionné alors que l'on s'apprêtait à le destituer de ses fonctions.

En quête d'une mine d'or

Ted et moi avons étudié une carte du Vietnam et avons bientôt découvert l'emplacement d'une mine d'or. Le problème était que, en 1972, les États-Unis étaient en train de perdre la guerre et que cette mine indiquée sur la carte se trouvait en territoire non conquis.

Ted et moi avons formé un partenariat et résolu de partir en mission le lendemain. Nous nous envolerions, franchirions les lignes ennemies, repérerions la mine d'or et achèterions de l'or à rabais.

Tôt le lendemain matin, nous avons quitté le porte-avions et volé sur une distance d'environ 40 kilomètres au-dessus de l'océan avant de pénétrer dans l'espace aérien du Vietnam. Notre inquiétude a augmenté lorsque nous avons survolé les carcasses incendiées, encore fumantes, de tanks abandonnés par l'armée sud-vietnamienne en déroute, repoussée vers le sud par l'armée nord-vietnamienne. Lorsque nous avons pénétré en territoire ennemi, Ted et moi savions que nous aurions de sérieux ennuis si notre hélicoptère était touché et si nous étions capturés. Pour des raisons évidentes, nous n'avions parlé de notre projet à personne.

Après avoir consulté la carte, nous avons rapidement repéré un vaste bouquet de bambous géants entourant le village que nous cherchions. Il se trouvait à une cinquantaine de kilomètres derrière les lignes ennemies. Sans précipitation, nous avons décrit des cercles serrés à faible altitude au-dessus du village, une fois vers la gauche et ensuite vers la droite. Si nous avions essuyé des tirs, nous aurions mis fin à notre mission et serions rentrés à la base.

Il n'y a pas eu de tirs et, croyant que nous étions en sécurité, nous avons atterri dans une prairie non loin de rizières. Nous avons coupé le moteur et nous nous sommes dirigés vers le village, laissant derrière nous notre ingénieur naviguant à bord de l'aéronef.

Encore aujourd'hui, je garde un souvenir très vif de Ted et moi foulant le sentier de boue durcie menant à ce village situé derrière les lignes ennemies, saluant les villageois qui vendaient des légumes, des canards et des poulets. Personne ne nous a rendu notre salut. La plupart se sont contentés de nous regarder fixement, n'arrivant apparemment pas à croire que deux pilotes américains puissent être assez stupides pour pénétrer dans leur village en plein jour, au beau milieu de leur marché fermier… au beau milieu de la guerre, derrière les lignes ennemies.

Nous avons souri et levé les mains, montrant aux villageois que nous n'étions pas armés. Nous avions laissé notre arme de poing personnelle à bord de l'hélicoptère. Ted et moi avions décidé de nous présenter non armés parce que nous voulions que les villageois comprennent que nous venions en hommes d'affaires, les poches pleines de dollars.

Nous avons croisé un jeune garçon qui nous a conduits devant le « négociant d'or » plus loin à l'intérieur du village. Ce négociant, une femme minuscule dont les dents étaient rouge sang à force de mâcher des noix de bétel, a souri et nous a salués. Son bureau était une petite hutte faite de bambou et un rideau également fait de bambou était relevé, signe qu'elle était prête à brasser des affaires. Nixon avait fermé la « fenêtre de l'or », mais la sienne était ouverte.

Vrai ou faux, cet or ?

Ted et moi, tous deux pilotes dans la Marine et officiers détenant un diplôme universitaire, avons vite réalisé que nous ne connaissions rien à l'or. Nous n'avions aucune idée de ce à quoi l'or véritable devait ressembler.

La femme vietnamienne nous a présenté de minuscules pépites placées dans un flacon de plastique circulaire de 7,5 centimètres de diamètre et de 1,2 centimètre d'épaisseur à l'origine destiné à contenir des cachets. Levant le flacon dans la lumière, nous avons posé les yeux pour la première fois sur de l'or supposément véritable.

Malheureusement, cet or ressemblait à de petits raisins secs que l'on aurait peints en doré.

« Est-ce que c'est de l'or ? ai-je demandé à Ted.

— Comment veux-tu que je le sache ? a-t-il répondu d'un ton brusque. Je ne sais pas à quoi ressemble l'or. Ne sais-*tu* pas à quoi il ressemble ?

— Je croyais que tu le savais, ai-je rétorqué, secouant la tête en signe d'incrédulité. C'est pour ça que tu es mon collaborateur. »

La pression associée à ce petit commerce derrière les lignes ennemies commençait à jouer avec nos nerfs. Ted pensait que j'étais un imbécile et je n'en pensais pas moins de lui.

Le moment de vérité

La plupart des entrepreneurs connaissent de nombreux moments de vérité. Pour Ted et moi, le premier de ces moments a été lorsque nous avons réalisé que, bien que nous ayons toujours été d'excellents partenaires en tant que pilotes, nous étions deux ignorants lorsqu'il s'agissait d'or.

Après nous être calmés et avoir compris que nous étions deux imbéciles, nous avons commencé à négocier.

Nous avons fait une première offre à 40 $ l'once. Ted et moi savions que le « cours au comptant » sur les marchés internationaux était de 55 $ l'once ce jour-là. Nous pensions pouvoir profiter d'un rabais parce que nous avions des dollars américains et que nous étions derrière les lignes ennemies. La minuscule femme aux dents rouges nous a adressé un petit sourire narquois. Elle pensait sans doute : *Vous n'êtes que deux imbéciles. Ne savez-vous pas que le cours de l'or est le même partout dans le monde ?*

Nous avons eu beau insister, elle est restée inflexible. Elle savait qu'« un cours est un cours ». Et elle avait compris que nous n'y connaissions rien. Si elle avait été malhonnête, elle nous aurait vendu des raisins secs recouverts de peinture. Elle aurait pu nous vendre des crottes de lapin peintes en doré et nous n'y aurions vu que du feu.

La panique s'installe…

Soudain, nos négociations ont été interrompues par les cris affolés de notre ingénieur naviguant: « Lieutenants, lieutenants, revenez. » Mon copilote et moi avons immédiatement cessé de négocier et avons traversé le marché fermier du village en courant en direction de l'hélicoptère. J'ai entendu un gloussement et je me suis senti très mal lorsque j'ai réalisé que j'avais accidentellement marché sur un poulet et puis sur un canard.

Mon imagination s'est elle aussi mise à galoper. Je pouvais voir des rangées de Viet-Congs en tuniques noires et des troupes de l'armée nord-vietnamienne traverser les rizières et s'approcher de notre hélicoptère. C'est à ce moment-là que je me suis rappelé que nous n'étions pas armés et que nous ne pouvions pas nous défendre. La petite femme aux dents rouges avait raison: nous étions des imbéciles.

Un sentiment d'angoisse

Dieu merci, il n'y avait ni Viet-Congs ni troupes. Notre ingénieur naviguant paniquait parce que l'hélicoptère était en train de couler. La prairie où j'avais atterri était une ancienne rizière.

À cause du poids du moteur, des roquettes, des mitrailleuses et des munitions, l'aéronef penchait vers l'arrière et coulait lentement, le rotor de queue touchant presque la boue. Il nous fallait lancer le moteur sans tarder, ou alors pas du tout.

L'ingénieur naviguant était le plus petit et le plus léger de nous trois. Il s'est donc installé sur le siège du pilote et a lancé le moteur pendant que nous, les deux pilotes, mettions l'épaule sous la poutre de queue pour empêcher le rotor de heurter le sol.

Le démarrage a été un sans-faute et le rotor principal s'est mis à tourner lentement. Dès que les pales ont atteint leur vitesse de rotation maximale, l'ingénieur naviguant a commencé à exercer un léger mouvement de l'avant vers l'arrière de manière à dégager les patins de la boue gluante pendant que Ted et moi hurlions pour l'avertir si le rotor de queue, qui maintenant tournait, s'approchait trop du sol.

Tout s'est déroulé conformément à notre plan, l'hélicoptère s'est dégagé et l'ingénieur l'a mis en vol stationnaire. De la boue puante et collante a été immédiatement projetée partout, nous couvrant Ted et moi d'un magma répugnant qui a teint en brun foncé et maculé notre combinaison de vol verte, notre visage et nos cheveux.

Je me suis hissé sur le second siège et j'ai pris les commandes de l'appareil, et Ted s'est s'installé sur le siège que venait de libérer notre ingénieur navigant pour passer à l'arrière et s'asseoir aux commandes de l'une des mitrailleuses.

Le voyage de retour vers le porte-avions a été long et silencieux. Ted et moi n'avons pas échangé un mot, et l'ingénieur naviguant n'a pas osé nous demander si nous avions trouvé de l'or.

Après que nous nous soyons posés sur le pont, des officiers et des matelots se sont agglutinés autour de notre hélicoptère couvert de boue. J'ai éteint le moteur et l'appareil a été bien amarré sur le pont. Ted et moi sommes descendus. Tous avaient les yeux rivés sur nous, encore plus boueux que notre aéronef. Nous avons traversé le pont d'envol et nous sommes dirigés vers les douches et notre cabine en disant succinctement aux spectateurs: « Ne posez pas de questions. »

Un enseignement tiré de nos erreurs

Père riche, Père pauvre a été publié en 1997. Mon père riche était un homme peu instruit. Mon père pauvre, mon père biologique – était un érudit. Il avait réussi à décrocher son baccalauréat en deux ans et fait des études de 2e et 3e cycles à l'Université Stanford, à l'Université de Chicago et à l'Université Northwestern, et il détenait un doctorat en éducation. Lorsque j'étais étudiant, mon père était le surintendant des programmes d'enseignement pour l'État d'Hawaï.

Je parle ici de mes deux pères parce qu'ils avaient des philosophies diamétralement opposées quant aux techniques d'apprentissage.

Mon père pauvre croyait que les erreurs trahissaient la stupidité d'une personne. À ses yeux, la mémorisation des « bonnes » réponses était la réelle mesure de l'intelligence.

La philosophie de mon père riche voulait que les erreurs soient une façon d'apprendre. Il disait souvent: «On ne devient pas un grand golfeur en lisant un livre. Il faut auparavant faire beaucoup d'erreurs. La même chose est vraie si tu veux devenir une personne très riche.»

Étant donné que je n'ai jamais été un génie sur les bancs d'école, j'adhère à la philosophie de mon père riche en matière d'apprentissage.

Faux *vs* véritable

Ce livre traite de fausse monnaie, de faux professeurs et de faux actifs. Ce livre traite également de véritable monnaie, de véritables professeurs et de véritables actifs.

Fausse monnaie

Lorsque le président Nixon a mis fin à la convertibilité du dollar américain en or, le dollar américain est devenu de la fausse monnaie.

Définition de la fausse monnaie: La fausse monnaie enrichit les riches, mais appauvrit les pauvres et la classe moyenne.

Faux professeurs

À l'école, j'ai découvert qu'un grand nombre de mes professeurs étaient de faux professeurs. En termes simples, ils ne pratiquaient pas ce qu'ils enseignaient.

À l'école, j'ai eu beaucoup de faux professeurs. Mais lorsque j'ai étudié à l'École d'aéronautique navale des États-Unis, tous mes professeurs étaient de véritables professeurs. Tous mes instructeurs de vol savaient voler.

Faux actifs

Des millions d'individus investissent dans de faux actifs. Comme je l'ai écrit dans *Père riche, Père pauvre*, la définition d'un actif est quelque chose qui met de l'argent dans votre poche. Mais les

« actifs » de la plupart des gens retirent de l'argent de leur poche. Chaque fois qu'ils reçoivent un chèque de paie, de l'argent leur est soutiré et envoyé à Wall Street par le biais de régimes de retraite tels que le plan 401(k), les régimes de retraite individuels ou les pensions de l'État.

Des millions d'individus « épargnent en prévision de la retraite » pendant des années en espérant que leur argent fructifiera. Des millions de personnes de mon âge, des baby-boomers, se rendront bientôt compte qu'ils n'auront pas suffisamment d'argent pour survivre après avoir pris leur retraite. Et c'est parce que l'argent qui a été prélevé sur leurs chèques de paie a été injecté dans de faux actifs, enrichissant les riches, et ils devront payer les pots cassés.

Véritables professeurs

J'ai eu la chance d'avoir de nombreux véritables et excellents professeurs, des professeurs comme mon père riche. Chaque fois que je veux apprendre quelque chose, je m'attelle d'abord à trouver un véritable professeur, quelqu'un qui pratique ce qu'il enseigne, le fait chaque jour, et qui réussit dans ce qu'il entreprend.

La minuscule femme vietnamienne fait partie de ces véritables professeurs. En quelques minutes, non seulement m'a-t-elle appris que j'étais un imbécile, mais elle m'a donné envie d'en savoir davantage – pas seulement à propos de l'or, mais aussi de ce sujet mystérieux, magique et important qu'est l'*argent*, un sujet qui n'est pas enseigné à l'école.

Il était illégal de posséder de l'or

Après avoir pris une douche, Ted et moi sommes retournés dans la salle des préparatifs des pilotes où nous avons fait l'objet d'une séance de rigolade bien méritée.

Notre commandant nous a menacés de représailles. L'officier des opérations nous a menacés de nous faire laver notre hélicoptère devant tout l'équipage. Mais c'est le commentaire de l'officier de l'armement qui a retenu mon attention. Il a dit: « Si vous aviez rapporté cet or à bord du navire, vous auriez été arrêtés.

— Quoi ? Pourquoi aurions-nous été arrêtés ?

— Parce que les Américains n'ont pas le droit de posséder de l'or. C'est illégal.

— Pourquoi est-ce illégal ? », a demandé Ted.

L'officier de l'armement l'ignorait. Et l'incident a été clos. Après tout, nous avions une guerre à faire, et nous avions des missions importantes à effectuer le lendemain matin. La conversation s'est arrêtée là et nous sommes allés dîner.

Mais une nouvelle question me trottait dans la tête: *Pourquoi les Américains n'avaient-ils pas le droit de posséder de l'or ?*

Cette question m'a poussé à approfondir mon éducation financière et à chercher mes propres réponses.

Comme mon père riche, je tirais un enseignement de mes erreurs.

En 1933, le président Franklin Delano Roosevelt a décrété qu'il était illégal pour les Américains de détenir de l'or à titre personnel. Donc, comme la majorité des Américains, Ted et moi avions vu des bijoux en or, mais jamais des pièces d'or, et encore moins des pépites d'or. Le seul argent que nous connaissions était le papier-monnaie et les pièces en alliage ; nous n'en avions jamais vu sous forme de véritables pièces d'or ou d'argent.

Aujourd'hui, la plupart des gens ne connaissent que la fausse monnaie.

Monnaie ancienne et monnaie moderne

Tout au long de l'histoire, l'« argent » a pris plusieurs formes: coquillages, perles colorées, plumes, animaux vivants et galets.

De nos jours, il y a trois types de monnaie :

1. **L'argent de Dieu :** l'or et l'argent.
2. **L'argent du gouvernement :** le dollar, l'euro, le peso, etc.
3. **L'argent du peuple :** le bitcoin, l'éthéreum, le zipcoin, etc.

Donc, voici la question à laquelle je tenterai de répondre dans cet ouvrage : Comment distinguer le vrai du faux lorsqu'il s'agit de monnaie, de professeurs et d'actifs ?

VOS QUESTIONS... LES RÉPONSES DE ROBERT

Q: Quand avez-vous pour la première fois songé à acheter de l'or? Et quel était votre plan?

Barbara E. - Canada

R: En 1972, l'année où j'ai commencé à acheter de l'or, je ne pensais pas à l'avenir. J'étais seulement curieux. J'étais curieux de comprendre la relation qui existait entre l'or et le dollar américain.

En 1972, j'ai bêtement pensé que je pouvais acheter de l'or à rabais parce que je me trouvais derrière les lignes ennemies. Plus j'en ai appris sur l'or, le dollar américain et la fausse monnaie, plus j'ai été curieux.

En 1983, j'ai lu *Grunch of Giants*, un ouvrage de Bucky Fuller, et la portée et l'ampleur de la grossière escroquerie à l'échelle mondiale me sont apparues plus clairement. En 2008, cette escroquerie est devenue hors de contrôle lorsque les banques centrales du monde entier ont imprimé des trillions de dollars, sous prétexte de sauver l'économie mondiale. Les banques centrales se sauvaient elles-mêmes et « nous, le peuple », en avons fait les frais.

Dans la troisième partie de cet ouvrage, vous découvrirez à quel point cette escroquerie est aujourd'hui devenue sinistre et omniprésente, et pourquoi cette escroquerie incontrôlable me fait craindre pour l'avenir.

Q: Pourquoi les gens ont-ils tant de difficulté à avoir confiance en une entreprise en démarrage?

Momoh S. - Nigéria

R: Des idées, il y en a à la pelle. Des millions d'individus ont des idées géniales en pensant à un nouveau produit ou une nouvelle entreprise.

Sans véritable éducation financière, très peu de gens savent comment transformer une idée géniale en une entreprise millionnaire. C'est pour cette raison que les entreprises en démarrage n'inspirent pas confiance.

Q: Si je conserve toutes mes économies sous forme de monnaie fiduciaire, est-ce que je les perdrai un jour ?

Noah W. - États-Unis

R: Oui, vous perdrez tout. Si l'on se fie au passé, aucune monnaie fiduciaire ne survivra.

La fausse monnaie ne conserve pas sa valeur. Le dollar américain pourrait-il être la première monnaie à survivre ? C'est possible, mais je ne parierais pas là-dessus.

Q: Une fois que Nixon a mis fin à la convertibilité du dollar américain en or, comment le cours au comptant de l'or a-t-il pu être déterminé ?

Tessa H. - Pérou

R: En théorie, le cours au comptant de l'or est déterminé par les marchés libres internationaux. Aujourd'hui, la valeur monétaire de l'or est manipulée, tout comme la plupart des actifs financiers.

Dans la troisième partie de cet ouvrage, j'expliquerai plus en détail la façon dont cette valeur est manipulée, pourquoi elle l'est, et pourquoi cela ne peut plus durer.

Q: Pourquoi les Américains n'avaient-ils pas le droit de posséder de l'or ? Comment le gouvernement a-t-il justifié cette interdiction ?

Gordon P. - États-Unis

R: La Réserve fédérale, les artisans de la grande escroquerie et le gouvernement des États-Unis voulaient prendre le contrôle de la masse monétaire et des milliers de petites banques qui faisaient concurrence aux grandes banques et à la Réserve fédérale.

Il n'y a pas si longtemps, il y avait 20 grandes banques. Aujourd'hui, il n'y a que 4 banques « trop solides pour s'écrouler ». Tout le monde est maintenant à la merci d'un système bancaire étriqué. D'aucuns soupçonnent que ce contrôle de l'économie américaine par les grandes banques fait partie d'un plan élaboré il y a longtemps.

Q: Comment la femme vietnamienne connaissait-elle le cours de l'or puisque le réseau Internet n'existait pas ?

Anthony O. - Australie

R: Elle était une négociante d'or professionnelle. Les professionnels doivent connaître le prix de leurs produits. Je suppose qu'elle avait des ressources – un téléphone, une radio à ondes courtes, une radio traditionnelle, des journaux, d'autres négociants et les propriétaires de la mine –, ce qui lui permettait d'être au courant de ce qui se passait sur les marchés mondiaux.

Une question plus pertinente serait : Parmi vos amis, combien connaissent le cours au comptant de l'or ? Combien s'intéressent à l'or ?

Chapitre 2

EN DIEU NOUS AVONS CONFIANCE

QUI A GAGNÉ VOTRE CONFIANCE ?

Le 15 août 1971, le président Richard M. Nixon met « temporairement » fin à la convertibilité du dollar américain en or.

Le 17 juin 1972, des cambrioleurs s'introduisent dans les locaux du Parti démocrate situés dans l'immeuble du Watergate. C'est cet événement qui est à l'origine du scandale tristement célèbre du Watergate.

Le 10 octobre 1973, le vice-président Spiro Agnew ne conteste pas l'accusation d'évasion fiscale qui pèse contre lui afin qu'une autre accusation, cette fois de corruption politique, soit levée. Gerald Ford, le président de la Chambre des représentants, devient plus tard le nouveau vice-président de Nixon.

Le 6 février 1974, la Chambre des représentants des États-Unis adopte la résolution 803, donnant à la commission judiciaire le pouvoir d'enquêter et de déterminer s'il y a des motifs valables et suffisants pour mettre en accusation le président Nixon pour son implication dans le scandale du Watergate.

Le 27 juillet 1974, la commission approuve le premier des trois articles favorables à la mise en accusation : **entrave à la justice**, **abus de pouvoir**, et **outrage au Congrès**.

Le 9 août 1974, Nixon démissionne de sa fonction de président des États-Unis.

Le 8 septembre 1974, le président Gerald Ford **accorde un pardon entier et inconditionnel à Nixon, le mettant ainsi à l'abri de**

toute poursuite judiciaire pour quelque délit fédéral que ce soit, commis directement ou indirectement pendant sa présidence.

Et nous devons faire confiance à ces dirigeants… *nos* dirigeants ?

Personne n'a rétabli la convertibilité du dollar américain en or. Est-ce un simple oubli ? Quand – et pourquoi – le temporaire devient-il permanent ?

À qui faites-vous confiance ?

Je trouve intéressant que l'on puisse lire ces mots sur chaque billet de banque américain :

En Dieu nous avons confiance

Pourquoi nous demande-t-on d'avoir confiance en Dieu ? Qu'est-il arrivé à l'argent de Dieu, l'or et l'argent ?

Le numéro atomique de l'or est 79. Le numéro atomique de l'argent est 47.

L'or et l'argent étaient présents au moment de la formation de la planète Terre.

L'or et l'argent seront encore présents lorsque le dernier des cafards sera disparu de la surface du globe.

Alors pourquoi l'élite fit-elle imprimer : « En Dieu nous avons confiance » sur notre fausse monnaie ?

Ce n'est pas la première fois que des dirigeants en qui nous avons confiance utilisent de la fausse monnaie pour s'enrichir et devenir plus puissants.

Le papier-monnaie est apparu en Chine pendant la dynastie Tang (618-907 apr. J.-C.). On l'a utilisé pendant des siècles avant que cette pratique soit adoptée en Europe au 17e siècle.

L'empire de Chine s'est effondré lorsque l'élite a réalisé qu'il était facile d'imprimer de la fausse monnaie pour mener des guerres et se construire des monuments.

Les Romains ont utilisé des pièces d'or et d'argent. Les Romains ont créé de la fausse monnaie en rognant la tranche de ces pièces.

Tranches rognées et pièces altérées

Aujourd'hui, la plupart des pièces de monnaie américaines ont des rainures sur la tranche. Il était moins facile de rogner les pièces d'or et d'argent ayant des rainures.

Les Romains ont alors créé davantage de fausse monnaie en « altérant » leurs pièces d'or et d'argent, c'est-à-dire en amalgamant à l'or et à l'argent des métaux de base tels que le cuivre, l'étain et le nickel.

En 1965, le gouvernement américain a commencé à altérer les pièces d'argent américaines, et c'est pour cette raison que leur tranche a une teinte cuivrée.

La loi de Gresham

La loi de Gresham stipule que :

> *Lorsque la mauvaise monnaie [fausse] entre dans le système, elle chasse la bonne [véritable].*

En 1965, j'ai commencé à me rendre à la banque locale d'Hilo, Hawaï, pour m'y procurer des rouleaux de pièces de 10, 25 et 50 cents en échange de billets de banque. Je rentrais à la maison, j'ouvrais les rouleaux, en retirais les pièces d'argent véritable et retournais déposer à la banque les mêmes rouleaux remplis cette fois de pièces d'argent à la tranche cuivrée.

Il ne m'a pas fallu beaucoup de temps pour remplir un grand sac en toile de pièces d'argent véritable.

Je ne sais pas pourquoi j'ai commencé à échanger du papier-monnaie contre des pièces d'argent véritable et que j'ai ensuite pris l'habitude de les collectionner. Mais je l'ai fait. Était-ce une application de la loi de Gresham ?

En 1965, je suis allé étudier à New York et je n'ai ensuite plus jamais revu mon sac de toile rempli de pièces d'argent véritable. Je me suis toujours demandé si ma mère avait dépensé cet argent.

À la recherche de mines d'or

Entre 1996 et 2012, j'ai eu un associé, un véritable professeur, appelé Frank Crerie. Frank avait environ le même âge que mon père riche et mon père pauvre. Frank avait fait entrer quelques mines d'or et d'argent en Bourse en effectuant des premiers appels publics à l'épargne (PAPE) sur les marchés boursiers canadiens et américains.

Trop âgé pour voyager, Frank m'a envoyé partout dans le monde à la recherche de mines d'or et d'argent. Cela a été une éducation incroyable et *véritable*. Je me rappelle avoir contemplé le flanc d'une colline dans les Andes péruviennes. Il était percé d'une rangée de trous, de petites mines d'or qui suivaient un filon. Le géologue minier qui m'accompagnait m'a dit que l'or des Incas provenait de ces mêmes petits trous, bien avant que Francisco Pizarro débarque d'Espagne, tuant leurs dirigeants et s'appropriant ensuite leur or.

Je me rappelle également m'être rendu en Mongolie pour visiter une autre vieille mine appelée « Le damier ». Elle tenait son nom du fait qu'elle s'étendait sur un terrain plat et que les trous qui y étaient pratiqués faisaient penser à un damier.

L'une de nos quatre meilleures mines était une vieille mine d'argent située dans une région éloignée du sud de l'Argentine. Notre groupe en a fait une société ouverte en la faisant entrer à la Bourse de Toronto au moment où le cours de l'argent était inférieur à 3 $ l'once. Nous avons très bien tiré notre épingle du jeu, car le cours de l'argent a atteint 7 $ l'once. Aujourd'hui, le cours de l'argent a bondi à environ 15 $ l'once. Malheureusement, nous avons vendu nos actions lorsqu'il était à 7 $.

Notre plus grosse acquisition a été une vieille mine en Chine. Nous l'avons obtenue « sans débourser un sou ». Nous avons conclu une entente avec le gouvernement chinois : il nous donnait la mine si nous en faisions une société ouverte en la faisant entrer à la Bourse de Toronto. Ce que nous avons fait. La bonne nouvelle, c'est que nous avons trouvé de l'or dans cette mine, un gros filon. Des millions d'onces. Pendant environ un an, nous avons su que nous étions millionnaires. Notre mine chinoise portait un nom espagnol : Mundoro Mining, un monde d'or.

Et puis un jour, un fonctionnaire nous a avisés que le gouvernement chinois ne renouvellerait pas notre permis d'exploitation. Aujourd'hui, cette mine se trouve entre les mains d'amis de l'élite chinoise, qui sont milliardaires.

Nous n'avons plus d'intérêts dans Mundoro. C'est ce que j'appelle une véritable éducation.

Une empreinte indélébile

Cette expérience m'a laissé une forte impression : des êtres humains isolés, vivant dans des régions éloignées, sans contact avec l'extérieur… qui comprenaient instinctivement la valeur de l'or et de l'argent.

Que nous est-il arrivé ? Qu'est-il arrivé à notre instinct vis-à-vis de l'argent de Dieu ? Sommes-nous aujourd'hui trop instruits ?

Pourquoi faisons-nous confiance à des gens que nous ne connaissons pas ? Pourquoi croyons-nous l'élite uniquement parce qu'elle imprime les mots « En Dieu nous avons confiance » sur notre fausse monnaie ?

Examinez ce graphique.

OR *VS* FAUSSE MONNAIE
Principales devises comparées à l'or | 1900-2018

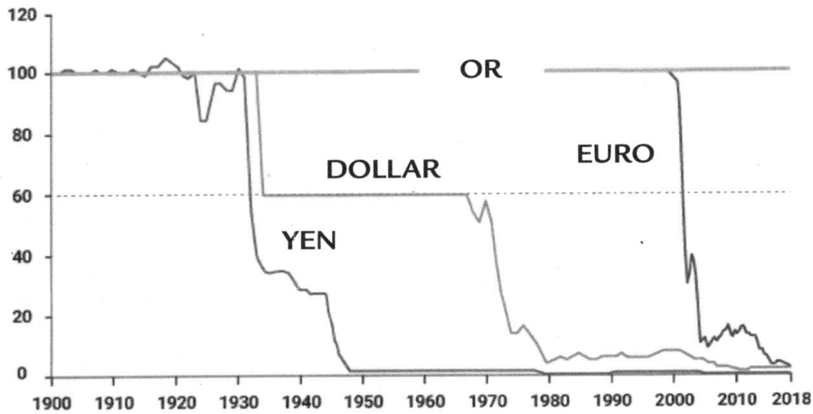

Et maintenant, voyez ce qui arrive à la fausse monnaie lorsque nos dirigeants en impriment encore davantage.

POURQUOI LES ÉPARGNANTS SONT DES PERDANTS
Le pouvoir d'achat du dollar américain depuis 1913

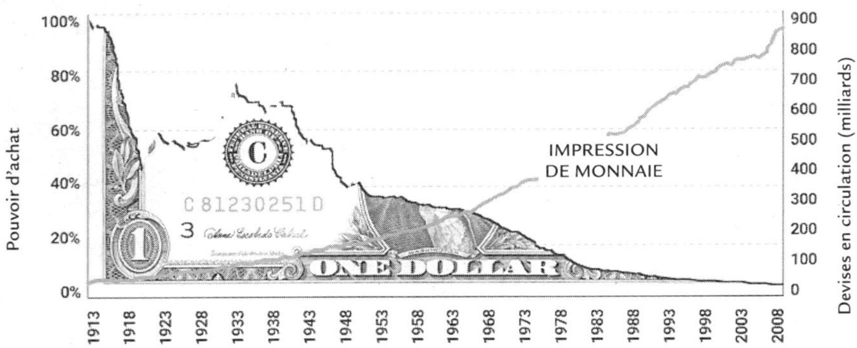

Est-ce que l'histoire se répète ?

Voici une photographie prise en 1923. Des enfants allemands jouent avec de l'argent dans la rue – des milliards de marks en fausse monnaie. Sous la République de Weimar après la Seconde Guerre mondiale, l'inflation a été telle qu'un dollar américain valait 4,2 millions de marks.

Source : Getty Images / Corbis

Le graphique ci-dessous montre d'où vient l'argent avec lequel jouaient les enfants.

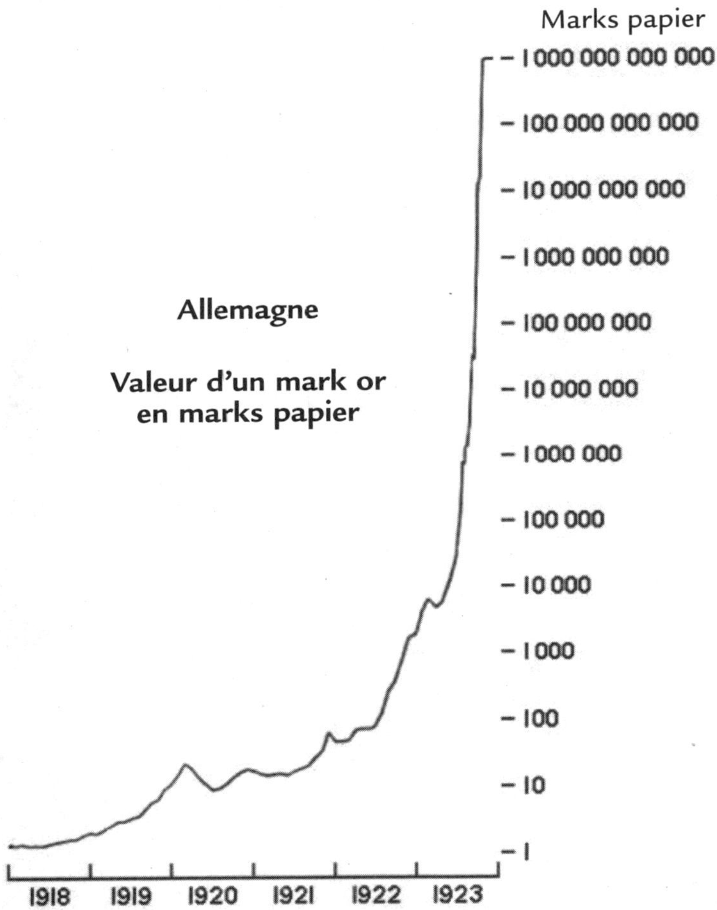

Source : Wikipédia – Delphi234

Le graphique de la page suivante montre que les États-Unis ont imprimé des trillions de dollars en fausse monnaie après le krach de 2008.

Avez-vous remarqué une similitude avec l'impression de cette fausse monnaie qu'est le *Reischmark* en Allemagne pendant les années 1920 ?

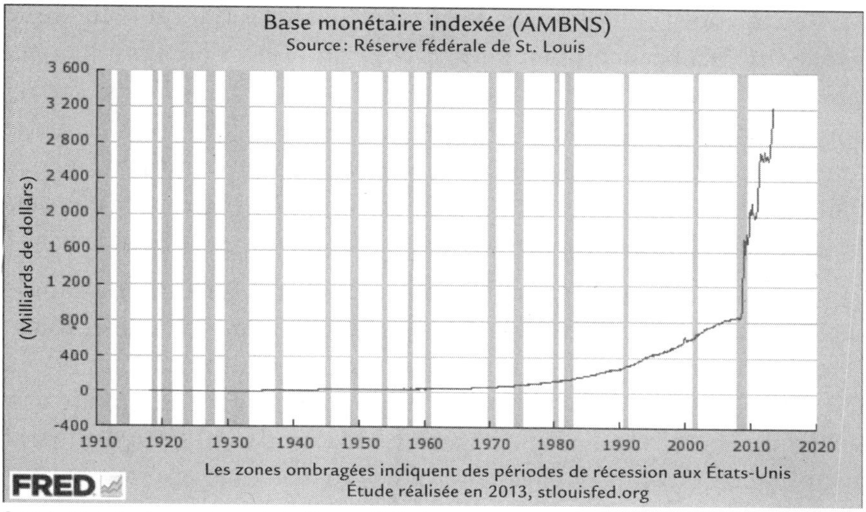

Source : Données économiques de la Réserve fédérale

Malheureusement, jamais dans l'histoire de l'humanité une fausse monnaie n'a survécu. Il y a de fortes chances que tout le papier-monnaie qui circule aujourd'hui retrouve sa véritable valeur : zéro.

Lorsqu'il s'agit de votre argent, faites-vous encore « confiance à Dieu » ?

Un retour sur les bancs d'école

R. Buckminster « Bucky » Fuller a écrit qu'il fallait « permettre aux étudiants de retourner à leurs études ». Autrement dit : les sortir de l'école et les laisser acquérir une véritable éducation.

Pendant la majeure partie de ma vie, j'ai été un élève moyen. J'ai toujours été un faux étudiant. Exception faite de l'école d'aéronautique, je n'ai jamais aimé l'école. L'école était ennuyeuse. Lorsque Fuller a dit qu'il fallait « permettre aux étudiants de retourner à leurs études », je me suis demandé quelles étaient les *miennes*.

La lecture de *Grunch of Giants* m'a ouvert les yeux. Je suis finalement devenu un véritable étudiant.

Alors que j'entreprenais de faire mon éducation, j'ai réalisé que je ressemblais beaucoup au petit garçon que j'étais en 4e année, qui avait levé la main et demandé à son enseignante: «Dites, quand apprendrons-nous quelque chose à propos de l'argent?» C'est cette question qui m'a amené à faire la rencontre de mon père riche, le père biologique d'un camarade de classe. Ce véritable professeur a fait de nous des apprentis, de l'âge de neuf ans jusqu'après la trentaine.

Grunch of Giants a porté mon exploration à un autre niveau. Je me suis intéressé aux livres et aux séminaires de véritables professeurs, des gens à qui la grossière escroquerie était familière. Frank Crerie, mon associé qui m'avait envoyé partout dans le monde à la recherche de mines d'or et d'argent, a été l'un d'eux. J'en nommerai encore quelques-uns dans la deuxième partie de cet ouvrage.

Le 28 mai 2018, alors que je passais devant un kiosque à journaux, la couverture du *Time* a attiré mon attention. On pouvait lire sur la couverture: «Comment ma génération a brisé l'Amérique». Cet article de Steven Brill traitant de l'élite a été pour moi une autre pièce du puzzle géant que représente la grossière escroquerie. M. Brill y formulait les mêmes préoccupations que Richard Buckminster Fuller, 35 ans auparavant dans *Grunch of Giants.*

Lors de ses conférences, Fuller disait que les individus invisibles qui contrôlent l'économie mondiale fouillent les universités afin de trouver les meilleurs et les plus intelligents candidats, et de les former ensuite à diriger l'économie mondiale de la façon dont *ils* veulent qu'elle soit dirigée.

Steven Brill ne l'a pas dit exactement comme ça, mais voici ce qu'il écrit:

> *Je faisais partie de cette élite. En 1964, j'étais un rat de bibliothèque. J'ai grandi à Far Rockaway, un quartier de la classe ouvrière de Queens. Un jour, j'ai lu dans une biographie de John F. Kennedy qu'il avait fréquenté une école secondaire privée. Aucun de mes professeurs de la Junior High School 198 n'a pu m'expliquer de quoi il s'agissait vraiment, mais j'ai vite compris que cela ressemblait à un collège. On y étudie et on vit sur un*

campus, mais on entre dans cet établissement quatre ans avant l'âge normal de l'entrée au collège, ce qui m'apparaissait comme une excellente idée, d'autant plus que j'ai découvert que certaines de ces écoles offraient une aide financière. Je me suis donc retrouvé à la Deerfield Academy, dans l'ouest du Massachusetts. Le directeur, Frank Boyden, a dit à mes parents inquiets, qui tenaient une boutique de spiritueux et qui tiraient le diable par la queue, que sa politique d'aide financière dépendait d'une contribution annuelle de leur part, dans la mesure de leurs moyens.

Trois ans plus tard, en 1967, pendant ma dernière année à Deerfield, j'ai été convoqué au bureau du directeur où se trouvait un homme appelé R. Inslee Clark Jr, le doyen des admissions de Yale. Ce que j'ignorais à l'époque, c'est que j'allais faire partie d'une révolution menée par M. Clark, surnommé Inky. J'étais sur le point de devenir l'un de ceux que l'on appellerait bientôt les garçons d'Inky et, plus tard, les filles. Nous faisions partie d'un bassin méritocratique qui s'est épanoui à Yale et dans d'autres institutions prestigieuses, des cabinets d'avocats et des banques d'investissement au milieu des années 1960 et pendant les années 1970.

M. Fuller aurait peut-être dit: «Ces jeunes gens très brillants ont été sélectionnés et formés par des escrocs en liberté.»

Steven Brill continue en écrivant: «*Les réussites personnelles des leaders de ma génération qui sont entrés dans le monde professionnel après être sortis d'universités prestigieuses ont souvent eu de fâcheuses conséquences sociétales.*»

L'école secondaire privée

Une partie de l'histoire de Père riche que je n'ai pas racontée est que mes camarades de classe issus de familles bien nanties sont allés à l'école privée après leurs études secondaires à Riverside School, et non pas dans un établissement public comme le fils de mon père riche et moi. La plupart ont fréquenté la Preparatory Academy d'Hawaï, à plus de 125 kilomètres de chez eux. Certains sont allés à la Punauhou School sur l'île d'Oahu, cette école qu'a fréquentée Barack Obama.

Le futur président a été l'un de ces « garçons et filles d'Inky », comme Steven Brill. Le jeune « Barry » Obama, comme on l'appelait, est sorti de Panahou pour entrer à l'École de droit de Harvard. Il est ensuite devenu président des États-Unis. Son parcours a été similaire à celui des présidents Bill Clinton et George W. Bush.

Lorsque j'ai demandé à mon père pauvre si je pouvais fréquenter un établissement privé, il m'a dit : « Nous ne sommes pas riches et ce ne serait pas politiquement correct si le superintendant des programmes d'éducation publique envoyait son fils dans une école privée. »

Alors que mes camarades riches se dirigeaient vers l'école privée, le fils de mon père riche et moi sommes allés à l'école intermédiaire et ensuite à l'école secondaire d'Hilo.

Cela avait un avantage : je pouvais faire du surf chaque jour. L'école secondaire d'Hilo avait également la meilleure équipe de football de l'État et j'adorais ce sport. Nous avons battu l'équipe de l'Académie chaque fois que nous avons affronté nos anciens camarades de classe.

Et ce qui est encore mieux, c'est que Mike et moi sommes devenus les apprentis de mon père riche après les classes et pendant les week-ends. Nous avons acquis une véritable éducation commerciale et financière tout au long de nos études secondaires.

L'histoire de Père riche, Père pauvre *commence alors que j'ai neuf ans et que j'étudie à la Riverside School, une école primaire fréquentée par des enfants issus de familles bien nanties. Les enfants des familles pauvres et de la classe moyenne fréquentaient la Union School d'Hilo, de l'autre côté de la rue.*

Le fait de fréquenter une école réservée aux enfants riches m'a poussé à me demander pourquoi certains étaient riches et moi pauvre. En 4e année, entouré d'enfants riches, j'ai levé la main et demandé à notre enseignante: « Quand apprendrons-nous quelque chose à propos de l'argent? » Lorsqu'elle m'a répondu: « Nous n'abordons pas le sujet de l'argent à l'école », mon apprentissage de toute une vie a commencé. Et comme on dit: « Le reste appartient à l'histoire. »

C'est mon père pauvre, le superintendant des programmes d'enseignement de l'État d'Hawaï, qui m'a appris qu'il ne pouvait enseigner que ce que le gouvernement lui permettait d'enseigner. Il m'a conseillé de parler au père de mon meilleur ami si je voulais en apprendre davantage sur l'argent. Cet homme est devenu mon père riche. Et l'histoire de Père riche, Père pauvre *a commencé, une histoire qui traite de la véritable éducation financière offerte par un véritable professeur.*

Parmi nos camarades de l'école primaire qui ont ensuite fréquenté une école secondaire privée, un grand nombre sont sortis diplôme en main des Stanford, Dartmouth, Yale et autres universités prestigieuses… des établissements réservés à l'élite et à la future élite.

De fâcheuses conséquences sociétales

Steven Brill poursuit en faisant référence aux leaders de sa génération: « Ils ont créé une économie basée sur des transactions qui déplaçaient les actifs au lieu d'en créer de nouveaux. »

Traduction: L'élite a créé de faux actifs qui les enrichissaient, mais ne contribuaient pas au développement de l'économie, c'est-à-dire qu'ils n'ont pas créé d'emplois bien rémunérés.

VOS QUESTIONS... LES RÉPONSES DE ROBERT

Q: Comment pourrions-nous régler les problèmes financiers des États-Unis? Par où faudrait-il commencer? Devons-nous d'abord rétablir la convertibilité du dollar américain en or? Faut-il d'abord éliminer les instruments dérivés et les faux actifs? Comment pouvons-nous mettre un terme à cette grossière escroquerie à l'échelle mondiale?

Jaime M. – États-Unis

R: Ce sont d'excellentes questions. Je me posais des questions similaires lorsque j'étais plus jeune. Plus j'ai étudié Bucky Fuller et la grande escroquerie, plus j'ai réalisé qu'il n'y avait qu'une seule réponse à ces questions. L'un des principes généraux de M. Fuller veut que *l'urgence donne naissance à l'émergence.* Cela signifie qu'il devra y avoir une urgence avant que quoi que ce soit change. Le mot *émergence* est formé à partir du mot souche *émerger.* M. Fuller nous a enseigné que la prochaine évolution de l'humanité se produira lorsqu'elle sera confrontée à la prochaine *urgence.*

Heureusement, nous sommes nombreux à savoir que cette urgence est imminente et nous nous y préparons. Et je m'attends à ce que nous voyons (ou peut-être le voyons-nous déjà) une humanité nouvelle, plus intelligente et plus sage, émerger *avant* l'heure de cette urgence.

En 2004, juste avant l'énorme tsunami qui a frappé l'Indonésie, tuant des centaines de milliers de personnes, des animaux tels que les éléphants ont commencé à quitter la zone littorale pendant que les touristes se dirigeaient vers la plage.

La même chose se produit actuellement. Des millions d'êtres humains évoluent, choisissent de ne pas être des victimes et apportent des changements avant que la prochaine urgence financière se présente.

Tous mes livres sont destinés à des gens qui savent qu'il est temps de changer.

Q: Est-il trop tard pour rétablir l'étalon-or?

Andrew C. - Canada

R: Cela dépend de la personne à qui vous posez la question. Dans la troisième partie de cet ouvrage, Faux actifs, vous apprendrez pourquoi un grand nombre des membres de l'« élite », comme Bernanke, le président de la Réserve fédérale, croient que l'or est une relique barbare du passé.

Et il y a des gens tels que Jim Rickards qui, dans son ouvrage intitulé *Nouveau plaidoyer pour l'or*, explique comment le monde pourrait rétablir assez aisément la convertibilité du dollar américain en or.

Q: À quoi croyez-vous que le monde ressemblerait aujourd'hui si Nixon n'avait pas mis un terme à la convertibilité du dollar américain en or?

Joey S. - Vietnam

R: C'est une très bonne question. Je ne sais pas. Je préfère penser à ce qui arrivera dans un proche avenir et m'y préparer.

Q: Y a-t-il une fausse vérité?

Michael A. - Pologne

R: Oui. Dans les écoles, la fausse vérité s'appelle l'« histoire ».

L'un des sens qui est donné au mot *histoire* est « mensonge ».

À l'école militaire, on nous enseigne que « l'histoire appartient aux vainqueurs », et non aux perdants.

Comme l'a dit Joseph Goebbels: « Un mensonge répété mille fois se transforme en vérité. »

Bucky Fuller nous a enseigné à faire confiance aux « artéfacts », des choses que l'on peut voir, toucher et sentir, et non pas à une histoire ou à un mensonge.

Par exemple, Christophe Colomb n'a pas été le premier à mettre le pied en Amérique. Il a d'abord touché terre sur une île des Antilles. Donc, techniquement, Colomb n'a pas découvert l'Amérique. Et il y a des artéfacts qui prouvent que les Vikings sont venus en Amérique et y ont vécu bien avant la naissance de Christophe Colomb.

Donc, qui a découvert l'Amérique ? Un Italien ou un Viking ?

Q : Pourquoi ces changements soudains au cours des dernières années en ce qui a trait à la monnaie ?

Kevin I. – Japon

R : Si vous étudiez l'histoire, vous verrez que cela dure depuis des millénaires. Les Chinois ont été les premiers à imprimer du papier-monnaie. Les Romains ont « altéré » leur monnaie lorsque leur empire s'est effondré.

Hitler a pris le pouvoir en 1933 parce que le gouvernement de Weimar imprimait de l'argent pour rembourser les dettes contractées pendant la Première Guerre mondiale. Cette impression d'argent est à l'origine de la Seconde Guerre mondiale et de la mort de millions de personnes.

De nombreux individus ont cru que 1971 était le début de la fin pour l'empire américain.

Q : Le bitcoin a perdu beaucoup de valeur dernièrement. Croyez-vous toujours qu'il s'agisse de véritable monnaie ?

Franco S. – Italie

R : Oui, mais pas nécessairement le bitcoin. Je crois que la technologie des chaînes de blocs changera le monde parce qu'elle est plus fiable que l'argent qui est imprimé par le gouvernement.

Je préfère l'or et l'argent pour la même raison. L'or et l'argent sont beaucoup plus fiables que les gens qui dirigent nos gouvernements et nos banques, et qui gèrent nos régimes de retraite.

Q : De nos jours, avec tant de fausses (et de vraies) nouvelles, que devons-nous chercher pour obtenir des faits avérés à propos de l'économie ?

Samuel H. – Belgique

R : Dans cet ouvrage, je cite des sources qui sont dans le secret des dieux. Ces individus ont vu de près la grossière escroquerie. Aux pages 330 à 334, vous trouverez une liste des entrevues réalisées par la Rich Dad Radio avec des gens qui ont vu cette escroquerie de l'intérieur. Écoutez les conversations et apprenez auprès de véritables professeurs quelques leçons sur l'argent que peu de gens connaissent.

Q : Comment ce livre peut-il nous aider à survivre à tout ce qui nous entoure qui est faux… et à nous préparer au prochain ralentissement économique ou au prochain krach ?

John H. – Afrique du Sud

R : L'argent est devenu invisible en 1971. Ce livre a pour but de vous sensibiliser, de vous amener à prêter attention aux signes de changement – des signes que la plupart des gens ne voient pas avant qu'il soit trop tard.

Chapitre 3

SEPT RAISONS PRATIQUES POUR LESQUELLES JE POSSÈDE DE L'OR ET DE L'ARGENT VÉRITABLES

UN PLAIDOYER EN FAVEUR DE L'ARGENT DE DIEU

Notez bien que je dis *posséder* de l'or et de l'argent. Je ne dis pas que j'« investis » dans l'or et l'argent ou que je les négocie sur les marchés. Il y a sept raisons pour lesquelles il y a une différence entre *posséder*, *investir* et *négocier* – peu importe quoi.

RAISON Nº 1 : L'or et l'argent ne sont pas des investissements

Je ne possède pas de l'or et de l'argent dans le but de m'enrichir. Ils sont pour moi une assurance, une *protection* contre la stupidité de l'élite… et moi-même.

Ma voiture est assurée, ce qui m'offre une protection complète en cas de collision. L'or et l'argent jouent ce même rôle de protection.

Je ne fais pas confiance aux individus qui font partie de l'élite. Ils croient tout savoir. Ils croient avoir toujours raison. Dans leur esprit, ils ne font pas d'erreurs. Ils n'admettront jamais avoir tort.

Ils ne sont pas les seuls. Nous sommes tous atteints de cette maladie qui s'appelle « J'ai raison et tu as tort ». Nous connaissons tous quelqu'un qui a toujours raison. Et parfois, cette personne, c'est moi.

Le problème, c'est que les membres de l'élite vivent entre eux, isolés du reste du monde. Ils envoient leurs enfants dans les mêmes écoles prestigieuses. Ils croient bien faire, ils croient travailler pour le bien du monde, et pourtant ils sont déconnectés du monde réel. Ils organisent de grands événements caritatifs, ils se sentent bien, ils ont fière allure, ils veulent voir et être vus à des galas, ils recueillent des milliards de dollars pour sauver le monde… mais qui protège le monde contre eux ? Ils sont nés intelligents, ils reçoivent ensuite une excellente éducation, ils sont des travailleurs acharnés, et pourtant – involontairement – ils ont manipulé le système afin de s'enrichir… aux dépens du reste de la population.

Pour vous éclairer, examinez ce verset de l'Évangile selon saint Luc (23:34) :

> *Et Jésus disait : « Père, pardonne-leur : ils ne savent pas ce qu'ils font. »*

Le Christ a prononcé ces paroles au moment où il était crucifié. Je n'ai jamais bien réussi à l'école du dimanche, mais c'est l'une des plus importantes leçons que j'ai retenues : une leçon sur le pardon.

Il est possible que l'élite ne sache pas ce qu'elle fait. Le problème, c'est que le monde en fait les frais.

Comme Steven Brill l'a écrit dans le *Time* :

> *[Les membres de l'élite] ont su consolider leurs victoires, se montrer plus malins et s'approprier les forces qui auraient pu les museler, et ont relevé l'échelle afin que personne ne vienne partager leur succès ou leur disputer leur primauté.*
>
> *En améliorant sans cesse leurs pratiques, en repoussant les barrières limitant leurs victoires, en orchestrant agressivement des changements dans le paysage politique, et avec la manifestation des conséquences souvent inattendues de ces innovations, ils ont créé un fossé qui les protège de l'obligation de rendre des comptes et des dommages que leurs triomphes causent dans la collectivité.*

Traduction : Les membres de l'élite sont au-dessus des lois. Aucune rambarde ne les retient. Ils ont l'argent qu'il faut pour retenir les services d'avocats appartenant également à l'élite, souvent des camarades de promotion, qui se mesureront à des avocats de l'État moins bien rémunérés et qui sortent d'écoles de droit moins prestigieuses. Ils ont le pouvoir de faire ce qu'ils veulent sans être tenus responsables de leurs actes ni des dégâts qu'ils font dans la vie des autres. Leur éducation privilégiée et leur réussite les ont transformés en despotes.

Définition :
despote (n. m.), souverain qui s'arroge un pouvoir absolu, personne qui exerce une autorité cruelle ou tyrannique.

Je ne sais pas tout

Je sais que je ne sais pas tout. Mais j'ai quelques connaissances. Je fais de mon mieux, mais il m'arrive de faire des erreurs avec mon argent. Je ne fais pas confiance à nos dirigeants. Je ne fais pas confiance à leur fausse monnaie. C'est pour cette raison que je possède de l'or et de l'argent, l'argent de Dieu.

L'or et l'argent sont mon assurance, ma protection contre nos dirigeants et moi-même.

RAISON N° 2 : Aucun risque

Tous les investissements sont risqués. L'or et l'argent ne présentent aucun risque. Bien sûr, le cours de l'or et de l'argent fluctue, parce que la valeur de la fausse monnaie fluctue.

Lorsqu'un individu investit, supposons dans une action ou dans l'immobilier, il s'attend à un RCI, un *rendement du capital investi*, car il prend un risque. Lorsqu'un individu dépose de l'argent dans un banque, il s'attend à un taux de rendement sous forme d'intérêts, car confier de l'argent à une banque est extrêmement risqué, plus particulièrement lorsque l'élite en imprime.

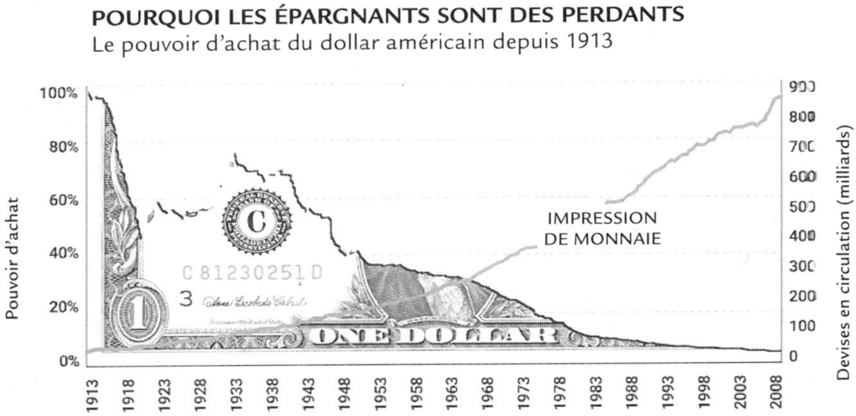

Lorsque j'achète de l'or ou de l'argent, je ne m'attends pas à un taux de rendement, à un rendement du capital investi, car je ne prends aucun risque. L'or et l'argent sont l'argent de Dieu. N'oubliez jamais que le cours de l'or et de l'argent fluctue parce que la valeur de la fausse monnaie fluctue. L'or et l'argent ne sont que de l'or et de l'argent. L'or et l'argent seront encore là bien après vous, l'élite, l'extinction des cafards et moi.

Lorsque j'achète de l'or et de l'argent, c'est pour toujours. Je ne prévois pas revendre mes acquisitions. Tout comme Warren Buffett conserve ses actions pour toujours, je conserverai toujours l'or et l'argent que j'achète.

Je sais que certains d'entre vous disent : « Mais je veux faire des achats. » « J'ai besoin d'argent. » C'est pour cette raison que la plupart des gens ne sont pas riches. Ils adorent dépenser leur argent. Et moi aussi. J'aime les belles voitures, les beaux vêtements, les belles maisons et la bonne chère. Mais même à l'époque où je n'avais ni argent ni emploi, j'ai protégé ces actifs et n'ai jamais vendu mon or et mon argent. Je le répète : tout comme Warren Buffett conserve ses actions pour toujours, je conserverai toujours l'or et l'argent que je possède.

Les banques ne sont pas sûres

Les banques ne sont pas sûres. Les banques sont risquées. J'adore mon banquier parce qu'il me prête de l'argent. J'utilise les banques pour y conserver de l'argent à court terme, mon capital d'exploitation. Mais je ne confierais pas ma richesse à long terme à une banque.

Réduire le risque

Pour réduire encore davantage le risque, mon or et mon argent sont conservés dans divers pays qui sont des refuges sûrs. En toute légalité. Très, très loin. Ainsi, j'évite toute tentation et je n'ai pas à m'inquiéter que quelqu'un me force à me rendre à ma banque et à lui remettre mon or et mon argent.

Le risque de contrepartie

Qu'est-ce qui est risqué ? C'est une question tendancieuse...

Éducation financière
Le *risque de contrepartie* est une expression essentielle pour quiconque veut acquérir un vrai vocabulaire financier et devenir financièrement instruit. Le *risque de contrepartie* est également connu sous l'appellation *risque d'insolvabilité.*

Tous les investissements comportent un risque d'insolvabilité. En termes simples, il y a *insolvabilité* lorsqu'un individu n'honore pas un contrat. Par exemple, un ami vous emprunte 100 $, vous promettant de vous rembourser 110 $ dans un an. Ce rendement de 10 $ couvre le risque que vous prenez en lui prêtant 100 $. Ce 10 $ est la mesure du risque que représente votre contrepartie – votre ami.

Si votre ami est sans emploi et vous doit déjà 1 000 $, les intérêts demandés devraient être plus élevés, car le risque de contrepartie est plus grand. Encore mieux, dites-lui tout simplement : « Non. » Peut-être votre ami décidera-t-il de demander un prêt à la banque. C'est ce que veulent les banques : prêter de l'argent. Elles veulent que nous utilisions les cartes de crédit qu'elles émettent. Elles ne gagnent pas d'argent avec les épargnants. Elles gagnent de l'argent avec les emprunteurs.

Un autre exemple de risque de contrepartie

Voici un autre exemple de risque de contrepartie. Supposons que vous achetez une police d'assurance habitation. La valeur de cette assurance se mesure à la solvabilité de la contrepartie : la compagnie d'assurance. Si votre maison est détruite par un incendie et que la compagnie d'assurance fait faillite, votre maison et votre police d'assurance ne valent plus rien.

LE KRACH DE 2008

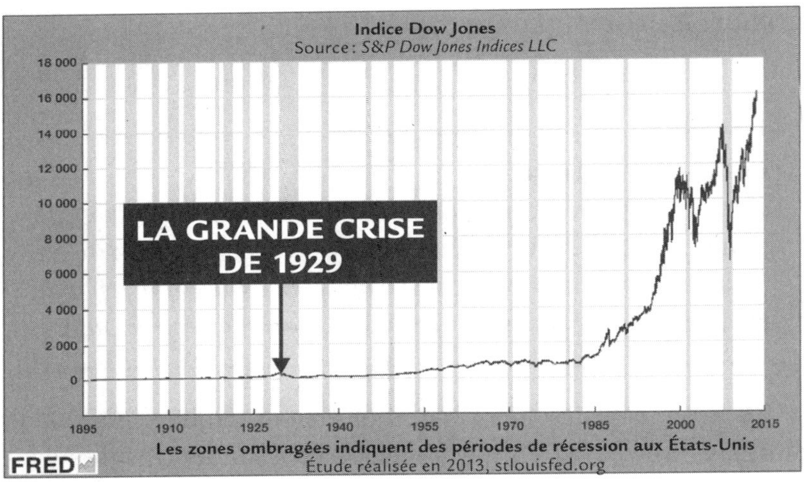

C'est ce qui est arrivé en 2008 :

1. Des emprunteurs à haut risque, des gens comme votre ami, ont emprunté de l'argent pour acheter une maison qui était au-dessus de leurs moyens.

2. Les banques n'ont été que trop heureuses de leur accorder ces prêts malgré le risque d'insolvabilité qu'ils présentaient.

3. Les banques ont ensuite vendu ces hypothèques à des banques d'investissement.
4. Les banques d'investissement ont ensuite regroupé des milliers de ces prêts à haut risque, sous l'appellation de titres adossés à des créances hypothécaires (TACH), un instrument dérivé.
5. Les banques d'investissement ont vendu ces TACH à des gouvernements, à des fonds d'investissement, à des régimes de retraite et à des individus crédules.
6. Pour donner à toutes les parties un sentiment de sécurité, cette élite a acheté des polices d'assurance, connues sous le nom de swaps sur défaillance de crédit.

Tout le monde s'enrichissait… car tout le monde touchait des « redevances ».

Steven Brill écrit dans le *Time* :

> *[L'élite] a créé une économie basée sur des transactions qui déplaçaient les actifs au lieu d'en créer de nouveaux. Elle a créé des instruments financiers sophistiqués et risqués, dont les instruments dérivés et les swaps sur surveillance de crédit, qui dégageaient des profits immédiats, mais séparaient les preneurs de risques de ceux qui en subiraient les conséquences.*

Lorsque les emprunteurs à haut risque ont cessé de rembourser leurs prêts, les instruments dérivés ont explosé, exactement comme les « armes de destruction massive », dont Warren Buffett parlait en 2002.

Personne n'est allé en prison. Tous ceux qui avaient gagné de l'argent – du courtier immobilier à Wall Street, en passant par les courtiers en hypothèques, les banques et les banques d'investissement – l'ont conservé.

Des millions d'individus ont perdu leur emploi, leur maison, leurs économies et leur avenir. Aujourd'hui, le gouvernement des États-Unis est lourdement endetté, ce qui signifie que les contribuables, leurs enfants et leurs petits-enfants paieront pour ces primes que les banques ont empochées.

Les swaps sur défaillance de crédit

Dans l'univers de l'argent invisible, les swaps sur défaillance de crédit sont aussi importants qu'une assurance auto, une assurance habitation ou une assurance vie.

Trois parties participent à un swap sur ***défaillance*** de crédit :

1. Le vendeur du titre adossé à une créance ;
2. L'acheteur du titre adossé à une créance ;
3. L'assureur du titre adossé à une créance.

Le **vendeur** regroupe des titres adossés à des créances (reconnaissances de dette) et les vend – des TACH. Le vendeur consent à verser des intérêts au terme d'un délai donné. Ce n'est pas très différent de votre ami qui vous emprunte 100 $ et qui vous verse des intérêts de 10 % après un an. Votre ami vous a en quelque sorte vendu un TACH.

L'**acheteur** s'attend à un rendement sur le capital investi.

L'acheteur, c'est vous. Vous avez prêté 100 $ à votre ami en échange d'une promesse de remboursement de l'ordre de 110 $.

Vous, l'acheteur, voulez être certain que votre ami, le vendeur, tiendra sa promesse. Vous vous tournez tous les deux vers un **assureur**, qui cautionne vos 100 $ et les 10 $ d'intérêts.

Un swap sur défaillance de crédit est une police d'assurance contre l'insolvabilité.

Qu'est-ce qu'un instrument dérivé ?

Une façon simple d'expliquer ce qu'est un instrument dérivé est de le comparer à une orange.

Si vous pressez une orange, du jus s'en écoule. Le jus d'orange est un instrument dérivé de l'orange. Si vous extrayez l'eau du jus d'orange, vous obtenez du jus d'orange concentré, un autre instrument dérivé de l'orange.

Lorsqu'un emprunteur à haut risque achète une maison qui est au-dessus de ses moyens et se retrouve en position d'insolvabilité, l'élite prend l'emprunt et la maison, les regroupe dans un instrument dérivé appelé titre adossé à une créance hypothécaire, et puis une compagnie d'assurance crée un swap sur défaillance de crédit, un autre instrument dérivé. L'élite a fait des fortunes et touché des primes après l'effondrement du château de cartes.

Rien n'a changé. Les mêmes individus créent toujours des instruments dérivés. Aucun membre de l'élite n'est allé en prison.

Steven Brill écrit :

> *[Les membres de l'élite], leur pouvoir, leur lobbying, leurs avocats, leur audace ont englouti les institutions qui étaient censées leur demander de rendre des comptes – les agences gouvernementales, le Congrès, les tribunaux.*

L'ensemble du système monétaire mondial repose sur le risque de contrepartie et c'est l'une des raisons pour lesquelles cette notion est si importante.

Si je fais confiance à l'argent de Dieu – l'or et l'argent –, c'est parce qu'il ne présente aucun risque de contrepartie.

Ne vous inquiétez pas…

Si vous ne comprenez pas tout à fait ce que sont le risque de contrepartie, les titres adossés à des créances hypothécaires ou les swaps sur défaillance de crédit, ne vous inquiétez pas. En fait, 99 % des habitants de cette planète ne comprennent pas ce qui se joue à l'intérieur du monde de l'argent invisible. Si vous voulez mieux comprendre ce monde invisible, lisez en compagnie d'un ami ou deux ce que Steven Brill et moi avons écrit, et puis discutez de ce que vous comprenez. N'oubliez pas que deux têtes valent mieux qu'une – sauf à l'école, où deux esprits qui travaillent ensemble sont synonymes de tricherie.

Mais le plus important est de toujours se rappeler que l'ensemble du système monétaire mondial repose sur le risque de contrepartie.

Votre argent est-il en sécurité... dans une banque?

Si les banques vous versent des intérêts sur le solde de votre compte, c'est à cause du risque de contrepartie.

Et si le gouvernement cautionne les dépôts bancaires par le biais de la Compagnie fédérale d'assurance de dépôts bancaires (FDIC) jusqu'à concurrence de 250 000 $, c'est pour rassurer les épargnants. Les banques et le gouvernement ne veulent pas que les gens se ruent aux guichets pour retirer toutes leurs économies et ils offrent donc une assurance-dépôts.

Malheureusement, si l'épargnant a des économies d'un million de dollars et que la banque fait faillite, l'épargnant ne récupère que 250 000 $.

Lorsque vous déposez de l'argent à la banque, elle vous offre de garder votre argent dans un *compte d'épargne* ou dans un *compte de dépôt du marché monétaire*. Ce dernier offre à l'épargnant un taux d'intérêt légèrement supérieur. Pourquoi? C'est que l'argent placé dans ce compte n'est protégé par aucune assurance-dépôts. Si vous faites confiance à votre banque pour veiller sur vos économies de toute une vie, alors choisissez ce compte.

Ayez confiance en l'or et l'argent

Étant donné que l'or et l'argent sont de la véritable monnaie, ils ne présentent pas de risque de contrepartie. Dieu ne trahit pas ses promesses.

Soit dit en passant, je ne conserve pas mon or et mon argent dans la salle des coffres d'une banque. Je ne fais pas confiance aux banques ou au gouvernement. Leurs dirigeants ne sont que des êtres humains, pas Dieu.

Les chambres fortes privées

De nos jours, un nombre grandissant d'entreprises offrent des chambres fortes privées surveillées par des gardiens. Récemment, je me trouvais à Singapour et j'ai été témoin de l'une de ces opérations de dépôt. La chambre forte se trouvait le long d'une piste d'atterrissage privée en bordure de l'aéroport principal. Pendant que je parlais au directeur de la chambre forte, un jet privé s'est posé à l'aéroport principal et a roulé lentement sur la piste privée jusqu'à la chambre forte privée. La porte de l'avion s'est ouverte et j'ai vu deux gardiens armés surveiller le débarquement de trois caisses en acier verrouillées. Elles ont été placées à l'intérieur de la chambre forte et des documents ont été signés. Et puis le jet, dont les moteurs n'avaient pas été éteints, a aussitôt décollé.

Si vous n'avez pas de jet privé, vous voudrez peut-être conserver votre or et votre argent dans un coffre-fort résistant au feu, dans un lieu éloigné de votre résidence. Si vous dites à quelqu'un où se trouve votre coffre-fort et vos clés, soyez certain de pouvoir faire entièrement confiance à cette personne.

RAISON N° 3 : L'or et l'argent attirent la vraie richesse. La richesse attire la richesse tout comme la pauvreté attire la pauvreté.

Un jour, j'ai été invité à un séminaire donné par le gourou hindou Gurudeva. J'étais impatient d'y participer. Pendant la période de questions, la plupart des gens ont interrogé le gourou au sujet de l'illumination, de la spiritualité, de la paix ou du bonheur. Le gourou portait beaucoup d'or : des lunettes en or, des boucles d'oreilles, des bracelets et un collier en or. Étant donné que j'ai grandi dans une famille méthodiste et que les pasteurs méthodistes ne portent pas beaucoup (ou même pas du tout) de bijoux en or, j'ai levé la main et j'ai demandé : « Pourquoi portez-vous autant de bijoux en or ? »

Le gourou a souri gentiment et a dit : « Parce que les larmes de Dieu sont faites d'or. » Il a ensuite ajouté : « Les larmes de Dieu – l'or – attirent la richesse. » Lorsque je lui ai demandé ce qu'il voulait dire par là, il a répondu : « Supposons que vous voulez attirer 1 000 $ par mois dans votre vie. Alors procurez-vous de l'or véritable d'une valeur de 1 000 $.

— Et si je veux un million de dollars par mois, alors je me procure de l'or véritable d'une valeur d'un million de dollars ? »

Le gourou, sentant que ma cupidité l'emportait sur ma spiritualité, s'est contenté de sourire en disant : « Pourquoi ne commencez-vous pas par 1 000 $ pour voir si cela fonctionne pour vous ? L'or n'est pas fait pour tout le monde. Il y a des conditions à la générosité de Dieu. »

C'était en 1986 et, n'ayant pas beaucoup d'argent, trouver 1 000 $ pour acheter de l'or a été difficile, mais Kim et moi l'avons fait. Chaque mois, nous avons acheté un peu d'or et d'argent, et nous n'avons jamais arrêté de le faire. Par exemple, si nous voulions augmenter notre revenu, le faire passer de 5 000 $ à 10 000 $ par mois, nous achetions des pièces d'or d'une valeur de 10 000 $ et nous n'y pensions plus. Quelques mois plus tard, davantage de richesses étaient générées, sans que nous ne nous en rendions vraiment compte. Si le cours de l'or chutait, nous en achetions davantage, et nous avons continué dans la même veine. Aujourd'hui, nous le conservons dans des chambres fortes privées, dans des pays lointains et sûrs. Mais nous n'avons pas besoin d'un jet privé et de pistes d'atterrissage privées… du moins pas encore.

Chaque fois que l'on nous demande, à Kim et moi : « Est-ce que l'or attirera la richesse dans ma vie ? », nous lui répondons comme le gourou : « Pourquoi ne pas faire un essai et voir si l'or – les larmes de Dieu – fonctionne pour vous ? Dieu est généreux, mais il y a des conditions à sa générosité. »

Une leçon spirituelle sur l'or

Bien que les larmes de Dieu soient faites d'or, nous devons tous nous demander si les larmes de Dieu sont des *larmes de joie* ou des *larmes de tristesse.*

La majeure partie de l'or qui est stocké est fait de larmes de tristesse.

Lorsque je me trouvais dans les Andes et que je contemplais d'anciennes mines d'or incas, je me suis rappelé une leçon d'histoire et la façon dont les Espagnols, menés par Francisco Pizzaro, avaient assassiné des milliers d'autochtones, uniquement pour s'approprier leur or et autres pierres et métaux précieux. Les Nazis ont fait la même chose avec les Juifs. Il semble que ce soit le propre de la majorité des conquérants. Les Anglais ont fait la même chose avec les Écossais, les Irlandais, les Maoris et les Aborigènes. Les Américains l'ont fait avec les Amérindiens et les Hawaïens. Les esclavagistes blancs américains l'ont fait avec les Africains. Les Japonais l'ont fait avec les Chinois et les Coréens. Et l'élite fait la même chose aujourd'hui.

Cette leçon spirituelle s'applique à tout. Ce n'est pas votre argent ou votre richesse qui compte. C'est la façon dont vous avez *acquis* votre argent et votre richesse.

RAISON N° 4 : Pourquoi de l'or et de l'argent véritables ? Pourquoi pas de l'or-papier ou de l'argent-papier, des fonds négociés en Bourse (FNB) ?

Tout ce qui est en papier ne m'inspire aucune confiance. Tout ce qui est en papier est un instrument dérivé, quelque chose qui nécessite une contrepartie pour avoir de la valeur.

Éducation financière

La majeure partie du système bancaire mondial repose sur le système des *réserves fractionnées*.

Le concept de banque à couverture fractionnaire existe depuis des milliers d'années. Voici une explication simple de ce système.

Il y a 1 000 ans, vous êtes le propriétaire d'un commerce. Vous avez 10 pièces d'or. Vous voulez acheter des marchandises et il vous faut pour cela voyager et parcourir plus de 1 500 kilomètres sur des routes pas très sûres où vous pourriez rencontrer des brigands.

Vous vous rendez chez le « banquier » de votre localité. Il accepte de conserver vos 10 pièces d'or dans son coffre. Le « banquier » émet alors une créance sur une feuille de papier qui prouve que vous lui avez confié 10 pièces d'or.

Ensuite, vous entreprenez votre voyage sur ces routes pas très sûres avec en poche une simple feuille de papier. Vos pièces d'or sont en sécurité.

Vous achetez des marchandises pour votre commerce, donnez votre feuille de papier au vendeur, et vous rentrez à la maison.

Le vendeur se rend à sa « banque » et réclame son dû sous forme d'or.

Après un certain temps, autant vous que la personne qui vous a vendu des marchandises réalisez que le papier est beaucoup plus pratique que les pièces d'or. Vous laissez tous deux votre or à votre banquier et utilisez des CD, les certificats de dépôt émis par la banque, en guise de papier-monnaie.

Un individu ayant besoin d'argent se rend chez votre banquier et lui demande un « prêt ». Le banquier lui prête 9 de vos 10 pièces d'or. La dixième pièce qu'il conserve dans son coffre-fort représente la « réserve fractionnée ». Dans cet exemple, la réserve fractionnée est une pièce d'or, ou 10 %.

C'est ici que cela devient excitant. L'individu qui emprunte 9 de vos 10 pièces d'or se rend à sa banque et les y dépose. Son banquier prête alors 8,1 des 9 pièces d'or à un autre emprunteur, qui fait ensuite la même chose auprès de sa banque.

Vos 10 (vraies) pièces d'or pourraient aisément devenir 1 000 (fausses) pièces d'or. Et tout va très bien, tant et aussi longtemps que personne ne veut récupérer son or. Tel est le fonctionnement du système bancaire moderne.

Si je tiens à conserver mon or dans des chambres fortes privées et non posséder de l'or-papier dans un fonds négocié en Bourse (FNB), c'est parce que pour chaque véritable pièce d'or, il existe approximativement entre 100 et 500 fausses pièces sous forme d'or-papier.

Tout ira bien… tant que tout le monde ne voudra pas posséder de l'or véritable.

Le système des réserves fractionnées s'applique à tout, et non pas seulement à l'or et à l'argent. L'ensemble du système bancaire repose sur la confiance de contrepartie.

Depuis que mon père riche nous a expliqué, à son fils et moi, le concept des banques à couverture fractionnaire, je ris chaque fois que je vois les mots « En Dieu nous avons confiance » sur un billet de banque.

Je préfère faire confiance à l'argent de Dieu – à l'or et à l'argent véritables – plutôt qu'à l'élite qui imprime notre argent, dirige nos gouvernements, les banques centrales, les banques, les marchés des obligations et les marchés des valeurs mobilières.

N'oubliez jamais que l'or et l'argent seront encore là bien après vous, l'élite, l'extinction des cafards et moi.

RAISON Nº 5 : Le système est en piteux état. L'écart va grandissant. Nous sommes à l'aube d'une lutte des classes.

Steven Brill rapporte les faits suivants :

1. Entre 1929 et 1970, le revenu de la classe moyenne a augmenté plus rapidement que celui de la classe dominante. L'inégalité des revenus a été réduite.
2. En 1928, 90 % de la population se partageaient 52 % des richesses totales.
3. En 1970, la part des richesses détenues par 90 % de la population a augmenté à 68 % des richesses totales.
4. En 1970, la part des richesses du premier centile de la population a chuté à 9 % des richesses totales.
5. En 1971, la tendance a commencé à s'inverser et à s'accélérer.

6. En 2007, la part des richesses du premier centile a augmenté à 24 % des richesses totales.
7. En 2012, la part des richesses détenues par 90 % de la population a chuté à 49 % des richesses totales, soit moins de la moitié.

L'ÉCART
Variation de la part du revenu *vs* 1979, après impôts et inflation

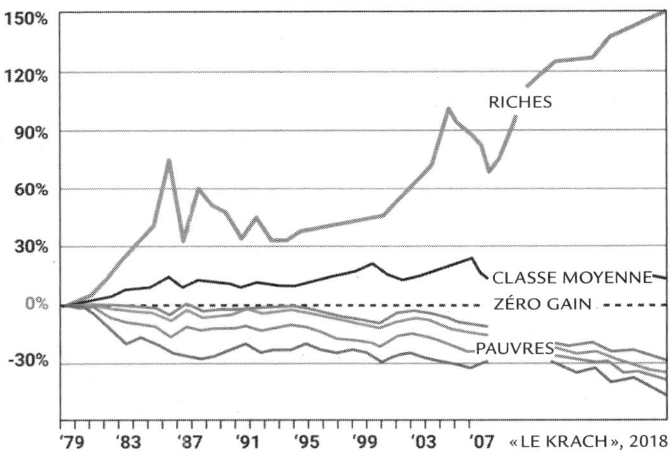

Source : Service d'études budgétaires du Congrès

Qui se soucie des pauvres ?

Dans son ouvrage intitulé *Tailspin* (Dégringolade), dont son article dans le *Time* a été inspiré, Steven Brill a ceci à dire à propos des pauvres et de la classe moyenne :

De nos jours, les politiciens manifestent au moins un intérêt de pure forme pour la situation de la classe moyenne, mais ils parlent rarement des pauvres, et agissent encore moins pour les aider. Ceci ne peut s'expliquer que par leur crainte de voir la classe moyenne considérer cette attention portée à ceux qui se trouvent au-dessous d'elle, comme une preuve de plus que leurs élus l'a abandonnée.

Steven Brill cite une étude réalisée par Daniel Markovits et Ray Fisman. Ils affirment : « Les décideurs politiques – peu importe leur allégeance – ne se soucient pas beaucoup de l'égalité [économique]. »

Traduction : Qui se soucie des pauvres et de la classe moyenne ?

Steven Brill souligne que cette même élite a fait de grands pas en avant, prenant fait et cause pour des sujets libéraux reliés à la démocratie, comme l'égalité des droits, les droits de la femme, les droits des LGBT[2] ... mais ne pourrait se soucier moins du pouvoir économique inégal et d'une inégalité des revenus grandissante entre elle et les pauvres et la classe moyenne.

Je souligne ici sept faits qu'il rapporte également :

1. « Le moteur de la célèbre mobilité économique américaine a des ratés. Les chances qu'un enfant gagne davantage d'argent que ses parents ont chuté de 90 % à 50 % au cours des 50 dernières années. »

2. En 2017, la dette des ménages avait dépassé le sommet atteint en 2007 avant le krach. »

3. « Le pays le plus riche du monde [les États-Unis] continue d'enregistrer le plus haut taux de pauvreté au sein des 35 nations membres de l'Organisation de coopération et de développement économiques (OCDE), exception faite du Mexique. (Il est à égalité à l'avant-dernier rang avec Israël, le Chili et la Turquie). »

4. « Parmi les mêmes 35 nations de l'OCDE, les compétences des enfants américains se situent au 30e rang en mathématiques et au 19e rang en sciences. »

5. « Près d'un enfant américain sur cinq vit dans un ménage que le gouvernement inscrit dans la catégorie des "ménages

2. LGBT = lesbiennes, gais, bisexuels et transgenres. (*Note de la traductrice)*

vivant dans l'insécurité alimentaire", ce qui signifie qu'ils n'ont "pas accès à suffisamment de nourriture pour mener une vie saine et active". »

6. « Les aéroports américains sont une cause d'embarras, et l'instauration d'un système moderne de contrôle de la circulation aérienne a 25 ans de retard. Le réseau électrique, les routes et les chemins de fer tombent en ruine, situant les États-Unis loin derrière selon les critères internationaux en termes de qualité des infrastructures. »

7. « Les membres [du Congrès] sont las de passer cinq heures par jour en sollicitations de toutes sortes. ... [À Washington, il y a] plus de 20 [lobbyistes enregistrés] pour chaque membre de la Chambre et du Sénat. »

Mais qui se soucie des pauvres et de la classe moyenne ?

Mes préoccupations

Ayant étudié avec Richard Buckminster Fuller pendant les années 1980 et appris comment voir l'avenir, j'ai commencé à apercevoir à l'horizon les nuages de la prochaine tempête. Elle est maintenant sur nous.

1. Une grande partie de la génération des baby-boomers n'a pas de régime de retraite. C'est que, avant 1974, la plupart des travailleurs bénéficiaient d'un régime complémentaire de retraite offert par leur employeur. Après 1974, les employés se sont retrouvés livrés à eux-mêmes, espérant que leur épargne-retraite personnelle soit suffisante pour leur permettre de survivre lorsqu'ils cesseraient de travailler.

2. Les caisses des principaux régimes de retraite d'entreprise sont vides. Par exemple, CalPers, le régime de retraite des employés du gouvernement de la Californie, le plus important régime complémentaire de retraite aux États-Unis, est sous-financé de l'ordre d'un trillion de dollars.

3. Le diagramme ci-dessous illustre l'état de la Caisse de sécurité sociale des États-Unis :

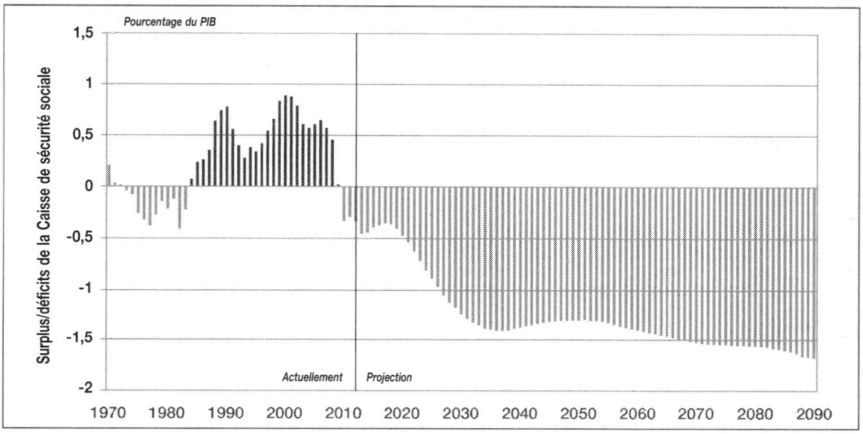

La situation de Medicare est encore pire. Cela fait de nombreuses années que les États-Unis tentent de gérer une crise de plusieurs trillions de dollars, menant une lutte dont nous ne sortirons pas vainqueurs.

Mais attendez… Il y a pire encore

Steven Brill ajoute : « Le Congrès [des États-Unis] n'a pas déposé de budget détaillé depuis 1994. »

Le 25 janvier 2018, un numéro du magazine *The Economist* explique pourquoi les dirigeants américains sont incapables d'équilibrer le budget et pourquoi l'Amérique fera faillite. (C'est moi qui souligne.)

La Constitution donne au Congrès le pouvoir de tenir les cordons de la Bourse. À cet égard, ses pratiques sont étranges à quatre points de vue. Premièrement, les budgets annuels ne couvrent qu'environ le tiers des dépenses fédérales que le Congrès juge nécessaire de réapprouver chaque année. La plupart des programmes d'aide, comme Medicare qui subvient aux soins de santé des aînés, sont automatiquement financés. Donc, alors que la budgétisation permet aux membres du Congrès de tenir des pro-

pos démagogiques lorsqu'ils abordent le sujet des problèmes fiscaux à long terme, le processus laisse peu d'occasions de s'attaquer à la cause principale du déséquilibre budgétaire: l'accroissement des dépenses reliées aux programmes sociaux.

Traduction: Les pauvres que nous avons négligés ruineront l'Amérique. La Constitution le garantit.

L'avenir ?

La question est la suivante: Est-ce que notre élite imprimera de l'argent pour financer nos énormes programmes d'aide, ou rétablira-t-elle l'étalon-or ? Ou sommes-nous en train de nous diriger vers une autre Grande, Grande Crise ?

RAISON N° 6 : L'argent de Dieu vs l'argent du gouvernement

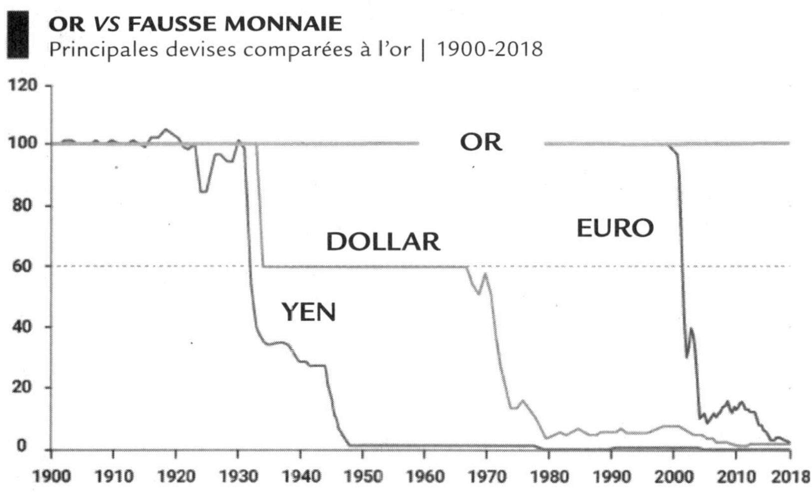

Question: Encore combien de fausse monnaie nos gouvernements pourront-ils imprimer ?

Réponse: L'élite pourra imprimer autant d'argent qu'elle le voudra tant que le peuple sera prêt à travailler pour lui.

La prochaine étape

La prochaine étape pourrait bien être l'émission par le FMI de droits de tirage spéciaux, une monnaie internationale... donc, davantage de fausse monnaie.

Entre-temps, l'élite entrepose de l'or véritable. Elle sait qu'il n'y a plus d'espoir.

RAISON Nº 7 : L'argent de Dieu est facile à acquérir

Acheter des mines d'or et d'argent est difficile. Je le sais. J'en ai acheté deux.

Acheter des mines d'or et d'argent nécessite beaucoup de temps, d'argent et de matière grise.

Acquérir des pièces d'or et d'argent nécessite très peu d'argent, présente très peu de risques et peut se faire avec une éducation financière minimale.

Il est beaucoup plus facile et moins dispendieux de se procurer des pièces d'or et d'argent auprès d'un négociant réputé.

En 1965, j'ai commencé à me procurer des pièces d'argent – des pièces de 10, 25 et 50 cents.

Pourquoi en 1965 ? En 1965, les États-Unis ont commencé à *altérer* nos pièces d'argent en y amalgamant des métaux de base tels que le cuivre et l'étain.

Les Romains ont fait la même chose lorsqu'ils ont eu besoin d'argent pour se livrer à de longues guerres. Cela vous rappelle-t-il quelque chose ?

En 1965, après avoir remarqué la teinte cuivrée de la tranche des pièces d'argent américaines, j'ai commencé à échanger des billets de banque contre des rouleaux de pièces de 10 ou 25 cents d'argent véritable. J'ouvrais les rouleaux et j'inspectais chaque pièce. Si la tranche d'une pièce n'était pas d'une teinte cuivrée, je la conservais. Toutes les autres (les pièces altérées) retournaient à la banque. Je les échangeais contre d'autres rouleaux de pièces et je poursuivais ma quête de pièces faites d'argent véritable. Ce n'était pas sorcier. Je n'avais aucunement besoin d'une éducation financière parce qu'il n'y avait aucun risque de contrepartie.

La loi de Gresham stipule que la mauvaise monnaie chasse la bonne.

C'est exactement ce que je faisais. J'ignore pourquoi. Il m'apparaissait tout simplement sensé de vouloir de l'argent véritable.

En 1972, j'ai acheté ma première mine d'or à Hong Kong. Ce n'est pas avant 1974 qu'il est redevenu légal de posséder de l'or aux États-Unis.

Heureusement, encore aujourd'hui, il est possible d'acheter des pièces d'argent de 1965 pour la somme d'un dollar.

Un dollar d'argent véritable vous coûtera environ 20 $. Et pour la somme de 1 500 $, vous pouvez vous procurer une pièce d'or véritable.

Si vous êtes un débutant, je ne vous conseille pas d'acheter des pièces numismatiques rares. Cela exige une éducation financière poussée et des années d'expérience.

Mais ce qui est formidable, c'est que tout le monde, riche ou pauvre, a les moyens de se procurer l'argent de Dieu.

James Rickards, un homme que je respecte, prédit que le cours de l'or finira par atteindre 10 000 $ l'once. D'autres pronostiquent une chute du cours de l'or à 400 $ l'once.

Ce que vous ferez dépend de l'opinion à laquelle vous donnez foi.

Cela ne m'inquiète pas. Comme je l'ai dit, j'achète de l'or et de l'argent et je ne m'en départirai jamais pour les sept raisons que je viens d'exposer.

Ou vous pouvez décider de vous fier à ce qui est écrit sur les billets de banque et faire confiance à Dieu. C'est ce que tout le monde fait.

Dans la deuxième partie de cet ouvrage, Faux professeurs, et dans la troisième partie, Faux actifs, j'expliquerai comment et pourquoi je n'ai pas besoin d'argent, comment et pourquoi je peux acheter ce que je veux, et comment et pourquoi je continue à acheter de l'or et de l'argent.

Pour le moment, il est important de comprendre pourquoi je possède de l'or et de l'argent et pourquoi je ne crois pas l'élite lorsqu'elle dit: « Ayez confiance en Dieu. »

VOS QUESTIONS... LES RÉPONSES DE ROBERT

Q: Le «puzzle de 1000 pièces» pourrait-il être appelé le puzzle GRUNCH?

Scott J. – États-Unis

R: Vous pouvez lui donner le nom que vous voulez. Si j'ai qualifié la monnaie de puzzle de 1 000 pièces, c'est pour encourager mes lecteurs à acquérir une éducation financière, à chercher des solutions personnelles à leur propre puzzle financier, un puzzle qui s'appelle «l'argent et la vie».

La vraie vie n'est pas comme la vie à l'école. Dans la vraie vie, on ne mémorise pas des réponses, on ne passe pas d'examens, il n'y a pas de note de passage. La vraie vie est un apprentissage perpétuel. Il n'y a pas de bonnes réponses.

Le véritable apprentissage... dure toute la vie. Il n'y a pas de professeur attitré auprès de qui faire cet apprentissage. Dans la vraie vie, tout est un professeur. Dans la vraie vie, une seule bonne réponse n'existe pas. Une bonne réponse dans une situation peut être une mauvaise réponse dans une autre. Dans la vraie vie, on tire un enseignement de tout, de nos réussites et plus particulièrement de nos échecs. Dans la vraie vie, il est absurde de ne suivre qu'un seul professeur, de ne croire qu'en une seule philosophie, et de vivre dans un monde dont la devise est «J'ai raison et tu as tort».

Il est insensé de croire quelqu'un uniquement parce qu'il détient un doctorat ou qu'il dirige une entreprise... ou qu'il est riche. Un véritable étudiant apprend auprès de tout et de tous. La vie elle-même est une enseignante et le théâtre d'un apprentissage continu.

Je souhaite qu'après avoir lu ce livre, chacun de mes lecteurs se lancera à la recherche des pièces qui lui permettront d'assembler son propre puzzle géant.

Vous pouvez l'appeler « le puzzle GRUNCH » ou vous pouvez l'appeler « le puzzle de ma vie. »

Q: Pourquoi a-t-on enseigné à l'élite universitaire à détrousser (légalement) le monde en créant des instruments dérivés ? Et si les membres de l'élite sont des marionnettes, alors qui sont les marionnettistes ?

Jackson G. - États-Unis

R: C'est une excellente question – et nous ne connaîtrons peut-être jamais la vérité.

La véritable réponse, c'est que les gens mentent à propos de l'argent. La plupart des gens ne sont tout simplement pas honnêtes avec eux-mêmes ou les autres, et ils disent : « L'argent ne m'intéresse pas. » Et pourtant, en leur for intérieur, ils en veulent et en ont souvent désespérément besoin. L'argent annihile l'esprit, le corps et l'âme de la plupart des gens.

La réalité, c'est que, de nos jours, l'argent est un moyen de survie. Il y a 1 000 ans, personne n'avait vraiment besoin d'argent pour survivre. Il y a 1 000 ans, les chasseurs pouvaient chasser pour manger et les cueilleurs pouvaient cueillir ce dont ils avaient besoin pour survivre. Ils vivaient dans des cavernes ou des tentes – et ils n'avaient pas d'hypothèque à rembourser. Ils marchaient ou allaient à dos d'animal, et ils n'avaient pas à faire de paiement de voiture ou à acheter de l'essence.

Aujourd'hui, les gens ont besoin d'argent pour se procurer de la nourriture, un toit, un moyen de transport, une éducation et pour assurer leur survie personnelle. Plutôt que de dire la vérité à propos de l'argent – la vérité étant que l'argent est essentiel à la survie –, les gens racontent des mensonges. Pourquoi ? Parce que, dans la plupart des cas, ils sont incapables d'entendre la vérité.

C'est pour cette raison que les gens occupent un emploi qu'ils détestent et disent : « L'argent ne m'intéresse pas. »

Les gens disent : « L'argent ne m'intéresse pas » et, pourtant, ils en veulent aux riches parce qu'ils en ont. Les gens disent : « L'argent ne m'intéresse pas » et, pourtant, ils achètent des billets de loterie en espérant gagner un million de dollars.

Les gens disent : « L'argent ne m'intéresse pas » et, pourtant, ils se marient pour l'argent.

Les gens disent : « L'argent ne m'intéresse pas » et, pourtant, ils demandent à leurs enfants d'obtenir de bonnes notes à l'école, non pas parce qu'ils veulent qu'ils acquièrent une bonne éducation, mais parce qu'ils veulent qu'ils trouvent plus tard un emploi hautement rémunéré.

Donc, pourquoi les membres de l'élite détroussent-ils le monde ? Parce qu'ils ne sont pas honnêtes avec eux-mêmes à propos de leurs besoins en ce qui a trait à l'argent. Ils s'en emparent parce que la plupart des gens ne sont pas honnêtes lorsqu'il s'agit d'argent.

Q : Combien de temps croyez-vous que le grand public continuera d'accepter le dollar américain même si son pouvoir d'achat ne cesse de diminuer ? Et que faudra-t-il pour que les gens s'interrogent sur la véritable valeur du dollar américain ?

Leticia J. – Croatie

R : Personne ne le sait. Je crois qu'il faut être préparé, et c'est pour cette raison que je possède de l'or et de l'argent que je conserve à l'extérieur du système bancaire.

Q : Comment pouvons-nous nous protéger de l'élite ? Y a-t-il de l'espoir ou existe-t-il une quelconque forme de protection ?

TJ B. – Royaume-Uni

R : La meilleure façon de se protéger de l'élite est de posséder de l'or et de l'argent.

L'élite peut contrôler et manipuler tout ce qui a été créé de la main de l'homme.

Il est beaucoup plus difficile pour l'élite de contrôler, de manipuler ou de détruire l'argent de Dieu. L'or et l'argent seront encore là bien après que l'élite, vous et moi auront quitté ce monde.

Q : Comment les gens peuvent-ils utiliser la fausse monnaie et en tirer avantage ?

Lincoln T. – États-Unis

R : J'utilise l'endettement pour créer des capitaux propres, de la fausse monnaie. Avec cette fausse monnaie, j'acquiers des actifs qui génèrent de la fausse monnaie. J'utilise la fausse monnaie pour acheter de la véritable monnaie, l'argent de Dieu – de l'or et de l'argent. Mais sachez que pour faire cela, il faut avoir une éducation financière approfondie.

Chapitre 4

L'IMPRESSION DE FAUSSE MONNAIE

L'HISTOIRE SE RÉPÈTE

L'impression de fausse monnaie n'est pas un phénomène nouveau. Les systèmes bancaires, anciens et modernes, reposent sur l'impression de fausse monnaie. C'est en imprimant de la fausse monnaie que les banques gagnent de l'argent.

Si les banques gagnent autant d'argent, c'est parce que, pendant des milliers d'années, le système bancaire a eu le droit d'en imprimer.

Les banques ne sont pas la seule organisation à le faire. Le marché boursier, le marché des obligations, le marché immobilier, le marché des instruments dérivés et un grand nombre d'autres marchés ont le droit d'imprimer de l'argent.

Les faussaires impriment de la ***vraie*** fausse monnaie.

Vous aussi pouvez le faire, en toute légalité, sans permis.

LEÇON

Les gens qui travaillent pour l'argent… travaillent pour des gens qui impriment de l'argent.

Le problème avec l'éducation

Un problème plus important est que notre système d'éducation n'enseigne rien aux élèves à propos de l'impression d'argent. Il les forme plutôt à *travailler pour les gens qui impriment de l'argent.* C'est ce qui est à l'origine de la crise financière que nous traversons actuellement.

Le 15 août 1971 a marqué le début de la plus grande vague d'impression d'argent de l'histoire du monde. Ce jour-là, le président Richard Nixon a annoncé que le dollar américain ne pourrait plus être échangé contre de l'or à un taux fixe.

En 1972, l'année où j'ai franchi les lignes ennemies afin d'acheter de l'or, je ne savais pas ce que je faisais – ni pourquoi je le faisais. J'étais seulement curieux, me demandant ce que mon père riche voulait dire lorsqu'il disait : « Attention, le monde est sur le point de changer. »

Avec le recul, je réalise que j'ai été par inadvertance le témoin du début de LA plus grande escroquerie financière de l'histoire du monde.

L'impression d'argent, une pratique séculaire

Petit rappel : l'impression d'argent n'a rien de nouveau.

La plupart du temps, cette pratique s'est faite à petite échelle et dans de petits pays.

Mais certaines escroqueries financières ont été monstrueuses et ont transformé le monde. En voici quelques-unes :

1. **Les Chinois** ont été les premiers à imprimer du papier-monnaie en 618 apr. J.-C. Marco Polo l'a remarqué pendant ses voyages et cette pratique consistant à imprimer de l'argent s'est lentement répandue en Europe.

2. **L'empire romain**, lourdement endetté à cause des guerres qu'il livrait dans de lointaines contrées, a altéré ses pièces d'or et d'argent en y amalgamant des métaux de base tels que le nickel et l'étain.

3. **Les colons américains** ont imprimé de la fausse monnaie pour financer la guerre de l'Indépendance, tout comme l'a fait le Sud en imprimant des billets de banque confédérés pour financer la guerre de Sécession.

4. **L'Allemagne** a imprimé des trillions en fausse monnaie pendant les années 1920. C'est ce qui est à l'origine de la

Première Guerre mondiale, de l'ascension d'Adolf Hitler et du massacre de millions de Juifs et d'autres innocents.

5. **Le Zimbabwe**, autrefois le grenier de l'Afrique, a sombré dans une situation financière désastreuse lorsque ses dirigeants ont commencé à imprimer de l'argent dans les années 2000.
6. **Le Venezuela** est l'un des pays producteurs de pétrole les plus riches du monde. En 2018, il se trouve au bord de la faillite et de la révolution. Et pourtant, il continue à imprimer de la fausse monnaie.

LEÇON

Dans presque chaque cas, les riches se sont enrichis et tous les autres ont perdu.

LEÇON

L'impression de fausse monnaie ne s'est jamais bien terminée.

LEÇON : LA PROMESSE

En 1944, le dollar américain est devenu la *monnaie de réserve* mondiale lors de la Conférence monétaire et financière des Nations Unies qui a eu lieu à Bretton Woods, au New Hampshire. Cette année-là, les États-Unis, en vertu de la Loi sur les accords de Bretton Woods, ont promis au monde d'assurer la convertibilité en or de son dollar. Avec cette promesse, le dollar américain est devenu la première monnaie mondiale. Le décor était planté pour qu'ait lieu la mère de toutes les impressions d'argent, une escroquerie financière à l'échelle mondiale.

LEÇON : LE COMMERCE AVEC L'ENNEMI

Pendant les années 1950, l'Allemagne et le Japon, nos anciens ennemis, ont commencé à vendre des Volkswagen et des Toyota aux États-Unis. Plus les États-Unis en importaient, plus grande était la quantité d'or qui quittait le pays.

LEÇON : UNE PROMESSE NON TENUE

En 1971, les États-Unis ont trahi la promesse faite en 1944. Richard Nixon voulait mettre un terme à cet exode. L'histoire a prouvé que Nixon était un menteur, d'où son surnom de « Richard la crapule ». Il a également menti à propos de la raison pour laquelle il avait trahi cette promesse.

Si Richard Nixon avait maintenu la convertibilité du dollar en or, l'étalon-or aurait résolu le problème. Les États-Unis auraient été punis pour importer plus qu'ils n'exportaient. Ils auraient dû commencer à fabriquer de meilleurs produits à de meilleurs prix (alias le capitalisme), et l'or serait revenu au pays.

Au lieu de quoi l'élite a tué le capitalisme, des usines ont dû fermer leurs portes et les emplois ont quitté l'Amérique pour se retrouver dans des pays où les salaires sont moins élevés.

L'étalon-or a été abandonné afin que l'élite puisse imprimer de l'argent – s'enrichissant en détroussant le monde. Cela a été, pour reprendre les mots de Bucky Fuller, une grossière escroquerie à l'échelle mondiale.

LEÇON : LE DOLLAR DEVIENT UNE DETTE

En 1971, le dollar s'est transformé en une reconnaissance de dette appartenant aux contribuables américains. Les États-Unis ont commencé à payer les Volkswagen et les Toyota avec ces reconnaissances de dette.

LEÇON

Richard Nixon a promis que la non-convertibilité du dollar en or serait temporaire.

LEÇON

Nixon a démissionné avant d'être mis en accusation dans le cadre du scandale du Watergate. Il n'a pas tenu sa promesse ; il n'a pas rétabli la convertibilité du dollar américain en or.

La plus grande opération d'impression d'argent dans l'histoire du monde était en cours – et elle l'est toujours. Les riches deviennent extrêmement riches et la classe moyenne est en difficulté.

Steven Brill écrit :

> *Dernièrement, la plupart des Américains, peu importe leur allégeance politique, se sont posé la même question : Comment en sommes-nous arrivés là ? Comment la plus grande démocratie, la plus grande économie du monde, est-elle devenue un pays où les routes sont mal entretenues, où les inégalités salariales sont de plus en plus grandes, où la polarisation sociale échauffe les esprits et où le gouvernement est dysfonctionnel ?*
>
> *Je tente de trouver une réponse depuis deux ans et j'ai découvert une ironie récurrente. Il y a environ cinq décennies, les valeurs fondamentales qui ont fait de l'Amérique un grand pays ont commencé à le détruire.*

Bucky Fuller nous avait avertis. J'ai étudié à ses côtés à trois reprises et il disait que les vieilles fortunes avaient commencé à ouvrir les portes d'une éducation supérieure à des étudiants extrêmement brillants issus de la classe moyenne et de familles pauvres au cours des années 1960 et 1970. Ces baby-boomers formant l'élite sont devenus les marionnettes de ces marionnettistes, les escrocs.

Steven Brill a été l'un de ces étudiants extrêmement brillants issus de la classe moyenne des années 1960.

On peut également nommer les présidents Barack Obama, William Clinton, la secrétaire d'État Hillary Clinton et le président et la présidente de la Réserve fédérale Ben Bernanke et Janet Yellen.

Bucky Fuller était de la vieille école, issu de l'aristocratie blanche américaine fortunée. Comme de nombreux membres de sa famille, il a fréquenté la Milton Academy et Harvard, mais il n'a jamais été diplômé de cette université.

Les présidents John Kennedy, George H.W. Bush, George W. Bush et le sénateur Mitt Romney, tous diplômés de Harvard et de Yale, sont également issus de l'aristocratie blanche américaine fortunée.

Des travailleurs acharnés

Steven Brill a constaté que ses pairs – l'élite universitaire venant de la classe moyenne et de familles pauvres – n'étaient pas les héritiers d'une fortune familiale. Pour devenir riches, ils avaient dû faire preuve du même cran et de la même ténacité que pendant leurs études. Ils ont envahi Wall Street, les grandes entreprises et les cabinets d'avocats.

D'après M. Brill, c'est cette élite issue de la classe moyenne et de familles pauvres qui a détruit l'économie américaine.

Il déclare :

Mes pairs ont pénétré le monde des affaires de l'Amérique et exporté des emplois outre-mer au lieu de faire concurrence aux pays où les salaires sont peu élevés. Les cabinets d'avocats n'ont défendu que les très riches au lieu de protéger les pauvres et la classe moyenne. Wall Street s'est tournée vers l'ingénierie financière et a créé de faux actifs. Et plutôt que de miser sur l'« exceptionnalisme américain », le système d'éducation a misé sur l'ingénierie sociale en veillant à ce que tous soient égaux et ne se sentent pas victimes de préjudices.

Alors que l'élite préconisait l'égalité pour tous les enfants, elle continuait à protéger les siens, s'assurant qu'ils se hissent au sommet, les envoyant dans les mêmes écoles publiques qu'elle avait fréquentées afin qu'ils entrent ensuite dans des universités prestigieuses.

En termes simples, les enfants de l'élite ont obtenu une éducation à laquelle les pauvres et la classe moyenne n'ont pas accès.

L'un dans l'autre, Steven Brill a constaté ceci à propos de ses pairs très instruits et performants :

Les membres de l'élite ont créé un fossé qui les protège de l'obligation de rendre des comptes et des dommages que leurs triomphes causent dans la collectivité. Et puis, d'une façon sans précédent dans l'histoire, ils ont su consolider leurs victoires, se montrer plus malins et s'approprier les forces qui auraient pu les museler, et ont relevé l'échelle afin que personne ne vienne partager leur succès ou leur disputer leur primauté.

Bucky Fuller a exprimé des préoccupations similaires lors de ses conférences et dans *Grunch of Giants*. Dans cet ouvrage, il qualifie presque le président Ronald Reagan de « valet », entouré et conseillé par des membres de cette élite universitaire ambitieuse qui a arnaqué l'Amérique de l'intérieur.

L'impression d'argent à l'échelle mondiale

L'année 1971 a marqué le début de la grande escroquerie qui touche le monde entier et qui s'empare des richesses de tous ses habitants.

En 1983, dans *Grunch*, le futuriste Buckminster Fuller – encore une fois, GRUNCH est un acronyme formé à partir de **Gr**oss **Un**iversal **C**ash **H**eist – a fait figure de prophète. Il a lancé un avertissement et a parlé de la grande escroquerie qui avait lieu et qui dure encore aujourd'hui.

En 1971, l'argent est devenu invisible lorsque la convertibilité du dollar en or a été abolie. Les gens *ne pouvaient pas voir* la grande escroquerie. Encore une fois, comme l'a dit M. Fuller, les gens ne peuvent pas fuir un danger qu'ils ne voient pas.

Tout n'est pas entièrement noir

L'impression d'argent n'a pas eu que des mauvais côtés. L'impression de fausse monnaie a fait beaucoup de bien. Des milliards de personnes qui travaillent pour en gagner ont créé une économie performante, de nouvelles inventions, de meilleurs logements, des progrès en médecine, des produits de consommation et de nouvelles technologies.

Ces travailleurs acharnés ont créé un monde meilleur malgré l'élite parasite qui ruine la santé et siphonne les richesses de ces gens qui font de ce monde un lieu où il fait bon vivre.

Le problème, c'est que l'impression d'argent n'a jamais donné de bons résultats à long terme. La grande escroquerie qui a commencé en 1971 prendra fin un jour. La fête est sur le point de se terminer. Et la gueule de bois – et elle sera atroce – est sur le point de se faire sentir.

Alors que le premier centile des Américains est devenu très riche, des milliards de personnes se sont appauvries… ou sont sur le point de devenir pauvres.

Aujourd'hui, des millions de baby-boomers américains – sans aucun doute la génération la plus riche et la plus choyée de l'histoire – n'ont pas une retraite glorieuse en perspective. Des millions de baby-boomers sont inquiets. Un grand nombre d'entre eux savent qu'ils ne pourront jamais prendre leur retraite. Après avoir travaillé pendant toute leur vie, un grand nombre d'entre eux vivront dans la pauvreté et seront de plus en plus pauvres à mesure qu'ils vieilliront. C'est ce qui arrive lorsqu'on travaille pour gagner de la fausse monnaie et que l'on épargne cet argent. Le diagramme ci-dessous illustre la situation :

POURQUOI LES ÉPARGNANTS SONT DES PERDANTS
Le pouvoir d'achat du dollar américain depuis 1913

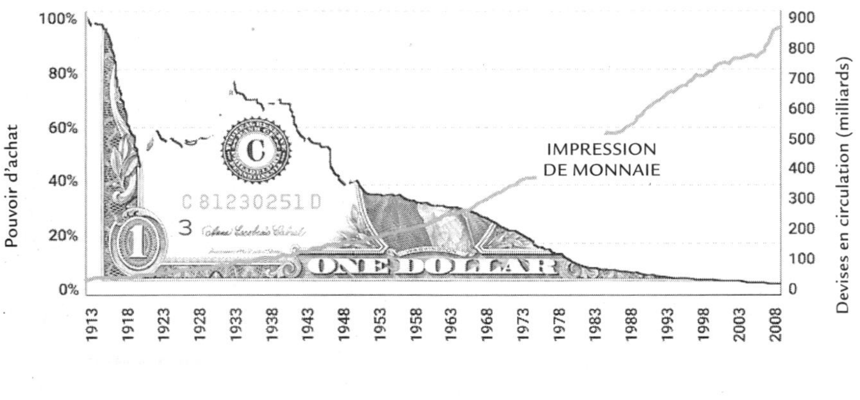

Extrait du *Wall Street Journal*, 23 juin 2018 :

Une bombe à retardement menace l'Amérique vieillissante

« La situation financière des Américains qui atteignent l'âge de la retraite est pire que celle de la génération précédente. »

LEÇON

La « génération précédente », la génération de la Seconde Guerre mondiale, bénéficiait d'un régime de retraite à prestations déterminées – *un chèque de paie garanti jusqu'à la fin de ses jours*. L'éducation financière n'était pas nécessaire pour la génération de la Seconde Guerre mondiale parce que ce régime de retraite était « géré par des professionnels ».

Et puis, les régimes de retraite à prestations déterminées sont pratiquement disparus. Les entreprises qui avaient l'habitude d'en offrir ont cessé cette pratique parce qu'ils étaient trop dispendieux.

Aujourd'hui, seulement quelques baby-boomers bénéficient d'un tel régime de retraite qui leur garantit un chèque de paie jusqu'à la fin de leurs jours.

Aujourd'hui, ces mêmes baby-boomers sont inquiets. Le *Wall Street Journal* affirme :

« Certains travailleurs du secteur public vivent dans l'incertitude alors que les gouvernements, à court d'argent, songent à réduire les pensions de retraite. »

LEÇON

Si de nombreux régimes de retraite à prestations déterminées sont en difficulté, c'est parce que les calculs ont été faits en fonction d'un rendement de 7,5 % sur les investissements et une espérance de vie de 70 ans. Les baby-boomers ont toutefois la chance de vivre plus longtemps. Malheureusement, les marchés n'ont pas toujours coopéré en élaborant leurs projections.

Ajoutons à cela ce chiffre troublant : Chaque jour, 10 000 baby-boomers prennent leur retraite.

La crise se transformera en désastre financier en 2026 lorsque le premier baby-boomer aura 80 ans et aura besoin de plus en plus de soins de santé à long terme… au moment même où la Sécurité sociale et Medicare n'auront plus un sou.

Les baby-boomers ont des régimes de retraite à cotisations déterminées

En 1974, alors que des millions de baby-boomers intégraient le marché du travail, l'ERISA – Employee Retirement Income Security Act –, une loi sur la protection du revenu de retraite des travailleurs, a été promulguée afin de réduire le coût de la main-d'œuvre. Quelques années plus tard, le premier plan 401(k) est apparu. Il est également connu sous le nom de régime de retraite à cotisations déterminées.

Les baby-boomers ont alors dû agir comme des gestionnaires de portefeuille « professionnels », sans avoir d'éducation financière. Telle est la crise des baby-boomers.

Un régime de retraite à cotisations déterminées est limité aux *contributions faites* et leur seul avantage se situe dans le montant qui se trouve dans le compte au moment de la retraite. Si toutefois un baby-boomer n'a pas cotisé à son régime de retraite, il est livré à lui-même… dans la déveine et, peut-être, complètement fauché.

On peut encore lire dans le *Wall Street Journal* :

> *« L'espérance de vie qui est en hausse, combinée au coût de l'éducation qui monte en flèche, fait en sorte que des quinquagénaires et des sexagénaires se trouvent dans l'obligation de subvenir aux besoins d'enfants adultes et de membres plus âgés de leur famille. »*

On parle souvent des baby-boomers comme de la « génération sandwich », car ils doivent prendre soin à la fois de leurs enfants et de leurs parents.

Les Américains âgés de 60 à 69 ans étaient endettés d'environ 2 trillions de dollars en 2017.

Il n'y a que 75 millions de baby-boomers. Cela représente un lourd endettement par personne.

> *[Les baby-boomers] sont en moyenne lourdement endettés, doivent rembourser la dette étudiante de leurs enfants et puisent dans leurs économies pour prendre soin de leurs parents vieillissants. Leur misérable fonds de retraite 401(k) rapportera un revenu de 8 000 $ par année à un ménage de deux personnes.*
>
> *Au total, plus de 40 % des ménages dirigés par des personnes âgées de 55 à 70 ans n'ont pas suffisamment de ressources pour maintenir leur niveau de vie pendant la retraite.*
>
> *Les ménages ayant investi dans un plan 401(k) et composé d'au moins un travailleur âgé de 55 à 64 ans avaient en moyenne 135 000 $ dans leur compte de retraite à fonds fiscalisés en 2016. Pour un couple âgé de 62 et 65 ans qui prend sa retraite aujourd'hui, cela représente une rente d'environ 600 $ par mois.*
>
> *Le fléchissement des marchés en 2000 et 2008 a fait la lumière sur les dangers que représente la prise en charge personnelle de la retraite, alors que de nombreux participants au plan 401(k) ont réduit leurs contributions, ont négocié des actions à perte, ou ont retiré de l'argent pour payer leurs factures.*

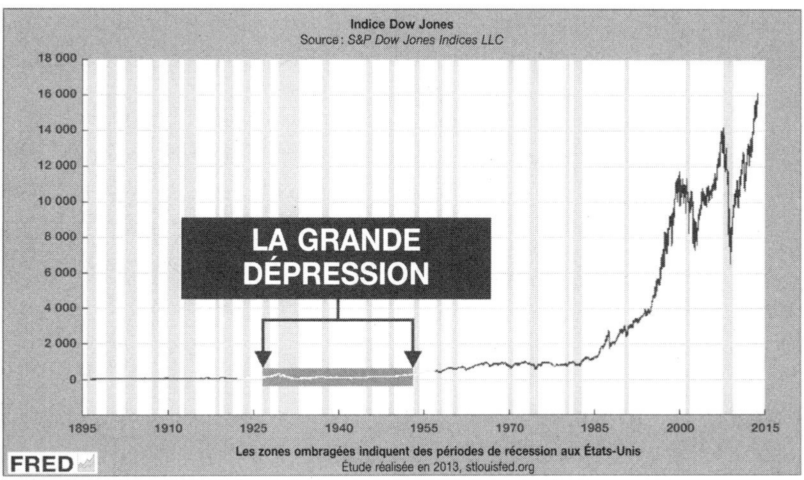

Arthur Smith, 61 ans, en ressent encore les répercussions. Il dit avoir contribué à un plan 401(k) au cours des 35 dernières années pendant lesquelles il a occupé divers emplois. Il dit que son plan 401(k) a été durement touché par les krachs boursiers, surtout parce qu'il avait investi dans des titres particuliers du secteur de la technologie.

« On nous permettait de choisir nous-mêmes nos actions et j'ai opté pour des titres exposés à des risques élevés », ajoute-t-il. Son plan 401(k) a perdu environ la moitié de sa valeur au début des années 2000 et encore une autre moitié en 2008.

LEÇON

Pendant mon enfance dans les années 1960, seuls les gens qui avaient le goût du risque investissaient à la Bourse. Pendant les années 1960, si les gens investissaient, c'était dans le marché des obligations. Aujourd'hui, la plupart des baby-boomers investissent dans le marché boursier.

LEÇON

Si les baby-boomers investissent dans le marché boursier, c'est en partie parce que les taux d'intérêt sur l'épargne et les obligations n'ont jamais été aussi bas. En quête d'un « rendement élevé », de nombreux individus sont devenus des joueurs et se sont aventurés dans le marché des valeurs mobilières.

Jetez un autre coup d'œil au diagramme de l'indice Dow Jones. Voyez quelle est la situation actuelle. Encore une fois, le Dow atteint un sommet historique, un sommet qui s'explique par la manipulation de la fausse monnaie dans le but de générer un rendement du capital investi.

Une prime de 1,5 milliard de dollars

À la une du *Wall Street Journal*, à côté de l'article sur les baby-boomers, on peut lire le titre suivant :

Xiaomi verse une prime de 1,5 milliard de dollars à son PDG

L'article commence ainsi:

Le fabricant chinois de téléphones intelligents Xiaomi Corp., une entreprise qui pourrait bientôt être évaluée à 70 milliards de dollars, a versé une prime à son fondateur et chef de la direction en guise de reconnaissance: 1,5 milliard de dollars sous forme d'actions, sans condition, lors de l'un des plus retentissants jours de paie de l'histoire.

L'histoire se répète

L'histoire a prouvé que l'impression de fausse monnaie ne se solde jamais par la prospérité. L'histoire est la preuve que l'impression de fausse monnaie se solde toujours par la pauvreté pour les individus qui travaillent pour gagner cet argent.

Les baby-boomers américains sont à l'économie ce qu'est le canari que l'on garde dans les mines de charbon pour signaler un danger. Vivant auparavant dans l'aisance, les baby-boomers américains craignent maintenant de vivre dans la pauvreté. Les baby-boomers sont comme les canaris, et ils pressentent un désastre imminent.

Historiquement – pensons à la Chine, à l'empire romain, à la République de Weimar en Allemagne et maintenant au Venezuela –, l'impression de fausse monnaie n'a jamais apporté une prospérité durable. Historiquement, l'impression de fausse monnaie s'est toujours terminée par une récession sévère, une révolution, une guerre, ou les trois à la fois.

L'année 1971 a marqué le début de la plus importante impression d'argent de l'histoire.

La question est: Comment et quand cela se terminera-t-il?

Une véritable éducation financière devrait traiter des mécanismes de l'impression d'argent et des raisons pour lesquelles elle a lieu. En étant conscient de la façon dont l'argent est imprimé, vous augmentez vos chances de survivre sur le plan financier.

VOS QUESTIONS... LES RÉPONSES DE ROBERT

Q: Pourquoi dites-vous que l'or et l'argent sont l'argent de Dieu si Dieu n'existait pas avant que nous l'inventions ? (Notez que je ne suis pas contre la religion ou la spiritualité.) Pourquoi est-ce une raison suffisante pour vouloir posséder de la monnaie véritable ?

Jason C. – États-Unis

R: Remettez-vous en question l'existence de Dieu... ou de l'or ? Je n'ai aucune preuve de l'existence de Dieu. Mais je peux prouver que l'or existe.

J'affirme que l'or et l'argent sont l'argent de Dieu parce j'ai exploité une mine d'or et une mine d'argent. La mine d'or était située en Chine, et la mine d'argent en Argentine. Toutes deux ont été vendues au public par le biais d'un PAPE, un premier appel public à l'épargne, à la Bourse de Toronto.

Mais auparavant, nous avons dû prouver que nous avions trouvé de l'or et de l'argent véritables. Nous avons dû vérifier la présence de filons dans le sol... et aussi que notre entreprise avait le droit de posséder, d'exploiter et de vendre cet or et cet argent. Nous avons également dû prouver que nous avions le droit de vendre des parts de notre entreprise en lançant un PAPE.

Donc, je sais que l'or et l'argent véritables étaient présents au moment de la formation de la planète Terre. J'ai vu de l'or et de l'argent dans le sol. C'est pour cette raison que j'affirme que l'or et l'argent sont l'argent de Dieu. L'or et l'argent seront encore là lorsque la fausse monnaie, l'argent du gouvernement, l'argent du peuple et tout signe de vie sur la planète auront disparu.

Je sais également qu'il existe de l'or et de l'argent qui sont faux. Les FNB, les fonds négociés en Bourse, peuvent vendre de l'or et de l'argent qu'ils ne possèdent pas. On estime que pour chaque once d'or véritable que possède un FNB, il vend peut-être 100 onces d'or qui est faux. Je le sais parce que j'ai introduit des entreprises en Bourse. C'est ainsi que j'ai appris que la majeure partie des valeurs mobilières en portefeuille cotées en Bourse sont fausses.

Q: Quelle quantité d'or devrais-je posséder ? Un conseil quant au pourcentage qu'il devrait représenter de l'ensemble de mon « portefeuille » ?

Bruno T. - France

R: La plupart des experts financiers recommandent que 10 % de vos actifs soient constitués de métaux précieux. Je n'applique pas cette formule.

Dans la première partie de cet ouvrage, j'ai écrit que l'or est l'argent de Dieu et que l'or attire la richesse. Je possède donc de l'or véritable parce que je crois que l'or véritable attire la richesse véritable.

En termes simples, si je veux toucher un revenu de 10 000 $ par mois, j'acquiers de l'or véritable d'une valeur de 10 000 $ dollars. Je ne peux pas prouver que cela fonctionnera pour vous. Je peux seulement dire que cela fonctionne pour Kim et moi.

Un gourou nous a dit il y a de nombreuses années : « Les larmes de Dieu sont faites d'or. »

Lorsque Kim et moi voulons augmenter notre revenu, nous achetons tout simplement davantage d'or véritable. Si vous ne croyez pas que l'or véritable attire la richesse, ou si vous ne croyez pas en Dieu… n'en achetez pas.

Chapitre 5

COMBIEN D'ARGENT IMPRIMEZ-VOUS ?

COMMENT PRENDRE LE CONTRÔLE

Rappel : L'impression d'argent ne date pas d'hier.

Rappel : L'impression d'argent est à la base du système bancaire.

Si vous comprenez comment l'argent est imprimé, vous aurez de meilleures chances de vous en tirer dans un monde où foisonne la fausse monnaie.

LEÇON : Si vous comprenez les mécanismes de l'impression d'argent, vous comprendrez mieux pourquoi les pauvres sont pauvres et vous saurez comment ne pas devenir l'un des leurs.

MÉCANISME N° 1 : L'impression de vaches

Pendant des milliers d'années, l'argent a pris plusieurs formes. Des perles, des plumes, des cailloux, des animaux et des poteries ont servi de monnaie d'échange. L'une des plus anciennes formes de monnaie est le bétail.

Pendant des milliers d'années, le bétail a servi de monnaie d'échange. Il est à la base de la monnaie moderne. Le bétail représente une monnaie véritable, et ce, encore aujourd'hui. De fait, le *bétail* était synonyme de *propriété* – argent, terres et revenus.

Lorsqu'un individu qui possédait du bétail avait besoin d'emprunter de l'argent, il conduisait ses bêtes chez le prêteur, prenait l'argent et les laissait en garantie.

Lorsqu'il remboursait le prêteur, il récupérait ses bêtes.

Ce système de nantissement est toujours en usage aujourd'hui. Un synonyme de nantissement est *sécurité.* Le krach de 2008 a été provoqué lorsque les obligations adossées à des actifs et les titres adossés à des créances hypothécaires (TACH) se sont effondrés.

Prenez note des mots *titres* et *adossés.* Ils jouent le même rôle que le *bétail* il y a des milliers d'années ; celui-ci représentait une véritable garantie et une véritable sécurité.

L'économie mondiale s'est pratiquement effondrée lorsqu'il a été prouvé que ces titres garantis par des créances (TGC) étaient faux.

Comment tant d'individus très instruits, talentueux et bien rémunérés ont-ils pu croire qu'un faux nantissement en était un vrai ? C'est alarmant, très alarmant. Et ce qui l'est encore plus, c'est que ces mêmes individus mènent encore le bal.

Pouvez-vous imaginer un banquier, il y a mille ans, qui ne savait pas ce qu'était une vraie vache ? Pourtant, c'est exactement ce qui se passe aujourd'hui.

« Un grand chapeau, pas de bétail »

De nos jours, lorsque les gens parlent de l'écart qui existe entre les riches et le reste de la population, ils parlent d'une absence de nantissement.

LEÇON : Si tant d'individus sont pauvres, c'est parce qu'ils n'ont rien à offrir en garantie. C'est comme si un fermier se rendait à la banque pour emprunter de l'argent sans avoir de bétail en guise de nantissement ou de bien offert en garantie.

Mes amis qui vivent au Texas disent : « Un grand chapeau, pas de bétail ».

Le monde est rempli d'individus qui n'ont « pas de bétail ». Ils vivent peut-être dans de grandes maisons, conduisent de belles voitures, envoient leurs enfants dans des écoles privées... mais ils n'ont rien à offrir en garantie. Un banquier peut leur prêter de l'argent pour payer ces maisons et ces voitures et leur émettre des cartes de crédit – une catégorie de dettes appelée *crédit à la consommation* –, mais *pas* pour investir. Ces individus se plaignent ensuite en disant: « Mon banquier refuse de m'accorder un prêt. »

Les banquiers ont besoin d'une vraie garantie. Et vous aussi.

Les TGC et les TACH modernes ont trait au *nantissement* et à la *sécurité*. Le problème avec ces titres, c'est qu'ils sont adossés à de fausses garanties.

Si vous voulez être à l'abri des ennuis financiers, vous devez pouvoir offrir de *vraies* garanties. C'est ce dont ce livre traite.

Éducation financière:

En nature: se dit de l'utilisation de biens ou de marchandises comme instrument de règlement d'une opération, sans intermédiaire monétaire.

Lorsqu'une personne laissait ses bêtes en garantie, le prêteur était payé *en nature* avec leur progéniture.

Les veaux étaient en quelque sorte les intérêts que le prêteur touchait. Aujourd'hui, lorsqu'un banquier vous prête de l'argent, les intérêts que vous payez sont une forme moderne de ces veaux.

En nature veut dire *comparable*. Des veaux pour le bétail, de l'argent pour de l'argent... œil pour œil et dent pour dent.

L'*intérêt* est un paiement *en nature*. Ou encore: l'intérêt est de l'argent qui a une progéniture – ou de l'argent qui imprime de l'argent.

Les banques modernes ne pourraient pas survivre si elles n'avaient pas le droit d'exiger des intérêts sur leurs prêts de fausse monnaie.

L'épargne: C'est vous... qui imprimez de l'argent

Lorsque vous épargnez et que vous confiez votre argent à la banque, votre argent imprime de l'argent.

Lorsque vous épargnez, la banque vous verse des intérêts, en nature, de l'argent pour de l'argent. Encore une fois, l'intérêt que vous touchez sur vos épargnes est votre argent qui imprime de l'argent.

Les cartes de crédit

Lorsque vous utilisez votre carte de crédit, vous imprimez de l'argent. Une carte de crédit ne contient pas d'argent. Derrière elle ne se trouve que votre cote de crédit. Cette cote constitue une garantie pour votre banque. En Amérique, cette cote de crédit est déterminée par le pointage FICO, une formule mathématique permettant de calculer le risque lié à un emprunteur.

Lorsque vous utilisez votre carte de crédit, *vous imprimez de l'argent pour la banque* – de l'argent que vous devrez rembourser, augmenté des intérêts (en nature) qu'exigera la banque.

Les prêts

Lorsque vous empruntez de l'argent pour acheter une voiture, une maison ou que vous demandez un prêt à l'entreprise, vous imprimez de l'argent. *Vous imprimez de l'argent pour la banque* et la banque perçoit des intérêts sur ce nouvel argent.

L'argent de qui a le plus de valeur ?

Considérez ces deux exemples d'impression d'argent :

- Vous déposez 1 000 $ dans votre compte d'épargne et la banque vous verse 2 % d'intérêt.
- Vous mettez 1 000 $ sur votre carte de crédit et la banque vous demande 18 % d'intérêt.

Dans les deux exemples, vous avez imprimé de l'argent. Mais il convient de se demander quel argent a le plus de valeur : le vôtre ou celui que vous avez imprimé pour la banque ?

Rappelez-vous que, depuis 1971, l'ensemble du système monétaire est fondé sur l'impression de fausse monnaie.

Rappelez-vous que les gens qui travaillent pour l'argent travaillent pour des gens qui impriment de l'argent.

Dans cet ouvrage, vous apprendrez à devenir cette personne qui imprime de l'argent pour lequel les gens travaillent. Mais tout d'abord, il est important de comprendre les autres façons dont l'argent est imprimé.

MÉCANISME Nº 2 : Le système des réserves fractionnées

Le système bancaire mondial repose sur le *système des réserves fractionnées.*

Le système des réserves fractionnées gouverne le monde depuis des milliers d'années. En voici une explication simple.

Supposons que, il y a 1 000 ans, vous êtes le propriétaire d'un commerce. Vous avez 10 pièces d'or. Vous devez voyager et parcourir une grande distance dans des contrées dangereuses pour acheter des marchandises.

Vous allez voir le « banquier » de votre localité, souvent un orfèvre, qui accepte de prendre votre or et de le mettre sous bonne garde.

Le « banquier » vous remet un bout de papier prouvant que vous lui avez confié 10 pièces d'or. Ce bout de papier est un certificat de dépôt (CD), une expression qui est encore utilisée de nos jours.

Vous traversez des contrées dangereuses avec ce bout de papier, un CD. Vos pièces d'or sont en sécurité auprès de votre « banquier ».

Vous achetez ensuite des marchandises pour votre commerce et donnez le CD, votre bout de papier, au vendeur et vous rentrez chez vous.

La personne qui vous a vendu les marchandises se rend à sa « banque » et perçoit le paiement de celles-ci sous forme d'or en présentant le CD que vous lui avez remis.

Après un certain temps, vous réalisez qu'un bout de papier, un CD, est beaucoup plus pratique que des pièces d'or lorsque vous devez vous déplacer. Vous confiez votre or à la banque et utilisez des CD en guise de papier-monnaie.

Comment le banquier imprime de l'argent

Un individu qui a besoin d'argent se rend à la banque et demande un « prêt ». Le banquier lui prête 9 de *vos 10 pièces d'or.* La pièce qu'il conserve dans sa chambre forte est la « réserve fractionnée ». Le banquier n'a besoin de garder que 10 % – ou l'une de vos 10 pièces d'or – dans son coffre pour satisfaire aux exigences de la « réserve ».

De l'argent vient d'être imprimé. Vos 10 pièces d'or sont devenues 19 pièces d'or par le biaïs du système des réserves fractionnées. Vos 10 pièces d'or sont de la monnaie véritable. Les neuf pièces qui ont été prêtées sont de la fausse monnaie. De la fausse monnaie a été imprimée.

C'est là que cela devient excitant. La personne qui a emprunté 9 de vos 10 pièces d'or se rend à sa banque et les y dépose. Elle reçoit un CD en échange.

Le banquier qui s'est vu confier ces 9 pièces d'or en prête alors 8,1 à un *autre* emprunteur.

Ce dernier dépose ces 8,1 pièces à sa banque. Le banquier prête alors 90 % de ces 8,1 pièces à un autre emprunteur… et ainsi de suite.

Le truc de Mandrake

Vous comprenez ? C'est ce qu'on appelle le truc de Mandrake, d'après le personnage d'une bande dessinée. Le magicien pouvait tirer n'importe quoi de son chapeau – et votre banquier peut produire de l'argent comme par magie.

Dans cet exemple simple, les 10 pièces d'or originales sont devenues 27,1 pièces d'or grâce à la magie du système des réserves fractionnées. Les 27,1 pièces deviendront bientôt 2 710 pièces ou plus, toujours grâce à la magie de ce système et du truc de Mandrake.

C'est par le biais du système des réserves fractionnées et du truc de Mandrake que d'énormes quantités de fausse monnaie sont imprimées.

Le truc de Mandrake s'empare du monde

Réfléchissez à ceci : en 1971, l'année où Nixon a mis un terme à la convertibilité du dollar américain en or, *le monde n'avait plus besoin de ces 10 pièces d'or originales.* Le truc de Mandrake, avec son argent magique, s'est emparé du monde.

Imaginez des milliards de personnes qui empruntent et déposent des milliards de dollars en fausse monnaie dans des banques du monde entier – alors que Mandrake continue à tirer de plus en plus de fausse monnaie de son chapeau.

Après 2008, Mandrake le Magicien a dû tirer plus d'un billiard de dollars de son « chapeau » afin de sauver de l'effondrement le monde magique de l'argent.

Combien de temps Mandrake pourra-t-il continuer à tirer de l'argent magique de son chapeau ? Là est la question.

Une ruée vers les banques

Si la magie de Mandrake n'opère plus, il se produit une ruée vers les banques. Le spectacle est terminé. C'est la panique et les épargnants font la queue et demandent leur argent. Mais le problème… c'est que Mandrake n'a pas cet argent.

C'est la raison pour laquelle les banques américaines ont un plan de secours : la FDIC, ou la Compagnie fédérale d'assurance de dépôts bancaires, qui assure les épargnes jusqu'à concurrence de 250 000 $. Le problème, c'est que la FDCI n'a pas les fonds nécessaires pour couvrir une ruée massive vers les banques.

Si la panique s'installe, l'ensemble du système bancaire pourra fermer ses portes en toute légalité. Cela s'est produit de nombreuses fois au cours de l'histoire moderne.

Si le spectacle de magie de Mandrake est retiré de l'affiche, la somme qu'un individu pourra retirer sera prédéterminée par des guichets automatiques. Imaginez que vous vous rendez à la banque et qu'une affiche annonce: « Votre limite de retrait aujourd'hui est de 100 $. »

Faut-il faire confiance au spectacle de magie de Mandrake?

Après que mon père riche nous eut expliqué, à son fils et moi, le système des réserves fractionnées et le fonctionnement du tour de magie de Mandrake, nous avons compris pourquoi il était écrit « En Dieu nous avons confiance » sur nos billets de banque.

Aujourd'hui, je préfère faire confiance à l'argent de Dieu, l'or et l'argent *véritables*. Je ne fais pas confiance au spectacle de magie de Mandrake – ou à ce que M. Fuller appelait Grunch, c'est-à-dire les pouvoirs qui se trouvent derrière la grossière escroquerie qui se joue à l'échelle mondiale.

Je fais confiance à l'or et à l'argent plutôt qu'à l'élite que Mandrake engage pour donner son spectacle, imprimer notre argent, diriger nos banques centrales, nos gouvernements, le marché des obligations et les marchés boursiers.

N'oubliez jamais que l'or et l'argent seront encore là bien après l'élite, l'extinction des cafards, vous et moi.

Le faux or et le faux argent

Mandrake produit également du faux or et du faux argent.

LEÇON: Le faux or et le faux argent. Je n'investis pas dans cet or et cet argent qui sont faux – les fonds négociés en Bourse (FNB) –, c'est-à-dire l'or-papier et l'argent-papier.

GLD et SLV sont, respectivement, des fonds indiciels, du faux or et du faux argent. Je n'investis pas dans ces fonds parce que tous les FNB font partie du système des réserves fractionnées… et figurent dans le spectacle de magie de Mandrake. Par exemple, Mandrake peut prendre une once d'or véritable et la transformer en 50 à

100 onces d'or-papier par le biais des FNB. La création de FNB et de fonds communs de placement fait partie du spectacle de Mandrake. Il peut imprimer de l'argent, des actions, des obligations et même des biens immobiliers.

Les FNB immobiliers sont des fiducies de placement immobilier (FPI). J'adore l'or, l'argent et l'immobilier. Mais je n'investis pas dans les fonds GLD, SLV ou FPI.

LEÇON : Cela ne signifie pas que vous devez éviter d'investir dans des FNB ou des fonds communs de placement. Ces valeurs mobilières en portefeuille présentent certains avantages pour différentes personnes.

Dans la troisième partie de cet ouvrage, Faux actifs, je parle des individus qui devraient investir dans les fonds GLD, SLV et FPI, et j'explique pourquoi je ne le fais pas.

Si je n'investis pas dans les FPI, c'est, entre autres, parce que ce sont des instruments dérivés et qu'ils figurent au programme du spectacle de magie de Mandrake.

MÉCANISME N° 3 : Les instruments dérivés

Le système bancaire mondial est fondé sur les instruments dérivés.

LEÇON : Que sont les instruments dérivés ?

Je ferai de mon mieux pour en donner une explication simple.

Les instruments dérivés d'une orange

Pensez à une orange. Lorsqu'on presse une orange, du jus s'en écoule. Le *jus d'orange* est un instrument dérivé de l'orange. Si vous extrayez l'eau du jus d'orange, vous obtenez du jus d'orange concentré, un instrument dérivé du jus d'orange et de l'orange.

Les instruments dérivés du pétrole et de l'uranium

Pensez au pétrole brut. L'essence est un instrument dérivé du pétrole brut. L'essence est plus inflammable et volatile que le pétrole brut. D'autres instruments dérivés de l'essence sont le carburant d'aviation, le carburéacteur et autres distillats d'huile raffinée.

L'uranium est l'élément chimique de numéro atomique 92 et de symbole U. L'uranium est plus abondant que l'argent. Les instruments dérivés de l'uranium sont instables, toxiques et dangereux. Ils sont utilisés comme combustible nucléaire dans les réacteurs et les armes de destruction massive.

Les instruments dérivés de l'argent

Une action est un instrument dérivé d'une entreprise. Une hypothèque est un instrument dérivé de l'immobilier. Et une obligation est un instrument dérivé de l'argent.

Mais il y a 50 ans, les choses ont changé.

Bucky Fuller a dit que l'on s'est mis à jouer avec l'argent.

Steven Brill cite Martin Lipton :

> *Nous avons créé une activité économique distincte dans laquelle nous négocions des bouts de papier – ce qui ne mène à rien.*

En 1950, le secteur manufacturier a généré 60 % des bénéfices des sociétés. Aujourd'hui, il n'en génère que 25 %. En 1950, le secteur financier a généré 9 % des bénéfices des sociétés. Aujourd'hui, il en génère 30 %.

Dans son ouvrage intitulé *Makers and Takers : The Rise of Finance and the Fall of American Business* (L'ascension de la haute finance et la chute des sociétés américaines), Rana Foroohar écrit que la création de richesses à l'intérieur des marchés financiers est devenue une fin en soi plutôt qu'un moyen d'arriver à une prospérité partagée.

Traduction : « J'ai obtenu ce que je voulais. Au diable les autres. »

Pour illustrer cette attitude égoïste qui prévaut dans le secteur financier, l'auteure explique que les 25 principaux gestionnaires de fonds spéculatifs gagnent plus d'argent que l'ensemble des professeurs de maternelle du pays.

ÉMISSION DE RADIO RICH DAD
INVITÉE : RANA FOROOHAR

Utilisez ce lien pour écouter cette entrevue qui traite de la cupidité qui gouverne le secteur financier en Amérique : https://youtu.be/VgZZnG7US14

L'ingénierie financière

Plutôt que de créer de nouveaux actifs, des actifs qui assurent une prospérité réelle et durable, l'ingénierie financière a pris le contrôle de l'économie et a créé de faux actifs, des actifs qui sont toxiques.

Vers 2005, prêts à tout pour augmenter le rendement de leurs investissements, les ingénieurs financiers de l'élite ont pris des instruments dérivés ordinaires tels que des prêts hypothécaires à l'habitation, ont trouvé des emprunteurs à risque, leur ont accordé des prêts dont le remboursement était au-dessus de leurs moyens et ont créé d'horribles monstres financiers appelés titres adossés à des créances hypothécaires (TACH) et titres garantis par des créances (TGC). Ils les ont ensuite vendus en tant que « valeurs », mais ce sont en fait *des instruments dérivés d'instruments dérivés.*

Warren Buffett a qualifié ces instruments dérivés d'instruments dérivés d'« armes de destruction massive ».

Steven Brill, dans son article paru dans le *Time*, en dit ceci :

> *[L'élite] a bouleversé les grandes entreprises américaines et Wall Street avec des inventions dans les domaines de la loi et de la finance qui ont créé une économie basée sur des transactions qui déplaçaient les actifs au lieu d'en créer de nouveaux. Elle a créé des instruments financiers sophistiqués et risqués, dont les instruments dérivés et les swaps sur surveillance de crédit, qui dégageaient des profits immédiats, mais séparaient les preneurs de risques de ceux qui en subiraient les conséquences.*

En 2008, ces armes de destruction massive ont explosé et l'économie mondiale s'est pratiquement effondrée.

Quelque chose a-t-il changé ?

En 2007, il existait des instruments dérivés de l'ordre de 700 trillions de dollars.

En 2008, ces armes de destruction massive ont explosé et l'économie mondiale a été pratiquement détruite.

En 2018, il existe des instruments dérivés de l'ordre de 1,2 *billiard* de dollars.

Pourquoi changer ? Le spectacle de magie de Mandrake doit continuer.

MÉCANISME Nº 4 : L'inflation

Le spectacle de magie de Mandrake est lié à l'inflation. S'il n'y a plus d'inflation, le chapiteau de Mandrake s'effondre et le spectacle est terminé.

Le chapiteau de Mandrake s'est effondré

Regardez encore une fois le diagramme illustrant la courbe du Dow Jones sur 125 ans.

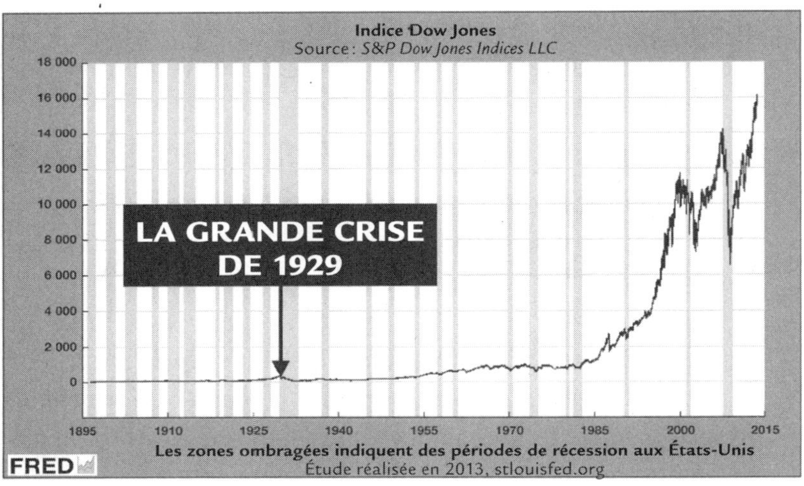

On voit nettement où et quand le chapiteau de Mandrake s'est effondré en 2000 et 2008.

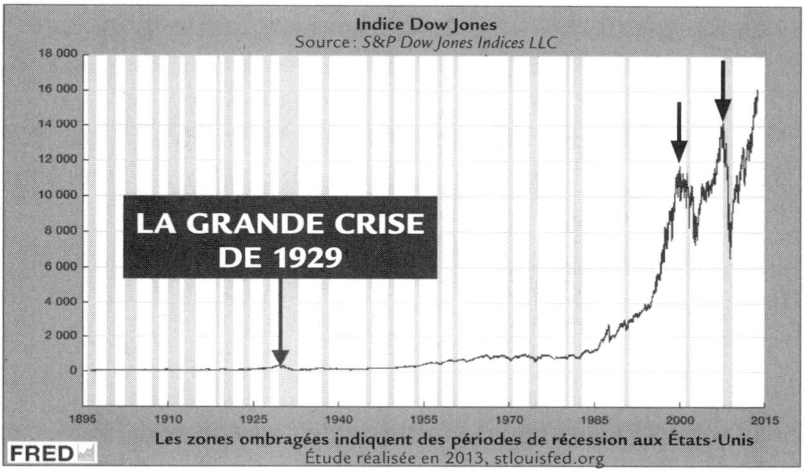

Les sommets ne ressemblent-ils pas aux toits de chapiteaux de cirque géants ?

On peut également voir où la grossière escroquerie à l'échelle mondiale a commencé à regonfler le chapiteau de Mandrake.

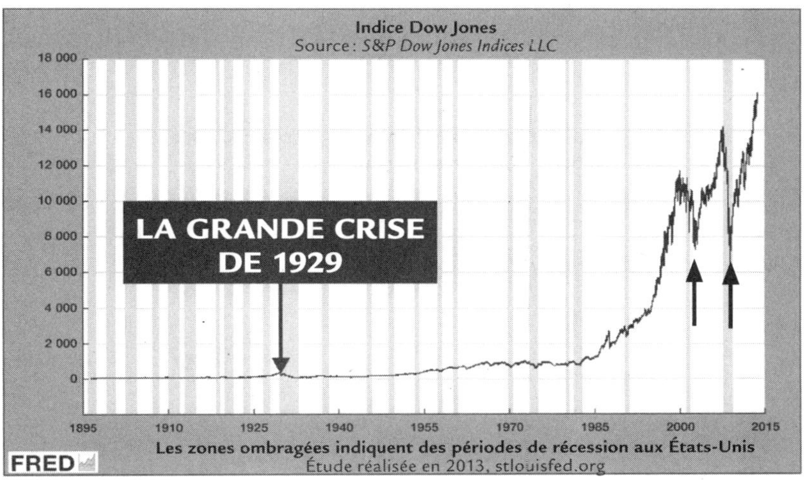

TARP et AQ

Plutôt que de parler d'impression d'argent, la méga-élite – le président de la Réserve fédérale Ben Bernanke et le secrétaire du Trésor américain Hank Paulson, l'ancien PDG de Goldman Sachs – ont inventé de nouvelles appellations: le Troubled Asset Relief Program (TARP), aussi connu sous le nom de Plan Paulson, et plus tard l'assouplissement quantitatif (AQ).

Je suppose que, à leurs yeux, cela paraissait plus élégant que de parler tout simplement d'« impression d'argent ».

Je dis plutôt que c'est de la foutaise: c'est jeter de la poudre aux yeux.

Le tour de magie de Mandrake et le système des réserves fractionnées ont imprimé tellement d'argent que les chapiteaux du monde ont commencé à se dégonfler. Le monde était au seuil d'une immense dépression.

Le TARP et l'assouplissement quantitatif ont empêché le chapiteau de Mandrake de s'effondrer.

LEÇON: Le spectacle de magie de Mandrake ne peut rester à l'affiche que grâce à l'inflation.

(Vous comprenez? L'inflation injecte de l'air dans le chapiteau...)

POURQUOI LES ÉPARGNANTS SONT DES PERDANTS
Le pouvoir d'achat du dollar américain depuis 1913

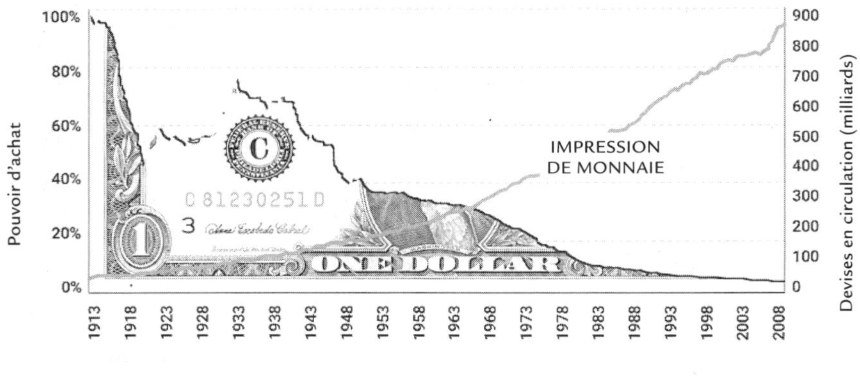

LEÇON : Sans inflation, Mandrake est incapable de rembourser l'énorme dette que crée l'impression d'argent.

LEÇON : Sans inflation, la dette est moins lourde – car les taux d'intérêt baissent – et la dette peut être remboursée à meilleur marché.

L'inflation est préférable à la déflation

LEÇON : S'il y a déflation, la dette devient plus dispendieuse et cette dette doit être remboursée avec des dollars de plus grande valeur.

La déflation mène souvent à une dépression.

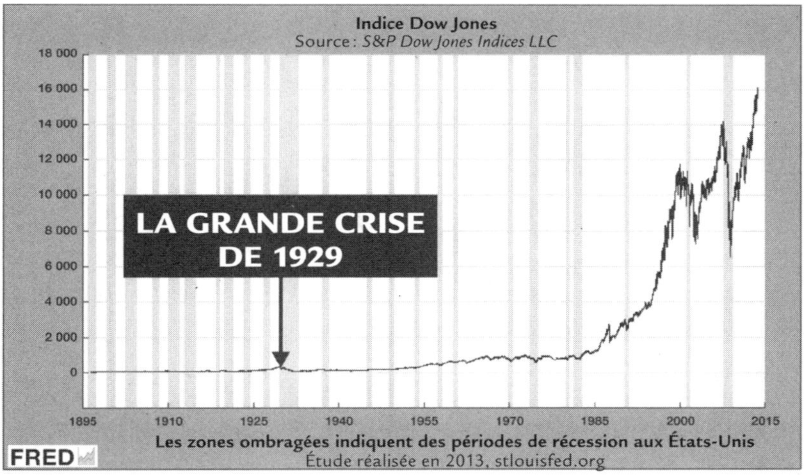

L'inflation et la déflation

LEÇON : Avec l'inflation, les gens dépensent plus rapidement. Ils craignent une hausse des prix.

LEÇON : Avec la déflation, les gens ne dépensent pas. Ils attendent une chute des prix, ce qui peut mener à une récession sévère.

LEÇON : C'est pour cette raison que le spectacle de magie de Mandrake a besoin de l'inflation pour garder l'affiche. Sans inflation,

Mandrake ne pourra pas assumer les dépenses de sa dernière prestation.

LEÇON : C'est pour cette raison que la Réserve fédérale et le Trésor américain ont eu recours au Plan Paulson et à l'assouplissement quantitatif. Ils ont regonflé le chapiteau de Mandrake avec des trillions et des billiards de fausse monnaie.

Les dommages collatéraux

Remarquez, encore une fois, le mot *collatéral*. Les victimes des dommages collatéraux causés par les instruments dérivés toxiques, les faux actifs et les fausses garanties ont été les habitants du monde entier. Et les épargnants sont devenus des perdants.

Le rêve américain est parti en fumée, non seulement pour les propriétaires résidentiels, mais aussi pour les épargnants.

Lorsque les marchés se sont effondrés en 2008, les banques ont abaissé les taux d'intérêt et ont supplié les gens d'emprunter de l'argent.

Les épargnants, souvent des retraités ayant un revenu fixe, sont devenus les plus grands perdants lorsque le taux d'intérêt qu'il touchait sur leur épargne a été abaissé, dans certains cas sous zéro.

Sans cet intérêt, les épargnants ont commencé à puiser dans leur capital, et ils ont vu fondre leurs économies.

Les millionnaires étaient riches

En 1970, un an après l'obtention de mon diplôme, les épargnants touchaient 15 % d'intérêts sur l'épargne. Pour simplifier le calcul, utilisons la somme d'un million de dollars.

Un million de dollars x 15 % = 150 000 $

En 1970, une personne pouvait subvenir à ses besoins avec 150 000 $ par année.

Après 2008, les taux d'intérêt ont chuté, sous zéro dans certains pays.

Les épargnants ont été les plus grands perdants et les millionnaires se sont appauvris.

Encore une fois, utilisons la somme d'un million de dollars pour simplifier le calcul :

Un million de dollars x 2 % = 20 000 $.

Vivre avec 20 000 $ par année est difficile pour n'importe quel Américain, même s'il est millionnaire. Les millionnaires qui vivent des intérêts de leur épargne sont les nouveaux pauvres.

Ceci a obligé de nombreux individus à pénétrer dans le marché boursier, espérant un fort rendement. Le résultat : une bulle boursière. Examinez la courbe de l'indice Dow Jones et vous verrez l'éclatement de cette bulle après les krachs de 2000 et 2008.

Le bitcoin et la cryptomonnaie

En 2009, le bitcoin est apparu… et la cryptomonnaie est devenue une menace pour le spectacle de magie de Mandrake.

Mandrake n'aime pas la concurrence. Les artisans de la grossière escroquerie se battront contre la cryptomonnaie, l'argent du peuple. Toutefois, quelques membres de l'élite se tournent vers elle.

LEÇON : L'inflation cause la pauvreté.

L'impression d'argent enrichit certains individus. Les gens se sentent plus riches lorsque leur maison se trouve assortie d'une « plus-value » ou que leur « valeur nette » augmente en même temps que leur revenu de portefeuille.

L'impression d'argent a appauvri des millions d'individus.

Une étude réalisée par des professeurs de Stanford, Harvard et Berkeley démontre que les chances qu'un enfant gagne davantage d'argent que ses parents ont chuté de 90 % à 50 % au cours des 50 dernières années.

Une autre étude révèle que les revenus du premier centile des Américains ont augmenté de 31,4 % entre 2009 et 2012. Pourtant, les

L'ÉCART
Variation de la part du revenu *vs* 1979, après impôts et inflation

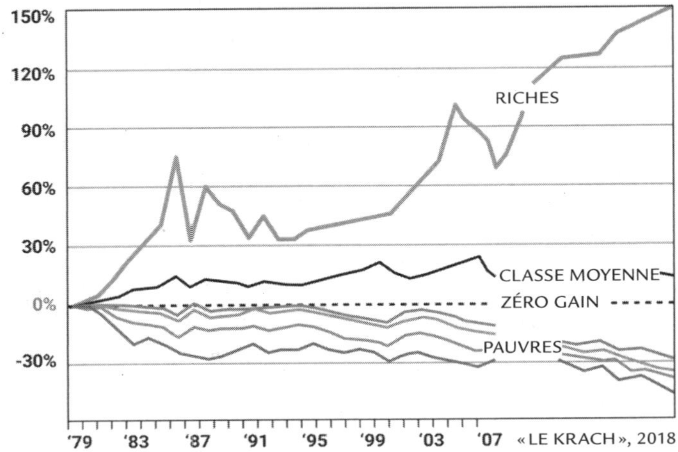

Source : Service d'études budgétaires du Congrès

revenus du reste de la population ont connu une hausse de seulement 4 %.

Des villages de tentes

Les villages de tentes poussent comme des champignons partout en Amérique, et plus particulièrement dans nos villes les plus prospères : San Francisco, Seattle et Honolulu.

Un grand nombre des individus qui vivent dans ces tentes ont un emploi. Mais ils n'ont pas les moyens d'acheter une maison. En 2018, il y avait environ 550 000 individus sans domicile fixe aux États-Unis.

Vous dites que vous voulez une révolution

Historiquement, lorsque l'écart entre les riches et le reste de la population devient trop grand, il se produit une révolution. C'est ce qui me préoccupe.

Des révolutions ont éclaté en Russie, à Cuba et au Venezuela lorsque l'écart entre les riches et le reste de la population est devenu trop grand.

Nous dirigeons-nous vers une autre révolution ?

La chanson des Beatles intitulée « Revolution » traduit mes pensées mieux que je ne peux le faire. Vous la trouverez sur YouTube en utilisant le lien suivant : www.youtube.com/watch?v=BGL-GzRXY5Bw.

Pouvez-vous voir l'avenir ?

Bucky Fuller nous a enseigné à voir l'avenir en étudiant le passé. Et voici quelques diagrammes et photos qui vous aideront à le faire.

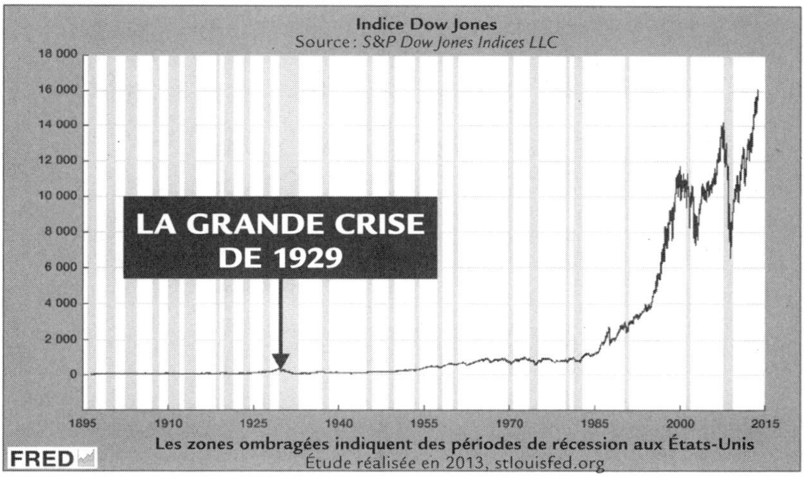

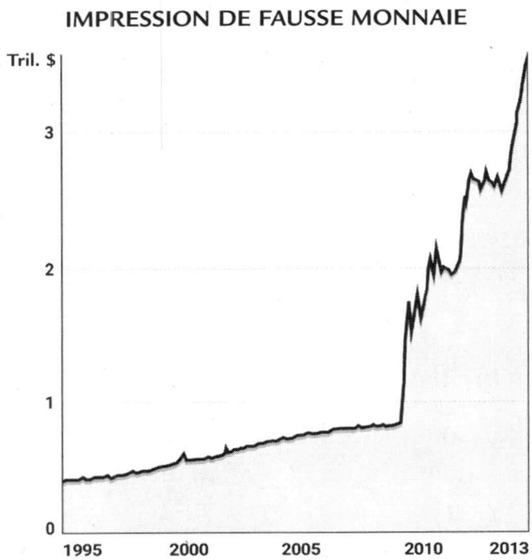

Qu'arrive-t-il lorsqu'un pays imprime trop d'argent ?

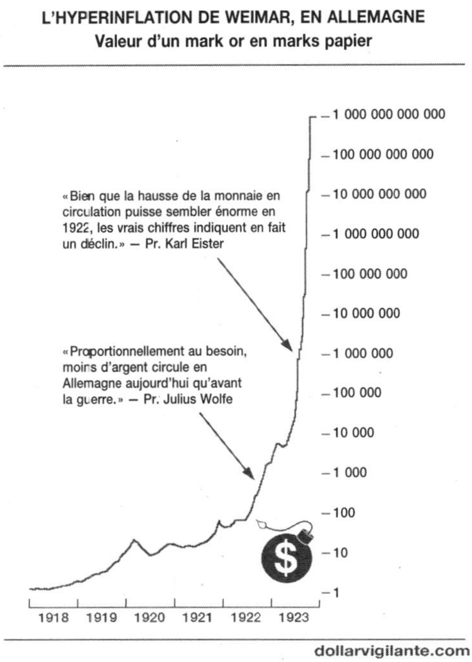

De nombreux pays ont souffert de périodes d'hyperinflation, souvent attribuables à une méga-impression d'argent. Ci-dessous se trouvent des photos illustrant l'hyperinflation en Allemagne dans les années 1920. En les regardant, vous comprendrez mieux pourquoi *je n'épargne pas de fausse monnaie.*

Source : Getty Images/Albert Harlingue/Roger Viollet.
Des piles de papier-monnaie dans le sous-sol d'une banque à l'époque de la dévaluation du mark allemand en 1923.

Source : Getty Images/Universal History Archive.
L'hyperinflation en Allemagne à la suite de *la Seconde Guerre mondiale pousse une femme à utiliser du papier-monnaie pour allumer le poêle.*

Source : Getty Images/Corbis.
En 1923, des enfants allemands jouent avec de l'argent dans la rue, des milliards en fausse monnaie.

Source : Getty Images/ullstein bild.
On brûle de l'argent qui a perdu toute valeur dans la république de Weimar en 1923.

Cette hyperinflation a mené à l'ascension d'Adolf Hitler et au massacre de millions de personnes innocentes.

Source : Getty Images/H. Miller.
Victimes du camp de concentration de Buchenwald

L'impression d'argent n'a jamais apporté une prospérité durable. L'impression d'argent a toujours appauvri les gens qui travaillent pour l'argent.

L'année 1971 a marqué le début de la plus grande vague d'impression d'argent de l'histoire du monde. Aujourd'hui, la fausse monnaie est à la base du système bancaire mondial. Combien de temps les États-Unis et le monde continueront-ils à imprimer de la fausse monnaie ?

L'histoire se répète-t-elle ?

Je le crois.

Dans le chapitre suivant, j'expliquerai pourquoi je possède de l'or et de l'argent véritables.

VOS QUESTIONS... LES RÉPONSES DE ROBERT

Q : Qu'arrive-t-il lorsqu'une bulle éclate ? Est-ce que l'argent disparaît ?

Chris G. - Grèce

R : Oui et non. Lorsqu'une bulle éclate, une partie de l'argent est transférée des perdants vers les gagnants. La plupart des perdants sont des investisseurs moyens qui ont cru ceux qui leur ont dit d'investir « à long terme ». Parfois, cela fonctionne, et parfois pas.

Lorsque l'argent change de mains, il n'est pas vraiment perdu. Le perdant a perdu, mais l'argent n'est pas vraiment disparu. Il a seulement changé de mains.

C'est pour cette raison que tant d'experts vous disent que vous ne perdez pas d'argent si vous ne vendez pas. Ces experts se fondent sur le fait que vous possédez toujours vos actions.

Je ne suis pas d'accord. Supposons que j'achète 100 actions à 20 $.

100 x 20 $ = 2 000 $

Le marché s'effondre le lendemain. L'action ne vaut plus que 2 $.

100 x 2 $ = 200 $

Dans cet exemple, l'argent n'est pas disparu. C'est l'investisseur qui a perdu 1 800 $.

L'investisseur appelle son conseiller financier et lui dit : « J'ai perdu 1 800 $. »

Le conseiller financier lui répond : « Vous perdez seulement lorsque vous vendez. C'est pour cette raison que vous investissez à long terme. Le cours de l'action remontera. »

C'est un mensonge. Dans cet exemple, en ce moment dans le temps, l'argent a été perdu. Il est disparu de la colonne de l'actif de l'investisseur.

Q: Qu'arriverait-il si tout le monde voulait retirer son argent de la banque en même temps? Les banques seraient-elles capables de prêter de l'argent à tout le monde?

Manual A. - Mexique

R: Cela dépend. En situation de panique, les gens font des choses saugrenues. Il est donc difficile de prédire ce qui pourrait arriver.

Après le krach de 2008, des millions d'individus ont perdu des trillions de dollars. Les riches n'ont rien perdu parce que le gouvernement américain a « renfloué » les plus grandes banques.

Les épargnants ont perdu parce que les banques ont imprimé des trillions de dollars en fausse monnaie, causant la dévaluation de l'épargne.

Lors du prochain krach, si tout le monde réclame son argent en même temps, les banques pourraient bien faire le contraire du « renflouage ». Les banques pourraient effectuer une recapitalisation interne, c'est-à-dire prendre les économies des épargnants, les convertir en actions bancaires (capitaux propres) et, ainsi, conserver cet argent. Encore une fois, les épargnants perdent et les riches gagnent.

Dans son ouvrage intitulé *En marche vers la faillite*, Jim Rickards prédit un épisode de « glace-9[3] », c'est-à-dire un gel total des systèmes monétaires et bancaires. C'est pour cette raison qu'il recommande de garder un peu d'argent, ainsi que de l'or et de l'argent, à l'extérieur du système bancaire.

3. Le « glace-9 » est un matériau inventé par l'écrivain de science-fiction Kurt Vonnegut. Ce matériau provoque une réaction lorsqu'il entre en contact avec l'eau. Dans son roman *Le Berceau du chat*, le contact de glace-9 avec l'océan entraîne la fin du monde. *(Note de la traductrice)*

Q : Je trouve difficile de garder l'esprit ouvert aux vérités que d'autres et vous exposez. Je lis, j'écoute, je réfléchis, mais je sais que je nage dans le déni. Comment puis-je arriver à mieux accepter la réalité ?

Jana V. – États-Unis

R : Vous faites preuve d'ouverture d'esprit. Lorsqu'on est conscient, notre esprit est ouvert à de nouvelles pensées et idées. Félicitations.

Q : Comment savoir si les nouvelles que l'on diffuse dans les médias sont vraies ou fausses ?

Rohit M. – Inde

R : Tenez toujours compte de la source d'information. Dans cet ouvrage, je propose une liste de sources que j'ai interviewées à la radio Rich Dad. La plupart des entrevues durent une quarantaine de minutes. On peut beaucoup apprendre en 40 minutes en écoutant des gens qui ont accompli de vraies choses dans le vrai monde de la fausse monnaie.

Si vous obtenez vos informations auprès de courtiers en valeurs mobilières, de courtiers immobiliers et de courtiers d'assurance, rappelez-vous toujours l'avertissement que m'a donné mon père riche : « Souvent, celui qui se dit "courtier" ne l'est pas plus que toi ».

Q : Le vrai problème n'est-il pas le système bancaire central dans mon pays, la Réserve fédérale ?

Jon K. – États-Unis

R : Cela dépend à qui vous posez la question. Je crois qu'il existe de nombreux problèmes. La Réserve fédérale et les banques centrales en sont nettement un.

Je crois que le vrai problème est l'absence d'éducation financière dans notre système d'éducation. Si les gens avaient cette éducation financière, cette crise que nous traversons ne serait pas un problème. Cette crise serait pour eux une occasion de devenir vraiment riches… et c'est pourquoi j'ai écrit ce livre et d'autres avant lui.

Ceci me rappelle que le symbole chinois pour parler de *crise* est composé de deux mots : *danger* et *occasion*.

J'écris pour des gens comme vous, des gens qui veulent voir une occasion dans le danger.

Q : Est-ce que le régime de retraite individuel Roth est un véritable actif ou un faux actif ?

Ivan K. – États-Unis

R : Cela dépend. Les régimes de retraite individuels Roth sont des régimes de retraite à fonds fiscalisés. Malgré cela, ils ne représentent pas tous des actifs. En cas de krach, ils peuvent également s'effondrer et devenir un élément de passif.

Q : Pourquoi le diagramme illustrant le marché boursier américain est-il si négatif – je me trompe ? J'y vois d'excellentes occasions pour les gens qui achètent des actions…

Lukas D. – Allemagne

R : C'est une excellente question. Le diagramme peut sembler positif ou négatif, tout dépendant de la personne qui le regarde. Pour l'individu qui investit à long terme, un krach peut devenir une crise. Pour celui qui investit à « court » terme, un krach peut représenter une occasion.

Encore une fois : Crise = Danger + Occasion

Q : L'argent n'est-il pas seulement un instrument d'échange ? Donc, cette valeur à long terme n'a pas tellement d'importance. L'épargnant américain n'est-il pas responsable de son choix en ayant opté pour le dollar plutôt que d'acheter des actions ?

Danny W. – Japon

R : Je suis d'accord avec vous. Avant d'avoir terminé la lecture de ce livre, vous aurez appris que vous n'aurez pas besoin d'argent, et encore moins besoin d'épargner. La valeur d'une véritable éducation financière est qu'elle permet de devenir riche, avec ou sans argent.

Q : Pourquoi les gens ne voient-ils pas avant qu'il soit trop tard ce que font les banques et le gouvernement ?

Victor R. - Singapour

R : Comme le dit le proverbe : « On ne peut pas pêcher un poisson en eau claire. »

L'objet de ce livre, et de tous les ouvrages de la série *Père riche, Père pauvre*, est de vous permettre de voir ce que la plupart des gens ne voient pas.

Q : Est-ce que le bitcoin deviendra la monnaie internationale dominante ?

Benny S. - Israël

R : J'en doute. Toutefois, la technologie des chaînes de blocs[4] transformera le monde.

4. La chaîne de blocs tire son nom du fait qu'il s'agit d'une série de blocs numériques dont chacun est un ensemble de transactions valides ou vérifiées à l'épreuve de toute falsification. Chaque bloc renvoie (ou est lié) au bloc le précédant immédiatement, les transactions successives effectuées entre les utilisateurs depuis sa création. *(Note de la traductrice)*

Chapitre 6

HUIT RAISONS PHILOSOPHIQUES POUR LESQUELLES JE POSSÈDE DE L'OR ET DE L'ARGENT VÉRITABLES

QUELLES SONT LES VÔTRES ?

Remarquez que je dis *posséder* de l'or et de l'argent. Je ne dis pas que j'« investis » dans l'or et l'argent ou que je les négocie sur les marchés. Il y a huit raisons pour lesquelles il y a une différence entre *posséder*, *investir* et *négocier* – quoi que ce soit.

RAISON Nº 1 : La confiance

Je ne fais pas confiance à la fausse monnaie. Et je ne me fais pas confiance. Je sais que je ne sais pas tout. Je ne connais pas toutes les réponses. Je ne peux pas prédire l'avenir, mais je sais que je dois m'y préparer.

Je ne fais pas confiance aux membres de l'élite qui dirigent nos gouvernements, nos banques ou Wall Street. Je ne fais pas confiance aux individus qui impriment de la fausse monnaie.

Je possède de l'or et de l'argent parce je fais confiance à l'or et à l'argent. Je fais confiance à l'argent de Dieu.

L'or et l'argent véritables existent depuis la formation de la planète Terre. L'or et l'argent étaient ici avant les cafards et seront encore là bien après leur extinction.

Le numéro atomique de l'or est 79. Celui de l'argent est 47.

En l'argent de Dieu... j'ai confiance.

RAISON N° 2 : L'or et l'argent ne sont pas des investissements

Je ne possède pas de l'or et de l'argent dans le but de m'enrichir. Ils sont pour moi une assurance, une *protection* contre la stupidité de l'élite… et moi-même.

Ma voiture est assurée, ce qui m'offre une protection complète en cas de collision. L'or et l'argent jouent ce même rôle de protection. Je ne fais pas confiance aux individus qui font partie de l'élite. Ils croient tout savoir. Ils croient avoir toujours raison. Dans leur esprit, ils ne font pas d'erreurs. Ils n'admettront jamais avoir tort. S'ils font des erreurs, ils touchent des primes. S'ils font des erreurs, nous en payons les frais.

L'or et l'argent sont mon assurance, une protection contre les membres de l'élite. Et de leurs erreurs.

Steven Brill écrit :

> *[Les membres de l'élite] ont su consolider leurs victoires, se montrer plus malins et s'approprier les forces qui auraient pu les museler, et ont relevé l'échelle afin que personne ne vienne partager leur succès ou leur disputer leur primauté.*
>
> *En améliorant sans cesse leurs pratiques, en repoussant les barrières limitant leurs victoires, en orchestrant agressivement des changements dans le paysage politique, et avec la manifestation des conséquences souvent inattendues de ces innovations, ils ont créé un fossé qui les protège de l'obligation de rendre des comptes et des dommages que leurs triomphes causent dans la collectivité.*

Traduction : Les membres de l'élite sont au-dessus des lois. Aucune rambarde ne les retient. Ils ont l'argent qu'il faut pour recourir aux services d'avocats appartenant également à l'élite, souvent des camarades de promotion, qui se mesureront à des avocats de l'État moins bien rémunérés et qui sortent d'écoles de droit moins prestigieuses. Ils ont le pouvoir de faire ce qu'ils veulent sans être tenus responsables de leurs actes ni des dégâts qu'ils font dans la vie des autres. Leur éducation privilégiée et leur réussite les ont transformés en despotes.

DÉFINITION :
despote (n. m.), souverain qui s'arroge un pouvoir absolu, personne qui exerce une autorité cruelle ou tyrannique.

L'or et l'argent sont une assurance contre la cupidité, la corruption, l'ignorance et l'incompétence des membres de l'élite qui se sont transformés en despotes.

RAISON Nº 3 : L'or et l'argent véritables ne présentent aucun risque

Le cours de l'or et de l'argent fluctue – parce que la valeur de notre fausse monnaie fluctue.

Avant 1971, le cours de l'or et de l'argent était relativement stable. Aujourd'hui, lorsque leur cours baisse, j'en achète davantage. Je veux posséder de l'argent de Dieu.

Lorsqu'un individu investit, supposons dans une action ou dans l'immobilier, il s'attend à un RCI, un *rendement du capital investi*, car il prend un risque. Lorsqu'un individu économise de l'argent dans une banque, il s'attend à un taux de rendement sous forme d'intérêts, car confier de l'argent à une banque est extrêmement risqué, plus particulièrement lorsque l'élite en imprime.

Examinez le diagramme suivant :

POURQUOI LES ÉPARGNANTS SONT DES PERDANTS
Le pouvoir d'achat du dollar américain depuis 1913

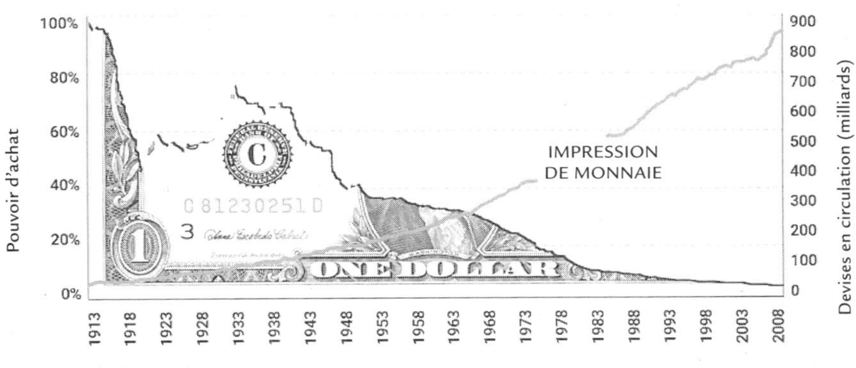

Lorsque j'achète des pièces d'or ou d'argent, je ne m'attends pas à un taux de rendement, à un rendement du capital investi, car je ne prends aucun risque. L'or et l'argent sont l'argent de Dieu. N'oubliez jamais que le cours de l'or et de l'argent fluctue parce que la valeur de la fausse monnaie fluctue.

Lorsque j'achète de l'or et de l'argent, c'est pour toujours. Je ne prévois jamais revendre mes acquisitions. Tout comme Warren Buffett conserve ses actions pour toujours, je conserverai toujours l'or et l'argent que j'achète.

Je sais que certains d'entre vous disent: « Mais je veux faire des achats. » « J'ai besoin d'argent. » C'est pour cette raison que la plupart des gens ne sont pas riches. Ils ont besoin de fausse monnaie pour survivre et ils adorent dépenser cet argent. Et moi aussi. J'aime les belles voitures, les beaux vêtements, les belles maisons et la bonne chère. Mais même à l'époque où je n'avais ni argent ni emploi, j'ai protégé ces actifs et n'ai jamais vendu mon or et mon argent. Après mon retour du Vietnam, même lorsque je n'avais ni argent ni emploi, je n'ai jamais vendu mon or et mon argent véritables.

Les banques ne sont pas sûres

Les banques ne sont pas sûres. Les banques sont risquées. J'adore mon banquier parce qu'il me prête de l'argent. J'utilise les banques pour y conserver de l'argent à court terme, mon capital d'exploitation. Mais je ne confierais pas ma richesse à long terme à une banque. Les banques sont tout simplement trop risquées. Les banques peuvent faire faillite et fermer leurs portes – avec tout votre avoir bloqué à l'intérieur.

L'argent du peuple: La cryptomonnaie

Le bitcoin a fait son apparition en 2009, au moment où le système bancaire était sur le point de s'écrouler.

La cryptomonnaie et la technologie des chaînes de blocs sont assorties d'un énorme avantage: la confiance et la sécurité à l'extérieur du système bancaire.

À mesure que la cryptomonnaie évoluera, le pouvoir du système bancaire – le spectacle de magie de Mandrake – perdra de son ascendant sur la liberté financière du monde.

Réduire le risque

Pour réduire encore davantage le risque, mon or et mon argent sont conservés dans divers pays qui sont des refuges sûrs. En toute légalité. Très, très loin. Mon or et mon argent sont entreposés dans des chambres fortes privées, et non à la banque. Ainsi, j'évite toute tentation et je n'ai pas à m'inquiéter que quelqu'un me force à me rendre à ma banque et à lui remettre mon or et mon argent.

Je dois protéger mon or et mon argent, car ils sont mon bétail, ma garantie.

Si vous n'avez pas de jet privé, vous voudrez peut-être conserver votre or et votre argent dans un coffre-fort résistant au feu, dans un lieu éloigné de votre résidence.

Je n'ai pas de jet privé, mais j'utilise plusieurs chambres fortes, loin des banques et de ma résidence.

Comment gagner beaucoup d'argent

Dans les chapitres qui suivent, vous apprendrez comment gagner de l'argent pour ensuite le convertir en or et en argent, et à le conserver à l'extérieur des banques. Tant et aussi longtemps que vos revenus seront élevés, vous serez moins tenté de dépenser votre or et votre argent.

La fausse monnaie est risquée. L'or et l'argent ne le sont pas, car ils sont l'argent de Dieu.

James Rickards, l'auteur de *Currency Wars* (Guerre des devises), *Nouveau plaidoyer pour l'or* et *En marche vers la faillite*, a fait des calculs en comparant des onces d'or à l'argent du gouvernement. Il en conclut que si la convertibilité du dollar américain en or était rétablie, le cours de l'or monterait à 10 000 $ l'once. D'autres experts pronostiquent une chute du cours de l'or à 400 $ l'once.

D'après vous, qui a raison ?

RAISON Nº 4 : L'accessibilité

J'ai commencé à collectionner les pièces d'argent en 1965. J'avais 18 ans. C'est cette année-là que les États-Unis ont commencé à *altérer* nos pièces d'argent. Encore une fois, cette altération se pratique en amalgamant à l'argent des métaux de base moins dispendieux tels que le cuivre et l'étain.

Après 1965, toutes les pièces d'« argent » américaines ont eu une tranche de couleur cuivrée.

Patrick, un camarade de classe très brillant, a fait des recherches afin de trouver pourquoi cette tranche était de couleur cuivrée. Il a découvert que l'argent devenait dispendieux. Il avait fallu trouver un moyen de fabriquer ces pièces à moindre coût. L'argent, qui est un métal précieux ayant des applications industrielles, était utilisé dans la florissante industrie de l'électronique, l'industrie médicale, ainsi que comme élément permettant d'éliminer des toxines.

Aujourd'hui, les usages de l'argent dans l'industrie ne cessent de croître.

Patrick et moi avons commencé à collectionner de véritables pièces d'argent de 10 et 25 cents.

Aujourd'hui, pratiquement tout le monde a les moyens d'acheter des pièces d'argent et d'or véritables. Les pièces de 10 cents sont encore disponibles, pour la somme d'environ 1,50 $ chacune. L'individu qui n'a pas les moyens d'en acheter une a d'autres problèmes.

Aujourd'hui, un dollar d'argent véritable coûte environ 20 $. Aujourd'hui, je préférerais conserver une pièce d'argent véritable de 10 cents, ou une pièce d'un dollar que j'aurais payé 20 $, que leur équivalent moderne.

Encore une fois, si l'or et l'argent véritables ne génèrent pas d'intérêts, c'est parce qu'ils ne présentent aucun risque. Les banques vous versent des intérêts sur votre épargne parce que les banques sont risquées à cause du système des réserves fractionnées et du truc de Mandrake.

Voyez encore une fois ce qui est arrivé à l'argent du gouvernement *vs* l'or. Sur le diagramme qui suit, l'or est représenté par une ligne horizontale, à 100 – illustrant ici une constante en matière de pouvoir d'achat. Notez également (dans le coin inférieur droit du diagramme) que toutes les devises ont perdu entre 97 et 99 % de leur valeur *vs* l'or en 100 ans.

OR *VS* FAUSSE MONNAIE
Principales devises comparées à l'or | 1900-2018

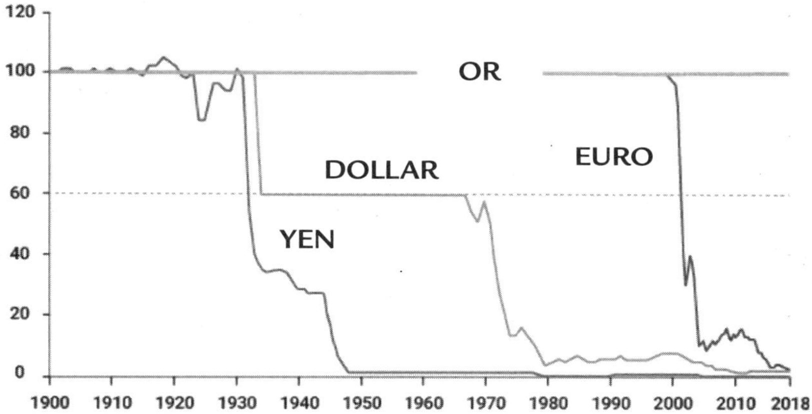

Qu'est-ce qui est le plus risqué : épargner l'argent du gouvernement ou conserver de l'or et de l'argent ?

S'il vous faut de la fausse monnaie rapidement, l'or et l'argent véritables sont des biens liquides. Vous pouvez les échanger partout dans le monde contre de la fausse monnaie.

RAISON Nº 5 : La complexité *vs* la simplicité

En 1972, l'année où j'ai acheté ma première pièce d'or pour environ 50 $, le monde était simple. Aujourd'hui, le monde est complexe et le devient de plus en plus.

En 1972, ma Corvette était équipée d'un autoradio à boutons poussoirs. Et il n'y avait qu'une serrure toute simple sur la porte de mon condo.

Aujourd'hui, j'ai besoin d'instructions pour apprendre à me servir de l'autoradio de ma Ferrari. Une simple serrure ne peut plus empêcher des voleurs d'entrer dans ma maison et de s'emparer de toutes mes possessions, même de mon identité, où qu'ils se trouvent dans le monde.

En 1972, la menace avait le visage d'une guerre nucléaire. Aujourd'hui, la guerre de l'information fait partie de notre quotidien.

Supposons qu'un pirate informatique âgé de 15 ans et vivant dans un obscur pays trouve le moyen de priver d'électricité les villes de New York, Londres, Tokyo et Pékin. Uniquement pour rigoler.

D'après vous, qu'arriverait-il au monde ?

Qu'arriverait-il si l'argent ne pouvait plus être transféré ? Qu'arriverait-il si les gens cessaient d'être payés ? Qu'arriverait-il si la Sécurité sociale n'émettait plus de chèques ?

Qu'arriverait-il au fond si les banques fermaient leurs portes ? Qu'arriverait-il si tous les marchés boursiers du monde s'effondraient ?

On estime que les supermarchés américains ont des stocks de nourriture suffisants pour trois jours seulement. Qu'arriverait-il si des dizaines de milliers de personnes affamées se précipitaient vers votre supermarché local ?

Le monde est complexe. L'or et l'argent sont simples.

Les 5 G

Pour être réaliste, il est important d'être à la fois pessimiste et optimiste.

Je suis optimiste à propos de l'avenir. Je suis également pessimiste à propos de l'avenir.

Étant pessimiste, je me prépare au moyen des 5 G. Ce sont :

1. L'or et l'argent. (**G**old)
2. La bouffe : de la nourriture pour survivre pendant au moins six mois. (**G**rub)
3. L'essence : j'investis dans des puits de pétrole de manière à avoir l'essence dont j'ai besoin pour sortir de la ville. (**G**asoline)
4. Les biens immobiliers : j'ai des propriétés sécuritaires où se trouvent de l'eau et de la nourriture, loin des villes. (**G**round)
5. Les armes et les munitions : en guise de protection *et* de monnaie d'échange. (**G**uns and ammo)

Le risque de contrepartie

La fausse monnaie présente un risque de contrepartie. Elle n'est pas véritable comme l'or et l'argent.

Pensez à l'exemple que j'ai donné dans un chapitre précédent. Supposons qu'un ami vous emprunte 100 $ et signe une reconnaissance de dette. Il y a maintenant un risque de contrepartie. Dans cet exemple, la valeur de cette reconnaissance de dette se mesure à la solvabilité de votre ami – la contrepartie. Si votre ami ne tient pas sa promesse, cette reconnaissance de dette ne vaut pas plus que le papier sur lequel elle a été écrite.

C'est ce qui est arrivé en 1971. Le dollar américain était une reconnaissance de dette, un billet à ordre émis par le gouvernement. Ici, la contrepartie est le gouvernement des États-Unis. La valeur du dollar américain se mesure à la solvabilité de l'émetteur.

Des millions de gens ont tout perdu lorsque le gouvernement qui émettait leur argent a fait faillite. Cela s'est produit de nombreuses fois tout au long de l'histoire.

Il en va de même avec le certificat d'action. Si l'entreprise émettrice disparaît, le certificat ne vaut pas plus que le papier sur lequel il a été imprimé.

Je répète ici un fait très important: toute fausse monnaie présente un risque de contrepartie.

L'or et l'argent ne présentent pas de risque de contrepartie. Et s'il y a une contrepartie, elle s'appelle Dieu.

Avertissement

N'achetez pas de pièces numismatiques, de pièces rares, de collection. Les marchands de monnaie en ont et seraient très heureux de vous en vendre, car ce sont eux qui fixent les prix.

À moins d'être un spécialiste, contentez-vous de pièces d'or et d'argent telles que les Aigles américains, les Feuilles d'érable canadiennes, les Pandas chinois, les Kangourous australiens et les Krugerrands sud-africains.

Si vous êtes un débutant, misez sur la simplicité.

De simple à complexe

Ce sont les membres de l'élite qui ont complexifié des choses qui étaient simples. Ils ont superposé les contreparties et les risques de contrepartie. Ils ont pris de simples prêts hypothécaires et en ont fait des TACH, des titres adossés à des créances hypothécaires, des instruments dérivés d'instruments dérivés, assortis d'innombrables contreparties. Ils n'ont pas cessé de créer des monstres qui sont ultra-complexes. Pourquoi arrêter?

Pour reprendre les mots de Steven Brill:

> *[L'élite]* a créé des instruments financiers sophistiqués et risqués, dont les instruments dérivés et les swaps sur surveillance de crédit, qui dégageaient des profits immédiats, mais séparaient les preneurs de risques de ceux qui en subiraient les conséquences.

RAPPEL: Warren Buffett qualifiait ces instruments dérivés d'« armes de destruction massive ».

Lorsque ces instruments dérivés ont explosé en 2008, l'élite politique (et quelques avocats appartenant à l'élite) comme les

Clinton, les présidents H.W. et George W. Bush, les présidents de la Réserve fédérale Alan Greenspan, Ben Bernanke et Janet Yellen, et le président Barack Obama, ont renfloué l'élite financière qui jouaient un rôle dans le spectacle de magie de Mandrake. Ce sont toujours eux qui gouvernent. Ils croient qu'ils sont Dieu.

La menace du bitcoin

C'est pour cette raison que la cryptomonnaie, l'argent du peuple, représente une telle menace pour l'élite. Un grand nombre de concepteurs de cryptomonnaie sont poussés par un intense désir, une passion (et dans certains cas une haine féroce) dans leurs efforts pour détruire le spectacle de magie de Mandrake et les dirigeants invisibles que Richard Buckminster Fuller a appelés les artisans de la grossière escroquerie financière qui se déroule à l'échelle mondiale.

J'adore la simplicité. C'est pour cette raison que j'aime l'or et l'argent véritables. Dieu est la contrepartie de l'or et de l'argent.

RAISON N° 6 : Qu'est-ce que la véritable monnaie ?

Voici les définitions de la véritable monnaie :

1. Instrument d'échange – peut être utilisé sans délai pour effectuer une transaction financière.
2. Unité de compte – sa valeur est mesurable.
3. Réserve de valeur.

L'argent de Dieu : Les pièces d'or et d'argent répondent aux critères des trois catégories. Le cours de l'or et de l'argent fluctue parce que la valeur de l'argent du gouvernement fluctue.

L'argent du gouvernement : La monnaie fiduciaire n'est pas une réserve de valeur. La monnaie fiduciaire est de la fausse monnaie parce qu'elle peut être imprimée, à cause du système des réserves fractionnées et du spectacle de magie de Mandrake. Plus longtemps vous gardez de la monnaie fiduciaire en votre possession, plus elle perd de sa valeur. C'est pour cette raison que les épargnants sont des perdants.

L'argent du peuple : Nous ne savons pas encore à quoi nous en tenir au sujet de la cryptomonnaie. Toutefois, je suis certain que la cryptomonnaie et la technologie des chaînes de blocs seront l'argent de l'avenir.

RAISON N° 7 : Acheter des pièces d'or et d'argent est plus facile et moins dispendieux que d'acheter des mines d'or et d'argent

Pendant un certain nombre d'années, j'ai travaillé avec Frank, un homme qui avait environ l'âge de mon père. Sa spécialité était de trouver des mines d'or et d'argent, de les redresser et de les faire entrer en Bourse en lançant un PAPE. Comme je l'ai dit plus tôt, dès que notre mine est entrée en Bourse, le gouvernement chinois l'a reprise.

Bien que je sois reconnaissant pour ces années pendant lesquelles j'ai travaillé avec Frank et pour cet apprentissage du fonctionnement des marchés boursiers, j'ai fini par réaliser qu'acheter des pièces d'or et d'argent auprès de marchands réputés était beaucoup plus facile et moins dispendieux que d'acheter de vieilles mines d'or et d'argent.

RAISON N° 8 : L'or... les larmes de Dieu

Il y a de nombreuses années, Apple a fait paraître une publicité dans un magazine. On y voyait un groupe de saints hommes hindous et ce grand titre : « Icônes saintes ». Le « gourou » en chef était Blanc, et non pas issu d'une ethnie asiatique. La pub présentait le nouvel ordinateur Macintosh et l'exploitation apicole du gourou sur l'île de Kauai, dans l'archipel d'Hawaï. La pub était astucieuse, significative et mémorable.

Quelques années plus tard, j'ai été invité à un séminaire donné par ce même gourou, Gurudeva. Pendant la période de questions, la plupart des gens ont interrogé le gourou à propos de l'illumination, de la spiritualité, de la paix ou du bonheur. Le gourou portait beaucoup d'or : des lunettes en or, des boucles d'oreilles, des bracelets et un collier en or. Étant donné que j'ai grandi dans une famille méthodiste et que les pasteurs méthodistes ne portent pas beaucoup (ou même pas du tout) de bijoux en or, j'ai levé la main et j'ai demandé : « Pourquoi portez-vous autant de bijoux en or ? »

Le gourou a souri gentiment et a dit : « Parce que les larmes de Dieu sont faites d'or.

— Quoi ? », ai-je dit, le souffle coupé. Dans une église méthodiste, ces mots auraient fait figure d'hérésie, de paroles du Diable.

Je me suis assis, silencieux, l'esprit jonglant avec les paroles du gourou.

Sentant que je me débattais avec la notion selon laquelle les larmes de Dieu étaient faites d'or, il a dit : « Les larmes de Dieu – l'or – attirent la richesse. »

Lorsque je lui ai demandé ce qu'il voulait dire par là, le gourou a répondu : « Supposons que vous voulez attirer 1 000 $ par mois dans votre vie. Alors procurez-vous de l'or véritable d'une valeur de 1 000 $.

— Et si je veux un million de dollars par mois, alors je me procure de l'or véritable d'une valeur d'un million de dollars ? »

Le gourou, sentant que ma cupidité l'emportait sur ma spiritualité, s'est contenté de sourire en disant : « Pourquoi ne commencez-vous pas avec 1 000 $ pour voir si cela fonctionne pour vous ? L'or n'est pas fait pour tout le monde. Il y a des conditions à la générosité de Dieu. »

C'était en 1986, et Kim et moi ne gagnions pas beaucoup d'argent. Trouver 1 000 $ pour acheter de l'or a été difficile, mais nous l'avons fait. Chaque mois, nous avons acheté un peu d'or et d'argent, et nous n'avons jamais arrêté de le faire.

L'or attire-t-il la richesse ?

Je ne peux pas prouver que l'or attire la richesse. Je ne peux que raconter ce que nous avons fait et vous dire que cela a fonctionné.

Par exemple, si nous voulions augmenter notre revenu, le faire passer de 5 000 $ à 10 000 $ par mois, nous achetions des pièces d'or d'une valeur de 10 000 $ et nous n'y pensions plus. Quelques mois plus tard, davantage de richesses étaient générées, sans que nous ne nous en rendions vraiment compte. Si le cours de l'or chutait, nous en achetions davantage, et nous avons continué dans la même veine. Aujourd'hui, nous le conservons dans des chambres fortes privées, dans des pays lointains et sûrs. Mais nous n'avons pas besoin d'un jet privé et de pistes d'atterrissage privées… du moins pas encore.

Chaque fois que l'on nous demande, à Kim et moi : « Est-ce que l'or attirera la richesse dans ma vie ? », nous lui répondons comme le gourou : « Pourquoi ne pas faire un essai et voir si l'or – les larmes de Dieu – fonctionne pour vous ? Dieu est généreux, mais il y a des conditions à sa générosité. »

Une leçon spirituelle sur l'or : Bien que les larmes de Dieu soient faites d'or, nous devons tous nous demander si les larmes de Dieu sont des *larmes de joie* ou des *larmes de tristesse*.

La majeure partie de l'or qui est stocké est fait de larmes de tristesse. Un grand nombre de banquiers suisses ont aidé les Nazis à entreposer de l'or qui appartenait aux Juifs qu'ils avaient assassinés et qu'ils leur avaient subtilisé.

Lorsque je me trouvais dans les Andes et que je contemplais d'anciennes mines d'or incas, je me suis rappelé une leçon d'histoire et la façon dont les Espagnols, menés par Francisco Pizzaro, avaient assassiné des milliers d'autochtones, uniquement pour s'approprier leur or. Une grande partie de cet or est encore aujourd'hui entreposé en Espagne.

La richesse spirituelle

Pendant la majeure partie de l'histoire de l'humanité, les richesses ont été volées.

Les Anglais, avec la technologie des grands navires, des épées, des canons, des fusils et de la poudre noire, se sont attaqués à des peuples autochtones sans défense, et se sont emparés de leurs richesses.

Les Espagnols, les Hollandais, les Portugais et les Français ont fait la même chose.

Les premiers Américains ont dépossédé les Amérindiens de leurs territoires en utilisant la technologie des chevaux et des fusils.

Les Américains ont été l'une des plus grandes puissances du monde avant d'abolir l'esclavage, s'étant enrichis avec le sang, la sueur et les larmes des Africains.

Les Japonais se sont unis à l'Italie et l'Allemagne – avec la technologie du pétrole, des moteurs à combustion interne, des avions, des navires, des canons, des mitrailleuses et des roquettes – dans une tentative pour conquérir le monde.

La Guerre froide a fait craindre la fin du monde avec la technologie de l'énergie atomique. Et aujourd'hui, l'élite utilise le pouvoir d'une éducation spécialisée, de la loi et des instruments dérivés pour dépouiller le monde de son âme.

La technologie invisible

Toutes les grossières escroqueries qui ont eu lieu au cours de l'histoire étaient visibles.

Les peuples autochtones ont pu voir les bateaux et les attaquants européens – avant d'êtes violés, assassinés, asservis, et de se faire voler leurs richesses.

Les Amérindiens ont pu voir les chevaux et les fusils avant d'être tués et de perdre leurs territoires. De nombreux Amérindiens ont ensuite riposté à dos de cheval et armés de fusils.

Pendant la Seconde Guerre mondiale, les gens ont pu voir les avions, les chars d'assaut et les navires qui les attaquaient, et qui fonctionnaient grâce au pétrole, la nouvelle ressource du monde.

Pendant la Guerre froide, des images de champignons atomiques s'élevant dans les airs ont envahi la conscience collective.

L'argent invisible

Le 15 août 1971, le président Richard Nixon n'a pas fait que mettre un terme à la convertibilité du dollar américain en or. Il a rendu l'argent invisible.

Ce jour-là, de nombreux Américains regardaient l'émission de télé *Bonanza* lorsque Nixon a interrompu la diffusion pour faire cette déclaration. De toute évidence, la plupart des gens n'ont pas compris le message, car ils ne pouvaient pas *voir* ce dont parlait Nixon.

Depuis 1971, notre système d'éducation est comme la personne ayant une déficience visuelle qui guide un aveugle.

Ce jour-là, je ne regardais pas *Bonanza*. Je m'en souviendrais, parce que je ne portais pas particulièrement « Richard la crapule » dans mon cœur. Au cours des années 1950, mon père pauvre et moi avions rencontré Nixon à Hawaï alors qu'il était vice-président et qu'il faisait campagne pour le président Dwight Eisenhower.

Je *sais* où je me trouvais le 15 août 1971. J'étais au camp Pendleton, en Californie, où je suivais un cours avancé de maniement d'armes en préparation d'un séjour au Vietnam.

Le 3 janvier 1972, j'étais en route vers le Vietnam – le destin était sans doute à l'œuvre – où j'allais rencontrer un véritable professeur derrière les lignes ennemies, une minuscule femme vietnamienne qui vendait de l'or. Ma véritable éducation financière à propos de la véritable monnaie – l'or, l'argent de Dieu – venait de commencer.

Aujourd'hui, les gens qui n'ont pas de véritable éducation financière sont aveugles. Ils sont incapables de voir la grossière escroquerie, ils sont incapables de voir que leur travail et leur vie leur sont subtilisés par le biais de ce même argent pour lequel ils travaillent.

Les milléniaux *vs* les baby-boomers

Récemment, j'ai écouté parler des milléniaux qui avaient des difficultés à rembourser leurs prêts étudiants et qui en jetaient le blâme sur la génération des baby-boomers. Peu d'entre eux savent qu'ils sont en fait dans le même bateau. Sans véritable éducation financière, comment le pourraient-ils ? Comment peuvent-ils savoir que cette éducation qu'ils vénèrent – et pour laquelle ils se sont endettés – les dépouillent ?

Les larmes de Dieu

La question qu'il convient de se poser est : *Aujourd'hui, les larmes de Dieu sont-elles des larmes de tristesse et de chagrin devant notre système d'éducation qui dépouille les gens ?*

DÉFINITION :
Vol : action de s'emparer frauduleusement du bien d'autrui dans le but de se l'approprier.

Le système d'éducation américain – le plus dispendieux du monde – est corrompu. C'est peut-être pour cette raison que même l'injection d'énormes sommes d'argent ne peut rien changer au fait qu'il produise les pires résultats dans le monde occidental.

Steven Brill écrit dans son ouvrage intitulé *Tailspin* :

> *L'économie la plus riche du monde [celle des États-Unis] continue d'enregistrer le plus haut taux de pauvreté au sein des 35 nations membres de l'Organisation de coopération et de développement économiques (OCDE), exception faite du Mexique. (Il est à égalité à l'avant-dernier rang avec Israël, le Chili et la Turquie). ...*
>
> *Parmi les mêmes 35 nations de l'OCDE, les compétences des enfants américains se situent au 30e rang en mathématiques et au 19e rang en sciences.*
>
> *Près d'un enfant américain sur cinq vit dans un ménage que le gouvernement inscrit dans la catégorie des « ménages vivant dans l'insécurité alimentaire », ce qui signifie qu'ils n'ont « pas accès à suffisamment de nourriture pour mener une vie saine et active ».*

Aujourd'hui, je peux encore entendre les paroles du gourou : « Les larmes de Dieu sont faites d'or. »

Alors que j'accumule de l'or, je m'interroge. Je me demande : *Mon or provient-il des larmes de tristesse de Dieu – ou des larmes de joie de Dieu ?* Plus important encore : *Est-ce que je fais ce que Dieu veut ?*

Nous avons tous entendu des histoires à propos de gens qui ont fait fortune grâce à des biens mal acquis.

Ici, la leçon spirituelle s'applique à toute chose. Ce ne sont pas votre argent, votre richesse ou votre pouvoir qui comptent. Ce qui importe, c'est la façon dont vous vous procurez cet argent, cette richesse et ce pouvoir.

Le déclin de la fausse monnaie

Nul ne sait combien de temps la fausse monnaie pourra encore s'emparer des richesses des habitants de cette planète.

Je ne crois pas que la grossière escroquerie financière – le spectacle de magie de Mandrake – pourra durer encore longtemps.

Je crois que c'est pour cette raison qu'est apparu l'argent du peuple – la cryptomonnaie et la technologie des blocs de chaînes. Cette dernière est beaucoup plus fiable que Mandrake ou les artisans de la grossière escroquerie... ou que notre système d'éducation.

Peu importe ce qui arrivera dans l'avenir, l'or et l'argent seront toujours l'argent de Dieu.

À PROPOS DE LA DEUXIÈME PARTIE :
FAUX PROFESSEURS

Dans la **deuxième partie, Faux professeurs,** vous découvrirez comment notre système d'éducation dépouille des milliards d'individus, partout dans le monde. Sans véritable éducation financière, peu de gens sont capables de voir le monde de l'argent invisible.

Dans la **deuxième partie, Faux professeurs,** vous découvrirez comment le système d'éducation vous rend aveugle aux richesses qui se trouvent dans le monde de l'argent invisible.

Dans la **deuxième partie, Faux professeurs,** vous apprendrez comment trouver de vrais professeurs – des professeurs qui vous enseigneront à voir le monde invisible de l'argent que les faux professeurs sont incapables de voir.

VOS QUESTIONS... LES RÉPONSES DE ROBERT

Q: Vous dites que le bitcoin est une menace pour ceux qui impriment de la fausse monnaie. Pouvez-vous m'expliquer de façon plus détaillée pourquoi le système monétaire continue à tolérer l'impression d'argent?

Joop P. - Pays-Bas

R: La Réserve fédérale et les concepteurs du bitcoin ont beaucoup en commun. Ils fabriquent de l'argent. C'est pour cette raison que la cryptomonnaie est une menace pour le monopole que la Banque centrale exerce sur la fausse monnaie.

Q: Est-il avantageux pour les riches que leurs employés aient peu ou pas du tout d'éducation financière?

Samuel S. - Australie

R: J'ignore si quelqu'un tire avantage des gens peu instruits. D'une façon ou d'une autre, nous payons tous pour l'ignorance financière ou l'incompétence. Malheureusement, ce sont les pauvres qui paient le prix fort.

Q: Qu'arrivera-t-il si le gouvernement déclare illégale l'acquisition d'or à titre privé et le confisque comme il l'a fait dans les années 1930, et fait la même chose avec l'argent? Advenant le cas, devrait-on alors acquérir des dollars Peace & Morgan à bon marché?

Richard K. - États-Unis

R: Je ne suis pas conseiller financier. Je fais de mon mieux pour instruire les gens et partager avec eux ce que j'ai appris, ce que je fais et ce que je ne fais pas. Vous devez décider de ce qui est le mieux pour vous.

Q: Ne croyez-vous pas que c'est le fait d'avoir de faux politiciens qui explique pourquoi nous avons de la fausse monnaie et de faux professeurs, et par extension de faux actifs?

Juan T. - Espagne

R: Tous les politiciens ne sont-ils pas faux? Savons-nous vraiment ce qu'ils ont en tête? Je me demande souvent ce qui pousse quelqu'un à vouloir devenir politicien.

Q: Sans dévoiler trop de détails, quels sont vos critères lorsque vous cherchez des endroits où entreposer vos métaux précieux?

Christopher R. - Russie

R: Je me renseigne auprès de mes amis qui conservent de l'argent dans des chambres fortes privées. Lorsque je décide de conserver des actifs outre-mer, je demande à mes avocats de trouver des avocats qui sont spécialisés dans le déplacement de monnaie à l'étranger... en toute légalité. Ensuite, je rencontre ces avocats et je me rends dans le pays en question et je m'entretiens avec les gardiens des chambres fortes.

Il y a beaucoup d'intervenants dans cette procédure qui consiste à conserver des actifs à l'extérieur du système bancaire.

Je vous encourage à faire preuve de prudence et à prendre votre temps afin de trouver des gens et des organisations qui ont bonne réputation.

DEUXIÈME PARTIE

FAUX PROFESSEURS

À l'âge de neuf ans, j'ai demandé à mon père pauvre,
le superintendant des programmes d'enseignement
de l'État d'Hawaï, quand j'apprendrais enfin
quelque chose à propos de l'argent.

Sa réponse :
« Le sujet de l'argent n'est pas abordé à l'école. »

C'est à ce moment-là que je me suis mis
en quête d'un vrai professeur.

— RTK

INTRODUCTION

DEUXIÈME PARTIE

D'où vient la sagesse des trois Rois mages ?
Qu'est-ce qui fait qu'un professeur est vrai ?

Comment les professeurs et les parents peuvent-ils enseigner quoi que ce soit aux enfants à propos de l'argent alors que nos écoles ne leur ont rien appris à ce sujet ?

— RTK

Introduction

FAUX PROFESSEURS

L'histoire de *Père riche, Père pauvre* est une histoire à propos de deux professeurs, deux excellents professeurs.

Mon père pauvre faisait partie de l'élite universitaire, un peu comme Buckminster Fuller qui a fréquenté Harvard, et Steven Brill qui est diplômé de Yale. Mon père pauvre était premier de classe à l'école secondaire et il a été major de sa promotion. Il a ensuite obtenu un baccalauréat à l'Université d'Hawaï, un programme qu'il a terminé en deux ans. Il a enchaîné avec des études de 2e et 3e cycles à l'Université Stanford, à l'Université de Chicago et à l'Université Northwestern, et il a obtenu un doctorat en éducation.

Mon père riche n'a jamais terminé ses études secondaires. Son père est décédé alors qu'il n'avait que 13 ans et il a repris l'entreprise familiale. Il a tout de même su s'imposer à l'échelle de l'État dans le secteur hôtelier et de la restauration.

Pendant les années 1960, mon père riche a pris une décision audacieuse et a acheté un petit hôtel sur la plage de Waikiki. Se servant de cet hôtel comme base opérationnelle, il a commencé à acquérir de petites propriétés au bord de la mer.

Aujourd'hui, lorsque je regarde le Hyatt Regency sur la plage de Waikiki, je sais qu'il est le fruit du travail de mon père riche qui, avec de modestes débuts, a « bâti » petit à petit ce vaste complexe hôtelier qu'est aujourd'hui le Hyatt Regency.

En 2016, il l'a vendu pour la somme de 756 millions de dollars.

L'histoire de *Père riche, Père pauvre*

L'histoire de *Père riche, Père pauvre* commence en 1956. J'avais neuf ans et j'étais en 4e année. J'ai grandi dans la ville de Hilo située sur une plantation de canne à sucre sur l'île d'Hawaï, un lieu beaucoup moins prestigieux que la plage de Waikiki. J'avais sept ans lorsque notre famille a quitté Honolulu pour s'installer à Hilo. À l'âge de neuf ans, nous avons déménagé à l'autre bout de la ville. Je me suis retrouvé dans une nouvelle école, avec de nouveaux camarades de classe.

La première chose que j'ai remarquée chez eux, c'est qu'ils étaient riches. Un grand nombre d'entre eux étaient *haole*, un mot hawaïen pour désigner les Blancs. Les autres étaient des Américains d'origine asiatique, comme moi. La plupart de mes camarades « blancs » étaient les enfants de propriétaires de plantations de canne à sucre et d'entreprises telles que le concessionnaire d'automobiles, l'abattoir, les deux grands supermarchés et les banques. Les Américains d'origine asiatique étaient les enfants de médecins et d'avocats. J'étais le fils d'un professeur.

Mes camarades de classe étaient formidables. Ils étaient amicaux et accueillants. Je savais qu'ils étaient plus riches que moi parce que la plupart d'entre eux avaient une bicyclette neuve, vivaient dans de grandes maisons sur une île privée. Leurs parents étaient membres du club nautique et du club de loisirs, et avaient des résidences secondaires au bord de l'océan ou un ranch dans les montagnes.

J'avais une bicyclette d'occasion que mon père avait payée 5 $. J'ignorais ce qu'était un club nautique ou un club de loisirs. Traverser le pont menant à l'île privée où un grand nombre de mes camarades de classe *haole* vivaient, c'était comme traverser un pont menant dans un autre monde. Leurs maisons étaient si grandes que cela dépassait l'entendement. Lorsque j'étais invité à séjourner dans leurs « résidences secondaires », j'étais sidéré par leur magnificence.

Ma famille vivait dans une vieille maison qu'elle louait, à deux rues de ma nouvelle école, près de la bibliothèque de Hilo. Le terrain sur lequel se trouvait notre maison est aujourd'hui un stationnement.

Je ne m'étais jamais senti pauvre, jusqu'à ce que je fréquente une école où il y avait des enfants riches.

C'est pour cette raison que, à l'âge de neuf ans, j'ai levé la main et demandé à mon enseignante : « Quand apprendrons-nous quelque chose à propos de l'argent ? »

Prise au dépourvu et troublée par ma question, mon enseignante, une femme d'un certain âge en fin de carrière, a balbutié un moment avant de dire : « Nous n'abordons pas le sujet de l'argent à l'école. »

Il n'y avait pas que des mots dans sa réponse. C'était le ton et l'énergie derrière ces mots qui livraient le message. Pendant un instant, j'ai eu l'impression d'être à l'école du dimanche. J'ai senti qu'elle disait en fait : « Ne sais-tu pas que "l'amour de l'argent est la racine de tous les maux" et que "l'appât du gain est malsain" ? »

À l'école du dimanche, j'avais appris que l'appât du gain est une tentation du diable.

Insatisfait de sa réponse, j'ai encore demandé : « Quand apprendrons-nous quelque chose à propos de l'argent ? »

Toujours un peu troublée, elle a dit : « Demande à ton père pourquoi nous n'abordons pas le sujet de l'argent à l'école. Après tout, il est le superintendant des programmes d'enseignement. »

La réponse de mon père pauvre

Mon père a ri lorsque je lui ai parlé de ma contrariété. Il souriait lorsqu'il a dit : « Mon garçon, ne pose jamais à un professeur une question à laquelle il est incapable de répondre. Les professeurs doivent connaître toutes les réponses. Ils ne sont pas formés à dire : "Je ne sais pas." Tu l'as embarrassée.

— Mais pourquoi ne connaît-elle rien à propos de l'argent ? ai-je demandé.

— Parce que les professeurs n'ont pas besoin de cette connaissance.

— Mais *pourquoi*?

— Parce que les professeurs ont une sécurité d'emploi. Ils ne peuvent pas être licenciés, même s'ils sont médiocres. Les professeurs ont une pension de retraite gouvernementale et un régime d'assurance maladie. C'est pour cette raison qu'ils n'ont pas besoin de savoir quoi que ce soit à propos de l'argent. Et mieux encore, les professeurs bénéficient de tous les jours fériés et d'étés de congé avec rémunération. »

Toujours perplexe, j'ai demandé: « Mais pourquoi, papa? Nous utilisons tous de l'argent, non? » J'ai enchaîné avec cette déclaration: « Je veux seulement savoir pourquoi mes camarades de classe sont riches, et pourquoi nous ne le sommes pas?

— Mon garçon, a répondu mon père, d'un ton un peu plus sérieux: « Tu aimes le baseball, n'est-ce pas?

— Oui. J'adore le baseball.

— Est-ce que tu demanderais à ton enseignante de t'expliquer les règles du jeu?

— Non. Elle ne connaît rien au baseball.

— Et elle ne connaît pas non plus le jeu de l'argent.

— Mais pourquoi? ai-je insisté. Pourquoi mes camarades de classe ont-ils plus d'argent que nous? Ne devrait-elle pas m'enseigner comment devenir aussi riche qu'eux? »

Secouant la tête, mon père a répondu: « Tu adores pêcher, n'est-ce pas?

— Oui.

— Demanderais-tu à ton enseignante de t'indiquer les meilleurs endroits où attraper du poisson?

— Non, ai-je répondu. Et elle ne connaît rien à propos de l'argent. »

Mon père a dit: « Si tu veux terminer tes études, ne pose pas à tes professeurs des questions sur des sujets qu'ils ne connaissent pas.

Si tu es dans une classe de mathématiques, pose à ton professeur des questions qui portent sur les mathématiques. Si tu es dans une classe de sciences, pose à ton professeur des questions qui portent sur les sciences. Si tu fais cela, tu réussiras bien à l'école. Si tu fais en sorte que tes professeurs aient l'air stupides, ils te rendront la pareille. »

La vraie raison pour laquelle on ne nous enseigne rien à propos de l'argent à l'école

Mon père a dit ensuite: « Si le sujet de l'argent n'est pas abordé à l'école, c'est principalement parce que les professeurs ne peuvent enseigner que ce que le gouvernement leur permet d'enseigner.

— Tu enseignes ce que le gouvernement te dit d'enseigner ? » Je n'en croyais pas mes oreilles.

Mon père a hoché la tête et a dit: « Même en tant que superintendant des programmes d'enseignement, j'ai peu de contrôle sur ce qui est enseigné à l'école.

— Alors, comment puis-je apprendre quelque chose à propos de l'argent ? », ai-je demandé.

Mon père a eu un autre petit rire. Et, après un moment de réflexion, il a suggéré: « Pourquoi ne parles-tu pas au père de Mike ? »

Mike était mon meilleur ami. « Pourquoi le père de Mike ? ai-je demandé.

— Parce qu'il est entrepreneur.

— Qu'est-ce qu'un entrepreneur ?

— C'est quelqu'un qui possède une entreprise », a répondu mon père. « Les entrepreneurs n'ont pas d'emploi. Son travail est de créer des emplois.

— Et qu'est-ce que tu es ? N'es-tu pas un entrepreneur ? Il y a des centaines de professeurs qui travaillent pour toi.

— C'est exact. Mais je n'ai pas créé le système scolaire. Je suis un employé du gouvernement, tout comme l'ensemble des professeurs. Les employés et les entrepreneurs sont des gens très différents.

— Où est la différence ? », ai-je demandé. J'avais neuf ans et ses paroles, la distinction qu'il faisait entre les deux, n'avaient aucun sens pour moi. J'avais déjà entendu le mot *employé*, mais jamais le mot *entrepreneur*.

Mon père pauvre a été heureux de m'expliquer cette distinction. « Notre système scolaire forme les gens pour qu'ils deviennent des employés. Les employés n'ont pas besoin de connaissances à propos de l'argent. C'est pour cette raison qu'il n'y a pas d'éducation financière dans nos écoles, a-t-il dit.

— Les entrepreneurs doivent avoir une bonne éducation financière. Si un entrepreneur ne connaît rien à propos de l'argent, des employés perdent leur emploi et l'entrepreneur fait faillite. »

C'était la réponse que je cherchais. Je savais que je pouvais devenir un employé. Mais je ne savais pas si je pouvais devenir un entrepreneur. Et si je voulais être un entrepreneur prospère, je devais acquérir une éducation financière.

Quelques jours plus tard, je me suis rendu à bicyclette jusqu'à la maison de Mike. Son père y avait son bureau et je lui ai demandé s'il acceptait d'être mon professeur.

Voilà comment, où et quand a commencé l'histoire de *Père riche, Père pauvre.*

L'éducation est-elle importante ?

Pendant mon enfance à Hilo, Hawaï, dans les années 1960, l'éducation n'était pas vraiment importante. Hilo était une ville érigée non loin de plantations de canne à sucre. Il y avait beaucoup d'emplois bien rémunérés, même pour les gens qui n'avaient pas de diplôme d'études secondaires. Les plantations versaient d'excellents salaires aux conducteurs de gros camions, aux grutiers et aux opérateurs d'équipement lourd qui travaillaient à la raffinerie.

De plus, les plantations versaient une rente viagère à leurs employés, et ils n'avaient donc pas besoin d'avoir un régime de retraite. Avec un chèque garanti jusqu'à la fin de leurs jours, pourquoi auraient-ils eu besoin d'une éducation financière ou d'un diplôme universitaire ? De nombreux employés des plantations gagnaient davantage d'argent que les professeurs.

Les plantations fournissaient un logement à leurs employés. Elles avaient leurs propres hôpitaux, établissements de santé, médecins et infirmières. Les plantations payaient bien leurs employés, prenaient soin d'eux et de leur famille... et c'est pourquoi une éducation supérieure n'était pas essentielle.

Tout a changé en 1994, l'année où la dernière plantation a fermé ses portes à Hawaï. Les propriétaires ont déménagé leurs exploitations en Amérique du Sud et en Asie où les salaires sont moins élevés.

Les propriétaires des plantations, les parents de mes camarades de classe, se sont enrichis, et les travailleurs se sont appauvris.

Un excellent professeur

En février 2018, je suis retourné à Hilo pour des retrouvailles avec mes camarades de classe de 5e année, 60 ans plus tard. Imaginez ceci : un groupe qui s'était rencontré à l'âge de 10 ans qui tenait encore régulièrement des réunions de classe.

Le but de ces réunions n'était pas de nous retrouver, mais d'honorer notre professeur de 5e année, M. Harold Ely, l'un des meilleurs professeurs que nous avions eus au cours de notre vie.

C'était M. Ely qui m'avait inspiré et poussé à poursuivre mes rêves même si j'avais été recalé deux fois en anglais à l'école secondaire parce que j'avais de la difficulté à écrire. Si ce n'avait été de cette inspiration, j'aurais sans doute abandonné mes études. Si ce n'avait été de cette inspiration, je n'aurais jamais été accepté à l'Académie de marine marchande des États-Unis et je n'aurais pas navigué sur toutes les mers. C'est dans la classe de 5e année de M. Ely que j'ai eu envie de suivre la trace des grands explorateurs – Christophe Colomb, Magellan, Cortés et Cook – et d'emprunter une voie qui m'a mené à l'Académie, une école très exigeante. Mon rêve était de naviguer jusqu'à Tahiti, ce que j'ai fait en 1968, pendant mes études.

Aujourd'hui, je suis mieux connu comme écrivain et je continue de voyager partout dans le monde, suivant la trace des grands explorateurs. Rien de tout cela n'aurait été possible sans l'inspiration que m'a donnée ce grand professeur de 5e année.

La plus importante leçon que M. Ely a transmise à notre classe est celle-ci : il faut se relever après être tombés, c'est ce qui nous rend plus forts. Il nous a également enseigné à ne jamais laisser quelqu'un détruire nos rêves.

L'aide sociale électronique

En 2018, ces retrouvailles m'ont permis de faire quelque chose que je n'avais pas fait depuis des années : déambuler dans la ville de Hilo. Je n'y étais pas revenu depuis le départ des plantations.

Il y avait des affiches dans toutes les devantures signifiant que les magasins acceptaient le transfert électronique de prestations (EBT). L'EBT est un système d'aide sociale gouvernemental qui a remplacé celui des coupons alimentaires. L'EBT est un système qui permet à un bénéficiaire d'autoriser un transfert d'argent de son compte du gouvernement fédéral à un détaillant afin de payer pour les produits reçus. Le système est en usage dans les 50 États depuis 2004, ainsi qu'à Washington, D.C., Puerto Rico, les îles Vierges et Guam.

Je suis entré faire quelques emplettes dans un petit magasin d'alimentation et j'ai interrogé le détaillant à propos de ces cartes d'EBT. Il a dit : « Il y a beaucoup de gens qui ne peuvent pas survivre sans l'EBT ». Il a ajouté que, malgré cette aide, l'EBT à lui seul « n'était pas suffisant pour subvenir aux besoins d'une famille jusqu'à la fin du mois ».

Il a poursuivi en m'expliquant que les cartes d'EBT étaient électroniquement réapprovisionnées à minuit au début de chaque mois. Les bénéficiaires faisaient la queue pendant la soirée et se ruaient à l'intérieur des magasins une minute après minuit pour acheter de la nourriture et des fournitures. À bien des égards, l'EBT est un reflet de l'Amérique et du monde actuel.

Si l'on ramène cela à l'éducation, cela soulève cette question: Un retour sur les bancs d'école permettrait-il aux gens de ne plus avoir besoin de ces transferts? Un retour sur les bancs d'école leur redonnerait-il un emploi bien rémunéré?

Une dette d'un million de dollars

Voici un article paru dans le *Wall Street Journal* le 25 mai 2018:

DRAPER, Utah — Mike Meru, un orthodontiste de 37 ans, a beaucoup investi dans son éducation. Hier, jeudi, sa dette étudiante s'élevait à 1 060 945,42 $.

M. Meru ne rembourse que 1 589,97 $ par mois – pas assez pour couvrir les frais d'intérêts. Donc, cette dette accumulée pendant ses sept années d'études à l'Université de la Californie du Sud augmente au rythme de 130 $ par jour. Dans 20 ans, le solde de sa dette sera de deux millions de dollars.

Son épouse Melissa et lui essaient de ne pas y penser, s'occupant plutôt d'élever leurs deux filles. « Si on y songeait chaque jour, dit Mme Meru, il y aurait de quoi faire une dépression nerveuse. »

Voici donc une question: Si Mike Meru retournait aux études, est-ce qu'une éducation plus poussée lui permettrait de régler son problème d'endettement?

Voici quelques statistiques fournies par le département de l'Éducation:

- 101 Américains ont une dette étudiante d'un million de dollars ou plus.
- Le nombre d'Américains devant au moins 100 000 $ a grimpé à environ 2,5 millions.
- En 2018, le principal actif du gouvernement des États-Unis est la dette étudiante, qui s'élève actuellement à plus de 1,5 trillion de dollars.

Cela signifie que, pour des millions de jeunes individus, la dette étudiante est leur plus important élément de passif.

Voici une autre question qui mérite réflexion : Une éducation universitaire offre-t-elle une éducation financière ?

L'éducation fera-t-elle de vous une personne riche ?

Voici un extrait d'un article paru dans le *New York Times*, également le 25 mai 2018. (C'est moi qui souligne.)

Un employé de Walmart où le salaire moyen est de 19 177 $ devrait travailler pendant plus de ***mille ans*** *pour égaler le salaire de 22,2 millions de dollars qu'a touché en 2017 Doug McMillon, le chef de la direction.*

Chez Live Nation Entertainment, l'entreprise de vente de billets de concert en ligne où le salaire moyen est de 24 406 $, un employé devrait travailler pendant ***2 893 ans*** *pour égaler le salaire de 70,6 millions de dollars qu'a touché l'an dernier Michael Rapino, le chef de la direction.*

Et chez Time Warner, où le salaire moyen est tout de même de 75 217 $, un employé devrait travailler pendant ***651 ans*** *pour égaler le salaire de 49 millions de dollars que touche en 12 mois Jeffrey Bewkes, le chef de la direction.*

Dans son ouvrage, Steven Brill cite les résultats d'une étude :

Les revenus du premier centile des Américains ont augmenté de 31,4 % entre 2009 et 2012, mais une augmentation d'à peine 0,4 % a été enregistrée chez le reste de la population.

Penchons-nous sur les diagrammes suivants :

L'ÉCART
Revenu moyen des ménages avant impôts

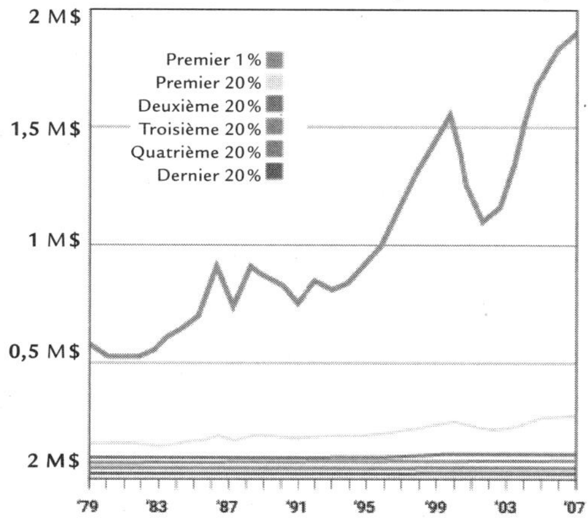

En dollars de 2017.
Source : Service d'études budgétaires du Congrès

L'ÉCART
Variation de la part du revenu *vs* 1979, après impôts et inflation

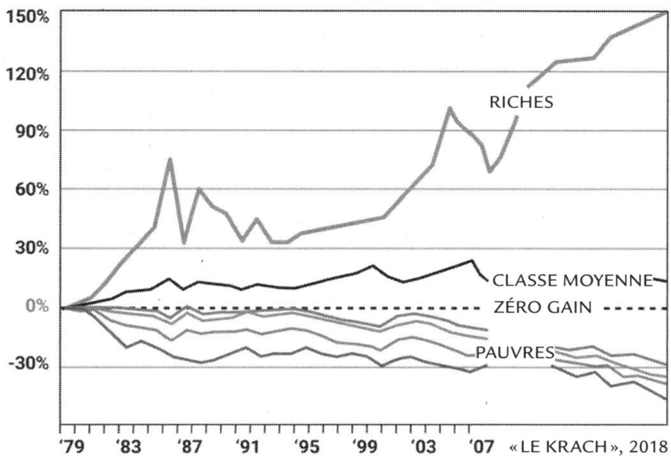

Source : Service d'études budgétaires du Congrès

Est-ce qu'une éducation plus poussée pourrait régler ce problème ?

Une éducation à haut risque

En 2008, l'économie mondiale s'est pratiquement effondrée à cause de la crise des prêts hypothécaires à risque. En 2008, le FFEL (le programme fédéral de prêts aux étudiants) a été incapable de venir en aide aux étudiants à cause de cette crise.

En 2010, le président Barack Obama a démantelé ce programme et a exigé que tous les prêts étudiants soient des « prêts directs ». Des prêteurs privés ont alors commencé à offrir des prêts étudiants en dehors des programmes gouvernementaux.

En 2012, la dette étudiante dépassait la barre du trillion de dollars, tout comme la dette de crédit. En 2018, la dette étudiante fédérale représente le principal actif du gouvernement américain.

D'après ce que je comprends, après avoir offert des hypothèques à haut risque à des pauvres, les États-Unis ont proposé une éducation à haut risque à des étudiants peu nantis. Ces prêts à haut risque sont les *pires* des prêts. Une dette hypothécaire peut être annulée par une faillite. Mais en général, la dette étudiante ne peut jamais l'être.

Les écoles offriront-elles un jour une véritable éducation financière ? Car sans véritable éducation financière, l'éducation sera toujours à haut risque.

L'inflation

J'ai déjà parlé d'inflation dans les pages qui précèdent. Sans inflation, le système bancaire, le spectacle de magie de Mandrake et la grossière escroquerie ne pourraient pas subsister.

Quelques rappels :

- Sans inflation, Mandrake est incapable de rembourser l'énorme dette que crée l'impression d'argent.
- Avec l'inflation, les gens dépensent plus rapidement. Ils craignent une hausse des prix.
- Avec la déflation, les gens ne dépensent pas. Ils attendent une chute des prix.

- Le système bancaire doit causer l'inflation ; sinon, l'économie s'effondre.
- L'inflation détrousse les pauvres et la classe moyenne.
- Les individus qui sont le moins en mesure de supporter l'inflation paient le prix le plus élevé : ils paient avec leur vie.

Le *New York Times* a publié ce qui suit le 30 juin 2018 :

Le coût de la vie est tellement élevé à San Francisco que même un revenu de six chiffres peut être considéré comme un « faible revenu »

À la lumière du coût de la vie astronomique dans certaines parties de la Californie, le gouvernement fédéral classifie maintenant une famille de quatre personnes, dont le revenu est de 117 400 $, dans la catégorie des ménages à faible revenu dans trois comtés de la région de la Baie. [...]

La désignation « faible revenu » permet de se qualifier pour l'obtention d'un logement abordable et une variété de programmes gouvernementaux. [...]

Le ménage moyen [dans la région de San Francisco] qui touche cette aide [au logement] ne gagne que 18 000 $ par an. [...]

Le prix moyen d'une maison a grimpé au-dessus d'un million de dollars.

C'est à Honolulu que l'on trouve le deuxième seuil le plus élevé [de ménages à faible revenu]. [...]

La région de la ville de New York, où une famille de quatre personnes qui gagne 83 450 $ est classifiée dans la catégorie des ménages à faible revenu, arrive au 9e rang.

Et cette question revient encore une fois : Est-ce qu'une éducation plus poussée pourrait régler ce problème ?

Un autre extrait d'un article paru dans le *New York Times*...

Il était titré :

Les primaires : une leçon à tirer de la vague bleue ? Nous sommes tous maintenant dans le même bateau

L'article commence par l'histoire d'Alexandria Ocasio-Cortez, une barmaid de 28 ans et démocrate socialiste qui a défait le candidat sortant, Joseph Crowley, lors des primaires démocrates.

L'article traitait des raisons pour lesquelles le socialisme gagne en popularité et faisait la promotion d'un nouveau livre, *Squeezed* (Pris au piège), portant sur les fondements d'un programme socialiste.

> Squeezed : Pourquoi nos familles ne peuvent plus se permettre l'Amérique *se penche sur les richesses de la classe moyenne qui fondent – les professeurs qui doivent occuper un second emploi pour survivre et devenir chauffeurs pour Uber ; les jeunes professeurs auxiliaires qui doivent recourir aux coupons alimentaires ; les sans-emploi qui ont peu de perspectives d'avenir ; les jeunes avocats qui sont encore bien loin de devenir associés dans l'arène de Wall Street, qui ont une lourde dette étudiante et dont le travail est déjà automatisé.*

On peut lire plus loin dans le même article :

> *Si vous vivez dans un endroit où un diplôme de maîtrise ne vous permet pas de jouir d'un style de vie qui n'est pas différent de celui d'un commis de bureau – si, en fait, cela signifie que vous devez faire des heures supplémentaires dans un bureau minuscule que vous détestez et manger des lentilles à même un contenant Tupperware que vous avez apporté de la maison –, il est très peu probable que vous ayez l'impression de faire partie de l'élite à laquelle on vous dit appartenir et que vous soyez plutôt enclin à vous trouver des affinités avec le nombre grandissant des opprimés, et à voter en conséquence.*

Alexandria Ocasio-Cortez a fait campagne sur la gratuité de Medicare et la gratuité des collèges publics et des écoles de métiers. Elle a gagné grâce à ce message.

Voici encore une fois cette question : Est-ce que la gratuité de l'éducation supérieure pourrait régler ce problème ?

Et si le gouvernement donnait un million de dollars à tous les individus méritants, est-ce que cela les rendrait riches ?

Si des millions de dollars faisaient d'un individu quelqu'un de riche, pourquoi 60 % des anciens joueurs de la NBA se retrouvent-ils fauchés cinq ans après avoir pris leur retraite ? Pourquoi la plupart des gens qui gagnent à la loterie ne réussissent-ils pas à utiliser cette manne pour assurer leur avenir financier ? Nous avons tous entendu parler de gagnants qui auraient pu être l'abri du besoin pour le reste de leurs jours… mais qui n'ont plus un sou.

Portons cela à un autre niveau. Pourquoi l'Amérique, le pays le plus riche du monde, est-elle si lourdement endettée ?

Et voici ma question préférée : Pourquoi n'y a-t-il aucune éducation financière dans nos écoles ?

Il y a de nombreuses raisons, un certain nombre de questions, beaucoup d'excuses, et de nombreuses solutions… mais aucune n'est facile. La question continue d'être éludée et ignorée – et la réponse d'être toujours remise au lendemain – et nous nous demandons pourquoi le problème de l'inégalité salariale prend de plus en plus d'ampleur.

Dans la deuxième partie de cet ouvrage, Faux professeurs, vous apprendrez comment repérer ces faux professeurs. Comme mon père pauvre me l'a expliqué, les professeurs que l'on trouve dans nos écoles ne connaissent rien à propos de l'argent. Alors comment pourraient-ils vous en parler ?

Mais ce ne sont pas seulement les professeurs que l'on trouve dans nos écoles qui ne connaissent rien à propos de l'argent. Il y a de nombreux experts financiers qui ont de piètres connaissances en cette matière. La plupart d'entre eux n'ont pas vraiment étudié le sujet de l'argent. La plupart d'entre eux ne sont pas riches, et pourtant ils sont rémunérés à titre d'éducateurs financiers. Un grand nombre d'experts financiers rendent le sujet de l'argent obscur en utilisant un jargon et des mots que la plupart des gens ne comprennent pas – un jargon et un vocabulaire qui les font paraître intelligents et, vous, stupide. Ils ne sont pas de vrais professeurs. Ce sont des arnaqueurs.

Rendre l'invisible visible

Depuis que l'argent est devenu invisible en 1971, je fais de mon mieux pour rendre visible la véritable éducation financière.

Lorsque vous pouvez « voir » l'argent invisible, vous pouvez déterminer vous-même ce qui est une véritable éducation financière.

Comme toujours, je vais miser sur la simplicité. Mais même lorsque c'est simple, la véritable éducation financière n'est pas facile. Si c'était facile, tout le monde serait riche.

Comme le disait mon père riche : « Il est plus facile de donner un poisson à un homme… que de lui apprendre à pêcher. »

C'est pour cette raison que le socialisme gagne en popularité aux États-Unis, le pays le plus riche de l'histoire du monde.

De nombreux individus préfèrent qu'on leur donne un poisson, parce que recevoir un poisson est beaucoup plus facile que d'apprendre à pêcher et que d'assumer la responsabilité de leur avenir financier.

Le véritable apprentissage et la véritable éducation nécessitent beaucoup plus que la simple mémorisation de bonnes réponses. Ce n'est pas cela, la vraie vie. De fait, dans la deuxième partie de cet ouvrage, Faux professeurs, vous apprendrez pourquoi aller à l'école n'enrichit pas les gens, pas même les étudiants brillants dont mon père pauvre faisait partie.

Si vous voulez que l'on vous donne du poisson, ce livre n'est pas pour vous. Si vous êtes prêt à apprendre à pêcher, poursuivez votre lecture.

Chapitre 7

D'OÙ VIENT LA SAGESSE DES TROIS MAGES ?

LA VALEUR D'UN APPRENTISSAGE CONTINU

À l'école du dimanche, j'ai appris une importante leçon de vie. C'est l'histoire des trois Rois mages.

À l'école du dimanche, ma professeure était excellente. Elle l'était, j'en suis sûr, parce qu'elle adorait enseigner à des enfants. Un dimanche, elle nous a demandé :

« D'où vient la sagesse des trois Rois mages ? »

Naturellement, j'ai dit : « Ils avaient de l'argent. Ils ont apporté des cadeaux dispendieux. Ils étaient riches *et* sages. »

De toute évidence, ce n'était pas la réponse qu'elle cherchait. Bien que quelques autres élèves aient tenté de répondre à la question, elle a souri et a dit : « Leur sagesse vient de leur quête incessante d'excellents professeurs. »

Après une pause afin de laisser cette pensée pénétrer dans l'esprit d'enfants de moins de 12 ans, elle a poursuivi : « Ils étaient des hommes sages, des hommes riches parce qu'ils n'avaient jamais cessé d'apprendre. Et ils cherchaient constamment à acquérir de nouvelles connaissances auprès de grands professeurs.

— Donc, ils étaient d'éternels étudiants ? a demandé une fillette, la plus futée de la classe.

— Beurk ! a dit l'un des garçons. Je déteste l'école. Je déteste apprendre. »

Hochant la tête et se contentant d'écouter les divers commentaires de ses élèves, la jeune professeure a souri et a ajouté : « Tout au long de votre vie, rappelez-vous toujours la leçon des trois Rois mages et l'origine de leur sagesse. »

C'est alors que j'ai compris la sagesse de mon père pauvre, un homme très sage. Il m'avait encouragé à chercher un nouveau professeur en la personne de mon père riche, un autre homme sage. Il était suffisamment sage pour savoir que ce n'était pas à l'école que je trouverais le professeur que je cherchais.

L'école secondaire privée : un avantage injuste

Dans son article paru dans le *Time* : « Comment ma génération a-t-elle brisé l'Amérique », Steven Brill écrit :

> *En 1964, j'étais un rat de bibliothèque. J'ai grandi à Far Rockaway, un quartier de la classe ouvrière de Queens. Un jour, j'ai lu dans une biographie de John F. Kennedy qu'il avait fréquenté une école secondaire privée. Aucun de mes professeurs de la Junior High School 168 n'a pu m'expliquer de quoi il s'agissait vraiment, mais j'ai vite compris que cela ressemblait à un collège. On y étudie et on vit sur un campus, mais on entre dans cet établissement quatre ans avant l'âge normal de l'entrée au collège, ce qui m'apparaissait comme une excellente idée, d'autant plus que j'ai découvert que certaines de ces écoles offraient une aide financière.*

Steven Brill a visité trois écoles secondaires privées et a choisi la Deerfield Academy, dans l'ouest du Massachusetts. Il écrit dans son ouvrage intitulé *Tailspin* :

> *Deerfield a changé, mais à cette époque elle était majoritairement fréquentée par des enfants issus de familles riches. [Le directeur] avait récemment pris la décision d'ouvrir les portes de son établissement à quelques boursiers, dont quelques Juifs comme moi, et même quelques Afro-Américains.*
>
> *J'ai compris le message dès la première semaine lorsque l'un des enfants de notre dortoir, qui vivait sur Park Avenue, m'a demandé*

d'où je venais. Mais lorsque je lui ai dit que je venais du Queens, il n'a pas su situer l'endroit. Je lui ai donc expliqué que s'il avait déjà pris l'avion aux aéroports Kennedy ou LaGuardia, il s'était trouvé dans le Queens. (Un garçon qui lui était apparenté savait où se trouvait le Queens parce que sa famille était propriétaire des Mets, qui jouent là-bas.)

Vous vous rappelez peut-être que Donald Trump est originaire du Queens. Il parle souvent de ses difficultés à brasser des affaires à Manhattan parce qu'il vient du Queens et non de Park Avenue.

Kings Point, l'académie de marine marchande que j'ai fréquentée, se trouve sur Long Island, non loin du Queens. Mon camarade de chambre Ed Peterson et moi découpions des bons de réduction d'un dollar que l'on trouvait sur les cartons de lait afin de nous offrir des billets pour assister aux matchs de baseball des Mets.

Mes camarades de classe ont fréquenté des écoles secondaires privées

Quatre de mes camarades de classe à Hawaï ont fréquenté des écoles secondaires privées. Leurs parents avaient les moyens de les y envoyer. À l'âge de 12 ans, la plupart de mes camarades sont entrés à la Preparatory Academy d'Hawaï, un magnifique pensionnat situé sur un ranch à environ une heure de route d'Hilo.

Lorsque j'ai demandé à mon père pauvre si je pouvais fréquenter cet établissement, il m'a dit: « Nous ne sommes pas riches et ce ne serait pas politiquement correct si le superintendant des programmes d'enseignement public envoyait son fils dans une école privée. »

Le futur président Barack Obama était un enfant pauvre très brillant qui a fréquenté la Punahou School, une école secondaire privée pour les enfants riches et brillants d'Honolulu. Comme vous le savez sans doute, Obama a ensuite étudié à Columbia et à l'École de droit d'Harvard, un peu comme Steven Brill a étudié à Yale et à l'École de droit de Yale... avec d'autres enfants pauvres et brillants qui étaient formés pour devenir l'élite actuelle, nos dirigeants.

Fuller et l'éducation

Bucky Fuller parlait souvent de l'éducation et de l'inégalité qui y règne. Il a fait partie de la quatrième génération de sa famille à fréquenter la Milton Academy, une école secondaire privée, ainsi que l'Université Harvard. Il n'y a jamais terminé ses études (même s'il s'y est inscrit à deux reprises), mais il a fréquenté l'Académie navale des États-Unis, jumelée à l'Académie de la marine marchande.

Les entrepreneurs et l'éducation

Fuller a remarqué qu'un grand nombre des plus grandes écoles d'Amérique ont été fondées par des entrepreneurs, des barons voleurs tels que John D. Rockefeller, J.P. Morgan, Cornelius Vanderbilt, James Duke et Leland Stanford. J'ai entendu dire que Fuller parlait de l'École de comptabilité de J.P. Morgan en faisant référence à l'Université Harvard, et de l'École d'économie de John D. Rockefeller en faisant référence à l'Université de Chicago. Les universités Duke, Stanford et Vanderbilt portent le nom de grands entrepreneurs.

Fuller était préoccupé par la mission ou le but qui se trouvait derrière la philanthropie des entrepreneurs et l'intérêt qu'ils portaient à l'éducation supérieure. Il disait que les entrepreneurs cherchaient à former des employés pour diriger leurs empires, et non pas vraiment à instruire les meilleurs et les plus brillants sujets du pays.

Bien que Fuller ait fréquenté Harvard, il n'en est pas diplômé. Il a dépensé l'argent que lui avait donné sa famille pour faire la fête et courir les filles. Lorsqu'il ne s'est pas présenté à ses examens, on lui a indiqué la porte, deux fois, et toujours pour la même raison.

Steven Brill est d'accord

Kennedy, Bush, Trump et Romney sont tous des héritiers de vieilles fortunes. Ils sont issus de familles qui pouvaient leur offrir la meilleure éducation – des écoles privées, des précepteurs individuels, une préparation aux examens uniformes et des tuteurs afin qu'ils puissent entrer dans les meilleures universités.

Steven Brill parle d'une rencontre qu'il a eue avec R. Inslee Clark J[r], le doyen des admissions de Yale, alors qu'il fréquentait encore l'école secondaire privée. Après une brève entrevue, Clark lui avait assuré qu'il serait admis à Yale, qu'il n'avait pas besoin de faire des demandes d'admission ailleurs. Steven Brill dit: « Ce que j'ignorais à l'époque, c'est que je faisais partie d'une révolution menée par Clark, surnommé Inky. J'étais sur le point de devenir l'un de ceux que l'on appellerait bientôt les garçons d'Inky et, plus tard, les filles. »

Ces recruteurs qui interviewaient de futurs étudiants avaient reçu comme mot d'ordre de ne pas hésiter à admettre des jeunes qui n'avaient pas les moyens de faire des études supérieures, mais dont les aptitudes étaient exceptionnelles, plutôt que d'autres beaucoup moins doués, mais riches. »

Un ancien étudiant de Yale s'est élevé contre cette directive. Voici ce qu'il pensait de l'admission de jeunes gens non blancs et pauvres:

> *Revenons à l'essentiel. Vous admettez une classe d'individus totalement différente de celle à laquelle nous sommes habitués. [...] Vous parlez de Juifs et de diplômés d'écoles publiques comme de leaders. Regardez autour de cette table. Ils sont là, les leaders de l'Amérique. Il n'y a pas de Juifs ici. Il n'y a pas de diplômés d'écoles publiques ici.*

Il n'a pas eu gain de cause et des jeunes non blancs, diplômés d'écoles publiques, ont commencé à être admis à Yale et dans d'autres universités prestigieuses.

Ce sont ces mêmes étudiants extrêmement brillants issus de familles pauvres et de la classe moyenne qui dirigent le monde aujourd'hui. On parle, entre autres, de Barack Obama, Bill Clinton, Hillary Clinton, Ben Bernanke.

Ils forment la nouvelle élite qui n'a pas hérité de grandes fortunes. Ils ont dû travailler très dur pour entrer dans les meilleures écoles et devenir prospères.

Voici ce qui irrite Steven Brill:

Un grand nombre des Américains les plus brillants et dynamiques ont utilisé ce qui fait de l'Amérique une grande nation – le premier amendement, l'application conforme aux règles de la loi, les marchés libres et le libre-échange, la méritocratie, et même la démocratie – afin de vivre le rêve américain. Et puis, d'une façon sans précédent dans l'histoire, ils ont su consolider leurs victoires, se montrer plus malins et s'approprier les forces qui auraient pu les museler, et ont relevé l'échelle afin que personne ne vienne partager leur succès ou leur disputer leur primauté.

Traduction : Ces jeunes gens très brillants, travailleurs acharnés et dynamiques, issus de familles pauvres et de la classe moyenne, ont concrétisé le rêve américain, et puis ont modifié les lois et le système financier de manière que les autres ne puissent pas connaître leur succès. La seule façon dont un individu ordinaire peut espérer accéder à leur statut est de devenir l'un d'eux, en commençant par fréquenter une école secondaire privée.

Steven Brill fait cette observation à propos de la fin de la démocratie :

Du fait de leur savoir-faire, de leur dynamisme et de leurs ressources (et de certains privilèges, car même si ces fonceurs viennent de milieux modestes, ils n'en sont pas moins des hommes blancs), l'Amérique a renoncé à son idéal le plus ambitieux et le plus noble : la recherche perpétuelle d'un équilibre entre l'inégalité des performances dans une économie compétitive et cette égalité qui soude la collectivité que promet la démocratie. Ils ont remporté cette bataille qui a commencé il y a un demi-siècle.

Traduction : « Au diable la démocratie. J'ai obtenu ce que je voulais. » C'est pour cette raison que le socialisme est de plus en plus présent en Amérique. C'est pour cette raison que j'ai vu tant de commerces à Hilo qui acceptaient les cartes d'EBT. C'est pour cette raison qu'un dentiste relativement intelligent peut avoir une dette de plus de 1,2 million de dollars et ne pas savoir comment son épouse et lui réussiront à la rembourser. C'est pour cette raison que la dette étudiante est le plus grand actif du gouvernement américain, un actif de l'ordre de 1,5 trillion de dollars qui ne cesse de grandir. Et c'est pour cette raison que l'Amérique est aujourd'hui une nation débitrice, une nation qui imprime de plus en plus d'argent pour rembourser la dette que l'impression d'argent entraîne. L'Amérique ressemble fort à l'individu qui utilise sa carte de crédit pour rembourser le solde de ses autres cartes de crédit. C'est pour cette raison qu'il n'y a pas d'éducation financière dans nos écoles.

La stupidité financière est plus rentable pour les gens qui savent comment imprimer de la fausse monnaie.

Les bonnes nouvelles

Cela a été une chance pour moi que mon père pauvre n'ait pas eu les moyens de m'envoyer dans une école secondaire privée. C'est quand j'ai réalisé que j'étais pauvre (du moins comparativement à mes camarades de classe à l'école primaire) que j'ai voulu en savoir davantage à propos de l'argent. Dans sa sagesse, mon père pauvre m'a conseillé de marcher sur les traces des trois Rois mages et de chercher un professeur.

L'apprentissage auprès de vrais professeurs

À l'âge de neuf ans, je suis devenu l'apprenti de mon père riche. L'apprentissage est l'une des plus anciennes méthodes d'éducation. L'apprentissage est efficace parce que la plupart des apprentis apprennent auprès de vrais professeurs, et non pas de faux professeurs. Par exemple, au Moyen Âge, l'individu qui voulait devenir maréchal-ferrant faisait son apprentissage auprès d'un véritable maréchal-ferrant expérimenté.

Deux ou trois jours par semaine, après les classes, je me rendais au bureau de mon père riche et je travaillais gratuitement. Son fils Mike et moi vidions la corbeille à papier, mettions de l'ordre dans le bureau et accomplissions d'autres petites tâches qui sont à la portée d'un enfant de neuf ans. Après environ une heure, mon père riche sortait son jeu de *Monopoly*® et nous jouions. Nous ne faisions pas que lancer les dés et déplacer notre pion. Mon père riche nous guidait, nous demandant de réfléchir avant de bouger et il nous expliquait diverses stratégies financières que nous étions à même de comprendre.

Avec les années, notre apprentissage a davantage porté sur le commerce et l'investissement, mais nous terminions chacune de nos séances avec une partie de *Monopoly*, recevant ainsi une éducation financière en échange des tâches que nous accomplissions gratuitement.

De temps en temps, mon père riche nous emmenait son fils et moi voir ses « maisons vertes ». De l'apprentissage grâce au *Monopoly*, nous sommes passés à un autre type d'éducation auprès de mon père riche et des « maisons vertes » qu'il possédait dans la vraie vie. En 1996, à l'âge de 19 ans, alors que j'étais étudiant à New York, je suis retourné à Hilo pour voir le grand « hôtel rouge » de mon père riche – un hôtel, littéralement – planté au beau milieu de la plage de Waikiki.

Aujourd'hui, lorsqu'on me demande ce que je fais, je réponds : « Je joue au *Monopoly* dans la vraie vie. »

Aujourd'hui, mon épouse Kim et moi possédons plus de 6 500 « maisons vertes », des immeubles à vocation locative, plusieurs « hôtels rouges », ainsi que des terrains de golf et des puits de pétrole.

Le sort a voulu que, plutôt que de fréquenter une école secondaire privée aux côtés de mes camarades de classe riches, j'aie suivi le conseil de mon père pauvre et que j'aie été en quête d'un vrai professeur.

Si mon père pauvre avait été riche, je serais sans doute allé dans une école privée et je n'aurais jamais appris comment devenir riche.

VOS QUESTIONS... LES RÉPONSES DE ROBERT

Q: Vous dites que le système financier est truqué et je suis d'accord avec vous. Mais comment un individu « normal » ou moyen peut-il en tirer également parti ? Y a-t-il un moyen de renverser la situation ?

Glenn B. - Allemagne

R: On me demande souvent: « Que dites-vous à l'investisseur moyen ? » Je réponds: « Ne faites pas comme la moyenne des gens. »

Q: Comment pouvons-nous avoir confiance au système bancaire ou nous y fier ? En général... ou lors d'une crise ?

Jeffrey T. - Malaisie

R: Il y a une différence entre faire *confiance* et *se fier* à quelque chose. Je ne fais pas confiance aux banques qui sont fondées sur la cupidité et la seule profitabilité. Je ne me fie pas au système bancaire pour prendre soin de ses clients, krach ou non.

Q: Êtes-vous optimiste quant à l'avenir à long terme des États-Unis ? Quelles autres régions du monde suggérez-vous pour y vivre et investir ?

Wendell M. - États-Unis

R: Les États-Unis sont le plus grand et le plus riche pays de l'histoire moderne. Je considère que j'ai beaucoup de chance d'être né en Amérique et c'est pour servir mon pays que je me suis battu au Vietnam.

Le problème, c'est que le monde est en train de changer. Et je crains que nos dirigeants, notre système d'éducation et la plupart des gens ne changent pas assez rapidement.

C'est pour cette raison que j'apprécie les gens qui lisent mes livres, écoutent les émissions de notre radio Rich Dad et participent à nos séminaires. Je ne dis pas que j'ai toutes les réponses, ou que j'ai raison. Je dis que nous devons tous nous montrer plus conscients et plus vigilants, et nous préparer à changer.

Q: Qu'est-ce qui vous fait croire que la cryptomonnaie est moins fausse que la fausse monnaie que nous utilisons actuellement? La majeure partie de l'argent qui est en circulation est électronique et non imprimé, n'est-ce pas? S'agirait-il de cybermonnaie… *vs* cryptomonnaie?

Roberta N. - Mexique

R: Je ne suis pas un expert en matière de cryptomonnaie. Je constate que la technologie des chaînes de blocs est une véritable technologie. Elle m'inspire davantage confiance que les êtres humains.

L'argent dépend de la confiance. Donc, je fais davantage confiance à la technologie des chaînes de blocs qu'aux êtres humains.

Q: Je vis en Éthiopie. Ce que vous qualifiez de faux touche-t-il toutes les économies du monde? Mon pays est en pleine croissance, mais on y trouve beaucoup de systèmes financiers bizarres.

Semegn T. - Éthiopie

R: L'Éthiopie, comme l'ensemble du continent africain, est très riche. C'est pour cette raison que les Européens ont colonisé l'Afrique, il y a de cela des siècles. Le problème, c'est que les Européens y ont instauré un piètre système d'éducation et que cela a donné un pays riche situé sur un continent riche et peuplé de gens riches… qui ont des difficultés financières.

Q: Pourquoi est-il écrit: «En Dieu nous avons confiance» sur les billets de banque américains? Est-ce une phrase qui prouve que l'or est l'argent de Dieu, mais qui a été imprimé sur du papier-monnaie pour nous induire en erreur?

Benny J. - Inde

R : Je suis heureux de constater que je ne suis pas le seul à m'être posé cette question. Que croyez-vous être la réponse ? Pourquoi un gouvernement affirmerait-il : « En Dieu nous avons confiance » ? Pourquoi pas : « En notre gouvernement, nous avons confiance » ?

Plus important encore, à qui et à quoi faites-vous confiance ?

Chapitre 8

UN RETOUR SUR LES BANCS D'ÉCOLE

LA LUTTE CONTRE CE QUI EST FAUX

Le 3 janvier 1973, notre avion a atterri à la base aérienne Norton, en Californie. Il y avait à bord environ 200 militaires qui revenaient du Vietnam. J'étais l'officier responsable des 16 marines qui en faisaient partie.

La première chose que nous avons tous remarquée a été la foule composée de pacifistes qui nous attendait. Mes hommes ont récupéré leurs sacs, je leur ai serré la main et je leur ai souhaité un bon retour à la maison. Nous avions servi ensemble au Vietnam pendant un an.

À mesure que nous approchions de la sortie, les slogans que les manifestants scandaient allaient en augmentant. Je pouvais sentir et voir la peur et la tension sur le visage de mes hommes. À bien des égards, affronter ces manifestants était plus terrifiant que de se retrouver en face de soldats vietnamiens.

Je savais qu'il me fallait dire quelque chose avant que nous arrivions à leur hauteur. M'arrêtant une dernière fois avant d'atteindre la sortie, j'ai dit aux jeunes hommes: « Rappelez-vous que c'est pour ça que nous nous sommes battus. Nous nous sommes battus pour la liberté d'expression, pour leur droit de nous traiter de tueurs d'enfants, de violeurs et d'assassins. » Ils ont hoché la tête, nous avons échangé des saluts et nous sommes sortis de la base, brisant les rangs de la foule qui crachait et criait. Je n'ai jamais revu ces hommes.

Le conseil de mon père pauvre

J'ai eu la chance d'être affecté à la Marine Corps Air Station, à Kaneohe, Hawaï, à moins d'une heure de route de la résidence de mon père située sur l'île d'Oahu. Mon contrat stipulait que je devais servir encore un an et demi dans les Marines.

Après m'avoir accueilli à la maison, mon père, mon père pauvre, m'a demandé quels étaient mes projets. Il voulait savoir si j'avais l'intention de faire carrière au sein des Marines, devenir pilote de ligne ou retourner travailler à la Standard Oil à San Francisco et naviguer en tant que troisième lieutenant sur un pétrolier. Je lui ai répondu que j'avais un an et demi pour réfléchir à mon avenir.

Étant professeur, il m'a conseillé d'obtenir un diplôme de maîtrise, et peut-être même un doctorat, comme il l'avait fait. Quelques mois plus tard, j'ai été accepté à l'école du soir de l'Université d'Hawaï et je me suis inscrit à un programme de MBA.

Le conseil de mon père riche

Mon père riche a été heureux de me revoir.

Après que je lui ai montré ma pièce d'or et raconté mon expédition derrière les lignes ennemies, il s'est contenté de me dire : « Tu es cinglé. »

Lorsque je lui ai demandé des suggestions concernant mon avenir, il a dit : « Apprends à investir dans l'immobilier. »

Quand je lui ai demandé pourquoi, il a dit : « Tu dois apprendre à utiliser l'endettement en guise d'argent. »

Mon père riche et moi avons longuement parlé du président Nixon et de sa décision de mettre un terme à la convertibilité du dollar américain en or. Il m'a expliqué ce qu'il avait voulu dire lorsqu'il m'avait écrit : « Attention, le monde est sur le point de changer. »

Il s'attendait à ce que le dollar devienne une dette à 100 %, pour toujours. Nixon, ou le pouvoir en place, ne rétablirait pas l'étalon-or.

Lorsqu'il était soutenu par l'or, le dollar représentait une dette d'environ 80 %.

« Qu'est-ce que ça signifie ? », ai-je demandé.

Sa réponse ? « Cela signifie que l'argent est une dette. Cela signifie que l'argent ne peut être créé que par l'endettement. Cela signifie que la Réserve fédérale et le Trésor américain encourageront tout le monde à s'endetter. Si les gens ne s'endettent pas, notre économie ne se développera pas. »

Mon père riche avait très bien réussi sur le plan financier, utilisant l'endettement lorsque le dollar était soutenu par l'or. En 1973, il avait flairé la possibilité de devenir encore plus riche étant donné que le dollar était devenu une dette à 100 %.

Il était également préoccupé. J'étais assis avec lui dans son bureau de Waikiki, revêtu de mon uniforme de la Marine, lorsqu'il m'a demandé : « As-tu une carte de crédit ?

— Oui, j'en ai une, ai-je répondu. Elle a été émise lorsque j'étais sur la base. »

Mon père riche a hoché la tête en silence. « Ils t'ont émis une carte de crédit ?

— Oui. Tous les officiers en ont une. Ils veulent que nous nous en servions lorsque nous faisons des achats sur la base.

— Intéressant, a dit mon père riche avec un petit sourire narquois.

— Pourquoi ? ai-je demandé.

— C'est de cette manière que l'argent est créé. Ta carte ne contient pas d'argent. Tu n'as pas besoin d'avoir de l'argent à la banque. L'argent est créé comme par magie, dès que tu t'en sers pour payer quelque chose. »

J'ai gardé le silence pendant un moment. Les choses commençaient à devenir plus claires. Je lui ai demandé : « Est-ce pour cette raison que tu as écrit : « "Attention, le monde est sur le point de changer" ? »

Mon père riche a hoché la tête et dit : « Des millions d'individus verront bientôt leur vie changer à cause des cartes de crédit. Des millions d'individus achèteront des maisons et des voitures en ayant recours à l'endettement. Des millions d'individus travailleront plus dur et s'appauvriront parce qu'ils n'ont jamais appris à se servir de l'endettement en guise d'argent. »

J'ai demandé à mon père riche : « Et est-ce pour cette raison que tu veux que j'apprenne à investir dans l'immobilier, que j'apprenne à utiliser l'endettement en guise d'argent ? »

Mon père riche a marqué une pause, réfléchissant pendant un instant avant de répondre : « L'immobilier sera toujours à la base de la richesse. L'immobilier est comme l'or et l'argent. Le mot *immobilier* (en anglais *real estate*) tire son origine de l'expression espagnole qui signifie « propriété royale ». Tout au long de l'histoire, la royauté a toujours accordé de la valeur aux terres, à l'or et à l'argent. »

Il a poursuivi : « Si tu apprends à utiliser l'endettement en guise d'argent, et que tu achètes des propriétés royales, tu deviendras un homme très riche et très avisé. » Il a ajouté : « Si tu utilises l'endettement pour acheter des éléments de passif, tu rejoindras les rangs des millions de pauvres et d'individus appartenant à la classe moyenne qui passent leur vie à travailler pour la « royauté » qui possède les banques, s'échinant pour de la fausse monnaie pour rembourser leurs dettes. »

Je suis resté assis en silence, me disant que j'étais un criminel parce que je possédais une pièce d'or. Je réfléchissais maintenant à l'idée d'utiliser l'endettement pour acheter des biens immobiliers – des *propriétés royales*.

Et puis, j'ai posé cette question : « Qu'arrivera-t-il si je choisis de ne pas m'endetter ? Si je vis sans dette ? »

Mon père riche a souri et dit : « Pour la plupart des gens, c'est le meilleur choix. Si tu ne veux pas apprendre à utiliser l'endettement en guise d'argent, tiens-toi loin de toute dette. L'endettement est très dangereux. L'endettement est comme une arme à feu chargée. L'endettement peut à la fois te tuer et te protéger. »

Je savais que mon père riche avait encore des choses à dire et je lui ai donc demandé : « Et qu'arrivera-t-il si je choisis d'apprendre à utiliser l'endettement en guise d'argent ? »

Mon père riche a souri et dit : « Tu vois cet hôtel dans lequel tu es assis ? Crois-tu que j'aie les moyens d'acheter un hôtel d'une valeur d'un million de dollars en utilisant mes économies ? »

Je n'ai pu que secouer la tête, un « non » silencieux.

« J'ai payé cet hôtel sur la plage de Waikiki moins d'un million de dollars. Si le gouvernement continue à imprimer de l'argent, que crois-tu qu'il vaudra dans 10 ans ? a demandé mon père riche.

— Je ne sais pas », ai-je répondu.

— Si tu continues à travailler dur, à payer des impôts et à épargner, crois-tu que tu auras les moyens d'acheter cet hôtel dans 10 ans ? »

Je ne savais vraiment pas quoi dire... ou quelle réponse lui donner.

« Crois-tu que tes camarades de la Marine qui deviendront pilotes de ligne auront les moyens d'acheter cet hôtel dans 10 ans ? »

Encore, une fois, je n'ai pas su quoi dire.

Mon père riche a poursuivi : « Et les touristes japonais arrivent en foule. Ils ont de l'argent. Ils achètent Waikiki et le reste d'Hawaï. Veux-tu travailler pour les Japonais ? Crois-tu que tu auras les moyens d'acheter des biens immobiliers à Waikiki dans 10 ans ? Crois-tu que tu pourras te permettre d'acquérir une propriété sur la plage de Waikiki dans 10 ans ? »

Je commençais à assimiler la leçon de mon père riche. J'ai demandé : « M'enseigneras-tu à investir dans l'immobilier ? »

Mon père riche a secoué la tête en disant : « J'investis dans l'immobilier. Je n'enseigne pas à le faire. De plus, je suis un éternel étudiant... j'apprends continuellement. Si tu veux devenir un investisseur professionnel, tu dois toi aussi étudier, pendant toute ta vie. Utiliser l'endettement en guise d'argent est un jeu dangereux et risqué. Si tu n'es pas prêt à apprendre pendant toute ta vie, n'utilise pas l'endettement pour acquérir des biens immobiliers. »

Il fallait que je réfléchisse à tout ça. Je détestais l'école. La seule idée d'étudier pendant toute ma vie ne me plaisait pas.

Sentant ma résistance, mon père riche a demandé : « En tant que pilote, ne prends-tu pas continuellement des leçons de pilotage ? »

J'ai hoché la tête et répondu : « Constamment. Je suis pilote depuis cinq ans, et nous suivons continuellement des cours avancés, plus difficiles. »

Mon père riche a dit : « Investir dans l'immobilier n'est pas différent. J'apprends continuellement. Je suis un éternel étudiant. C'est pour cette raison que je possède aujourd'hui cet hôtel sur la plage de Waikiki. » Il a ajouté : « C'est comme au *Monopoly*. Lorsque Mike et toi étiez de petits enfants, je possédais de petites maisons. Aujourd'hui, je possède des hôtels rouges. Si je n'avais pas étudié constamment, je ne serais pas ici sur la plage de Waikiki. »

Après un long silence, j'ai dit : « Je vais m'inscrire à un cours. »

Mon père riche a souri et notre rencontre a pris fin.

Mon programme de MBA

J'avais maintenant deux pères à écouter. Mon père pauvre me suggérait d'obtenir une maîtrise et un doctorat. Mon père riche me conseillait d'étudier l'immobilier.

L'inscription au programme de MBA a été facile. Il y avait un officier dans le Corps des Marines qui était responsable de l'éducation supérieure. Je n'ai eu qu'à me rendre à son bureau et à m'inscrire.

Les Marines n'offraient pas de véritable cours sur l'investissement et j'ai donc dû faire mes propres recherches. Les Marines offraient un cours sur les valeurs mobilières, mais je voulais étudier l'immobilier afin d'utiliser l'endettement en guise d'argent.

Moins de deux mois plus tard, j'étais inscrit au programme de MBA de l'Université d'Hawaï. J'étais pilote le jour et étudiant deux soirs par semaine et le samedi.

Je n'avais jamais aimé l'école traditionnelle, mais j'adorais l'école de pilotage où il y avait de vrais professeurs, de vrais pilotes. Nous suivions des cours et nous volions. Plus nous devenions compétents comme élèves-pilotes, meilleurs devenaient nos professeurs. Nous savions qu'ils savaient voler parce que nous volions avec eux. Nos instructeurs étaient comme M. Ely, mon professeur de 5e année. Ils étaient des professeurs qui inspiraient leurs élèves, qui leur donnaient envie d'apprendre et de devenir meilleurs.

Nos cours d'armement perfectionné étaient encore plus excitants. Voler à bord d'un avion armé était vraiment particulier. Les tactiques et les stratégies sont différentes pour un pilote de combat. Nos instructeurs venaient tout juste de rentrer du Vietnam.

Pendant les exercices, les instructeurs tiraient les premiers… uniquement pour nous montrer qu'ils pouvaient accomplir ce qu'ils nous enseignaient. Si nous rations notre cible, ce n'était pas un échec. Ils disaient tout simplement : « Essayez encore une fois. » Et c'est ce que nous faisions. Encore et encore, jusqu'à ce que nous soyons capables de piloter et de tirer aussi bien que nos instructeurs. C'est pour cette raison que j'adorais l'école de pilotage. Je l'adorais parce que nos instructeurs étaient de vrais professeurs qui nous préparaient à de vrais combats.

À l'université, le programme de MBA ne me plaisait pas. J'avais l'impression d'être de retour à l'école secondaire. Un soir, ma frustration a atteint son paroxysme.

« Avez-vous déjà travaillé comme comptable ? ai-je demandé au professeur de comptabilité.

— Oui, a-t-il répondu. J'ai un diplôme en comptabilité.

— Ce n'est pas ce que je vous ai demandé, ai-je dit avec brusquerie. Je sais que vous avez un diplôme en comptabilité, mais avez-vous déjà travaillé comme comptable, dans la vraie vie ? »

Après un long silence, le professeur a répondu : « Non, je n'ai pas travaillé comme comptable. Je suis professeur adjoint. J'ai un baccalauréat en comptabilité et j'étudie pour obtenir une maîtrise.

— Je m'en doutais, ai-je dit.

— Êtes-vous comptable ? m'a demandé le professeur.

— Non, ai-je répondu.

— Donc, pourquoi m'avez-vous demandé si j'avais déjà travaillé comme comptable ?

— Parce que je constate que vous ne savez pas de quoi vous parlez. Vous enseignez en vous appuyant sur un manuel scolaire, et non en vous inspirant de la vraie vie. »

L'apprenti

Ma véritable expérience de la comptabilité avait commencé auprès de mon père riche. Je n'étais pas comptable, mais j'avais travaillé avec ses comptables pendant des années. J'étais donc en mesure de dire que l'enseignement livré par mon professeur n'était que de la théorie, qu'il était loin de la réalité.

Les États-Unis étaient toujours engagés dans la guerre du Vietnam et les Marines n'étaient pas très populaires sur les campus universitaires. Et le fait que je fasse passer un mauvais quart d'heure à mon professeur n'aidait pas ma cause.

« Prévoyez-vous devenir comptable ? m-a-il demandé.

— Non, ai-je répondu. Je prévois devenir entrepreneur. Je prévois embaucher des comptables. Donc, j'ai besoin d'être en mesure de leur poser des questions intelligentes.

— Et quelle question voulez-vous me poser ?

— Je viens tout juste de vous poser une question intelligente : Avez-vous déjà travaillé comme comptable ? Avez-vous une expérience de la comptabilité dans la vraie vie ? »

Le professeur est resté planté là, hébété, figé comme un cerf dans la lumière des phares d'une voiture.

Le temps qui nous était imparti était écoulé, et le cours a pris fin.

Le cours de marketing

J'étais impatient de suivre le cours de marketing qui faisait partie du programme de MBA. La brochure de l'université indiquait que ce cours était donné par un gourou du marketing respecté. Je me suis donc inscrit, excité à l'idée d'apprendre auprès de cet expert.

Cela a été encore une fois une expérience décevante. Et j'ai de nouveau posé la même question: « Quelle expérience de la vraie vie avez-vous ? »

Le gourou était fier de nous dire qu'il était le propriétaire d'une boutique de vélos que nous pourrions visiter et où nous ferions un apprentissage « pratique ».

La boutique était située dans un local de moins de 150 mètres carrés. Elle était minuscule. Et pendant deux samedis, notre classe y a « étudié ».

Le gourou ne nous enseignait pas le marketing. Il nous enseignait des méthodes de commercialisation, la façon de placer les bicyclettes dans les râteliers, les accessoires sur les tablettes, et les vêtements sur les tringles.

J'en avais appris davantage sur la commercialisation en tant qu'apprenti de mon père riche lorsque j'avais travaillé dans les boutiques de cadeaux de ses hôtels et restaurants.

Le gourou ne nous enseignait pas le marketing parce qu'il n'avait qu'une seule boutique. Il nous enseignait à faire de la réclame – à placer des annonces dans les journaux et les magazines locaux.

J'en avais appris davantage sur le marketing en travaillant gratuitement dans les hôtels et les restaurants de mon père riche.

J'ai acheté une bicyclette. Le gourou savait *vendre*… ce qui est un volet du marketing. Il a offert à toute la classe une réduction spéciale pour étudiants, et nous avons été nombreux à en profiter.

Lorsque j'ai parlé à mon père riche de ma bicyclette neuve, ainsi que de la médiocrité de mon professeur de marketing et de sa minuscule boutique, il a dit en riant : « Ton professeur de marketing est très futé. Il enseigne le marketing dans une université où il est considéré comme un gourou. Il invite ses étudiants et la faculté tout entière à visiter sa boutique de vélos et à y étudier. Et devine quoi ? Tes camarades de classe et toi achetez des bicyclettes. Ce type est brillant. »

C'était une bicyclette formidable. Je m'en servais presque chaque jour pour aller à la base aérienne et en revenir. Mon professeur était un vrai gourou du marketing.

Un séminaire sur l'immobilier

Un soir que je regardais la télé, un publireportage a été diffusé. On y proposait un cours pendant lequel des étudiants apprendraient à acheter des biens immobiliers « sans arrhes ».

Quelques jours plus tard, je faisais partie des 300 personnes qui participaient à un « séminaire gratuit » dans la salle de bal d'un magnifique hôtel de Waikiki. Organisé selon la technique de la « vente incitative », ce séminaire sur l'immobilier d'une durée de trois jours m'a coûté 385 $.

Environ deux mois plus tard, le formateur est arrivé de Californie et le séminaire a commencé. C'était le premier auquel j'assistais ; c'était très différent d'une salle de classe.

Mon père pauvre croyait à l'école. Il ne participait pas à des séminaires. Il disait que c'était une façon d'extorquer de l'argent aux gens. Et c'est vrai, cela arrive. Mais c'est aussi le cas de certaines écoles.

Mon père riche participait à des séminaires. Il disait les aimer parce qu'ils étaient « courts et explicites ». Il n'y participait que pour en apprendre davantage sur des sujets particuliers qui l'intéressaient. Il n'allait pas y chercher un diplôme, ou les lettres de l'alphabet qui accompagnent les diplômes d'études supérieures. Un grand nombre de chefs d'entreprises, d'employés du gouvernement et de professionnels agréés affichent leur titre – MS, Ph. D., JD, MD, CFP – comme des badges d'honneur.

Warren Buffett est un diplômé universitaire. Il ne le cache pas, mais il n'a pas accroché son diplôme au mur de son bureau. Cependant, il affiche fièrement le certificat qu'il a obtenu au terme d'un cours sur l'art de parler en public offert par la formation Dale Carnegie. Pour lui, apprendre à parler sans que ses genoux s'entrechoquent et que sa voix tremble a été très précieux au moment de s'adresser à des investisseurs afin de recueillir des milliards de dollars.

Un *vrai* professeur d'immobilier

Sur les 300 personnes qui s'étaient présentées pour assister au séminaire d'introduction gratuit, seulement 30 se sont inscrites au séminaire de 3 jours. Le formateur était impressionnant. Sa tenue était décontractée, mais élégante. Il ne portait pas de cravate, mais son veston sport, son pantalon et ses chaussures semblaient coûteux. À mes yeux, il ressemblait à un véritable investisseur immobilier.

Tout le monde sait que, dans l'armée, on accorde beaucoup d'importance à l'apparence. En général, les militaires portent leur uniforme avec fierté. Leur mise est soignée et leurs chaussures sont bien cirées.

Les instructeurs du programme de MBA ressemblaient à des professeurs. Ils n'avaient pas l'air prospères et étaient mal fagotés, comme des hippies bien habillés, ce que beaucoup d'entre eux étaient.

L'homme qui donnait le séminaire sur l'immobilier a commencé à montrer des diapositives de ses investissements et des données financières pour chacune des propriétés. Il nous a parlé de son revenu, de son financement et des défis qu'il avait dû relever.

Il nous a également montré les propriétés qui lui avaient fait perdre de l'argent. Il nous a parlé des erreurs qu'il avait faites et de l'enseignement qu'il en avait tiré. Il nous a dit comment ses erreurs l'avaient rendu plus avisé et plus riche.

Il était un vrai professeur. Il n'était pas là pour vendre des propriétés. Il ne nous enseignait pas à vendre des bicyclettes.

Et il était transparent. Il nous a montré ses états financiers personnels vérifiés. Il n'avait pas besoin d'enseigner pour subvenir à ses besoins. Et même s'il était rémunéré pour le faire, sa survie ne dépendait pas de cet argent. Il était là pour enseigner.

Et c'est ainsi que le séminaire a commencé. Pendant trois jours, nous avons examiné de vraies transactions, de vrais problèmes, de vrais défis, et nous avons découvert les vrais escrocs dont il avait croisé la route pendant sa carrière de 24 ans en tant que *véritable* investisseur immobilier.

Il nous a enseigné à voir ce que la plupart des investisseurs immobiliers amateurs ne voient pas. Il nous a enseigné à parler d'argent aux vendeurs, aux banquiers et aux investisseurs.

Le dernier jour, il nous a enseigné à négocier une acquisition « sans arrhes », un investissement dans lequel on n'injecte pas son argent personnel.

À la fin de la troisième journée, les participants étaient vraiment gonflés à bloc. Je comprenais mieux pourquoi mon père riche disait souvent : « Tu n'as pas besoin d'argent pour devenir riche ».

Les deux dernières heures ont été consacrées à une révision et à une période de questions. Juste avant la fin du séminaire, le formateur a dit : « C'est maintenant que le cours commence ».

Perplexes, les participants ont voulu savoir pourquoi il avait dit que le cours commençait maintenant… alors qu'il était sur le point de se terminer.

Il a dit : « Ce cours commence lorsque vous entrez dans le monde réel. Votre mission consiste à chercher et à évaluer 100 immeubles de placement en 90 jours. Vous devez ensuite rédiger un court rapport sur chacun d'eux et déterminer lequel représente le meilleur investissement. Vous n'avez pas à acheter quoi que ce soit. Le jour où vous trouverez un excellent investissement, vous trouverez également l'énergie et l'enthousiasme nécessaires pour acheter cette propriété, même si vous n'avez pas d'argent. »

Les 30 participants se sont dispersés pour former de petits groupes de 3 à 5 personnes et se sont mis d'accord pour mener à bien leur mission.

Comme vous l'avez sans doute deviné, la *vraie vie* a fait des siennes. J'ai idée que seulement 3 des 30 participants ont accompli leur mission jusqu'au bout. Cela nous a donné un aperçu de la nature humaine. Devenir riche exige du travail et de la discipline.

À la fin de cette période de 90 jours, je savais lequel des 100 immeubles de placement que j'avais repérés représentait le meilleur des investissements. Il s'agissait d'un condo d'une chambre à coucher et une salle de bain en face d'une plage sur l'île de Maui.

Le promoteur avait fait faillite. La banque écoulait le projet immobilier à bas prix. Elle demandait 18 000 $ pour ce condo. J'avais besoin de 10 % de cette somme pour effectuer le paiement initial. La banque financerait le reste.

J'ai immédiatement sorti ma carte de crédit et j'ai fait le paiement initial de 1 800 $.

Je venais d'effectuer une transaction « sans arrhes ». Cette dette était financée à 100 %. Et elle a généré un cashflow positif de 25 $ par mois.

C'était un investissement à « rendement infini » parce que je n'y avais pas injecté un sou de ma propre poche – et qu'il générait 25 $ par mois en cashflow net.

Quelques jours plus tard, j'ai abandonné mes cours à l'université.

« On ne peut pas faire ça ici. »

Aujourd'hui, peu importe où je vais dans le monde, les gens me disent : « On ne peut pas faire ça ici ».

Ils ont raison. *Ils* sont peut-être incapables de générer un revenu infini, mais d'autres le peuvent.

Si « les gens ne peuvent pas faire ça », c'est principalement parce qu'ils sont allés à l'école ou que leurs parents y sont allés.

Si vous examinez le diagramme qui suit, illustrant les compétences du professeur, vous verrez comment le fait d'aller à l'école maintient beaucoup de gens dans la pauvreté.

Comment faire la différence entre un vrai professeur et un faux professeur

Le faux professeur enseigne en donnant des cours magistraux et en s'aidant de livres. La vraie vie est un vrai professeur.

Les vrais professeurs enseignent en se basant sur leur expérience de la vraie vie et leurs erreurs, et vous encouragent à faire de même.

EXERCICE PERSONNEL :

Sur une feuille de papier ou dans votre tablette électronique, nommez trois faux professeurs que vous avez eus au cours de votre vie et la matière qu'ils enseignaient.

Nom du professeur   Matière

Toujours sur une feuille de papier ou votre portable, nommez trois vrais professeurs que vous avez eus au cours de votre vie et la matière qu'ils enseignaient.

Nom du professeur   Matière

Inscrivez ce que vos vrais professeurs vous ont appris ?

VOS QUESTIONS... LES RÉPONSES DE ROBERT

Q: Quel mot ou quelle expression utiliseriez-vous pour décrire la valeur de votre expérience dans le Corps des Marines?

Marco C. - Italie

R: C'est une excellente question. Lorsque je fréquentais l'école secondaire, je savais que j'étais en difficulté. J'étais un surfeur. J'avais des échecs en classe. J'étais à la fois un peu paresseux et un clown. Je ne voulais pas grandir et «aller à l'école, obtenir un emploi, travailler dur...», etc.

Je voulais être libre.

Un grand nombre de mes camarades de classe qui ont choisi de vivre libres, de vivre la vie des surfeurs, se sont retrouvés en prison, sont devenus des toxicomanes ou sont morts à un jeune âge. L'un d'eux s'est suicidé, un autre est décédé dans un accident de motocyclette, et deux autres dans un accident de voiture alors qu'ils conduisaient en état d'ébriété.

Donc, même si cela semble contraire à l'intuition, j'ai choisi d'aller à l'école militaire et de m'engager dans les Marines... si je voulais être libre.

J'avais appris à l'école du dimanche que «le Verbe s'est fait chair». Les mots vivants que l'Académie et les Marines m'ont appris sont: mission, devoir, honneur, courage, respect, discipline et éthique.

Pour la majorité des gens, plus particulièrement ceux qui évoluent dans le monde des grandes entreprises, ces mots ne sont que des mots – des mots vides de sens, du jargon d'entreprise qui ne deviennent jamais vrais, qui ne se font jamais chair. Et s'ils ne deviennent pas chair, alors les mots *sécurité d'emploi*, *chèque de paie* et *retraite* deviennent plus importants que la véritable liberté.

C'est pour cette raison que j'éprouve de la gratitude envers l'Académie et le Corps des Marines. Ces mots sont devenus réels, sont devenus chair, sont devenus moi... sont devenus ma force spirituelle. Et une force spirituelle authentique est essentielle si l'on veut connaître la véritable liberté financière et, plus important encore, la véritable liberté personnelle.

Comme mon père riche le disait souvent : « Tu ne connaîtras pas la liberté personnelle tant que tu ne seras pas financièrement libre. »

Q: Comment croyez-vous que votre père riche a été capable de prédire l'avenir à cette époque de grande incertitude économique ?

Adonis K. - Grèce

R: Mon père riche nous a enseigné, à son fils et à moi, que « les entrepreneurs doivent prêter attention à l'avenir... parce que c'est lui qui leur fait concurrence ».

Andy Grove, le fondateur d'Intel, a dit ceci à propos de l'avenir de l'entreprise : « Seuls les paranoïaques survivent. »

Chapitre 9

COMMENT ATTRAPER BEAUCOUP DE POISSONS

VOIR L'INVISIBLE

Mon père riche disait souvent» : « On ne peut pas pêcher un poisson en eau claire ». Il disait aussi : « On ne peut en attraper qu'en eau trouble ».

Dans un chapitre précédent, j'ai écrit : « Il est plus facile de donner un poisson à un homme... que de lui apprendre à pêcher ».

Pourquoi ? Parce qu'apprendre à pêcher est difficile.

Tout véritable apprentissage est difficile. Pensez au golf. En théorie, le golf est un jeu extrêmement simple. Contrairement au baseball, la balle de golf n'est pas en mouvement. Cependant, le golf est le jeu le plus difficile du monde à jouer, et encore plus à maîtriser. Pour devenir un Tiger Woods, un Rory McIlroy ou un Phil Mickelson, il faut faire preuve d'une détermination surhumaine et de grands sacrifices. Le talent à lui seul ne suffit pas.

La même chose est vraie avec le jeu de l'argent.

La prospérité a rendu de nombreux individus mous, faibles et paresseux. Cette vérité ne s'applique pas qu'aux Américains. On peut le constater partout dans le monde. C'est surtout manifeste dans la corruption endémique dont nous sommes les témoins dans les gouvernements, les entreprises, les sports, la politique et même la religion. Aujourd'hui, chaque enfant reçoit un trophée. Tout le monde croit que tout lui est dû. Les étudiants ont besoin de chambres sûres

– des chambres et des espaces où ils seront à l'abri des idées et des croyances dérangeantes ou menaçantes. Alors que l'écart entre les riches et les pauvres ne cesse de s'accentuer – et que tout le monde veut devenir riche – un grand nombre d'individus croient avoir droit à la richesse. C'est compréhensible. Mon père riche disait:

> *L'argent est une drogue. Sans éducation financière, les gens deviennent accros à l'argent. L'argent les rend heureux. L'argent règle leurs problèmes. L'argent apaise leur douleur. Aujourd'hui, des milliards d'individus sont accros à la « solution miracle », à l'« euphorie temporaire » que procure l'argent. Le problème, c'est que cette « euphorie » se transforme en « dépression », et que ces accros retournent travailler afin de nourrir leur dépendance. Ils feront n'importe quoi pour la nourrir.*

En 1971, lorsque Nixon a mis un terme à la convertibilité du dollar américain en or, la corruption monétaire, comme une drogue, s'est répandue à l'échelle mondiale. Mon père riche disait: « L'argent corrompu crée des gens corrompus ».

La corruption au paradis

La politique est un vilain milieu. Mon père pauvre était un homme honnête. S'élever sur l'échelle hiérarchique gouvernementale le perturbait. Lorsqu'il est arrivé au sommet, en tant que membre du cabinet du gouverneur d'Hawaï, il a été incapable de tolérer la corruption.

Il a donc démissionné et fait campagne dans les années 1970 contre son patron, le gouverneur, un démocrate.

Je me trouvais à l'école d'aéronautique à Pensacola, en Floride, lorsque mon père m'a téléphoné pour me dire qu'il se présentait comme lieutenant-gouverneur sous la bannière républicaine. Il a dit: « Je doute que nous puissions gagner, mais je ne me le pardonnerais pas si je ne tentais pas le coup ».

Il a passé le combiné à ma mère et nous avons discuté de ses craintes et de ses inquiétudes. Elle était préoccupée par la sécurité d'emploi de mon père et l'argent. Elle a dit: «Les républicains ont promis qu'ils lui trouveraient un emploi en Californie. Peut-être même à titre de professeur à l'Université Stanford».

Mon père, au début de la cinquantaine, et ma mère, à la fin de la quarantaine, avaient encore une longue vie devant eux. À la fin de la conversation, je leur ai souhaité bonne chance et leur ai dit d'être forts alors qu'ils entraient dans le monde malsain de la politique. Le gouverneur était un ex-policier et il était de notoriété publique que l'un de ses amis, également un ex-policier, était à la tête du crime organisé à Hawaï.

Lorsque mon père a été défait aux élections, comme prévu, le gouverneur l'a informé qu'il ne travaillerait plus jamais pour le gouvernement d'Hawaï.

Mon père et ma mère étaient anéantis. Le jeu de la politique était beaucoup plus sale qu'ils ne l'avaient imaginé. Des amis qu'ils croyaient loyaux s'étaient retournés contre eux, répandant des mensonges à propos tant de mon père que de ma mère, tout au long de la campagne, accusant mon père d'être corrompu.

Ma mère est décédée deux mois après les élections, le cœur brisé. Elle n'avait que 48 ans. Et bien entendu, mon père n'a jamais obtenu l'emploi en Californie que les républicains lui avaient promis. Il a pris une retraite anticipée, encaissé son épargne-retraite et acheté une franchise nationale de crème à la glace. Mon père n'était pas un homme d'affaires et il est décédé en 1991, sans un sou, 21 ans après sa défaite électorale.

La vérité éclate

En 2015, James Dooley, un ancien journaliste d'investigation pour un journal local, le *Honolulu Advertiser*, a publié un livre intitulé *Sunny Skies, Shady Characters: Cops, Killers, Corruption in the Aloha State* (Cieux ensoleillés, sombres personnages: policiers, assassins et corruption dans l'État d'Hawaï).

L'auteur nomme d'abord le chanteur Don Ho et dresse ensuite la liste des policiers corrompus et des assassins de l'État. Il cite également le nom de certains gouverneurs et de quelques membres du conseil d'administration des écoles Kamehamela, l'un des établissements d'enseignement les plus riches du monde. James Dooley traite des relations qui existent entre les tribunaux, les dirigeants politiques, les dirigeants syndicaux, des émissions de télé telles que *Hawaï 50* et *Magnum PI*, et les mafias japonaise, hawaïenne, chinoise et italienne. Il dresse même la liste des corps qui ont été retrouvés enterrés dans des fosses peu profondes.

James Dooley écrit à propos de cette même corruption que mon père était incapable de tolérer. Il nomme même certains de mes anciens camarades de classe et d'anciens amis de mon père.

J'ai rencontré M. Dooley à Hawaï pour le remercier d'avoir écrit ce livre – et pour lui dire que j'aurais aimé que mon père soit encore vivant pour le lire. Lorsque je lui ai demandé comment il avait pu rester en vie après avoir révélé tous ces noms, il a souri et dit : « La corruption est tellement endémique de nos jours qu'elle fait partie de la vie, et les gens ne s'en soucient pas ».

Le président Barack Obama a été le premier et unique président originaire d'Hawaï.

Le moment est bien choisi pour rappeler à mes lecteurs que je n'ai aucune allégeance politique ou religieuse. Comme mes deux pères, je déteste la corruption, la paresse et la mentalité du droit acquis. Un autre point de vue sur la question : le magazine *Forbes* a un jour qualifié l'État de « République populaire d'Hawaï ».

Ne changez pas le monde… Transformez-vous vous-même

Le président John F. Kennedy attribue la citation suivante à Edmund Burke (1729-1797), bien que d'aucuns contestent cette origine : « La seule chose qui permet au mal de triompher est l'inaction des hommes de bien. » Je crois que vous reconnaîtrez ceux qui sont d'accord avec le fait que, aujourd'hui, un grand nombre d'hommes de bien en font très peu.

Pendant les trois étés où j'ai étudié avec Bucky Fuller, il a souvent parlé de la mafia qui faisait partie intégrante de la politique américaine. Et Robert Kennedy, le frère du président Kennedy, alors qu'il était procureur général des États-Unis, a courageusement affronté Jimmy Hoffa et le syndicat des Teamsters, les accusant d'être de connivence avec la mafia.

Robert Kennedy a été assassiné en 1968 après avoir remporté la primaire présidentielle du Parti démocrate en Californie. Jimmy Hoffa est disparu et son corps n'a jamais été retrouvé.

Rassemblons-nous

De nombreux individus disent: « Rassemblons-nous et changeons le monde. »

Ce sont de belles paroles, mais ce n'est pas réaliste. De nos jours, il y a trop de fausses nouvelles. De nos jours, les informations sont conçues pour exaspérer, et non pas pour éduquer; leur but est de polariser, et non d'unir. La même chose est vraie dans nos écoles.

De nos jours, le monde est trop divisé. Il y a trop de haine. Trop d'animosité. Trop de violence. Partout dans le monde, des millions d'individus migrent, non pas pour des raisons financières, mais pour fuir le crime, le meurtre et le viol.

Comme à Hawaï, la corruption fait partie de la vie. La loi et l'ordre reculent à l'échelle mondiale. Les villes américaines sont patrouillées par des troupes paramilitaires qui roulent dans des véhicules blindés, un peu comme dans les villes d'Iraq et d'Afghanistan. Les villes américaines sont-elles sur le point de devenir des zones de guerre ? Est-ce la fin de la République américaine ?

Plutôt que de tenter de changer le monde, il serait préférable de vous changer vous-même.

Si notre monde est corrompu, c'est en grande partie parce que notre monnaie est corrompue. N'ayant pas reçu une véritable éducation financière à l'école, les gens sont incapables de voir la grossière escroquerie dont parle Fuller, ils sont incapables de voir comment ils se font dépouiller de leur argent et de leur vie par le biais de l'argent pour lequel ils travaillent.

Comme le disait mon père riche : « On ne peut pas pêcher un poisson en eau claire. On ne peut en attraper qu'en eau trouble ».

L'écart entre les riches et le reste de la population grandit parce que, sans véritable éducation financière, les poissons – les gens – nagent en eau trouble. C'est ainsi que l'élite qui dirige notre système juridique, les banques et Wall Street attrapent beaucoup de poissons.

Père riche, Père pauvre, publié en 1997, reprend quelques-uns des diagrammes et illustrations que mon père riche a développés pour nous enseigner, à son fils et à moi, à voir à travers l'eau trouble. Si vous avez lu *Père riche, Père pauvre*, vous vous en souvenez probablement.

Si vous avez lu mon deuxième livre, *Le Quadrant du CASHFLOW*, vous vous souvenez sans doute aussi de ce diagramme qui illustre le quadrant.

Comme mon père riche n'avait pas terminé ses études secondaires, il a utilisé des diagrammes simples pour nous enseigner de nouvelles idées. Il croyait qu'« une image vaut mille mots ».

Vous trouverez un peu plus loin quelques-uns de ces diagrammes qu'il a développés pour nous aider, à son fils et à moi, à voir à travers l'eau trouble.

Des noms et des verbes

Mon père riche, un homme simple et peu instruit, connaissait la différence entre un nom et un verbe.

Il nous a enseigné, à son fils et à moi, que dans le monde de l'argent, on ne peut pas déterminer si un *nom* est un actif ou un élément de passif sans utiliser un *verbe*.

Par exemple, une maison peut être soit un *actif*, soit un élément de passif. On ne peut pas dire si une maison est un *actif* ou un élément de passif sans la locution verbale *entrer à flots*, sans examiner la façon dont circule le cashflow.

Kim et moi avons appelé notre jeu *CASHFLOW* – pour n'utiliser qu'un mot.[5]

Mon père riche disait également: « Étant donné que les universitaires en savent très peu à propos de l'argent, les noms sans verbe font peu de différence pour eux ».

Pour les entrepreneurs, le mot **cashflow** est synonyme de vie. Le cashflow est aussi important que la circulation sanguine dans le corps humain. Pouvez-vous imaginer un médecin, à la vue du sang qui s'échappe de la blessure d'un patient et se répand sur le sol de la salle d'opération, dire: « Oui, c'est du sang... », et ne rien faire?

C'est le traitement que réserve l'élite à notre gouvernement et à notre peuple. *Nous, le peuple*, et notre pays faisons une hémorragie alors que l'élite, par le biais de notre système d'éducation, s'enrichit toujours davantage... laissant la population et le gouvernement se vider de leur sang.

Qu'est-ce que l'intelligence financière?

Mon père riche disait: « Le quotient intellectuel est la mesure de l'habileté d'un individu à résoudre des problèmes financiers ». Dans le monde universitaire, le QI mesure l'habileté d'un individu à résoudre des problèmes de mathématique, d'écriture et de science. Dans le monde de la mécanique automobile, le QI d'un individu se mesure à son habileté à effectuer des réparations.

Mon père riche disait: « L'intelligence financière se mesure à l'habileté d'un individu à résoudre des problèmes liés à l'argent. L'intelligence financière se mesure en argent ».

5. Cash flow en anglais, deux mots. *(Note de la traductrice)*

À la fin de mon séminaire de trois jours sur l'immobilier, j'ai été capable de résoudre un problème de 18 000 $ sans argent. Donc, selon mon père riche, mon intelligence financière était de 18 000 $.

Cette intelligence financière peut augmenter si l'on s'exerce. Aujourd'hui, je dirais que mon intelligence financière est d'environ 100 millions de dollars. Un problème de plus de 100 millions de dollars dépasserait les limites de mon intelligence financière.

Des statistiques inquiétantes

Le 25 mai 2016, le *Washington Post* a publié ce qui suit:

> *La Réserve fédérale a effectué un sondage auprès de 5 000 personnes afin de déterminer si leur situation financière personnelle s'améliorait en même temps que l'économie. Les résultats... [citaient] cette statistique révélatrice: Environ 46 % des Américains ont dit ne pas avoir suffisamment d'argent pour faire face à une dépense urgente de 400 $.*

Traduction: 46 % des Américains ont une intelligence financière de moins de 400 $.

La véritable éducation financière est simple

Mon père riche s'exprimait toujours en termes clairs. Il misait sur la simplicité. Il disait que la véritable éducation financière reposait sur six mots fondamentaux. Ce sont:

1. Revenus
2. Dépenses
3. Actif
4. Effet de passif
5. Argent
6. Cashflow

Si vous avez lu *Père riche, Père pauvre*, ou si vous avez joué à *CASHFLOW*, vous y reconnaîtrez les mots que l'on utilise dans des états financiers: revenus, dépenses, actif et élément de passif.

Les revenus et les dépenses sont inscrits dans l'état des résultats. Les actifs et les éléments de passif apparaissent dans le bilan. Et le cashflow est illustré dans l'état du flux de trésorerie.

Mon père riche disait souvent: « Mon banquier ne m'a jamais demandé mes bulletins scolaires. Mon banquier ne m'a jamais demandé quelle école j'avais fréquentée. Mon banquier ne m'a jamais demandé quelle était ma moyenne cumulative ». Et il ajoutait: « Lorsque je parle à mon banquier, il veut voir mes états financiers. Mes états financiers représentent mon bulletin scolaire dans la vraie vie ».

Confusion terminologique

Lorsqu'on cherche la définition des mots *actif* et *élément de passif* dans le dictionnaire, on peut lire:

Actif *(n.m.)*: chose, personne ou qualité ayant une utilité ou une valeur.

Élément de passif *(n.m.)*: le fait d'être responsable de quelque chose, spécialement sur le plan juridique.

Voici quelques leçons:

- Sans la locution verbale *couler à flots* qui est associée au mot *cashflow*, l'eau est trouble, on s'y perd.
- En 2008, des millions d'individus ont perdu leur maison parce qu'ils croyaient qu'elle était un actif.
- Des millions d'individus ont perdu leur maison parce que l'élite a créé de faux actifs, connus sous le nom de titres adossés à des créances hypothécaires (TACH) et des swaps sur défaillance de crédit.
- Une éducation financière minimale aurait protégé des millions d'individus des crimes commis par l'élite qui dirige nos institutions judiciaires, bancaires, financières et éducationnelles.
- Si une maison génère un cashflow positif, si elle fait entrer de l'argent dans votre poche, cette maison est alors un actif.

- Si une maison retire de l'argent de votre poche, cette maison est alors un élément de passif.
- En 2008, des millions d'individus ont découvert que leur maison était un élément de passif.

En eau trouble

Aujourd'hui, j'entends des professeurs dire à leurs élèves : « Votre éducation est un actif. Trouvez-vous un emploi bien rémunéré ».

Aujourd'hui, j'entends des courtiers immobiliers dire aux acheteurs d'une première maison : « Votre maison est un actif ».

Aujourd'hui, j'entends des planificateurs financiers dire à leurs clients : « Votre plan 401(k) est un actif ».

Toutefois, si vous éclaircissez l'eau et arrivez à voir où se dirige le flux de trésorerie, vous connaîtrez la vérité.

Suivez l'argent

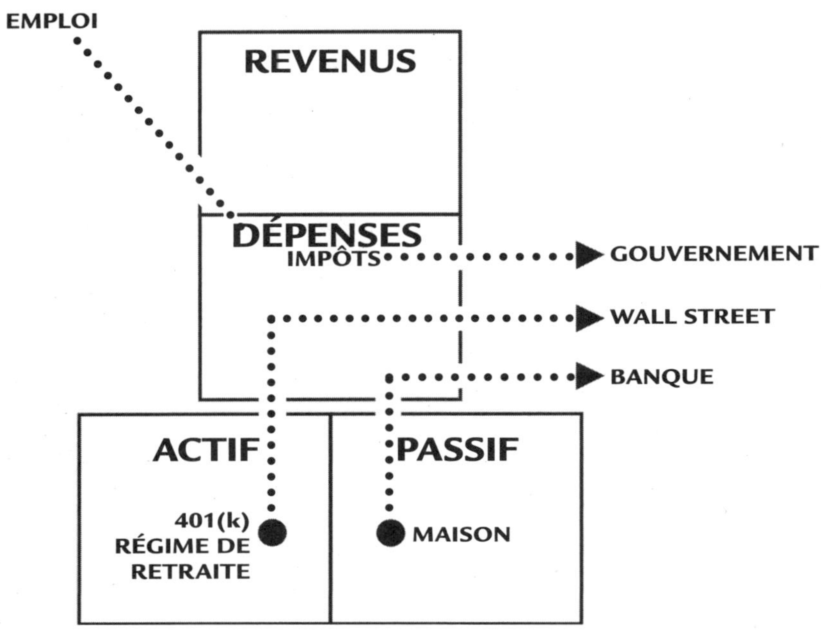

La classe moyenne est l'actif du gouvernement, de Wall Street et des banques. Comparez le cashflow de la classe moyenne à celui des riches.

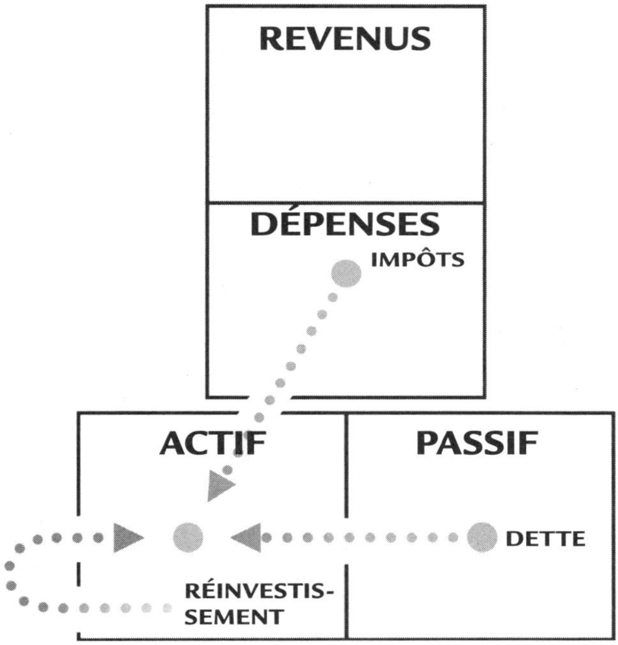

Remarquez que l'argent ne cesse de circuler dans la colonne de l'actif des riches.

LEÇONS

- Une véritable éducation financière enseigne aux riches à faire circuler leur argent dans la colonne de l'actif.
- L'absence d'éducation financière retire de l'argent de la poche des pauvres et de la classe moyenne et le place dans la poche de ceux qui impriment de la fausse monnaie, la poche de l'élite.
- Sans éducation financière, l'eau trouble ne devient jamais claire.

Si ces diagrammes illustrant le cashflow ne sont pas clairs pour vous, discutez-en avec un ami ou deux. La discussion est une excellente façon d'apprendre.

Le séminaire de trois jours sur l'immobilier m'a appris à faire ceci :

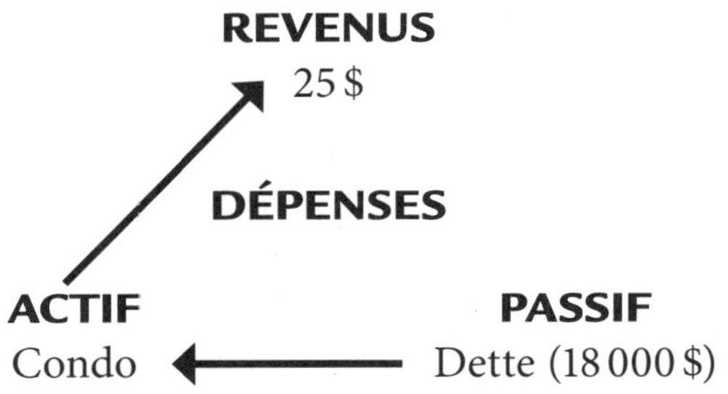

Un cashflow de 25 $ par mois ne représente pas beaucoup d'argent. Toutefois, ces 25 $ ont transformé ma perception de l'argent. Une fois que j'ai été capable de générer cette somme de 25 $ à partir d'une dette à 100 %, j'ai été libre. Je savais que si je continuais à apprendre, je n'aurais plus jamais besoin d'argent. Je n'aurais plus jamais à dire : « Je ne peux pas me permettre d'acheter cela ».

Un rendement infini

L'utilisation d'une dette à 100 % pour générer 25 $ par mois est un exemple de rendement infini. C'est de l'argent créé en échange de rien du tout… de l'argent qui est créé grâce à l'intelligence financière. C'est imprimer de l'argent. Un rendement infini peut être tiré de n'importe quoi. Il n'est pas nécessaire qu'il s'agisse d'immobilier.

ACTIONS

Supposons que j'achète 100 actions à un dollar chacune. J'ai investi 100 $.

Le cours de l'action grimpe à 10 $ chacune. Mes 100 actions valent maintenant 1 000 $.

Je vends 10 actions à 10 $ chacune et je récupère mon investissement initial. Les 90 actions restantes ne m'ont rien coûté.

Transaction nette :

REVENUS
0

DÉPENSES
0

ACTIF	PASSIF
90 actions	0

Les dividendes générés par les 90 actions sont un revenu… et un rendement infini est créé.

LIVRES

Je peux consacrer une année entière à l'écriture d'un livre. Il en coûte ensuite 50 000 $ pour le réviser, l'imprimer et le publier.

Le livre est disponible en échange d'une licence partout dans le monde. Supposons que je reçois des offres de 30 pays à 10 000 $ la licence.

Je touche la somme de 300 000 $ de la vente de ces licences, et après avoir déduit les 50 000 $ que j'ai déboursés, je réalise un bénéfice net de 250 000 $. De plus, des droits d'auteur me sont versés pour chaque livre vendu partout dans le monde.

REVENUS
250 000 $ (licences) Droits d'auteur
DÉPENSES
0

ACTIF	PASSIF
Livre	0

L'actif – le livre – génère des revenus sous forme de droits d'auteur… un rendement infini.

ENTREPRISE : La Rich Dad Company

La Rich Dad Company a été créée en 1997 avec 250 000 $, de l'argent recueilli auprès d'investisseurs. En 2001, ces derniers ont touché 750 000 $. Par la suite, tous les profits sont entrés dans la catégorie du rendement infini.

Des possibilités infinies

Une fois que l'on comprend le pouvoir du rendement infini, presque n'importe quoi peut devenir un actif. Les possibilités sont infinies. L'eau est claire.

Lorsque je parle d'éducation financière en utilisant des diagrammes, il y a toujours quelqu'un qui me demande : « Si c'est si simple, pourquoi tout le monde n'est-il pas riche ? »

Premièrement, ces diagrammes font paraître les choses simples. Mais ce n'est pas si facile dans la vraie vie. Toutefois, avec de l'entraînement, cela devient plus facile.

Si la majorité des gens ne sont pas riches, c'est principalement parce qu'ils sont allés à l'école.

« Toutes les médailles ont trois côtés. » – Père riche

« La marque d'une intelligence de premier ordre, c'est la capacité d'avoir deux idées opposées présentes à l'esprit, en même temps, et de ne pas cesser de fonctionner pour autant. »
— F. Scott Fitzgerald, 1936

Pourquoi les gens ne sont-ils pas riches

1. À l'école, on enseigne aux élèves que les erreurs sont un signe de stupidité.

2. Tricher, c'est demander de l'aide.
   À l'école, les élèves passent des examens, seuls.
   Demander de l'aide, c'est tricher.
   Dans la vraie vie, le commerce et l'investissement sont des sports d'équipe.
   Les riches ont des équipes.
   L'individu moyen n'a pas d'équipe. L'individu moyen a un conseiller financier, un courtier en valeurs mobilières ou

un courtier immobilier de qui il obtient des conseils. Et très souvent, ces « conseils » sont un argumentaire de vente, et non une éducation financière.

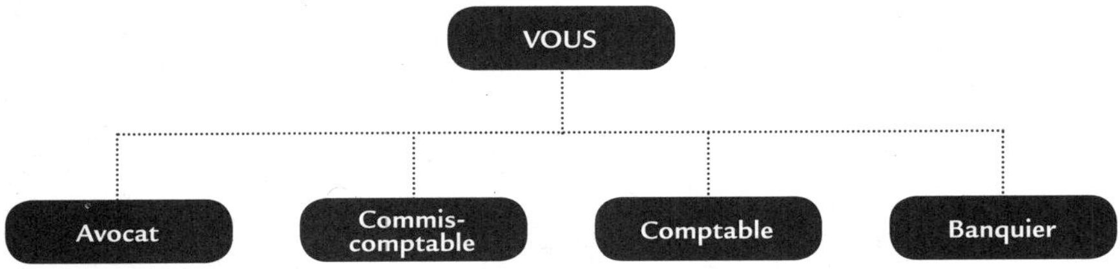

3. Les bonnes notes sont un signe d'intelligence.
Dans la vraie vie, mon banquier ne me demande jamais mon bulletin scolaire. Mon banquier ne se soucie pas de l'école que j'ai fréquentée ou de ma moyenne cumulative. Dans la vraie vie, mon banquier veut voir mes états financiers.

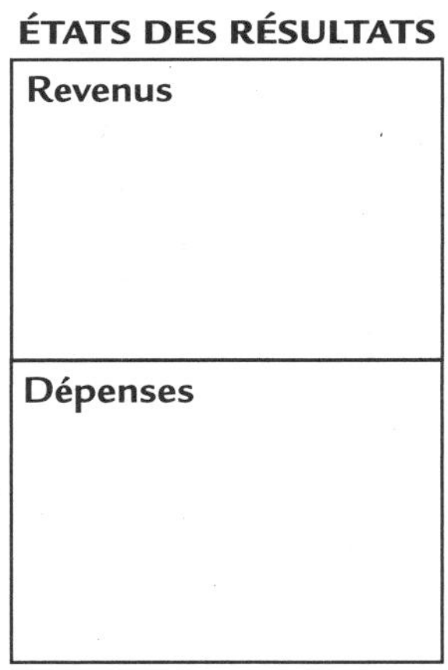

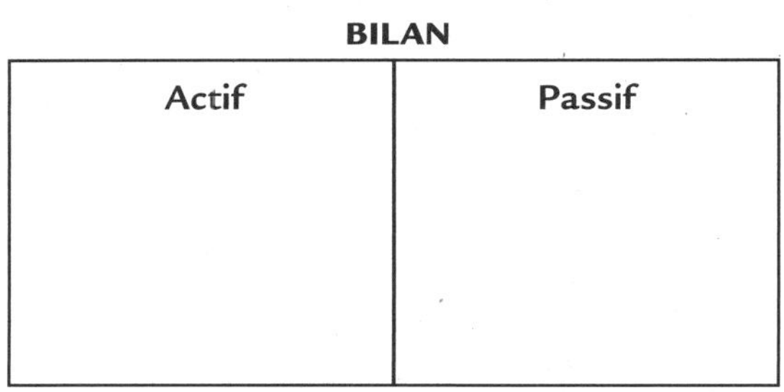

Le troisième état financier illustre le flux de trésorerie. Le jeu *CASHFLOW* est l'un des seuls jeux qui enseigne aux joueurs à exercer un contrôle sur le cashflow et à accroître leur intelligence financière.

Étant donné qu'il est probable que la majorité des gens qui ont des diplômes d'études secondaires et universitaires ignorent ce qu'est un état financier, et en dressent encore moins, ils ont de la difficulté à obtenir des prêts à la banque dans le but d'investir.

En 1996, Kim et moi avons créé le jeu *CASHFLOW* afin que les gens apprennent à parler la langue de l'argent.

Grâce au jeu *CASHFLOW*, les gens peuvent transmettre leur savoir sans devoir aller à l'école.

Aujourd'hui, il existe des milliers de clubs Cashflow partout dans le monde.

4. Débarrassez-vous de vos dettes.

Dans la vraie vie, les dettes enrichissent les riches.

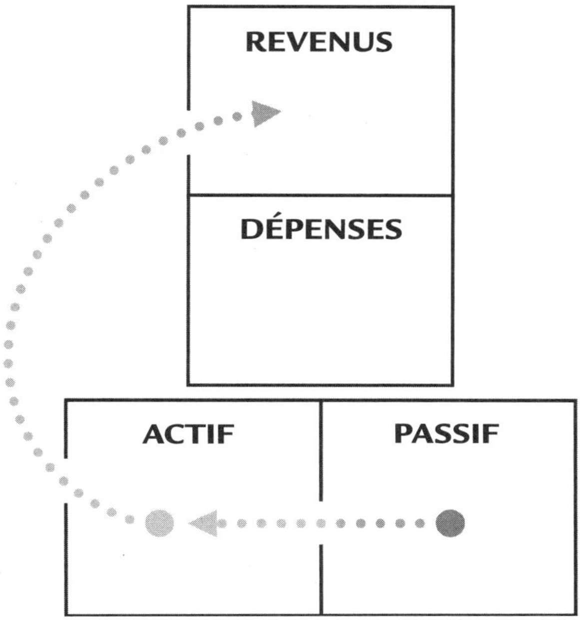

En 1971, l'argent est devenu une dette.

Les banquiers adorent les débiteurs parce qu'ils les enrichissent.

Les individus les plus riches du monde savent comment utiliser l'endettement pour gagner de l'argent.

Le jeu *CASHFLOW* est l'un des seuls jeux qui enseigne aux joueurs à utiliser l'endettement pour s'enrichir.

Si vous faites des erreurs en utilisant l'endettement lorsque vous jouez à *CASHFLOW*, vous faites des erreurs avec de l'argent factice.

5. Payer des impôts est un geste patriotique.
   La Révolution américaine trouve son origine dans une révolte devant l'obligation de payer des taxes – le Boston Tea Party, en 1773.
   Dans la vraie vie, les riches ne paient pas d'impôts.

Le Quadrant du *CASHFLOW* préserve la clarté de l'eau.

POURCENTAGE DES IMPÔTS PAYÉS PAR QUADRANT

Si vous voulez en apprendre davantage à propos des impôts, veuillez lire l'ouvrage de Tom Wheelwright, conseiller à la Rich Dad Company. Il s'intitule *Tax-Free Wealth* (Fortune exonérée d'impôts).

Vous constaterez que, partout dans le monde, les lois fiscales sont similaires. Les riches, qui se situent dans les quadrants P et I, paient moins d'impôts, en toute légalité.

Comme l'explique Tom Wheelwright, les lois fiscales sont des incitations offertes par le gouvernement. Si vous faites ce que veut le gouvernement, il vous offre des incitations fiscales.

Par exemple, si je loue une maison dans le but de l'habiter, je ne bénéficie d'aucun allégement fiscal. Si j'offre des maisons en location, le gouvernement m'offre de nombreux allégements fiscaux parce que je fais ce qu'il veut que je fasse. Si j'occupe un emploi dans le quadrant E, je ne bénéficie d'aucun allégement fiscal. Si je crée des milliers d'emplois, comme Amazon, des villes m'offriront de nombreux allégements fiscaux dans l'espoir que mon entreprise vienne s'y établir.

Autrement dit, les gens qui se situent dans les quadrants P et I font ce que le gouvernement veut qu'ils fassent. Ils bénéficient alors d'allégements fiscaux. Les gens qui se situent dans les quadrants E et T ne font pas ce que le gouvernement veut qu'ils fassent. Ils ne bénéficient donc pas d'allégements fiscaux.

L'eau trouble

La véritable éducation financière n'a pas à être déroutante. Elle peut être très simple. Un enfant peut comprendre. Je l'ai fait.

Je sais également que simplicité ne rime pas avec facilité. Cependant, les diagrammes simples que mon père riche a utilisés ont été mes guides mentaux, un peu comme les étoiles guident les marins.

Sans véritable éducation financière dans nos écoles, des millions d'individus deviennent les poissons que l'élite attrape dans ses filets tissés de mensonges. Sans véritable éducation financière, des millions d'individus vont à l'école, trouvent un emploi, paient des impôts, économisent de l'argent, achètent une maison et investissent dans le marché boursier.

Le système d'éducation ne fait que rendre l'eau trouble en punissant les élèves qui font des erreurs et qui passent des examens seuls.

C'est peut-être une excellente façon de les former pour qu'ils évoluent dans les quadrants E et T, mais cela n'en fait pas des entrepreneurs qui évolueront dans les quadrants P et I. Les entrepreneurs savent qu'ils doivent faire des erreurs et en tirer un enseignement, et que la gestion d'une entreprise est un sport d'équipe.

Pour être compétitif dans l'économie mondiale, chaque pays doit abriter davantage d'entrepreneurs visionnaires comme Steve Jobs, Bill Gates, Mark Zuckerberg, Michael Dell, Richard Branson, Henry Ford, Walt Disney et Thomas Edison… des individus brillants qui n'ont jamais terminé leurs études.

Dans le prochain chapitre, vous découvrirez qui est votre meilleur professeur d'investissement immobilier.

VOS QUESTIONS… LES RÉPONSES DE ROBERT

Q: Comment la grossière escroquerie continue-t-elle d'exister sans que le public comprenne ce qui se passe?

Mari J. - Canada

R: C'est une question fantastique. On ne voit pas la grossière escroquerie parce qu'elle est partout. C'est comme si on cherchait à attraper de l'air. Elle est présente dans la banque qui se trouve au coin de la rue, chez votre planificateur financier, dans votre éducation, votre carte de crédit, vos impôts, votre emploi, votre hypothèque, vos politiciens, la police, l'armée, la nourriture, les soins de santé, etc.

On ne peut pas voir la grossière escroquerie parce qu'il s'agit d'argent, et l'argent est partout, dans tout – l'argent est invisible.

L'un des principaux thèmes de ce livre est: «On ne peut pas pêcher un poisson dans l'eau claire.»

Dans le vrai monde du commerce et de l'investissement, le mot utilisé pour désigner la capacité à voir en eau trouble est *transparence.* Dans le vrai monde de l'argent, la transparence est un mot très, très important.

Le but de la *culture financière* est d'habiliter l'esprit à voir ce que nos yeux ne peuvent pas voir, par le biais des mots. Le but de l'éducation financière est de nous apprendre à voir en eau trouble, c'est-à-dire la *transparence.* Et le manque de transparence est l'une des raisons pour lesquelles le dernier grand krach a été aussi monstrueux.

La Rich Dad Company se consacre à former les gens afin qu'ils soient capables de voir en eau trouble… parce que sans véritable éducation financière dans notre système d'éducation, les élèves sont financièrement aveugles lorsqu'ils terminent leurs études.

Q : De quelle ampleur sera le prochain krach ?

Stephen B. - Royaume-Uni

R : Le prochain krach, à mon avis, fera paraître minuscule celui de 2008. Depuis 2008, les risques liés aux banques et aux instruments dérivés ont grandi exponentiellement. En 2008, la valeur des instruments dérivés se chiffrait à 700 trillions de dollars. Aujourd'hui, il y en a pour 1,2 billiard de dollars hors bilan... ce qui rend aveugle l'individu moyen. *Hors bilan* signifie *eau trouble. Hors bilan* signifie zéro transparence.

À la fin de la troisième partie, Faux actifs, je traiterai des eaux troubles et de la monnaie occulte

Q : Êtes-vous en train de dire que, depuis 2008, l'eau est de plus en plus trouble ?

Artur N. - Estonie

R : Oui... cette eau devient de plus en plus profonde, sombre et dangereuse.

Vous pouvez écouter l'entrevue réalisée avec Nomi Prins à la Rich Dad Radio. Elle parle de *monnaie occulte* et de la *nouvelle normale*, de la façon dont les banques centrales – *et non les politiciens* – gouvernent notre monde. En écoutant cette entrevue, vous « verrez » un monde sombre et trouble que peu de gens ne verront jamais.

Q : À votre avis, que devrait-il se passer pour que disparaisse la corruption que nous voyons au sein de notre gouvernement ?

Et les grandes banques indestructibles et les organismes de réglementation ? Y a-t-il moyen d'y mettre un terme ?

Simon J. - Thaïlande

R : Mon père riche disait souvent : « Grandis un peu. Le monde sera toujours rempli de cupidité, de corruption et d'incompétence. C'est pour cette raison qu'une véritable éducation financière et une équipe avisée sont la meilleure protection que tu puisses avoir pour te protéger du monde réel. »

Il disait également : « Les gens cupides sont plus intelligents et plus habiles que les bureaucrates qui forment le gouvernement. C'est pour cette raison que tu dois te protéger des escrocs et de l'incompétence des bureaucrates. Ton éducation financière est essentielle à ta survie financière. »

Q : Croyez-vous que notre génération verra le jour où le sujet de l'argent sera enseigné à l'école ?

Rafael R. - Pérou

R : J'en doute. Malheureusement, les matières qui sont enseignées à l'école entrent dans la catégorie de la bureaucratie gouvernementale. Avant que les écoles offrent une éducation financière, l'élite cupide aura eu le temps de créer de nouveaux produits financiers, comme elle a créé des instruments dérivés pendant les années 1980.

Nous savons tous que les universitaires sont déconnectés du vrai monde de l'argent. Cela ne changera jamais.

Heureusement, cela facilite la vie à des gens comme vous, des gens qui cherchent, lisent et apprennent auprès de vrais professeurs qui viennent du vrai monde de l'argent.

Bryan Caplan a récemment publié un livre intitulé *The Case Against Education : Why the Education System Is a Waste of Time and Money* (Un plaidoyer contre l'éducation : pourquoi le système d'éducation est-il une perte de temps et d'argent).

Bryan Caplan expose le point de vue d'un professeur d'université. Il soutient que la principale fonction de l'éducation n'est pas d'accroître les habiletés des étudiants, mais de certifier leur intelligence, leur éthique du travail et leur conduite conformiste – autrement dit, de développer les qualités d'un bon employé.

C'est un très bon livre, surtout pour les parents qui vénèrent l'éducation supérieure.

Il semble, du moins pour l'instant, que les étudiants continueront de sortir des écoles financièrement aveugles à cause d'un manque de transparence, lourdement endettés et en quête d'un emploi en eau trouble.

Chapitre 10

POURQUOI LES ERREURS SONT VOS MEILLEURS PROFESSEURS

SE SERVIR DE SES ERREURS POUR DEVENIR PLUS AVISÉ

J'aimerais pouvoir dire qu'il est facile de devenir riche. J'aimerais pouvoir dire que j'étais un «jeune prodige», un entrepreneur naturel. J'aimerais pouvoir dire que j'étais toujours gai et heureux, que je m'entendais bien avec tout le monde.

J'aimerais pouvoir dire que tous les gens que j'ai rencontrés et avec qui j'ai brassé des affaires étaient des citoyens intelligents, généreux, honnêtes et respectueux des lois, des gens de grande intégrité, éthique et morale. Mais je ne le peux pas.

Mon parcours de la pauvreté à la richesse et du statut d'employé à celui d'entrepreneur a été marqué de hauts et de bas. J'ai croisé la route d'individus extraordinaires et d'individus odieux. Et souvent, ils étaient les deux à la fois: merveilleux un jour, ils pouvaient être crapuleux le lendemain. Une personne qui jouait l'honnêteté devant moi pouvait se retourner et me faire un coup bas, me volant, mentant, trichant dès qu'une entente avait été conclue.

Et j'ai rencontré les meilleures personnes du monde – toujours fantastiques peu importe la situation, peu importe l'argent perdu ou gagné.

J'aimerais pouvoir dire la même chose à propos de moi-même.

Les êtres humains ne sont que des humains

Je ne dis pas que je suis parfait et extraordinaire. Je ne suis pas un saint. En fait, aucun d'entre nous n'est un dieu. Nous sommes tous des êtres humains, ce qui veut dire que nous sommes *humains*. Nous avons tous des points forts et des points faibles, un bon côté et un côté sombre. Nous ne sommes pas Dieu. Nous ne sommes pas parfaits. Nous ne connaissons pas toutes les « bonnes » réponses, ce qui veut dire que nous n'avons pas toujours « raison ».

Et plus important encore, être humain signifie que nous faisons tous des erreurs.

Un bébé apprend à marcher en tombant. Ensuite, il apprend à rouler à bicyclette en tombant.

Et puis, il va à l'école et on lui enseigne que « faire des erreurs est un signe de stupidité ». C'est absurde.

Les problèmes du monde

Lorsqu'on se penche sur l'histoire de l'humanité et notre propre histoire, on peut aisément voir qu'à l'origine des problèmes du monde et de nos problèmes personnels se trouve notre besoin d'avoir « raison ». Les guerres, la violence, les querelles, le meurtre et la haine sont profondément enracinés dans ce besoin qu'ont les êtres humains d'avoir « raison ».

Ce besoin d'avoir raison est absurde

Derrière ce besoin d'avoir « raison » se trouve la crainte d'avoir « tort ». Dans notre société, admettre que nous avons fait une erreur est un signe de faiblesse. Dans notre société, faire une erreur est un signe de stupidité. Dans notre société, le besoin d'avoir raison nous tue. La crainte d'avoir tort, de paraître stupide, amplifie l'absurdité de notre attitude.

Pour que la paix règne sur terre, les êtres humains devront d'abord prendre du recul, respirer profondément et réfléchir sérieusement à la *psychose*, à la *dualité* du « bien » et du « mal ». J'emploie le mot « dualité » parce que le « bien » ne peut exister sans le « mal ». Ils sont intimement liés. Lorsque quelqu'un dit que quelque chose est « bien », il dit en même temps qu'autre chose est « mal ».

« Toutes les médailles ont trois côtés. » – Père riche

« La marque d'une intelligence de premier ordre, c'est la capacité

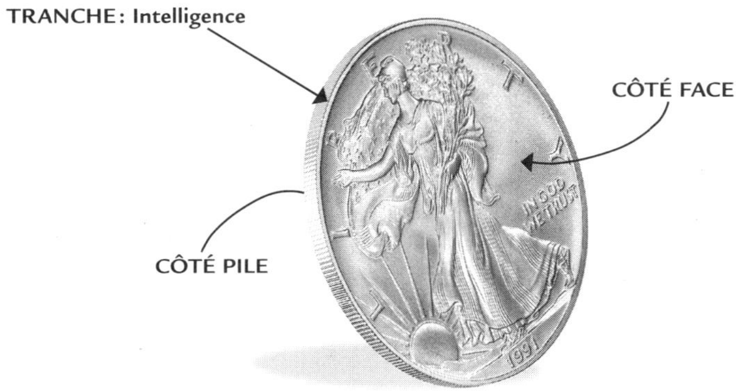

d'avoir deux idées opposées présentes à l'esprit, en même temps, et de ne pas cesser de fonctionner pour autant. »

— F. Scott Fitzgerald, 1936

J'utilise l'exemple des trois côtés d'une médaille comme une métaphore pour décrire la véritable intelligence. Je dis « véritable intelligence » parce que chaque fois que nous regardons la vie à travers le prisme du « bien » et du « mal », nous devenons moins intelligents.

L'un des principes généraux de Bucky Fuller – des principes qui sont vrais dans tous les cas, sans exception, est : « L'unité est plurielle et composée, au minimum, de deux éléments ».

Autrement dit, le concept du « un » n'existe pas. Dans le vrai monde de la planète Terre, « deux » est le minimum. Par exemple, le concept de *haut* ne peut exister sans le concept de *bas*. L'*intérieur* ne peut exister sans l'*extérieur*. L'*intelligence* ne peut exister sans la *stupidité*. La *gauche* ne peut exister sans la *droite*. La *richesse* ne peut exister sans la *pauvreté*. Et l'*homme* ne peut exister sans la *femme*.

Je fais souvent référence à cette importante citation de F. Scott Fitzgerald (1896-1940) :

> « La marque d'une intelligence de premier ordre, c'est la capacité d'avoir deux idées opposées présentes à l'esprit, en même temps, et de ne pas cesser de fonctionner pour autant. »

Traduction : Dès que nous fondons nos actes sur le concept du « bien » et du « mal », notre intelligence est réduite de moitié. C'est pour cette raison qu'en prenant position sur la tranche de la médaille – voyant ainsi à la fois le côté pile et le côté face –, nous augmentons notre intelligence.

Apprendre de nos erreurs

Dans son livre intitulé *Mistake Mystique* (La mystique de l'erreur), Buckminster Fuller, l'un des plus grands génies de notre temps, décrit comment les pratiques éducationnelles et religieuses actuelles, de concert avec les parents, nuisent à l'apprentissage des enfants.

> Fuller : Les êtres humains n'ont appris qu'en tirant un enseignement de leurs erreurs.

Traduction : Si vous ne faites pas d'erreurs, vous cessez d'apprendre.

> Fuller : Les erreurs sont des péchés seulement lorsque l'on ne s'en confesse pas.

Traduction : Dieu a créé l'être humain pour qu'il apprenne de ses erreurs. Vous devenez un « pécheur » lorsque vous ignorez la leçon que Dieu veut que vous appreniez à la suite des erreurs que vous faites.

> Fuller : En étant témoins d'une erreur commise par autrui, les êtres humains disent d'instinct : « Pourquoi cet individu a-t-il fait cette erreur stupide ? »

Traduction : De nos jours, la société croit que les gens qui font des erreurs sont stupides.

> Fuller : Le manque de réflexion de l'humanité a donné lieu à un tel leurre que la société dit maintenant : « Pendant tout ce temps, nous connaissions la réponse. »

Traduction : Nous sommes intelligents. Nous connaissons les bonnes réponses. Ne faites pas d'erreurs. Il suffit de mémoriser les bonnes réponses que nous vous donnons, et vous serez aussi intelligent que nous.

> Fuller : C'est ne pas plier sans réfléchir sous des modes ou la psychologie des masses.

Traduction : Prenez le temps de réfléchir.

> Fuller : Dans une hantise générée par l'amour quant à l'avenir de leurs enfants – en songeant à leur vie après leur propre mort –, les parents leur enseignent à éviter de faire des erreurs de crainte qu'ils soient socialement désavantagés.

Traduction : Les parents, poussés par l'amour et un désir de préparer leurs enfants à une vie sans eux, leur enseignent à ne pas faire d'erreurs de manière à ce qu'ils soient acceptés par la société.

> Fuller : Ce n'est que lorsque l'être humain admet avoir fait une erreur qu'il se rapproche de cette mystérieuse intégrité qui gouverne l'univers.

Traduction : Lorsqu'un être humain admet avoir fait une erreur, il est en harmonie avec Dieu. Dieu devient alors un vrai professeur.

> Fuller : Dieu parle directement à chacun de nous. Dieu ne nous rejoint que par le biais d'une conscience individuelle de la vérité et d'émotions spontanées d'amour et de compassion.

Traduction : Dieu ne punit pas les gens qui font des erreurs. Seuls les êtres humains le font.

Lorsque nous faisons des erreurs, Dieu nous parle individuellement par le biais de l'amour et de la compassion. Lorsque vous faites une erreur, cherchez la vérité et soyez indulgent avec vous-même. Lorsqu'une autre personne fait une erreur, traitez-la comme Dieu la traiterait – c'est ainsi qu'elle en tirera un enseignement.

Lorsque Fuller parlait de Dieu, il ne faisait pas référence à une religion ou à une divinité humaine. Il faisait référence à une « mystérieuse intégrité qui gouverne l'univers ».

Vous échouerez

Je garde le souvenir, comme si c'était hier, du jour où j'ai renoncé au statut d'employé pour devenir entrepreneur. À partir de ce jour-là, je n'ai plus touché de chèque de paie et je me suis trouvé livré à moi-même. Plus de sécurité d'emploi, plus d'avantages sociaux, plus de vacances payées, plus d'assurance maladie, et plus de régime de retraite.

À partir de ce jour-là, j'ai eu trois employés qui avaient besoin d'une sécurité d'emploi, d'un chèque de paie courant, d'avantages sociaux, d'une assurance maladie, de vacances payées et d'un régime de retraite. Ils gagnaient davantage d'argent que moi.

Lorsque j'ai décidé de devenir entrepreneur, je travaillais chez Xerox, au centre-ville d'Honolulu. Au moment où je quittais les locaux de Xerox pour me rendre à mon nouveau bureau, plus haut sur la rue Bishop, la réceptionniste de Xerox, Elaine, a souri et a dit : « Vous échouerez et vous reviendrez ».

Elaine avait déjà vu des as de la vente tels que moi partir de cette manière et faire exactement ceci : échouer et revenir chez Xerox.

Je lui ai retourné son sourire en disant : « J'échouerai peut-être, mais je ne reviendrai jamais. »

Ma première grosse erreur

L'un des meilleurs conseils que m'a donnés mon père riche est : « Ne sois jamais tout à fait certain de ce que tu connais ». En d'autres termes, sois très conscient des erreurs que tu fais.

Il disait également : « Les échecs sont le premier signe qui t'indiquera que tu ne sais pas ce qu'il te faut savoir ».

Tout allait bien au sein de ma première entreprise de porte-monnaie en nylon et velcro pour surfeurs. Le problème, c'est que comme dans la majorité des entreprises en démarrage, mes dépenses étaient supérieures à mes revenus. Les problèmes liés à la production se succédaient. Tout comme les problèmes d'ordre juridique. Et les problèmes avec le personnel, le cashflow. Des problèmes dont mes employés n'avaient pas conscience.

La mobilisation de capitaux

J'ai demandé à mon père riche de me prêter 100 000 $. Il m'a mis à la porte de son bureau en traitant mes associés de « clowns ».

Après avoir convaincu mon père pauvre que mon entreprise était sur le point de prendre son envol, il a contracté une seconde hypothèque sur sa maison et m'a prêté 100 000 $. Il m'a dit qu'il préférait me confier cet argent de son vivant. C'était tout ce qu'il avait. C'était après sa défaite électorale, et il n'avait toujours pas d'emploi.

Heureux d'avoir ainsi gagné du temps, j'ai apporté ce chèque à Stanley, notre directeur financier. Je me rappelle lui avoir demandé : « Est-ce que ces 100 000 $ résoudront le problème ? »

Stanley a souri en hochant la tête. Trois jours plus tard, il a disparu avec les 100 000 $.

Oui, cette somme de 100 000 $ avait résolu un problème… le sien. Il avait récupéré l'argent qu'il avait injecté dans l'entreprise.

Même après avoir lancé quelques nouveaux produits qui ont connu beaucoup de succès, dont un qui a fait fureur dans l'industrie des équipements sportifs en 1978, mon entreprise a dû fermer ses portes, me laissant une dette de 100 000 $ – le prêt qu'il me fallait rembourser à mon père.

Comme l'avait dit Elaine, la réceptionniste : « Vous échouerez et vous reviendrez. »

J'ai échoué. Mais je ne suis jamais retourné chez Xerox. Une perte de 100 000 $ était à cette époque la plus importante que j'aie jamais connue. J'aimerais pouvoir dire que cela a été ma plus grosse erreur, mais d'autres allaient suivre, bien pires.

Comme le disait Fuller: « Les erreurs sont une bonne chose – plus j'en commets, plus je sais ce que je fais ».

Il s'est avéré que Stanley était un escroc. Toutefois, il m'a aidé à devenir un homme riche.

Les trois côtés de la médaille

Positionné sur la tranche de la médaille, je pouvais voir d'un côté Stanley et une perte de 100 000 $. Cela a été une douloureuse et affreuse leçon. Il m'a fallu près de 10 ans pour rembourser l'argent qu'il m'avait volé.

Sur l'autre côté de la médaille se trouvaient les leçons de Dieu. Les bénédictions de Dieu. La maison de mon père étant en jeu, je ne pouvais pas baisser les bras. Je ne pouvais pas déclarer faillite. Je ne voulais pas que mon père perde tout, et cela a été ma motivation, mon inspiration. Je savais que je devais aller de l'avant.

Heureusement, mon frère cadet, Jon, qui avait compris à quel point j'avais f****, s'est joint à moi avec un camarade et nous avons redressé l'entreprise. C'est ce redressement qui a fait de nous des entrepreneurs plus avisés et plus sages. Par le biais de l'amour et de la compassion de mon jeune frère, Dieu m'a enseigné ce qu'il me fallait apprendre.

Mon erreur a été une vraie professeure.

Comme je l'ai déjà dit, j'aimerais pouvoir dire qu'il est facile de devenir riche. J'aimerais pouvoir dire que j'étais un jeune prodige, un entrepreneur naturel. Mais je ne le peux pas.

Des erreurs sur mesure

Je pense souvent qu'un livre traitant de toutes mes erreurs serait excellent et le plus utile des ouvrages que je pourrais écrire. Cette œuvre comprendrait de multiples tomes. Mais mes erreurs sont mes erreurs. Vos erreurs sont vos erreurs. Autrement dit, mes erreurs me servent, et vos erreurs vous servent.

La chose la plus importante que je puisse faire est de vous encourager à faire vos propres erreurs et à en tirer un enseignement.

Malheureusement, faire des erreurs dans notre société est mal vu. Notre société veut que nous suivions les conseils de « gens intelligents », que nous mémorisions les « bonnes réponses » et que nous ne fassions pas d'erreurs. Si vous faites des erreurs, vous serez puni.

Mais en lieu et place de punition, j'ai découvert que la façon dont Fuller préconise d'apprendre de nos erreurs commence par le fait d'admettre que nous nous sommes trompés et de faire ensuite preuve d'amour et de compassion pour apprendre à assimiler les leçons que Dieu a spécialement conçues pour nous, uniquement pour nous. C'est ainsi que l'on devient plus avisé.

Une leçon importante

À l'école du dimanche, j'ai appris à « ne pas succomber à la tentation ».

Dans notre société dysfonctionnelle, la tentation est de :

1. **Prétendre** ne jamais faire d'erreurs. Les gens aiment bien prétendre qu'ils sont parfaits. Ils camouflent leurs erreurs comme les chats couvrent leurs excréments dans la litière, laissant croire qu'elle est propre.

2. **Mentir.** Je me rappelle que le président Clinton a dit : « Je n'ai pas eu de relations sexuelles avec cette femme. » Avoir des relations sexuelles n'est pas un crime. Le 19 décembre 1998, il a été accusé d'avoir menti sous serment.

3. **Se trouver des excuses.** Les excuses sont comme des assainisseurs d'air : bien que la salle de bain sente bon, on peut toujours flairer le mensonge.

4. **Blâmer les autres.** Celui qui jette le blâme sur autrui est une personne lâche qui refuse de prendre ses responsabilités et d'apprendre.
5. **Aller devant les tribunaux.** Poursuivre la personne qui vous a surpris à mentir. Continuer à mentir pendant des années. Cela m'est arrivé deux fois. J'ai été poursuivi en justice après avoir découvert que des gens en qui j'avais confiance m'avaient volé et menti.
6. **Voir grand ou rester chez soi.** Plutôt que de réduire leurs pertes, les gens doubleront la mise ou joueront « le tout pour le tout », espérant récupérer l'argent qu'ils ont perdu. Ils voient grand et, souvent, rentrent à la maison sans un sou en poche.

J'ai le sentiment qu'un grand nombre des combines à la Ponzi ont lieu lorsqu'un promoteur ment sans arrêt et continue à recueillir des fonds, volant Pierre pour payer Paul, pour camoufler ses erreurs et ses pertes. J'ai le sentiment que c'est ce qu'a fait Bernie Madoff, l'auteur de la plus grande combine à la Ponzi de l'histoire américaine – une combine de l'ordre de 65 milliards de dollars. Incapable d'admettre avoir essuyé des pertes, il a continué à mobiliser des capitaux auprès de plus en plus d'investisseurs… et à continuer à perdre cet argent.

Bernie Madoff devrait être à la tête du gouvernement américain, qui est la plus grande combine à la Ponzi de l'histoire du monde.

LEÇON : NE PAS SUCCOMBER À LA TENTATION

Il vaut mieux faire preuve d'amour et de compassion envers vous-même et admettre vos erreurs que de vous punir, et de punir les autres pour les leurs. Ainsi, vous assimilerez la leçon que Dieu veut que vous appreniez, même si elle ne vous plaît pas.

Dans la vraie vie, les simples excuses sont préférables aux poursuites en justice et elles sont moins onéreuses.

Si nous étions plus nombreux à faire preuve d'amour et de compassion devant les erreurs, je crois que notre monde serait plus paisible, prospère et intelligent.

Les erreurs sont la clé du succès

Thomas Edison a transformé le monde en faisant des erreurs. Il a dit avoir essuyé 10 000 échecs avant d'inventer l'ampoule électrique.

Henry Ford a fait faillite avant que la Ford Motor Company connaisse du succès.

Jeff Bezos a échoué en créant zShops, une filiale d'Amazon.

Larry Ellison a éprouvé des difficultés financières pendant des années et il était au bord de la faillite et sur le point de tout hypothéquer lorsqu'Oracle a pris son envol.

Fred Smith n'a pas obtenu la note de passage à l'école de commerce lorsqu'il a présenté le plan d'affaires de ce qui allait devenir FedEx.

Le colonel Sanders a dû se réinventer à de nombreuses reprises et s'est retrouvé complètement fauché à l'âge de 65 ans avant que PFK ne connaisse le succès.

Les compétences du professeur

Jetez un autre coup d'œil au diagramme qui illustre les compétences du professeur. Vous remarquerez ce qui distingue les vrais professeurs des faux professeurs.

Les méthodes d'enseignement des faux professeurs se trouvent à la base du diagramme. Celles des vrais professeurs, au sommet. Ce qui les distingue avant tout apparaît à la deuxième ligne – la simulation d'une véritable expérience. Dans la vraie vie, on appelle cela l'*entraînement*.

À cette étape, l'élève fait des erreurs avant de se lancer dans le monde réel.

Pour le fils de mon père riche et moi, cet « entraînement » s'est fait en jouant au *Monopoly*. Ensuite, mon père riche nous a emmenés voir ses maisons vertes, qui deviendraient un jour un immense hôtel rouge.

Kim et moi avons créé le jeu *CASHFLOW* afin que les gens apprennent de leurs erreurs en utilisant de l'argent factice.

Lorsque vous faites cet apprentissage dans la vraie vie auprès d'un courtier en valeurs mobilières, d'un planificateur financier ou d'un courtier immobilier, ce n'est pas une simulation: vous utilisez votre propre argent.

Le pouvoir de l'entraînement

Tiger Woods n'est pas devenu le plus grand golfeur du monde sans s'entraîner, sans faire des millions d'erreurs et sans frapper des millions de balles.

George Clooney, l'acteur, n'est pas devenu une célèbre vedette sans s'entraîner, sans commencer par auditionner pour de petits rôles.

Dans son livre intitulé *Tous winners: comprendre les logiques du succès*, Malcolm Gladwell déclare qu'aucun groupe de musiciens ne s'est entraîné autant que les Beatles. Il écrit que le talent à lui seul ne suffit pas à garantir le succès. Ce qui fait la différence, ce sont les heures d'entraînement. Il cite une étude réalisée auprès de violonistes berlinois. Elle révèle que les musiciens qui se destinaient à l'enseignement de la musique s'étaient entraînés 4000 heures depuis le début de leur apprentissage. Les grands interprètes, toutefois, s'étaient entraînés pendant 8000 heures. Et les musiciens qui s'illustrent sur la scène mondiale, l'élite, s'étaient entraînés jusqu'à 10000 heures depuis qu'ils avaient appris à jouer de leur instrument.

Si un individu s'entraîne quatre heures par jour, il lui faudra près de sept ans pour avoir le calibre d'une étoile mondiale.

Les Beatles ont joué jusqu'à huit heures chaque soir avant de connaître le succès.

Les médecins, les avocats et les dentistes ne parlent pas de leur métier comme d'une entreprise. Les professionnels parlent de pratique. Ils s'exercent sur vous.

Traduction: Les vrais professeurs mettent en pratique ce qu'ils enseignent. Les faux professeurs ne le font pas.

C'est pour cette raison que mon premier professeur d'immobilier nous avait demandé de chercher et d'évaluer 100 immeubles de placement en 90 jours avant d'acheter quoi que ce soit. Il était un vrai professeur.

Mon professeur de comptabilité n'était pas un vrai comptable. Il n'avait aucune expérience dans la vraie vie. Il exigeait que nous l'écoutions parler, mémorisions les réponses, passions ses examens et ne fassions pas d'erreurs. Il était un faux professeur.

« Vous êtes viré ! »

Dans le monde d'aujourd'hui, les individus qui font des erreurs sont congédiés.

À la Rich Dad Company, tous les employés travaillent en équipe et sont encouragés à posséder leur propre entreprise et à faire des erreurs.

À la Rich Dad Company, le seul motif de licenciement est une erreur non avouée.

Comme le disait Fuller : « Les erreurs sont des péchés seulement lorsque l'on ne s'en confesse pas. »

Apprendre les uns des autres

Encore une fois, Kim et moi avons créé le jeu *CASHFLOW* afin que les gens puissent apprendre les uns des autres. Un grand nombre des transactions qui sont effectuées pendant le jeu sont inspirées de la vraie vie, des transactions que Kim et moi avons examinées. Et nous avons souvent fait des erreurs.

Cela me frustre lorsque quelqu'un me dit : « J'ai joué à *CASHFLOW* une fois. C'était amusant. »

Les individus qui gagnent le plus en jouant à ce jeu sont ceux qui répètent l'expérience au moins une centaine de fois, et puis l'enseignent à 10 personnes. Comme le dit l'adage : « Donnez et vous recevrez. »

Et encore mieux : « Enseignez et vous apprendrez. »

Les membres d'un grand nombre de clubs CASHFLOW se réunissent régulièrement, jouent, donnent des ateliers, comparent de véritables transactions et de véritables investissements, coopèrent, enseignent et apprennent les uns des autres.

Il y a des règles. Des règles comme l'interdiction de « faire affaire » avec des membres de leur famille ou leur partenaire. Comme vous le savez, l'argent et le sexe ne font pas bon ménage et interfèrent avec l'apprentissage.

Cet apprentissage peut être amusant et fructueux si l'on respecte les règles, la morale, l'éthique et les lois.

La beauté du jeu *CASHFLOW* ne réside pas dans l'argent que vous gagnez. Comme le dit Gladwell, c'est le nombre d'heures d'entraînement qui compte. Si vous vous joignez à un club CASHFLOW, votre tâche la plus importante sera de vous entraîner, d'apprendre, d'enseigner et de soutenir les autres tout au long de leur apprentissage. Il n'y a aucune garantie, mais je crois que si vous vous engagez à apprendre et à enseigner, vous verrez vos efforts se solder par un imposant RCI.

De vrais actifs

Les gens sont l'un de vos plus importants actifs. Je parle de gens honnêtes, respectueux des lois, d'une grande moralité et éthique, et généreux lorsqu'il s'agit de partager leurs connaissances, leur expérience et leur sagesse. Ce sont des gens qui adorent apprendre, mettre leur savoir en pratique et apprendre de leurs erreurs.

Comme l'a constaté Gladwell, le véritable apprentissage exige des milliers d'heures d'entraînement. La bonne nouvelle, c'est que plutôt que d'essayer de s'enrichir rapidement, les gens qui apprennent constamment, s'entraînent beaucoup et tirent un enseignement de leurs erreurs, ces gens connaîtront un véritable succès financier dans leur véritable avenir.

LEÇON : Les erreurs sont la clé du véritable succès.

Pourquoi les perdants ne cessent de perdre

Mon père riche disait souvent : « La peur de perdre crée davantage de perdants. »

Si l'étude de l'économie ne se solde pas par des résultats probants, c'est entre autres parce que les économistes et l'élite croient que lorsqu'il s'agit d'argent, les gens prennent des décisions rationnelles. Nous savons tous que ce n'est pas le cas. Les gens n'ont *pas* une attitude rationnelle devant l'argent. Toutefois, les économistes qui font partie de l'élite, comme l'ancien président de la Réserve fédérale Ben Bernanke, ne le savent pas. Ils croient en fait que les gens travailleront dur, paieront des impôts, vivront sous leurs moyens, paieront leurs factures, épargneront et éviteront l'endettement.

C'est peut-être pour cette raison que Ben Bernanke, le plus puissant banquier du monde, n'a gagné que 199 700 $ en 2013. Il croit que tout le monde pense comme lui. La plupart des entrepreneurs ne travaillent pas pour toucher un tel revenu, et c'est ce qui explique pourquoi ils sont si différents des employés.

L'argent est un sujet délirant. Les gens font des choses délirantes pour de l'argent, même tuer un être cher, vendre de la drogue, vendre leur corps, se marier ou occuper un emploi qu'ils détestent.

Au sujet du risque

Des lauréats du prix Nobel ont découvert des choses intéressantes à propos des gens et de l'argent. Ce que je trouve particulièrement fascinant a trait au risque. Voici ce qu'ils en disent :

Plus les gens évitent les risques financiers, plus ils en prennent.

Les gens qui répugnent à prendre des risques sont :

Le travailleur : Souvent, un individu qui évite les risques occupera trois emplois peu rémunérés.

C'est pour cette raison que tant d'individus ont un emploi à temps plein, sont chauffeurs chez Uber le soir et travaillent le week-end. Gagner de l'argent dans les quadrants E et T, c'est se situer dans une fourchette d'imposition qui fait en sorte qu'ils paient davantage d'impôts et sacrifient du temps qu'ils pourraient passer avec les membres de leur famille, les gens qu'ils aiment le plus.

Le joueur : Un individu qui évite le risque jouera à la loterie, misera sur des chevaux ou des événements sportifs, ou ira à Las Vegas et prétendra être un flambeur.

Bien que tout le monde sache que ces « paris » comptent sur les perdants, un grand nombre de gens qui répugnent à prendre des risques deviennent fous à l'idée d'« avoir de la chance ».

L'étudiant : Si la dette étudiante constitue le principal actif du gouvernement américain, c'est parce que les gens ont une croyance quasi religieuse en l'éducation. Ils croient que l'éducation peut représenter le salut dans un monde dur et cruel.

Lorsque je demande aux gens : « Qu'est-ce que l'école vous a enseigné à propos de l'argent ? », j'obtiens pour toute réponse un regard vide. Ou ils disent : « J'ai acquis des notions d'économie ».

Malheureusement, l'économie et l'argent ne font pas qu'un. L'économie est basée sur la croyance selon laquelle les gens prennent des décisions rationnelles lorsqu'il s'agit d'argent. De plus, l'économie entre dans la catégorie des sciences humaines. Elle n'est pas sujette aux rigueurs des sciences pures, à la manipulation politique, à la cupidité ou à la peur.

Le criminel : De nombreux individus honnêtes qui évitent le risque deviennent de petits criminels. Ils travaillent pour l'argent et s'organisent pour ne pas payer d'impôts.

Ils peuvent vendre des drogues récréatives par la bande, s'introduire dans des bases de données et voler des identités, ou gagner quelques dollars dans le commerce du sexe en ligne.

Les cours d'investissement

Lorsque je conseille à ces gens qui répugnent à prendre des risques de suivre des cours d'investissement, ils me disent souvent : « Investir est risqué. »

Voici un exemple qui décrit les trouvailles des économistes Daniel Kahneman et Amos Tversky:

> *Un individu doit nourrir sa famille. On lui propose deux territoires pour chasser du gibier. Il y a abondance de gibier dans l'un d'eux, mais aussi des lions qui s'en nourrissent. L'autre territoire est dépourvu de gibier. Les bêtes l'ont quitté. Et il n'y a donc pas de lions. L'individu qui évite le risque choisira le second territoire.*

Aller à l'école

La plupart des élèves ont des professeurs qui ont choisi le second territoire.

Pour reprendre les mots de Richard Buckminster Fuller, dans son ouvrage intitulé *Intuition*:

> *Dans une hantise générée par l'amour quant à l'avenir de leurs enfants – en songeant à leur vie après leur propre mort –, les parents leur enseignent à éviter de faire des erreurs de crainte qu'ils soient socialement désavantagés.*
>
> *Les erreurs sont des péchés seulement lorsque l'on ne s'en confesse pas.*
>
> *Dieu parle directement à chacun de nous. Dieu ne nous rejoint que par le biais d'une conscience individuelle de la vérité et d'émotions spontanées d'amour et de compassion.*

La prochaine fois que vous ou quelqu'un d'autre ferez une erreur, n'imposez pas de punition. Traitez-vous et traitez les autres comme Dieu vous traiterait. Faites preuve d'amour et de compassion envers les autres et envers vous-même.

Les bébés n'apprendraient jamais à marcher s'ils ne tombaient pas. Les êtres humains ne se rendraient pas sur des planètes lointaines si des centaines d'inventeurs, comme les frères Wright, n'avaient pas pris le risque de s'écraser.

Et je ne serais pas un homme riche aujourd'hui si j'avais écouté Elaine, la réceptionniste chez Xerox, qui m'a dit que j'échouerais et reviendrais. Après avoir effectivement échoué, j'ai fait une chose stupide. J'ai emprunté 100 000 $ à mon père pauvre et j'ai confié l'argent à Stanley, qui s'est enfui.

Si je n'avais pas fait d'erreurs stupides – des erreurs se chiffrant à beaucoup plus de 100 000 $ – et si je n'en avais pas tiré un enseignement, je ne serais pas un homme riche aujourd'hui.

Pour apprendre, il faut faire preuve d'humilité, être prêt à dire : « J'ai raté mon coup ». Il faut ensuite se mettre à la recherche d'hommes et de femmes sages et apprendre auprès de ces vrais professeurs. C'est cela, le véritable apprentissage.

Les origines de l'éducation

Le mot « éducation » vient du mot latin *educere*, qui signifie « accompagner ».

Malheureusement, notre système scolaire n'accompagne personne. Il muselle. Dans bien des cas, de faux professeurs donnent de fausses réponses, punissent les élèves qui ne répètent pas ces fausses réponses dans de faux tests d'intelligence, et puis implantent dans leur esprit (par la force et la menace) l'idée que « les erreurs sont un signe de stupidité ».

De nos jours, des millions d'étudiants sont lourdement endettés lorsqu'ils terminent leurs études. Ils se lancent à la recherche d'emplois hautement rémunérés, qui sont de plus en plus rares. Ils ont appris peu de choses à propos de l'argent, ils sont terrifiés à l'idée de faire des erreurs, et ils sont en colère et vivent dans la crainte d'échouer.

Un grand nombre de leurs parents et grands-parents sont dans le même bateau.

La peur de l'échec

La peur de l'échec est une émotion très puissante La peur de l'échec est une médaille à trois côtés – côté face, côté pile et tranche.

La fausse éducation ne tient compte que d'un côté de la médaille. La véritable éducation nécessite que chacun d'entre nous soit positionné sur la tranche de manière à voir les deux côtés.

Sur un côté de la médaille…

La peur de l'échec financier paralyse la plupart des gens, les garde dans la médiocrité, la pauvreté et l'asservissement. Ils occupent souvent un emploi qui tue leur esprit – un peu plus chaque jour. Certains se tournent vers le crime et la violence pour survivre.

La fausse éducation rend les gens craintifs devant l'échec. La peur d'échouer fait également en sorte que de nombreux individus deviennent effrontés, arrogants et cupides. Un grand nombre de ces individus croient qu'ils sont meilleurs, plus intelligents et plus riches que les autres. Ils regardent souvent de haut les gens qu'ils estiment moins intelligents, moins séduisants et moins riches qu'eux.

L'autre côté de la médaille

La peur de l'échec financier pousse certains individus à apprendre, à devenir de véritables étudiants et à chercher de vrais professeurs. Les erreurs ne sont pas synonymes d'échec. Pour eux, les erreurs sont de véritables expériences d'apprentissage. Chaque échec – quoique douloureux – est une leçon d'humilité, car ce n'est qu'en faisant preuve d'une authentique humilité que l'on peut apprendre.

La fausse éducation fait en sorte que les gens deviennent effrontés et arrogants. Ils pensent: *J'ai raison. Je ne fais jamais d'erreurs.*

La véritable éducation, de l'autre côté de la médaille, encourage les gens à faire des erreurs, à faire preuve d'humilité et à tirer un enseignement de ces erreurs. Ils estiment que leurs erreurs les rendent plus intelligents, plus riches, plus généreux et des êtres humains plus *humains.*

La véritable éducation inspire le partage, la générosité, l'amour et la compassion pour autrui, notre planète et pour nous-même. La véritable éducation défend l'amour et la compassion parce que la véritable éducation livre un enseignement. Nous sommes tous des êtres humains, et les êtres humains font des erreurs.

Les vrais professeurs ont fait des erreurs. Mais pas les faux professeurs.

LEÇON : Les erreurs sont de vrais enseignants qui nous sont donnés par Dieu.

VOS QUESTIONS… LES RÉPONSES DE ROBERT

Q : Comment savoir à qui faire confiance si l'on souhaite acheter de l'or et de l'argent ?

Cameron R. – États-Unis

R : « L'acheteur doit être sur ses gardes », même lorsqu'il achète de l'or.

Dernièrement, de nombreux cas de vente de faux or, ou « or impur », ont été rapportés. Cet or contient des métaux de base tels que le nickel et le tain qui ont été ajoutés aux lingots.

L'or impur relève du même stratagème que les Romains ont utilisé lorsque leur empire s'est effondré.

Récemment, la Chine a rejeté une grosse cargaison d'or en provenance des États-Unis parce qu'il était impur. Malheureusement, de tels lingots circulent encore en Amérique.

Je trouve des marchands « de bonne réputation » en posant des questions apparemment anodines sur le ton de la conversation.

1. « Depuis combien de temps vendez-vous de l'or et de l'argent ? »
2. « Pourquoi faites-vous le commerce de l'or et de l'argent ? »
3. « Puis-je parler à un ou deux de vos clients ? »
4. « Recommandez-vous des pièces rares à des débutants ? »
5. « Où devrais-je conserver mes pièces d'or ? »
6. « Quelle est la différence entre l'or 999 et l'or 9 999 ? »

Les réponses du marchand à ces questions d'ordre général devraient vous donner une bonne idée de sa sagesse, de son expérience et de son âme.

« L'acheteur doit être sur ses gardes. »

Q : Quel est le meilleur conseil que vous puissiez donner pour trouver et choisir des associés compétents et dignes de confiance ? Que cherchez-vous chez vos employés, vos conseillers et vos associés ?

Marshall B. - Argentine

R : C'est une question à plusieurs millions de dollars. Un partenariat commercial est comme un mariage. Si vous trouvez le bon partenaire, la vie est merveilleuse. Sinon, cela peut être l'enfer.

Heureusement, tous mes mauvais associés sont devenus d'excellents associés. Par exemple, j'ai fait la connaissance de tous mes bons conseillers après en avoir rencontré de mauvais.

Les deux questions les plus importantes à se poser lorsqu'on cherche un excellent associé sont :

1. *Suis-je moi-même un bon associé ?*
2. *Que dois-je faire pour devenir un meilleur associé ?*

Q : Pourquoi n'est-il pas avisé d'acquérir des biens immobiliers en utilisant des capitaux propres sans avoir recours à l'endettement ? Je sais que les banques nous offrent l'endettement et non des capitaux propres. Vous avez parlé des avantages et des désavantages de l'endettement, mais je veux comprendre quels sont ceux des capitaux propres.

Stanley P. - Pologne

R : C'est une question importante à laquelle j'offrirai cinq réponses :

1. Je le fais pour relever le défi.

   Acheter une propriété avec 100 % de liquidités est facile.

   Acheter 100 propriétés avec un endettement de 100 % est difficile.

2. L'endettement est dangereux.

   Les capitaux propres présentent moins de risque. Il est très risqué de recourir à l'endettement. Si vous voulez l'utiliser pour investir, je vous conseille de vous inscrire à un séminaire sur l'immobilier.

3. Après 1971, le dollar américain est devenu une dette.

   La plupart des gens se sont appauvris en travaillant pour des dollars (capitaux propres/argent). L'enjeu était de s'enrichir en acquérant des actifs, en augmentant leurs revenus et en payant moins d'impôts – en utilisant l'endettement.

4. Je voulais vivre la vie que permettent les quadrants P et I – propriétaire d'entreprise et investisseur – du Quadrant du CASHFLOW.

Les gens qui évoluent dans les quadrants E et T – employé et travailleur autonome – utilisent l'endettement pour s'appauvrir.

Les gens qui évoluent dans les quadrants P et I – propriétaire d'entreprise et investisseur – utilisent l'endettement pour s'enrichir.

En 1972, j'ai suivi mon premier séminaire sur l'investissement. En 1972, j'ai appris à transformer une dette en capitaux propres. Sans éducation financière, la plupart des gens transforment des capitaux propres en dette.

5. Le rendement infini.

   Dans les quadrants P et I, le but est de réaliser un *rendement infini* avec chaque investissement.

   Toucher un *rendement infini*, c'est gagner de l'argent sans sortir un sou de sa poche.

   Le *rendement infini* est le signe d'une très grande intelligence financière.

   L'intelligence financière permet d'évaluer l'ampleur du problème financier qu'il faut résoudre.

   L'intelligence financière se mesure en dollars. Par exemple, une étude a révélé que l'Américain moyen est incapable de résoudre un problème financier de l'ordre de 400 $. Cela signifie que son intelligence financière vaut moins de 400 $.

   Un individu qui sait comment transformer une *dette* en *capitaux propres* pourra résoudre de très gros problèmes financiers. En revanche, un individu qui transforme des *capitaux propres* en *dette* pourra avoir d'énormes problèmes financiers.

Chapitre 11

COMMENT LE SYSTÈME D'ÉDUCATION ENTRETIENT LA PAUVRETÉ

ÉCHAPPER À UN SYSTÈME DÉSUET

« Vous ne pouvez pas faire ça ici. »

J'ai entendu cette phrase un millier de fois.

Peu importe où je me trouve dans le monde, chaque fois que j'explique les leçons de mon père riche à propos de l'argent, de l'endettement et des impôts – et ce que je fais dans la vraie vie –, les gens disent toujours : « Vous ne pouvez pas faire ça ici ».

Et ils ont raison. *Ils* ne peuvent pas faire ce que je fais. Moi oui. Et je le fais. Et je le fais virtuellement partout dans le monde. Là est le pouvoir d'une véritable éducation.

En d'autres termes, la véritable éducation autonomise les gens. Elle leur permet de faire des choses que d'autres sont incapables de faire. Et, dans de nombreux cas, de faire des choses qu'ils n'auraient jamais cru pouvoir faire.

La fausse éducation maintient les gens dans la pauvreté et la médiocrité. Ils sont cernés, reliés à la vie par de minuscules filaments, limités par des pensées restrictives.

« Je ne peux pas »

Les mots les plus destructeurs qu'une personne puisse prononcer sont : « Je ne peux pas ».

Plus particulièrement lorsque ces mots ont trait à l'argent : « Je ne peux pas me permettre d'acheter cela. »

Qu'est-ce qui cause la pauvreté ?

Ce sont ces quelques mots – « Je ne peux pas me permettre d'acheter cela » – qui maintiennent les gens dans la pauvreté… et font en sorte qu'ils restent petits.

Si un individu n'arrive pas à reformuler ces mots et à les transformer en cette question – « Comment puis-je me permettre d'acheter cela ? » –, il vivra toujours dans la pauvreté, peu importe ses revenus.

J'aimerais…

Récemment, l'épouse d'un ami m'a demandé : « Où iras-tu cette année ? »

J'ai répondu : « Cette année, j'irai en Australie, au Japon, en Afrique et en Europe ».

Elle a dit : « J'aimerais bien moi aussi… mais je ne peux pas me le permettre ».

Ce qui me ramène à l'entrée en matière de ce chapitre : où que je me trouve dans le monde, lorsque j'explique que j'utilise l'endettement et la fiscalité pour m'enrichir, il y a toujours quelqu'un qui dit : « Vous ne pouvez pas faire ça ici ».

Comme vous le savez, lorsqu'un doigt est orienté vers l'avant, trois autres tendent vers l'arrière. Cette déclaration est révélatrice.

D'où le problème de l'éducation. Sans véritable éducation financière, la plupart des gens passent leur vie à dire :

« Je ne peux pas me permettre d'acheter cela. »

« Vous ne pouvez pas faire ça. »

« J'aimerais pouvoir faire ça. »

L'éducation crée des pères pauvres

Père riche, Père pauvre est l'histoire de mon père pauvre. Mon père pauvre est une métaphore pour décrire l'insuffisance, la désuétude et le côté illusoire du système d'éducation moderne qui est incapable de préparer les étudiants à entrer dans le vrai monde.

J'ai demandé à des millions de gens, à d'innombrables reprises: « Qu'est-ce que l'école vous a enseigné à propos de l'argent ? »

J'obtiens généralement pour toute réponse un regard vide, ou des réponses telles que: « J'ai acquis des notions d'économie » ou « J'ai appris à établir le solde de mon compte bancaire ».

Désolé, mais l'économie et l'établissement du solde d'un compte bancaire ne sont pas la même chose que l'apprentissage du fonctionnement de l'argent.

Chaque fois que je demande à quelqu'un ce que l'école lui a enseigné à propos de l'argent, je décoche une flèche directement au cœur et à l'âme de l'éducation moderne.

Comme je l'ai appris à l'école du dimanche en lisant Osée (4:6): « Mon peuple périt, faute de connaissance. Puisque toi, tu as rejeté la connaissance, je te rejetterai de mon sacerdoce; puisque tu as oublié l'enseignement de ton Dieu, à mon tour, j'oublierai tes fils. »

Je ne fais pas l'apologie de la religion. Je cite une sagesse ancienne.

Les dirigeants de notre système d'éducation moderne doivent se regarder dans le miroir et se demander:

Quelles connaissances rejetons-nous?

Quelles matières n'enseignons-nous pas?

Pourquoi tant de gens détestent-ils l'école?

Pourquoi tant de gens disent-ils qu'aller à l'école est une perte de temps?

Pourquoi le sujet de l'argent n'est-il pas abordé à l'école?

Pourquoi les prêtres de l'éducation – les professeurs – sont-ils si chichement rémunérés ?

Pourquoi tant de jeunes gens sont-ils si lourdement endettés lorsqu'ils terminent leurs études ?

Des réponses à ces questions auraient fait en sorte que mon père pauvre, un grand homme qui a consacré sa vie à l'éducation publique et, malheureusement, à un système d'éducation qui ne lui a pas rendu justice, aurait connu une tout autre existence.

« Vous ne pouvez pas faire ça ici. »

Il y a quelques mois, j'ai été invité à prononcer une allocution dans une église locale où j'ai livré mon discours habituel sur l'endettement, les impôts et les raisons pour lesquelles les riches s'enrichissent. À la fin, lorsque j'ai demandé à l'auditoire s'il avait des questions à me poser, un paroissien courroucé a levé la main et a dit : « Vous ne pouvez pas faire ça ici ».

Je lui ai fait remarquer que l'église ne se trouvait qu'à huit kilomètres de chez moi et je lui ai assuré que je faisais bien ce que je disais faire. Ici. Et puis, j'ai répété que ce que je faisais – ici – était également fait par les riches partout dans le monde. C'est ainsi que les riches s'enrichissent.

La personne qui m'avait interrogé s'est levée et a dit : « Je suis médecin. J'ai les meilleurs conseillers financiers, et je sais que vous ne pouvez pas faire ce que vous dites faire ».

M'étant retrouvé dans cette situation partout dans le monde, je lui ai demandé : « Dans quoi investissez-vous ? »

« Je suis médecin et j'ai une pratique privée. C'est pour cette raison que j'ai un régime de retraite individuel. Mes économies s'élèvent à plusieurs millions de dollars, et je suis propriétaire de ma maison et d'un condo de vacances, des biens qui sont francs et quittes.

— C'est tout ? », ai-je demandé.

Il a hoché la tête, attendant que je poursuive.

« Vous avez raison, ai-je dit. Vous ne pouvez pas faire ce que je fais… mais moi, oui ».

Le Quadrant du CASHLOW de Père riche

Ce médecin était de toute évidence un homme très instruit. En tant que praticien privé, il évoluait dans le quadrant T, le quadrant des petites entreprises et des travailleurs autonomes. Il investissait également à partir du quadrant T, et il payait des impôts dans le quadrant T, le quadrant où le taux d'imposition est le plus élevé.

Et il avait raison. Il ne pouvait pas faire ce que je faisais.

Un changement de quadrant

En 1973, l'année où je me suis inscrit à un programme de MBA, je me préparais à trouver un emploi dans le quadrant E, en tant qu'employé.

La même année, je me suis inscrit à un véritable cours d'immobilier, un séminaire qui m'apprendrait à devenir un vrai entrepreneur, dans le quadrant I.

Si la plupart des gens sont incapables de faire ce que je fais, c'est parce qu'ils sont allés à l'école dans le but d'évoluer dans les quadrants E et T et qu'ils sont des investisseurs passifs, non professionnels.

Un médecin qui me dit que je ne peux pas faire ce que je fais formule une déclaration aussi ridicule que: « Vous ne pouvez pas voler parce que je ne peux pas voler ».

Si je suis capable de voler, c'est parce que j'ai étudié pendant cinq ans dans une école de pilotage, et que j'ai volé en tant que professionnel, au Vietnam.

Je fais ce que je fais sur le plan financier parce que je suis allé à l'école des quadrants P et I. L'éducation est différente dans chaque quadrant.

Le pouvoir de l'éducation

La véritable éducation devrait vous autonomiser à faire tout ce que vous voulez.

Si vous voulez devenir médecin, allez à l'école de médecine. Si vous voulez devenir pilote, allez à l'école de pilotage.

Si vous voulez apprendre à devenir riche, où irez-vous? C'est cela, le pouvoir de la véritable éducation.

Le problème, c'est que la plupart des gens terminent leurs études en étant désavantagés. Nombreux sont ceux qui sortent du système d'éducation en détestant l'école. Lorsqu'ils se butent à quelque chose qu'ils sont incapables de faire, ils disent: « Je ne peux pas faire ça. » Ils ont des pensées restrictives qui donnent lieu à des énoncés tels que: « Je ne peux pas me permettre d'acheter cela » ou « vous ne pouvez pas faire ça ». Plutôt que de chercher une véritable éducation et de vrais professeurs, ils ont fermé leur esprit – et leurs options.

L'éducation est-elle désuète?

La deuxième partie de ce livre, Faux professeurs, est la plus importante de toutes… parce qu'il n'y a rien de plus important que l'éducation.

La première partie, Fausse monnaie, aurait été inutile si notre système d'éducation était fonctionnel.

Tout comme le serait la troisième partie, Faux actifs, si l'on nous offrait une véritable éducation.

Si notre système d'éducation proposait une véritable éducation financière et une véritable éducation spirituelle, nos dirigeants n'imprimeraient pas de fausse monnaie ni ne vendraient de faux actifs en toute impunité.

C'est pour cette raison que la deuxième partie est la plus importante section de cet ouvrage.

Il n'y a rien de plus important qu'une véritable éducation – scolaire, professionnelle, spirituelle et financière. De nos jours, tous ces types d'éducation sont importants.

Une éducation qui paralyse

Si les gens me défient en disant : « Vous ne pouvez pas faire ça », c'est parce que notre système d'éducation est conçu pour maintenir le peuple dans l'impuissance.

Comme je l'ai dit plus tôt, la plupart de nos plus grandes universités ont été fondées et financées par des barons voleurs, des hommes tels que John D. Rockefeller, Cornelius Vanderbilt, Leland Stanford et Cecil Rhodes.

L'intérêt qu'ils portaient à l'éducation était nourri par leur besoin de trouver les étudiants les plus brillants, de les instruire et de les former afin qu'ils travaillent pour *eux* – qu'ils deviennent des employés qui exécuteraient les tâches demandées, et non pas des entrepreneurs ou des innovateurs qui leur feraient concurrence.

Comme l'a dit Bucky Fuller, les barons voleurs ont fondé les plus grandes universités du pays afin de dénicher les plus grands esprits et de leur enseigner à être des E (des cadres) ou des T (des spécialistes tels que des avocats et des comptables) qui travailleraient pour les riches, mais qui ne seraient *pas* riches dans les quadrants P et I.

Cela explique peut-être pourquoi nos plus grands entrepreneurs – Bill Gates, Steve Jobs, Michael Dell et Mark Zuckerberg – ont abandonné leurs études dans ces prestigieux établissements d'enseignement. Apparemment, ils n'y recevaient pas l'éducation dont ils avaient besoin : une éducation qui leur permettrait d'évoluer dans les quadrants P et I.

Un changement de quadrants

Aujourd'hui, des millions d'individus occupent un emploi qu'ils détestent ou un emploi qui n'est pas suffisamment rémunéré – ou les deux. Ils savent qu'ils doivent changer. Le problème, c'est qu'ils ont peur de changer. Et ils ne savent pas comment changer. Leur éducation – ou une absence d'éducation – les paralyse... ils ont peur d'échouer, ils ont peur de changer.

Lorsque j'explique les différences qui existent entre les quatre quadrants, je constate que beaucoup de gens souhaitent changer. Le problème, c'est que pour être en mesure de changer de quadrant, de passer du côté E/T au côté P/I, ils doivent avoir une véritable éducation financière et une véritable éducation spirituelle.

C'est pour cette raison que la plupart des gens restent paralysés, comme mon père pauvre très instruit. Après que mon père pauvre a affronté le gouverneur d'Hawaï et essuyé une défaite, il n'a pas pu se relever. C'était le premier échec qu'il connaissait dans la vie. Son éducation l'avait maintenu dans le quadrant E. Il était incapable de changer de quadrant, même s'il se retrouvait sans emploi. Il a acheté une franchise de crème glacée afin de pénétrer dans le quadrant P, et il a fait faillite. Il n'était pas un entrepreneur. Il était incapable de sortir du quadrant E et de se débarrasser de sa mentalité d'employé. Il était incapable de changer.

La pauvreté invisible

Les écoles enseignent aux gens à être pauvres en utilisant une notion connue sous le nom de *pauvreté invisible*.

Les écoles ancrent la *pauvreté invisible* dans les esprits en :

1. Punissant les élèves qui font des erreurs.
2. Enseignant que les erreurs sont un signe de stupidité.

3. Exigeant que les élèves mémorisent les réponses plutôt que d'apprendre de leurs erreurs.
4. Décrétant que seul le professeur a la bonne réponse.
5. Présentant la dualité entre le bien et le mal plutôt que le concept des trois côtés de la médaille.
6. N'offrant pas de véritable éducation financière.
7. Considérant la coopération comme de la tricherie.
8. Exigeant que les élèves passent leurs examens seuls.
9. Rendant inacceptable toute demande d'aide.
10. Ne disant jamais : « Je ne sais pas ».
11. N'aidant pas les autres.
12. Utilisant la courbe de Gauss pour présenter la notation des élèves, mettant en évidence les élèves brillants et les élèves stupides.

La crise

Bucky Fuller était un futuriste. Au début de *Critical Path* (Un chemin critique), un ouvrage paru en 1982, il écrit :

> ***Le crépuscule des structures du pouvoir à l'échelle mondiale***
> *L'humanité s'enfonce encore plus dans la crise – une crise sans précédent.*

Étant futuriste, il ne parlait pas d'une crise qui aurait eu lieu en 1981. Il nous lançait un avertissement, car il avait prévu la crise que nous traversons aujourd'hui, la crise que les baby-boomers connaîtraient au 21e siècle.

Un développement exponentiel

Fuller nous avertissait de l'avènement d'un phénomène qu'il appelait le *développement exponentiel*. Il surviendrait lorsque l'humanité ferait la transition entre l'ère industrielle et l'ère de l'information.

Avant sa mort en 1983, le futuriste avait prédit qu'une nouvelle invention changerait le monde de façon radicale avant la fin de la décennie.

En 1969, plus d'une décennie plus tôt, il y avait eu l'invention du réseau Internet, alors connu sous le nom d'ARPANET.

L'Advanced Research Projects Agency Network a été créé par le département de la Défense des États-Unis. Son but initial était de relier des ordinateurs aux instituts de recherche financés par le Pentagone par le biais de lignes téléphoniques.

En 1989, avec l'invention du World Wide Web par Sir Tim Berners-Lee, le monde est passé de l'ère industrielle à l'ère de l'information, et un *développement exponentiel* a été amorcé.

L'éducation, toutefois, n'a pas changé. L'éducation reste figée dans le temps.

Je répète ce que j'ai appris à l'école du dimanche en lisant Osée (4:6) : « Mon peuple périt, faute de connaissance. Puisque toi, tu as rejeté la connaissance, je te rejetterai de mon sacerdoce ; puisque tu as oublié l'enseignement de ton Dieu, à mon tour, j'oublierai tes fils. »

Au 21e siècle, des milliards de gens périssent, faute de connaissance.

Fuller nous a donné cet avertissement dans *Critical Path* :

> *L'humanité s'enfonce encore plus dans la crise – une crise sans précédent.*

S'adressant à notre classe en 1981, il a expliqué la raison pour laquelle des milliards d'individus éprouvent des difficultés. « À l'ère de l'information, le changement est invisible, a-t-il dit. Les gens ne peuvent échapper à ce qu'ils ne peuvent voir venir. »

Mon père riche a fait une déclaration très similaire lorsqu'il a dit que « l'argent était devenu invisible » en 1971, lorsque Nixon avait mis un terme à la convertibilité du dollar américain en or.

Dans *Critical Path*, Fuller écrit :

> *Parce que j'ai la conviction que l'humanité est en danger d'extinction si l'un d'entre nous ne s'engage pas, dès maintenant, à toujours dire la vérité, uniquement la vérité, et ne commence pas à le faire promptement – maintenant.*

Un message destiné aux parents

Après la mort de Fuller, j'ai avisé les parents de l'incapacité du système d'éducation à préparer leurs enfants pour le monde réel. Je les ai avisés que ce système renforçait la « pauvreté invisible ».

Je dis que les écoles :

1. Punissent les élèves qui font des erreurs.
2. Considèrent la coopération comme de la tricherie.
3. Veillent à ce que les élèves fassent leurs examens seuls.
4. Désapprouvent les demandes d'aide.
5. Ne tolèrent pas que les élèves s'entraident.
6. Utilisent la courbe de Gauss pour présenter la notation des élèves.

Les parents disent presque toujours : « Je sais que l'éducation est en difficulté. Mais pas dans l'école que fréquentent mes enfants. L'école de mes enfants fait un excellent travail. Mes enfants sont heureux, ils s'amusent, ils coopèrent et ils adorent leur professeur ».

Ou ils disent : « Mes enfants sont très brillants. L'un étudie dans une grande école de droit et l'autre prépare sa thèse de doctorat. Tous deux auront un excellent emploi, sûr et hautement rémunéré ».

Comme l'a dit Fuller : « Les gens ne peuvent échapper à ce qu'ils ne peuvent voir venir. »

Extrait de la *New York Times Book Review* du dimanche 15 juillet 2018

Voici un extrait d'un article titré « Barely Afloat in America » (La précarité de l'emploi en Amérique), écrit par Robert Reich, secrétaire au Travail des États-Unis de 1993 à 1997. Préoccupé par les changements dans l'emploi qui s'annoncent, il écrit :

> *Je ne fais pas uniquement référence aux robots intelligents qui deviendraient les maîtres de notre civilisation composée d'êtres humains au cerveau beaucoup plus petit, mais à la possibilité imminente qu'ils s'emparent de nos emplois.*
>
> *Cela se produit déjà. Les robots et autres formes d'intelligence artificielle supplantent rapidement ce qui reste des travailleurs d'usine, des opérateurs de centres d'appels et du personnel de bureau. Amazon et d'autres plates-formes en ligne entraînent le licenciement des employés de commerces de détail. Nous dirons bientôt adieu aux chauffeurs de camion, au personnel des entrepôts et aux professionnels dont les tâches peuvent être reproduites – ce qui inclut les pharmaciens, les comptables, les avocats, les diagnostiqueurs, les traducteurs et les conseillers financiers. Les machines pourraient bientôt faire un meilleur travail que les médecins dans le dépistage du cancer.*
>
> *Cela ne signifie pas un avenir sans emplois, comme certains prophètes de malheur le prédisent. Mais les robots feront certainement baisser les salaires dans tous les emplois qu'occuperont les êtres humains (puériculture, soins aux personnes âgées, soins de santé à domicile, mentorat, ventes, etc.) et que les robots ne pourront pas occuper parce que, eh bien, ils ne sont pas humains. Même aujourd'hui, alors que la technologie a déjà délogé de nombreux travailleurs, il n'y a pas de crise de l'emploi. [...] Nous traversons plutôt une bonne crise de l'emploi. ... Aujourd'hui, le travailleur américain typique gagne environ 44 500 $ par année, pas beaucoup plus que ce même travailleur en 1979, en dollars constants. Près de 80 % des adultes américains disent vivre de chèque de paie en chèque de paie, et un grand nombre d'entre eux ignorent de quel montant sera leur prochain chèque.*

J'offre cette mise en garde aux parents : À l'ère de l'information, parce que le changement et l'argent sont invisibles, sans véritable éducation financière, comment des parents peuvent-ils savoir ce que les écoles ont (ou n'ont pas) enseigné à leurs enfants ?

Tout ce que la plupart des parents savent, c'est ce qu'ils ont eux-mêmes appris à l'école. Ils ne savent pas ce qui a manqué à leur éducation.

C'est pourquoi la plupart des parents à qui je parle me disent : « Mon enfant fréquente une bonne école. »

Sans véritable éducation, l'écart entre les riches et le reste de la population grandira, même si les enfants réussissent bien à l'école.

Si l'écart entre les riches et les pauvres continue à grandir, la probabilité d'une agitation civile et d'une révolution s'intensifiera.

Actifs et éléments de passif humains

Lorsque nous avons été un peu plus âgés, mon père riche nous a fait prendre conscience, à son fils et à moi, de l'existence des actifs et des éléments de passif *humains* – qui s'ajoutent aux actifs et aux éléments de passif financiers.

Mon père riche a tracé le diagramme à la page 278 pour nous aider à comprendre :

Mon père riche a ensuite dit : « Vos plus grands actifs sont les gens. Mais ils sont aussi vos plus grands éléments de passif. »

Pendant un séminaire auquel des parents participent, si quelqu'un me dit : « Je sais que l'éducation est en difficulté, mais mon enfant fréquente une excellente école », je trace le même diagramme illustrant les actifs et les éléments de passif humains.

Une fois que les parents ont une idée du fonctionnement de leurs états financiers – qu'ils comprennent surtout que les actifs mettent de l'argent dans leur poche et que les éléments de passif en retirent –, je leur montre le diagramme illustrant l'état des résultats figurant dans les états financiers des pauvres et de la classe moyenne.

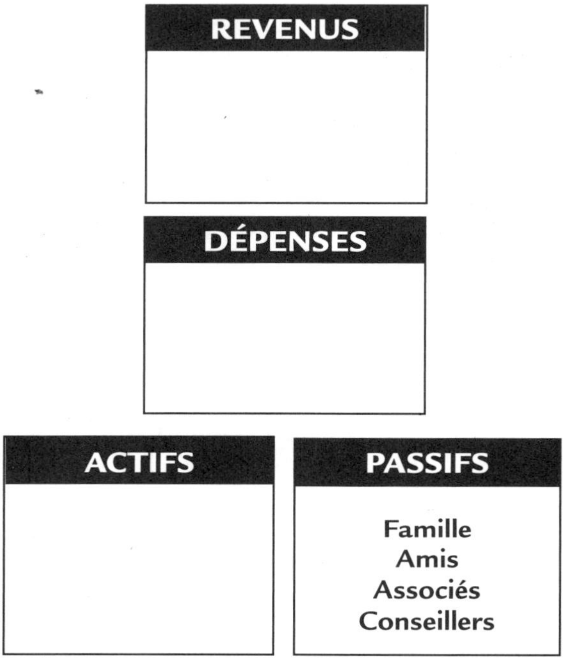

Je demande ensuite aux participants de les examiner et de déterminer qui sont les actifs et qui sont les éléments de passif dans leur vie actuelle et future.

Les discussions sont ardues au début. Personne ne veut qualifier quelqu'un d'élément de passif.

Toutefois, au fil de la conversation, quelques vérités commencent à remonter à la surface.

Alors que ces vérités sont énoncées, j'entends des phrases telles que :

- « Mon fils a abandonné ses études et je dois maintenant rembourser sa dette étudiante. Il n'arrive pas à décrocher un emploi. »
- « Le mari de ma fille est toxicomane. Elle l'a quitté et elle vit maintenant à la maison avec ses 5 enfants. Elle a un

diplôme universitaire, mais elle ne peut pas travailler parce que 3 de ses enfants ont moins de 12 ans.»

- «Mon père a perdu son poste de cadre lorsque le magasin où il travaillait a fermé ses portes. Il a épuisé les économies qu'il avait placées dans son plan 401(k). Il vit maintenant avec nous. Il veut travailler, mais il n'arrive pas à trouver un emploi bien rémunéré.»
- «Les conseils donnés par mon conseiller financier ne m'ont pas fait gagner un sou. Je suis à six ans de la retraite. Je me demande comment j'arriverai à survivre.»
- «Mon associé est malade. Je dois maintenant le soutenir financièrement.»
- «Je dois de l'argent au fisc. Le gouvernement menace de saisir mon salaire. Si je n'ai pas payé ces impôts, c'est que je ne gagne pas suffisamment d'argent pour subvenir à mes besoins. Je n'arrive même pas à vivre de chèque de paie en chèque de paie. Je prends du retard mois après mois. Et pour couronner le tout, je ne peux pas payer les médicaments de ma famille.»

À la fin de la discussion, je demande: «Croyez-vous toujours que notre système d'éducation prépare les gens pour le monde réel?»

Voici un avertissement qu'il vaut la peine de répéter: À l'ère de l'information, parce que le changement et l'argent sont invisibles, sans véritable éducation financière, comment des parents peuvent-ils savoir ce que les écoles ont (ou n'ont pas) enseigné à leurs enfants?

Si Fuller a écrit *Critical Path*, c'est entre autres:

Parce que j'ai la conviction que l'humanité est en danger d'extinction si l'un d'entre nous ne s'engage pas, dès maintenant, à toujours dire la vérité, uniquement la vérité, et ne commence pas à le faire promptement – maintenant.

Traduction: Pour que l'humanité survive, chacun d'entre nous doit commencer à dire la vérité. Lorsque les gens parlent des éléments de passif humains qui existent dans leur vie, ils commencent à dire la vérité à propos de l'insuffisance de l'éducation de leurs enfants et de la leur.

En termes simples, notre système d'éducation ne réussit pas à préparer les gens pour le développement exponentiel qui transforme le monde, un monde de changements invisibles et d'argent invisible.

Sans véritable éducation spirituelle, les gens sont paralysés parce que de faux professeurs leur enseignent qu'ils ne doivent pas faire d'erreurs et ne pas demander d'aide, parce que demander de l'aide est synonyme de tricherie.

Sans véritable éducation financière, les gens sont aveugles parce qu'il est alors plus facile pour l'élite de les détrousser de leurs richesses par le biais de l'argent pour lequel ils travaillent.

Si vous n'avez pas de véritable éducation spirituelle, pas de véritable éducation financière, vous avez raison. *Vous ne pouvez pas faire ce que je fais.*

Ce n'est pas nouveau. Cela a résisté à l'épreuve du temps : « Mon peuple périt, faute de connaissance. »

Mais voici les bonnes nouvelles. Dans le prochain chapitre, vous apprendrez ce que font des entrepreneurs en éducation. Vous découvrirez des gens qui font ce qui doit être fait… à l'extérieur de notre système d'éducation désuet.

VOS QUESTIONS… LES RÉPONSES DE ROBERT

Q: L'éducation universitaire a-t-elle des valeurs autres que l'acquisition de connaissances ?

Gary B. – Singapour

R: Bien sûr. Pour de nombreux individus, l'université peut être le théâtre d'une première exposition à une grande variété de points de vue. Elle leur permet de tester leurs ailes et leurs limites… de faire de nouvelles expériences et de rencontrer de nouvelles personnes qui, dans de nombreux cas, auront des origines, des idées et des opinions différentes. L'éducation revêt diverses facettes, et l'expérience universitaire est l'une d'elles. Ce qu'un individu doit calculer, c'est le RCI, le rendement du capital investi dans une éducation universitaire traditionnelle et le fardeau de la dette étudiante. Il n'y a pas de formule unique et chacun doit évaluer les avantages et les inconvénients, et mesurer cette dépense à ses buts et à sa vision pour l'avenir.

Q: Qu'est-ce qui vous agace le plus dans l'éducation traditionnelle ?

Adam C. – République tchèque

R: Plusieurs choses, en fait, et elles sont toutes liées. Ce qu'il faut retenir, c'est que l'éducation traditionnelle ne prépare pas les gens, quel que soit leur âge, à évoluer dans le vrai monde. Nous ne vivons et ne travaillons pas en vase clos… nous devons coopérer et collaborer. L'école appelle cela « tricher ». Et, à mon avis, la véritable mesure de l'intelligence se trouve dans notre habileté à garder l'esprit suffisamment ouvert pour être en mesure d'évaluer et d'apprécier d'autres points de vue, d'autres façons de voir les choses. À l'école, il n'y a généralement qu'une « bonne réponse ». Dans le monde réel, la « bonne réponse » dépend souvent des circonstances ou de la situation d'un individu.

Q: Lorsque vous affirmez que des déclarations telles que « je ne peux pas » ou « je ne peux pas me permettre d'acheter cela » ferment l'esprit, que voulez-vous dire ?

Cecilia J. - Royaume-Uni

R: Je veux dire que de telles déclarations vous ferment l'esprit et vous cachent les occasions. C'est avoir des pensées étriquées – alors que vous devriez viser haut... ou du moins *un peu plus haut.* Si vous vous demandez plutôt : *Comment puis-je me permettre d'acheter cela ?* vous poussez votre cerveau à chercher des idées, des solutions et des occasions.

Q: Ne serait-il pas préférable de commencer des études dans un établissement peu dispendieux et de tenter ensuite d'entrer dans une université plus prestigieuse ?

Agim B. - Estonie

R: Chacun de nous doit décider de ce qui est bon pour nous. La valeur d'une « école » en particulier – université ou autre – est souvent le produit de l'étudiant.

Q: Donc, en quoi CONSISTE la véritable éducation ?

Billy K. - Afrique du Sud

R: La véritable éducation doit vous aider à devenir autonome pour faire tout ce que vous voulez. Vous trouverez cette éducation auprès de vrais professeurs – des individus qui ont déjà fait ce que vous souhaitez faire – et vous devrez jouer un rôle actif dans le processus.

Q: À cette époque de « développement exponentiel » où les informations pullulent et les changements se font si rapidement... comment savoir à qui faire confiance ?

Alexi C. - Turquie

R: C'est une question à un million de dollars. Avec tout ce qui se passe dans la vie, la réponse commence par l'éducation. Elle commence par *vous* qui devez devenir plus avisé afin d'être capable de mieux évaluer ce qui est une vérité et un mensonge, de distinguer ce qui est vrai de ce qui est faux.

Q: Comment puis-je apprendre la langue de l'argent ?

Angela S. – Nouvelle-Zélande

R: Commencez par enrichir votre vocabulaire dans les domaines de l'argent, de la finance et de l'économie. Les mots ont un pouvoir. Apprenez un nouveau mot chaque jour... et vous constaterez bientôt que vous entendez ces mots à la télévision et à la radio... et vous les verrez dans des articles de presse ou sur Internet. Prenez le temps de comprendre ce que vous entendez et lisez – et si quelque chose vous échappe, trouvez quelqu'un qui saura vous donner des explications et en discuter avec vous.

Q: J'ai toujours eu le sentiment que les parents sont responsables d'une grande partie de l'éducation de leurs enfants. Qu'en pensez-vous ?

Justin J. – États-Unis

R: Eh bien... étant donné que mon plus grand mentor est quelqu'un que j'appelle « père riche », je suppose que la réponse à cette question est plutôt évidente. Nos parents sont nos premiers et, souvent, nos meilleurs professeurs. C'est particulièrement vrai si les parents élèvent des enfants qui sont naturellement curieux, impatients d'explorer le monde et de faire des expériences, prêts à poser des questions et ouverts à accepter plus qu'une unique « bonne réponse ». Plus important encore, peut-être, c'est que les parents peuvent avoir un énorme impact sur la façon dont un enfant observe les erreurs. Les erreurs sont des occasions d'apprendre... ce sont des expériences positives dans la courbe d'apprentissage de la vie.

Chapitre 12

DES ENTREPRENEURS EN ÉDUCATION

POUVEZ-VOUS VOIR L'AVENIR ?

En juillet 2018, le président Donald Trump a promulgué un décret-loi visant la remise à niveau de l'éducation et la formation de reclassement des travailleurs américains. Un grand nombre de grandes sociétés sont derrière cette initiative du président.

Ceci est un exemple de fausse nouvelle. Le décret-loi du président Trump semble être une bonne idée, et il tombe à point pour attirer davantage de votes chez ce groupe de citoyens.

LA VRAIE NOUVELLE: Les États-Unis dépensent déjà un milliard de dollars par année pour la remise à niveau de l'éducation et la formation de reclassement de la main-d'œuvre.

LA VRAIE NOUVELLE: Ces programmes de remise à niveau de l'éducation et de reclassement ne donnent pas les résultats escomptés.

Pourquoi la remise à niveau de l'éducation ne donne-t-elle pas de résultats probants ?

L'idée est noble. Le problème, c'est que les programmes de remise à niveau de l'éducation, tels qu'ils existent, ne fonctionnent pas. Et c'est parce que nos méthodes pédagogiques sont inefficaces.

Il suffit d'examiner le diagramme des compétences d'un professeur. Il est clair que la façon dont nous enseignons est désuète, infructueuse et ennuyeuse.

Comme je l'ai indiqué plus tôt, de nombreux étudiants terminent leurs études en ayant détesté aller à l'école, et c'est l'un des plus grands crimes de l'éducation. Combien de gens éprouvent des difficultés financières parce qu'ils ont détesté aller à l'école ? Combien de gens sont en prison parce qu'ils ont détesté aller à l'école ? Combien de gens occupent un emploi qu'ils détestent... parce qu'ils ont détesté aller à l'école ?

Il faut cependant reconnaître que l'éducation traditionnelle donne d'excellents résultats pour environ 25 % de la population. Le problème, c'est le chaos dans lequel se trouvent plongés les autres 75 %. J'étais médiocre à l'école, et j'ai souvent failli abandonner mes études parce que je détestais l'école. Je savais que je n'étais pas stupide. J'avais obtenu une bonne note au test d'aptitude. Mais je détestais l'école traditionnelle, les professeurs traditionnels, et plus particulièrement le processus ennuyeux de l'éducation traditionnelle.

Huit événements ont fait en sorte que j'ai poursuivi mes études :

1. J'ai été l'apprenti de mon père riche et j'ai travaillé dans une véritable entreprise.
2. Mon père riche a fait mon éducation financière en utilisant le jeu *Monopoly*. Il a rendu l'apprentissage amusant.
3. J'ai eu un excellent professeur en 5e année. Il m'a donné envie d'apprendre au lieu de me demander de mémoriser des réponses.
4. J'ai fréquenté une académie militaire au lieu d'une université traditionnelle.
5. J'ai régulièrement suivi des séminaires au lieu de chercher à obtenir un diplôme d'études supérieures dans une école traditionnelle.
6. J'ai suivi les traces des trois Rois mages, cherchant constamment de bons professeurs, à l'extérieur du système d'éducation.
7. J'ai eu deux pères et j'ai appris qu'une médaille a trois côtés.

8. J'ai compris qu'il n'y a pas qu'une seule bonne réponse dans la vraie vie.

Le président Kennedy et l'éducation

Le président Trump n'est pas le premier président à proposer une remise à niveau de l'éducation des travailleurs.

Comme le raconte Steven Brill dans *Tailspin*, en 1962, le président John F. Kennedy a proposé que les États-Unis accroissent leurs échanges internationaux en réduisant les tarifs douaniers et en levant les restrictions sur les importations. Tant les républicains que les démocrates étaient favorables à une libéralisation du commerce à cette époque de Guerre froide, quoique les républicains se montraient plus protectionnistes.

John F. Kennedy était conscient du fait que cet élargissement du commerce mondial allait faire disparaître des emplois aux États-Unis. C'est pour cette raison que, la même année, il a également proposé la création d'une aide au reclassement professionnel, le TAA, un programme fédéral de remise à niveau des chômeurs.

Le président Kennedy ne voulait pas qu'un petit groupe de travailleurs qui perdraient leur emploi soit le prix à payer pour une mesure dont des millions d'Américains bénéficieraient. M. Kennedy a dit :

> *Lorsque la politique nationale rend favorable une baisse des tarifs douaniers, les citoyens qui sont touchés par la concurrence [étrangère] ne devraient pas avoir à en subir l'impact de plein fouet. Le fardeau de cette rectification économique devrait plutôt être en partie porté par le gouvernement fédéral.*

Traduction : Des tarifs douaniers réduits profiteront à l'Amérique et aux Américains. Quelques travailleurs perdront leur emploi. Le fardeau de la remise à niveau de l'éducation des chômeurs devrait être la responsabilité du gouvernement fédéral.

Le programme d'aide au reclassement professionnel de John F. Kennedy offrait aux travailleurs déplacés un salaire hebdomadaire moyen allant jusqu'à 65 % de leur salaire habituel pendant 52 semaines (65 semaines pour les travailleurs âgés de plus de 60 ans) afin qu'ils s'inscrivent à des programmes de remise à niveau et de formation dans le but de « développer des compétences spécialisées. »

Le TAA allouait également des fonds aux familles qui devaient déménager pour trouver un nouvel emploi.

Une forte opposition

Avec ce programme, M. Kennedy s'est heurté à une forte opposition de la part des républicains. Son plus fervent détracteur était le sénateur Prescott Bush, père et grand-père des futurs présidents George H. W. Bush et George W. Bush. Malgré cette opposition, le président Kennedy a réussi à le faire adopter.

Le programme d'aide au reclassement professionnel a été maintes fois révisé. Il apparaît que durant les six premières années qui ont suivi son adoption – et bien qu'il soit assorti d'une enveloppe budgétaire d'un milliard de dollars –, pas un seul travailleur n'a reçu l'aide du gouvernement. Pour la plupart des travailleurs qui avaient perdu leur emploi, le TAA s'est révélé être une extension de l'assurance emploi, et non un programme de formation et de remise à niveau.

Les travailleurs n'ont pas pu profiter du TAA à cause des qualifications préalables exigées en matière d'études, des qualifications qu'ils n'avaient pas.

Ils devaient obtenir un diplôme d'études secondaires ou l'équivalent et s'inscrire ensuite à temps plein dans un collège communautaire ou une école de métiers avant de pouvoir bénéficier du TAA pour poursuivre leur éducation et leur formation. C'était difficilement faisable, car la majorité d'entre eux avaient besoin de remplacer leur salaire perdu le plus rapidement possible. Ils ne pouvaient pas se permettre de retourner sur les bancs d'école avant de pouvoir toucher l'aide financière gouvernementale.

Le transfert électronique de prestations *vs* l'éducation

Plus tôt dans cet ouvrage, j'ai mentionné qu'en 1994, les plantations de canne à sucre ont quitté Hilo, Hawaï, laissant derrière elles beaucoup de chômeurs qui touchaient auparavant un salaire élevé. Un grand nombre d'entre eux n'avaient pas de diplômes d'études secondaires. Ils n'en avaient pas eu besoin pour trouver ces emplois bien rémunérés. Aujourd'hui, plutôt que de recevoir l'éducation dont ils auraient besoin, beaucoup vivent en utilisant une carte d'EBT.

Au lieu d'offrir une remise à niveau à ces travailleurs, qui réintégreraient ainsi le marché du travail avec le statut de contribuables dans un système capitaliste, ils sont bénéficiaires d'un programme d'aide sociale dans un système socialiste. C'est pour cette raison que le socialisme gagne en popularité en Amérique.

Comme Steven Brill le rapporte dans *Tailspin*, en 2001, le GAO[6] a effectué des études de cas, dont l'un à Martinville et le Henry County, en Virginie. Ces études ont révélé que, pour les 6000 emplois perdus en moins d'une décennie, moins de 20 % des chômeurs admissibles au TAA se sont inscrits à des programmes de remise à niveau. Des 20 % des chômeurs qui se sont inscrits, un grand nombre n'ont pas persévéré parce qu'ils n'ont pas reçu d'aide financière assez longtemps pour terminer ces cours de remise à niveau ou de formation professionnelle. Une autre étude du GAO indique que les trois quarts des chômeurs qui se sont qualifiés pour le TAA n'en ont jamais profité. Une autre étude portant sur le programme d'aide au recyclage professionnel révèle que ceux qui ont suivi le programme jusqu'au bout n'ont jamais trouvé d'emplois « équivalents à ceux qu'ils avaient perdu, loin de là ».

Le problème, c'est notre éducation

Notre éducation est le problème. Les matières enseignées, les méthodes pédagogiques et les professeurs sont le problème.

6. Le « Government Accountability Office » (GAO) est l'organisme d'audit, d'évaluation et d'investigation du Congrès des États-Unis chargé du contrôle des comptes publics du budget fédéral des États-Unis. *(Note de la traductrice)*

Revenons encore une fois au diagramme illustrant les compétences du professeur.

1. Combien de fois vous êtes-vous retrouvé assis dans une salle de classe et avez-vous réalisé que votre corps y était, mais pas votre esprit ?
2. Combien de fois avez-vous regardé l'heure au lieu d'écouter le professeur ?
3. Combien de fois vous êtes-vous bourré le crâne uniquement pour réussir un examen au lieu d'avoir envie d'apprendre ?

L'apprentissage auprès de mon père riche

J'adore le diagramme illustrant les compétences du professeur parce qu'il met en évidence ce qui distinguait mon père riche de mon père pauvre.

J'ai travaillé gratuitement comme apprenti dans l'entreprise de mon père riche, dans le monde réel. En échange, mon père riche jouait au *Monopoly* avec son fils et moi et nous donnait des leçons à mesure que nous avancions nos pions sur le plateau. Nous faisions régulièrement la tournée de ses *vraies* maisons vertes, qu'il a transformées plus tard en un grand hôtel rouge.

Cet apprentissage était amusant et exigeant, mais jamais ennuyeux.

J'ai souvent eu des ennuis à la maison parce que je rentrais tard. Je rentrais tard parce que je ne voulais pas cesser d'apprendre auprès de mon père riche. Je voulais toujours en savoir davantage.

À ces occasions, les seuls mots que j'entendais étaient : « As-tu fait tes devoirs ? Si tu n'obtiens pas de bonnes notes, tu ne pourras pas trouver un bon emploi. »

Je deviens entrepreneur en éducation

En 1983, après la mort de Fuller et la lecture de *Grunch of Giants*, j'ai compris que je ne pouvais plus évoluer comme entrepreneur dans l'industrie du rock-and-roll et y gagner beaucoup d'argent en produisant des produits sous licence pour des groupes tels que Duran, Van Halen, Judas Priest, Boy George, Ted Nugent et The Police.

Une petite voix intérieure me disait que je devais devenir entrepreneur en éducation. J'ignorais comment j'y arriverais ; je savais seulement qu'il fallait que je fasse autre chose.

En 1983, j'ai fait la connaissance de Kim, une femme qui cherchait également quel était son but dans la vie. En 1984, dans un acte de foi, Kim et moi sommes plongés dans l'inconnu, laissant derrière nous la magnifique île d'Hawaï pour aller nous établir en Californie. Nous avons vite épuisé nos économies, mais nous avons persévéré. Nous n'avions plus d'argent. Sans toit pendant une semaine, nous avons dormi dans notre vieille Toyota Celica marron, stationnant dans des parcs longeant la plage de San Diego, en Californie, avant d'emménager chez un ami qui vivait dans un sous-sol.

Cela a été notre épreuve de la foi.

David contre Goliath

En 1983, Kim et moi avons réalisé que nous nous attaquions au système d'éducation des artisans de la grossière escroquerie et de l'élite. David contre Goliath. Mais des amis et des membres de notre famille nous ont encouragés à demeurer dans cette voie, et plusieurs nous ont offert une assistance financière, que nous n'avons pas acceptée. Nous nous étions donné la mission de découvrir si Dieu existait vraiment. Et nous savions que si nous acceptions cet argent, il atténuerait notre foi.

Nous avons plutôt survécu grâce à la sagesse de gens tels que Bucky Fuller, qui avait vécu une épreuve de la foi similaire pendant plusieurs années, ne travaillant jamais pour l'argent, faisant uniquement ce qu'il croyait que Dieu voulait qu'il fasse et se posant constamment cette question : *Que puis-je faire ? Je ne suis qu'un p'tit gars.*

Il nous a fallu 10 ans à Kim et moi pour accéder à la liberté financière. En 1994, nous avons pris notre retraite. Kim avait 37 ans, et moi 47.

En 1996, nous avons créé le jeu de table *CAHFLOW*. En 1997, *Père riche, Père pauvre* a été publié à compte d'auteur puisque tous les éditeurs à qui j'avais soumis le manuscrit m'ont dit que je ne savais pas de quoi je parlais. En 2000, Oprah nous a appelés, et le reste appartient à l'histoire. En 2002, Donald Trump et moi nous sommes rencontrés dans les coulisses d'un événement, et nous avons ensuite prononcé des allocutions devant des auditoires enthousiastes en Amérique et en Australie. Depuis, nous avons écrit deux livres ensemble, devenant ainsi des partenaires en véritable éducation financière.

En 2008, j'ai été interviewé par Wolf Blitzer sur les ondes de CNN et j'ai prédit le krach et la faillite de Lehman Brothers. Six mois plus tard, Lehman Brothers a fermé ses portes et la Grande Récession a commencé. L'écart entre les riches, la classe moyenne et les pauvres s'est agrandi – tout comme Donald Trump et moi l'avions prédit et écrit dans nos livres.

Je répète ce que Richard Buckminster Fuller a écrit dans l'introduction de *Critical Path* :

> ***Le crépuscule des structures du pouvoir à l'échelle mondiale***
> *L'humanité s'enfonce encore plus dans la crise, une crise sans précédent.*

Traduction : En 1982, Fuller nous a annoncé que nous allions bientôt entrer dans l'ère de l'information, que les artisans de la grossière escroquerie allaient perdre leur pouvoir et que la crise s'aggraverait parce que l'élite ferait tout pour le conserver.

Les gens désespérés commettent des gestes désespérés.

Richard Buckminster Fuller a également dit que l'ère de l'information marquerait le début de l'ère de l'intégrité. Les artisans de la grossière escroquerie seront exposés. La crise s'accélérera parce que l'élite fera tout ce qui est en son pouvoir pour s'accrocher au pouvoir.

On peut sentir que l'élite s'accroche comme si sa vie en dépendait, ses banques centrales étant mises en péril par l'argent du peuple, le bitcoin par exemple.

Elle s'accroche également en maintenant un système d'éducation corrompu, un système sans âme et où la véritable éducation financière n'a pas sa place.

C'est pour cette raison que Kim et moi sommes devenus des entrepreneurs en éducation. Notre jeu *CASHFLOW* contourne le système d'éducation traditionnel et donne aux gens une véritable éducation financière, des connaissances qu'ils transmettent ensuite aux autres.

La transmission des connaissances

Kim et moi avons conçu le jeu *CASHFLOW* non pas pour donner aux gens des réponses à mémoriser, mais pour leur donner envie d'apprendre. Nous leur permettons d'entrevoir une réelle possibilité de connaître une vie plus riche. Chaque fois qu'un individu joue à ce jeu, il a un aperçu spirituel d'un avenir meilleur pour sa famille et pour lui-même.

Je crois que les conseils que j'ai donnés plus tôt aux parents valent la peine d'être répétés: dans le monde invisible de l'argent et de la technologie qui est aujourd'hui le nôtre, il est pratiquement impossible pour les professeurs, les parents et les élèves de savoir ce qui manque à leur éducation. À l'ère de l'information, il est impératif que les gens reprennent le contrôle du système d'éducation actuellement détenu par le gouvernement.

Clinton et la Chine

En 1962, le président John Kennedy, préoccupé par la mondialisation, a mis en place le TAA.

En 1972, le président Richard Nixon a ouvert les portes à la Chine.

En 1999, le président Bill Clinton a appuyé l'entrée de la Chine dans l'OMC, l'Organisation mondiale du commerce. Clinton a promis que ces relations commerciales avec la Chine créeraient des emplois et réduiraient le déficit commercial des États-Unis.

Il a également dit : « C'est une occasion en or pour l'Amérique. »

En 2001, la Chine entre dans l'OMC.

Comme vous le savez, Bill Clinton a souvent eu un problème avec la vérité. Cela a plutôt été une occasion en or pour la Chine. Comme le note Steven Brill dans *Tailspin* :

> *Entre 2000 et 2009, le déficit commercial des États-Unis a presque triplé, passant de 83 milliards de dollars à 227 milliards de dollars. [...] Pendant la même période, les États-Unis ont perdu 5,6 millions d'emplois dans le secteur manufacturier, dont 627 000 dans des usines produisant des ordinateurs et du matériel électronique. [...] En 2016, le déficit commercial avec la Chine était de 347 milliards de dollars.*

Les effets secondaires du déficit commercial

Ce déficit commercial disproportionné n'a pas seulement fait mal aux travailleurs qui ont perdu leur emploi. Il a également durement touché les épargnants, les propriétaires et les investisseurs ordinaires.

Il a contribué à l'effondrement financier de 2008. Steven Brill écrit :

> *Parce que les Chinois accumulaient tant d'argent et avaient besoin d'un endroit sûr pour l'investir, ils ont fait exploser la demande pour les obligations du Trésor américain. Les taux d'intérêt aux États-Unis ont chuté à des niveaux sans précédent, ce qui a donné lieu à une détente monétaire et au financement d'hypothèques très risquées et, par le fait même, de titres adossés à des créances hypothécaires et de leurs instruments dérivés.*

En 2008, le marché boursier et les marchés immobiliers se sont pratiquement effondrés et les taux d'intérêt ont encore chuté.

En 2018, la crise n'est pas terminée ; elle ne fait que s'intensifier.

Comme Fuller l'a écrit en 1981 : « L'humanité s'enfonce encore plus dans la crise, une crise sans précédent. »

Heureusement, les entrepreneurs arrivent à la rescousse.

Des entrepreneurs en éducation

Un important établissement d'enseignement entrepreneurial est la Khan Academy, un organisme qui offre une éducation de type classique à des millions d'étudiants à travers le monde. Les étudiants n'ont pas à contracter un prêt étudiant pour y étudier.

Dans *Tailspin*, Steven Brill parle de C4Q, pour Coalition for Queens, une organisation à caractère éducatif fondée par Jukay Hsu. Capitaine de l'armée américaine, vétéran de la guerre d'Irak et immigrant né à Taïwan, il a fait ses études à Harvard. M. Hsu a confié à Steven Brill : « Certains des individus les plus brillants et durs à la tâche que j'ai rencontrés étaient des soldats qui n'avaient pas fait d'études supérieures. » C4Q enseigne à des gens qui n'ont aucune formation technique à devenir des professionnels capables d'écrire du code machine.

Il existe de nombreuses écoles et programmes éducatifs qui enseignent le même sujet, mais C4Q utilise des méthodes différentes. Voici quelques-unes de ses particularités :

1. Le fondateur Jukay Hsu n'est pas programmeur. Il n'a ni formation ni expérience en informatique.
2. Jukay Hsu embauche de vrais professeurs provenant de l'industrie, et non de faux professeurs diplômés des universités.
3. C4Q est dirigée à la manière d'une académie militaire. Le processus éducatif est axé sur le travail en équipe. Les professeurs et les étudiants travaillent en coopération. Les étudiants ne se font pas concurrence.
4. En 2013, les 21 étudiants de sa première classe gagnaient environ 18 000 $ par année. La plupart travaillaient dans le

secteur tertiaire et n'avaient pas beaucoup d'instruction. 52 % des diplômés sont des femmes et 60 % des Afro-Américains. De plus, 55 % n'avaient pas de diplômes d'études collégiales.

5. Les 88 recrues qui ont commencé leur formation en septembre 2016 et ont obtenu leur diplôme en juin 2017 ont trouvé des emplois assortis d'un salaire moyen de 85 000 $ par année. Ils ont été embauchés par des entreprises telles que Uber, Blue Apron, Pinterest, Google, BuzzFeed et J. P. Morgan Chase.
6. Les diplômés acceptent de verser 12 % de leur revenu à C4Q pendant les deux années suivantes.
7. C'est différent d'une dette étudiante qui, elle, piège souvent les étudiants qui ne terminent pas leurs études ou ne décrochent pas un bon emploi dans une dette horrible qui les accablera pendant toute leur vie.
8. Ces 12 % font de ces esprits charitables des investisseurs. Cette notion capitaliste de profit bénéficiant à un OSBL (C4Q) ajoute un élément financier qui fait défaut au socialisme : la durabilité financière.

Steven Brill parle également de Year Up, un organisme privé à but non lucratif fondé en 2000 qui offre des programmes de remise à niveau et de formation dans plusieurs domaines. Voici un autre extrait de *Tailspin* :

> *Year Up possède actuellement 20 établissements à travers les États-Unis et a formé plus de 18 000 étudiants dans des domaines reliés à la technologie. Ils acquièrent des habiletés qui leur permettent de répondre aux exigences des employeurs qui cherchent à pourvoir des postes de premier échelon ou intermédiaire – aptitudes à réparer du matériel informatique, à travailler dans un centre d'assistance-client et à communiquer.*

Chaque étudiant signe un contrat l'engageant à respecter des normes strictes en matière de conduite et de participation. Ils reçoivent 200 points au début et en perdent ensuite pour toute faute – retard, manque de respect ou devoir remis après l'échéance.

En général, 25 % des étudiants perdent leurs 200 points et sont retirés du programme.

Un peu comme à l'école militaire, les cerveaux et les notes ne suffisent pas à Year Up.

Un peu comme à l'Académie de marine marchande des États-Unis, un étudiant peut être renvoyé à cause de « démérites » reçus pour ne pas avoir respecté le code d'honneur ou avoir adopté un comportement qui n'est pas digne d'un officier ou d'un gentilhomme, même si ses notes sont excellentes.

Même si Year Up ne garantit pas des emplois aussi bien rémunérés que C4Q permet à ses étudiants de décrocher, cet organisme les tire de la pauvreté et les place dans la classe moyenne.

Un petit potentiel de réussite

Comme Steven Brill, un autre membre de l'élite brise le silence. Cette fois, il s'agit d'un ancien étudiant de Harvard appelé Shawn Achor, qui est devenu entrepreneur en éducation. Dans son ouvrage intitulé *Big Potential* (Grand potentiel), publié en 2018, il écrit :

Il y a trois ans, alors que je faisais des recherches sur les liens cachés qui sous-tendent la réussite et le potentiel humain, j'ai fait une découverte capitale. Je suis devenu père.

Lorsque mon fils, Leo, est venu au monde, il était littéralement impuissant. Il ne pouvait même pas se retourner lui-même dans son lit. Mais, en grandissant, il a appris à le faire. Et avec chaque nouvelle habileté qu'il acquérait, comme tout chercheur en psychologie positive le ferait, je le félicitais : « Leo, tu as fait ça tout seul ? Je suis fier de toi. » Et après un certain temps, Leo a commencé à répéter mes paroles avec fierté : « Tout seul. »

C'est alors que j'ai réalisé ceci: tout d'abord comme enfants, et ensuite comme adultes dans le monde du travail, nous sommes conditionnés à donner une valeur disproportionnée à ce que nous accomplissons seuls. En tant que père, j'ai aussitôt mis soudainement fin à mes louanges de crainte que mon fils ne vienne à considérer l'accomplissement individuel comme le test ultime. Mais en réalité, il y a autre chose, à un tout autre niveau.

Le cycle commence à un jeune âge. À l'école, nos enfants sont formés pour étudier avec diligence et individuellement de manière à supplanter les autres élèves aux examens. S'ils cherchent à obtenir de l'aide lors de la réalisation de projets, ils sont punis pour tricherie. On leur impose des heures de devoirs chaque soir, les obligeant à consacrer encore plus de temps à un travail solitaire.

Des actes de sabotage

Mon épouse, Kim, a étudié à l'Université de la Californie à Santa Barbara. Elle dit: «Quelques étudiants s'adonnaient à des actes de sabotage pour nuire à d'autres étudiants, uniquement pour obtenir de meilleures notes.» Elle ajoutait: «Ils se rendaient à la bibliothèque et arrachaient des manuels les pages que tous devaient étudier.»

Kim a finalement quitté l'université de la Californie à Santa Barbara et a obtenu son diplôme à l'Université d'Hawaï, impatiente d'en terminer avec les études.

Pour ma part, je n'ai jamais souhaité retourner sur les bancs d'école afin de recevoir une éducation supérieure et des diplômes.

Les cas de dépression sont en hausse

Big Potential de Shawn Achor est un grand livre pour notre époque. Voici quelques-uns des points essentiels qui en ressortent:

La formule est simple: Sois meilleur et plus intelligent et plus créatif que les autres, et tu réussiras. Mais cette formule est inexacte.

...

> *Le succès ne repose pas sur la créativité ou l'intelligence ou le dynamisme, mais sur la capacité de se mettre en symbiose avec l'écosystème formé des gens qui nous entourent, à y contribuer et à en tirer parti. Ce n'est pas la cote élevée d'un collège ou d'une entreprise qui compte, mais la façon dont vous vous y intégrez. Ce n'est pas le nombre de points qui comptent, mais la façon dont vos habiletés complètent celles des membres de l'équipe. […]*
>
> *En nous accrochant à l'ancienne formule du succès, nous laissons un énorme potentiel inexploité. Je l'ai vu de mes propres yeux pendant les 12 ans que j'ai passés à Harvard à observer des étudiants se heurter aux écueils de l'hypercompétitivité pour ensuite s'échouer sur la berge du doute et du stress. […] Une proportion renversante de 80 % des étudiants d'Harvard dit avoir souffert de dépression à un moment ou à un autre de leur vie universitaire.*

Après avoir quitté Harvard et être devenu entrepreneur en éducation, Shawn Achor a commencé à faire part de ses trouvailles sur le pouvoir de la coopération dans des établissements d'enseignement et des entreprises partout dans le monde.

> *Pour donner suite à des études réalisées partout dans le monde, je sais maintenant que [la dépression] n'est pas un problème réservé aux étudiants des universités de l'Ivy League. L'âge moyen auquel un état dépressif était diagnostiqué en 1978 était de 29 ans. En 2009, l'âge moyen était de 14 ans et demi.*

La dépression et la violence

La hausse des cas d'étudiants qui assassinent d'autres étudiants – dans les écoles, avec des armes – pourrait-elle être attribuable à la dépression, à la solitude et à l'isolement ?

Pourquoi le membre du Congrès américain Steve Scalise a-t-il été atteint par balle pendant qu'il jouait au baseball, uniquement parce qu'il était républicain ? Pourquoi cette autre membre, Gabby Giffords, a-t-elle été atteinte par balle alors qu'elle saluait des électeurs, uniquement parce qu'elle était démocrate ?

Pourquoi la violence armée est-elle en hausse dans les grandes villes ?

Pourquoi les gens font-ils preuve de moins de civilité et de plus d'irrespect les uns envers les autres ?

Pourquoi l'intimidation à l'école est-elle un grave problème qui ne cesse de s'amplifier ?

Le terrorisme et la violence commencent-ils à l'école ?

Un cycle vertueux

Shawn Achor propose des solutions. L'une s'appelle le cycle vertueux, qui peut être défini ainsi :

> *Une boucle de rétroaction positive visant à rendre les autres meilleurs se solde par davantage de ressources, d'énergie et d'expériences qui* vous *rendent meilleur, alimentant ainsi le cycle. En faisant en sorte que les autres s'améliorent, vous portez* votre réussite *à un niveau supérieur. Par conséquent :*
>
> *Un PETIT POTENTIEL se définit par le succès limité que vous pouvez connaître seul.*
>
> *Un GRAND POTENTIEL se définit par le succès que vous ne pouvez connaître qu'à l'intérieur d'un cycle vertueux, avec les autres.*

Les écoles encouragent le petit potentiel en mettant l'accent sur la compétition plutôt que sur la coopération.

Shawn Achor nous enseigne à désapprendre ce qui est enseigné à l'école, à apprendre à coopérer et à puiser dans notre grand potentiel en commençant par aider les autres à connaître davantage de succès.

Le cycle vertueux de mon père riche

Mon père riche organisait son propre cycle vertueux, un samedi par mois. C'est ainsi que son groupe et lui sont devenus plus avisés et plus riches, en apprenant les uns des autres. Ils étaient de vrais professeurs, travaillant ensemble, s'aidant les uns les autres à résoudre des problèmes – sans retourner sur les bancs d'école.

L'un des ouvrages les plus populaires de la série Père riche est ***More Important Than Money*** (Plus important que l'argent). Chacun des conseillers de la Rich Dad Company, de vrais professeurs qui font les vraies choses dans la vraie vie, y signe un chapitre. Ce livre traite de la façon dont nous pouvons tous nous entraider et devenir plus avisés, plus riches et connaître davantage de succès – sans retourner sur les bancs d'école où la coopération et l'assistance portée à autrui sont synonymes de tricherie.

Une image vaut mille mots

Ces deux images illustrent ce qui distingue les écoles d'aéronautique civile et d'aéronautique militaire.

ÉCOLE D'AÉRONAUTIQUE CIVILE
OBJECTIF = VOLER EN SOLO : Petit potentiel

ÉCOLE D'AÉRONAUTIQUE MILITAIRE
OBJECTIF = VOLER EN FORMATION : Grand potentiel

Le travail d'équipe nécessite une éducation spirituelle.

ON APPELLE CELA TRICHER

Que faut-il pour devenir pilote militaire ?

Une éducation spirituelle est la somme du dévouement envers une mission, d'un grand respect de soi et des membres de l'équipe, et d'une discipline mentale, émotionnelle, physique et spirituelle rigoureuse. Elle est nécessaire lorsqu'on s'entraîne pour devenir l'un des meilleurs parmi les meilleurs.

Le travail d'équipe fait partie intégrante de chaque mission, de la vie de chaque pilote, même s'il ne devient pas membre de l'élite des Blue Angels, les as du pilotage, les meilleurs du monde.

Le travail d'équipe est la raison pour laquelle les entrepreneurs en éducation font une différence alors que les programmes d'éducation traditionnelle, comme le TAA, coûtent des milliards de dollars et sont inefficaces.

Dans le prochain chapitre, vous apprendrez qui peuvent être vos meilleurs professeurs.

VOS QUESTIONS... LES RÉPONSES DE ROBERT

Q: Qui appelez-vous l'« élite » ? Qui sont exactement ces gens ?

Alex P. - Allemagne

R: Les membres de l'élite sont généralement des individus hautement rémunérés qui ont une éducation universitaire. La majorité d'entre eux ne sont pas riches. Ce sont des gestionnaires, des cadres et des professionnels – des individus qui gagnent davantage d'argent que la classe ouvrière. Il y a des différences entre les *membres de l'élite* et les *snobs*. Il y a beaucoup de snobs dans le monde et un grand nombre d'entre eux ne font pas partie de l'élite ni ne sont riches.

Q: Où sont ces « membres de l'élite » et combien sont-ils ?

Pippa M. - Roumanie

R: Les membres de l'élite ont tendance à se rassembler dans des quartiers, des organisations et des clubs. Mais les riches, les pauvres et la classe moyenne font la même chose. Ils se rassemblent autour de valeurs et d'intérêts communs et sont souvent unis par leur degré d'instruction et leur statut économique.

Q: Tous les « membres de l'élite » sont-ils de mauvaises personnes ?

Paul G. - Irlande

R: Non. Pas du tout. « Élite » ne veut pas dire mauvais. La plupart des membres de l'élite font un excellent travail et contribuent grandement à la société. L'élite est vraiment plus qu'une classification socio-économico-éducationnelle... comparativement à la classe ouvrière.

Des minorités rejoignent les rangs de l'élite par le biais d'une éducation supérieure. De nombreuses familles appartenant à des minorités, dont la mienne, encensent l'éducation supérieure pour cette raison même. Il y a quatre générations, mes ancêtres se sont établis à Hawaï en tant qu'ouvriers. Un diplôme universitaire représentait pour eux un moyen de quitter les plantations, de sortir de la classe ouvrière et de grossir les rangs de l'élite instruite.

Comme vous le savez, je ne voulais pas devenir un employé du gouvernement très instruit et hautement rémunéré comme l'était mon père pauvre. Je voulais être riche. Je suis donc devenu entrepreneur, comme mon père riche.

Q: Il est parfois difficile de faire la différence entre ce qui vrai et ce qui ne l'est pas. Comment savoir si *vous* êtes vrai ou faux?

James V. – Afrique du Sud

R: Vous ne le pouvez pas. Seuls mes banquiers et mes comptables savent si je suis vrai ou faux. Dans le faux monde actuel des médias sociaux, je peux être n'importe quoi. De nombreux individus m'ont qualifié de « faux », et souvent. Je laisserai donc mes états financiers parler pour moi.

Q: Que répondez-vous aux gens qui disent que l'or est désuet?

Peter C. – États-Unis

R: Je dis: « Posez la même question dans 20 ans. Vous aurez alors une vraie réponse. » En attendant, « En l'or, j'ai confiance ».

Q: Croyez-vous que l'apparition du réseau Internet, de l'iPhone et des autres technologies finira par exposer l'élite et révéler ce qu'elle a infligé au monde?

Elaine K. – Royaume-Uni

R: Selon Roger McNamee, l'auteur de *Zucked*, l'intelligence artificielle ne fera que rendre les fausses nouvelles et la désinformation plus convaincantes, plus réelles et plus destructives pour ceux qui ne se méfient pas.

En termes simples, l'IA (intelligence artificielle) rendra notre vie nettement meilleure – et nettement pire.

L'ère de l'information ne fait que commencer. Nous n'avons encore rien vu.

Chapitre 13

UN ÉLÈVE DE DIEU

CHOISISSEZ BIEN VOS PROFESSEURS

« S.O.S. ! S.O.S. ! S.O.S. ! »

« Yankee Tango 96 ! »

« Panne de moteur ! »

« Nous allons nous écraser ! »

Notre hélicoptère de reconnaissance volait en suivant une trajectoire ovale à environ 1,5 kilomètre du porte-avions… lorsque le moteur s'est éteint. Nous attendions que les gros hélicoptères de transport de troupe se soient envolés pour nous poser. Notre minuscule appareil était lourd… très, très lourd avec à bord un équipage de cinq marines, six mitrailleuses, des boîtes de munitions et deux nacelles contenant 18 roquettes.

Lorsqu'on me demande : « Comment un hélicoptère peut-il voler sans moteur ? » Je réponds : « Comme une roche. »

Après des années et des années d'entraînement à des procédures d'urgence, incluant l'écrasement, chaque fois que nous volions, dès que le moteur tombait en « panne », j'inclinais instinctivement le nez de l'appareil vers l'océan… alors que tout en moi hurlait : *Redresse ! Redresse ! Redresse ! Augmente la puissance ! Augmente la puissance ! Augmente la puissance !* Si j'avais redressé le manche et ajouté de la puissance en mettant les gaz, nous serions tous morts.

Les hélicoptères ne se comportent pas comme les planeurs. Lorsque le moteur d'un hélicoptère s'arrête, il n'y a pas de planage, pas de temps pour « réfléchir » à ce que l'on va faire. Il n'y a pas de parachutes pour l'équipage. Lorsque le moteur s'arrête, l'appareil plonge. C'est pour cette raison que, à chaque vol, nous simulons une panne de moteur. Je vous assure que cet exercice est terrifiant, même si nous savons que nous pouvons relancer le moteur.

À chaque simulation, nous coupons le moteur, inclinons le nez de l'appareil vers l'avant, et nous nous retrouvons face à la mort.

Les pilotes d'hélicoptère récitent ce mantra :

Les pilotes qui redressent (pour éviter la mort)... meurent.

Les pilotes qui piquent du nez (pour faire face à la mort)... vivent.

Comme sur le diagramme illustrant les compétences du professeur, nous avons « simulé » panne de moteur après panne de moteur pendant des années. Ce jour-là, nous avons obtenu notre diplôme « dans la vraie vie ».

Dès que le moteur s'est arrêté, deux artilleurs et l'ingénieur naviguant ont également commencé à appliquer les manœuvres apprises pendant notre formation, larguant les mitrailleuses, les roquettes et les munitions. Nous étions bien entraînés. Et cette fois, ce n'était pas une simulation.

Nous n'avions pas le temps de paniquer. La descente s'est amorcée dans le silence, comme au ralenti. Un grand calme nous a tous envahis. C'est à peine si nous avions conscience du chaos et du bruit qui régnaient à l'extérieur de l'appareil.

L'extériorisation

Soudain, assis aux commandes d'un hélicoptère ayant trépassé, je suis entré dans une autre dimension de la vie. Plus tard, j'apprendrais que ce phénomène s'appelle l'« extériorisation ». C'est l'action de reporter hors de soi ce que l'on ressent en devenant un « observateur ».

Pendant une « éternité », il y a eu une pause dans la réalité que nous appelons le « temps ». Il semblait ne plus y avoir ni passé ni avenir. Uniquement le présent. Uniquement le « maintenant ». Je nous « observais », mon équipage et moi, à partir d'une autre dimension de la vie. Je pouvais « voir » l'arrière de mon propre casque, l'arrière du casque de mon copilote, l'équipage assis derrière nous qui parcourait systématiquement la liste de vérifications qui doivent être faites en cas d'urgence. Je pouvais également voir le porte-avions et les autres navires de la flotte au loin, et le vaste océan tout autour. Pendant une « éternité », j'ai eu le sentiment d'être absent, d'être hors du temps ». Je n'avais pas peur. J'éprouvais plutôt un sentiment de paix, de compassion et d'amour pour moi-même et mon équipage pendant que l'hélicoptère descendait lentement vers l'océan, nous menant sans doute à la mort.

Le moment était surnaturel… pas de ce monde.

La dernière phase de la descente a été impeccable, un plongeon modèle comme on dit. Il n'y a eu ni panique ni peur, mais seulement le sentiment d'être ancré dans le présent, à l'extérieur du temps. Juste avant l'impact avec la surface de l'eau, j'ai redressé l'appareil et il a « plané » en silence au-dessus des vagues. Le nez de l'appareil s'est redressé et le mouvement d'air a actionné les pales qui ont alors fait entendre un bruyant *woup, woup…* et puis plus rien. J'ai ensuite rétabli l'équilibre de l'appareil et juste avant de toucher la surface de l'océan, j'ai actionné le levier de pas (la commande de vol qui permet de diriger l'appareil vers le haut et vers le bas) et les forces centrifuges emmagasinées dans les pales les ont ramenées à la vie, permettant à l'hélicoptère de faire du « surplace » un dernier moment et de se poser doucement sur l'eau.

Dès que nous avons touché la surface, l'appareil s'est incliné vers la droite, les pales ont heurté l'eau, arrachant le moteur et la transmission, éventrant le cockpit, et l'hélicoptère a commencé à couler, presque aussi rapidement que nous étions descendus.

Nous avons été secourus quatre heures plus tard par une vedette de la Marine. Nager dans des eaux infestées de requins a été plus terrifiant que les deux minutes qui avaient précédé notre amerrissage.

Pendant la séance d'évaluation et l'enquête qui ont suivi, je n'ai parlé à personne de l'épisode d'« extériorisation » que j'avais vécu. Cette expérience était nouvelle pour moi et je ne me sentais pas capable d'en parler d'une façon rationnelle, car j'avais du mal à me l'expliquer moi-même.

Ma quête de professeurs

Comme je l'ai dit plus tôt, je suis revenu du Vietnam et j'ai été affecté à Hawaï en janvier 1973 jusqu'à la fin de mon engagement. Mes jours de vol tiraient à leur fin et, comme les trois Rois mages, je me suis mis à la recherche de mes prochains professeurs.

Pour faire plaisir à mon père pauvre, je me suis inscrit dans une école traditionnelle, au programme de MBA de l'Université d'Hawaï. Cela n'a pas été un coup de cœur et j'ai tout abandonné six mois plus tard.

Mon père riche m'a conseillé de suivre un séminaire sur l'investissement immobilier d'une durée de trois jours. Je voulais apprendre à utiliser l'endettement, à investir « sans arrhes », et à gagner de l'argent. J'ai adoré ce séminaire et le professeur.

Puis 90 jours plus tard, après avoir évalué 100 propriétés, j'ai acheté mon premier immeuble à revenu sans mise initiale et grâce à l'endettement seulement. Cela a mis 25 $ par mois dans ma poche, une somme libre d'impôt, un revenu infini. Et cela a transformé ma vie.

SATORI : Dans le bouddhisme, une expérience de satori est un éclair de compréhension. En créant un revenu de 25 $ par mois à partir de rien, même si la somme était dérisoire, j'ai vécu cette expérience de satori. J'avais gagné de l'argent sans retirer un sou de ma poche. J'avais créé un revenu de 25 $ par mois uniquement grâce à l'éducation financière. Dans ce moment de satori, j'ai réalisé que je n'aurais plus jamais à travailler pour l'argent, à attendre un chèque de paie, à m'accrocher à la sécurité d'emploi, à vivre sous mes moyens, à épargner et à investir dans le marché boursier dans l'espoir d'être à l'abri du besoin lorsque je prendrais ma retraite, comme la majorité des gens le font toute leur vie.

J'ai appelé mon professeur d'immobilier pour le remercier. Et j'ai par la suite, presque chaque année, j'ai assisté à un ou deux séminaires sur l'investissement, en quête d'une meilleure compréhension financière, et non d'une sécurité d'emploi.

De plus, comme suggéré par mon père riche, j'ai postulé des emplois dans des entreprises qui offraient une formation en vente. Mon père riche disait: « L'habileté numéro un de l'entrepreneur est son habileté à vendre. » Il disait également: « Les ventes sont synonymes de revenus. Si tant de gens éprouvent des difficultés financières, c'est parce qu'ils ne savent pas vendre. »

New York Life était l'une de ces entreprises qui offraient une formation professionnelle en vente. J'ai donc demandé à être reçu pour une entrevue d'embauche. Je me suis présenté au centre-ville d'Honolulu, vêtu de mon uniforme de la Marine, ce qui était risqué à bien des égards.

Le cadre responsable de l'embauche était un type formidable. Il a fait l'éloge du programme de formation en vente de New York Life en ajoutant que je toucherais un salaire appréciable. Comme l'entrevue touchait à sa fin, il m'a posé une question que l'on ne m'avait jamais posée. Je crois qu'il cherchait à savoir quelles étaient mes aspirations spirituelles plutôt que mes rêves financiers et professionnels. Réalisant que je n'avais aucune idée de ce dont il parlait, il s'est penché au-dessus de son bureau et m'a tendu un billet qui me permettait d'assister à un séminaire « gratuit » en tant qu'invité.

Étant libre le soir où se donnait le séminaire, je me suis présenté à la Coral Ballroom de l'hôtel Hilton à Waikiki. Cette fois, je n'avais pas revêtu mon uniforme, mais ma coupe de cheveux trahissait mon appartenance à l'armée. Immédiatement, j'ai été agréablement surpris par le nombre de gens souriants et gais qui m'ont accueilli. Personne ne crachait sur mon passage ni ne me lançait un regard furieux. Même les femmes étaient charmantes avec moi, ce qui était une réelle surprise, car à cette époque, les femmes avaient tendance à fuir les hommes qui portaient l'uniforme. Immédiatement, j'ai soupçonné qu'ils étaient tous hypocrites ou appartenaient à une quelconque bande de hippies ou à une secte religieuse.

Le séminaire regroupait environ 200 invités. Aucun alcool n'était servi et j'avais besoin d'un verre. Je me suis assis à l'arrière de la salle, près de la sortie. Finalement, toutes ces personnes souriantes et gaies se sont mises à applaudir une femme d'une beauté stupéfiante. Marcia Martin, vêtue de blanc, a pris place sur la scène et a souhaité la bienvenue à tous avant de présenter le conférencier. Werner Erhard était tout aussi spectaculaire – bien mis, en forme, séduisant et également vêtu de blanc. De plus, il s'est avéré qu'il était un orateur très éloquent. Il n'a pas fait preuve d'exubérance ni n'a fait de discours motivationnel qui sonnait faux. Ses propos étaient clairs et convaincants, mais je n'avais aucune idée de ce dont cet homme parlait.

J'ai rapidement eu envie de sortir de là. J'étais persuadé que j'avais affaire à une sorte de secte, mais pour une raison ou une autre, j'ai décidé de rester, du moins jusqu'à la première pause. Lorsqu'elle a été annoncée, je ne savais toujours pas de quoi il était question. J'avais entendu le mot « saisir » à maintes reprises, mais je ne comprenais vraiment pas ce qu'il fallait saisir.

Pendant la pause, on a commencé à exercer une pression sur les invités. Ces individus souriants et insistants sillonnaient la salle, prêts à tout pour vendre leur séminaire. J'ai aperçu le cadre de New York Life et je l'ai évité. Il était facile de se débarrasser des autres. Mais je n'aurais pas su dire non à une jolie femme.

La petite amie d'un camarade pilote était présente. Elle s'appelait Linda et elle était l'une de ces femmes souriantes. Je me suis donc senti à l'aise de lui poser quelques questions directes. « Combien es-tu payée par Erhard pour vendre ce séminaire ? » a été ma première question. Elle a répondu : « Nous le faisons gratuitement.

— Pourquoi fais-tu ça ? » a été ma prochaine question. Lorsqu'elle a été incapable de me répondre, du moins de manière à satisfaire mon esprit logique, je l'ai plantée là. J'étais prêt à partir.

Comme je tournais les talons, elle m'a demandé : « Alors, vas-tu signer et assister au séminaire EST ?

— Absolument pas, ai-je dit. Je n'ai pas besoin de ça. »

Elle a beaucoup insisté et j'ai répété : « Je n'ai pas besoin de ça. »

Comme elle en avait assez de moi, elle a finalement dit : « De tous les gens présents ici ce soir, c'est toi qui as le plus besoin de cette formation. Tu sais que j'aime bien ton camarade, Jim. Il veut m'épouser. Mais je ne peux pas accepter. Il ne ferait pas ce que tu as fait ce soir : se présenter ici et écouter parler de quelque chose de nouveau, d'un nouveau genre d'éducation. Il a autant besoin que toi de ce programme de deux week-ends. Vous, les marines, êtes tous des machos. Vous faites du cinéma, vous êtes des types formidables, mais vous êtes aussi des machines, des robots. Je souhaite seulement que l'un d'entre vous ait le cran de cesser ce petit jeu et de découvrir qui il est vraiment. »

D'une certaine manière, Linda m'énervait. Mais d'une autre, je commençais à comprendre le discours du cadre de New York Life, Erhard, et de la petite amie de mon camarade. Finalement, je « saisissais ».

Abdiquant, j'ai versé un dépôt de 35 $ et je me suis inscrit au prochain séminaire EST (Erhard Seminar Training) qui s'étalerait sur deux week-ends.

Environ un mois plus tard, je me suis rendu à un autre hôtel de Waikiki où se tenait le séminaire. L'entreprise EST compte d'excellents professeurs. Je croyais que les marines étaient des durs ; mais ces types l'étaient également, sinon plus. En guise d'introduction, l'animateur, Landon Carter, un diplômé de Harvard, a dit : « Tout ne tourne pas rond dans votre vie. » Je ne pouvais qu'être d'accord avec lui. Ma vie semblait bonne vue de l'extérieur, mais de l'intérieur, je savais que c'était du gâchis. Personne n'a pu aller aux toilettes ni prendre une pause pendant plus de 11 heures. Trois cents participants sont restés assis là et, processus après processus, ont examiné et réexaminé ce qui ne tournait pas rond dans leur vie.

À la fin des deux week-ends, j'ai eu une révélation. Comme si j'entrais dans une autre dimension, j'ai mieux compris le jour où j'avais vécu cette expérience d'extériorisation pendant laquelle j'avais été l'observateur, le jour où j'avais lancé un S.O.S. à la radio – le jour où j'avais demandé de l'aide.

C'est notre esprit qui est le problème

C'est à cause de mon esprit que j'avais de la difficulté à parler de ce phénomène. C'est mon esprit qui était le problème.

C'est à cause de mon esprit que je ne comprenais pas ce dont parlait le recruteur de New York Life. C'est mon esprit qui bloquait le message.

Si je n'arrivais pas à comprendre ce dont Martin et Erhard parlaient, c'est parce que mon esprit constituait un obstacle. Si Jim et moi étions incapables de comprendre Linda, c'est parce que son esprit et le mien constituaient des obstacles.

Ce n'est que lorsqu'elle a blessé mon ego, nous traitant tous les deux de machos, qu'une brèche s'est ouverte dans l'armure de mon esprit, et j'ai enfin saisi ce qu'elle tentait désespérément de me dire.

Il a fallu deux longs et douloureux week-ends aux formateurs d'EST pour m'ouvrir l'esprit et y laisser entrer la lumière.

Lorsque j'ai rejoint mon escadrille le lundi matin suivant la fin du séminaire, mes camarades pilotes ont cru que j'étais entré dans une secte, que j'avais subi un lavage de cerveau, que j'étais devenu un hippie adepte de la marijuana, ou encore que j'étais sorti du placard – mais ce n'était rien de tout ça. J'étais tout simplement plus heureux et en paix avec qui j'étais vraiment, derrière une façade de macho de la Marine. J'étais heureux d'être ce marine. La différence était que je savais maintenant que je jouais un rôle, que ce n'était pas vraiment moi.

Accro aux séminaires

Après mon expérience avec EST, je suis devenu un accro des séminaires. Chaque fois que se tenait un nouveau séminaire « New Age » en ville, j'étais là. Plus c'était étrange et bizarre, mieux c'était. Je voulais seulement aller au-delà des limites restrictives de mon esprit et de mon ego, et tester ma réalité. Lorsque la vedette de cinéma Shirley MacLaine est venue à Honolulu pour y donner une conférence sur les vies antérieures, j'étais dans la salle, gardant l'esprit ouvert et faisant de mon mieux pour élargir ma conscience de la vie.

Mes camarades pilotes de la marine savaient que j'avais fait le grand saut. J'avais abandonné mon programme de MBA et j'achetais des biens immobiliers en ayant recours à l'endettement afin de toucher un rendement « infini ». J'étais moins macho et, plus important encore, j'étais plus heureux avec moi-même. Je sortais également avec une femme heureuse et magnifique que j'avais rencontrée lors de l'un de ces séminaires. Chaque fois qu'un Marine me traitait de « hippie New Age » ou me dénigrait, je me contentais de sourire, de lui présenter ma petite amie et de lui demander quelles étaient ses « chances » de faire une telle rencontre au club des officiers.

Notre esprit est notre énergie

Pendant des siècles, les êtres humains se sont enorgueillis du développement de leur esprit. Nous le faisons encore, ce qui explique pourquoi tant de gens se prosternent à l'autel de l'éducation et pourquoi tant de parents disent à leurs enfants : « Tu dois aller à l'école. » Ou pourquoi, en tant qu'adultes, nous disons souvent : « Je reprends mes études » dans l'espoir de trouver une sorte de salut financier devant les difficultés de la vie.

Les êtres humains ont compris que c'est le développement de leur esprit qui les distingue des animaux. Il est vrai que l'esprit humain a fait des choses miraculeuses, comme envoyer des fusées sur la Lune, a découvert des médicaments qui sauvent des vies, a réalisé de magnifiques œuvres d'art et accéder à un niveau de vie très élevé.

Un esprit dualiste

Le problème, c'est que l'esprit humain est un esprit dualiste, souvent gouverné par l'ego. Notre esprit est comme une télé à écran divisé. Il voit le monde à travers le prisme du bien et du mal, du bon et du mauvais, du haut et du bas, de l'intérieur et de l'extérieur, de ce qui est beau et de ce qui est laid. C'est pour cette raison que tous les êtres humains ont un bon côté et un côté sombre.

De nombreuses expériences humaines, extraordinaires et magiques, découlent de notre esprit dualiste. Tout comme les guerres, les querelles, les combats, les divorces, les crimes, les chagrins, les dépendances, les dépressions, les meurtres et les suicides découlent de ce même esprit.

Notre système d'éducation forme notre esprit dualiste. S'il n'y avait pas de gens brillants et de gens stupides, les établissements d'enseignement devraient fermer leurs portes.

Les religions n'auraient plus un sou sans les saints et les pécheurs. Pourquoi les religions encensent-elles les guerres saintes et les croisades contre des peuples d'autres confessions ?

Avec des équipes gagnantes et des équipes perdantes, tous les sports répondent aux besoins de notre cerveau dualiste. S'il n'y avait ni gagnants ni perdants, l'industrie du divertissement qui rapporte des milliards de dollars disparaîtrait.

Sans ennemi, réel ou imaginaire, l'industrie militaire mondiale, elle aussi multimilliardaire, n'existerait plus.

Pourquoi tant d'étudiants armés entrent-ils dans une salle de classe et tuent-ils leurs propres camarades ?

À quoi sert la publicité qui nous incite à soigner notre apparence alors que le nombre de jeunes gens qui souffrent de dépression ne cesse d'augmenter ?

Pourquoi les médias sociaux sont-ils antisociaux ?

Sans les républicains et les démocrates, sans les libéraux et les conservateurs, nous aurions des gouvernements fonctionnels.

La question est la suivante : Comment pouvons-nous faire taire notre esprit dualiste, notre esprit gouverné par l'ego, avant de nous détruire nous-mêmes ?

Évolution ou extinction

La technologie va d'évolution en évolution. Il suffit de regarder ce qui est arrivé depuis le tournant du siècle. Il y a quelques années, le iPhone n'existait pas. Aujourd'hui, il y en a partout.

Notre esprit est en train de développer le tourisme spatial, ainsi que des voitures et des camions autonomes.

Les États-Unis dépensent des milliards de dollars en armement. Et pourtant, un pirate informatique, devant son ordinateur portable, peut faire plus de dommages dans les systèmes internes que toutes les armes de notre armée.

Lorsque j'étais enfant, personne ne fermait sa porte à clé. Aujourd'hui, les serrures n'empêchent pas les prédateurs, les voleurs et les pervers d'entrer. Où qu'ils soient dans le monde, invisibles, ils peuvent entrer chez nous.

Aujourd'hui, il y a des milléniaux nés dans les années 1980, de la génération Y, qui sont milliardaires. En même temps, dans de nombreuses parties du monde, comme aux États-Unis, la pauvreté est en hausse chez les jeunes.

L'esprit humain est imparfait.

L'évolution

Le problème, c'est que la techhnologie évolue, mais pas les êtres humains. Nous n'avons pas beaucoup changé depuis les 500 à 1 000 dernières années.

Tout au long de l'histoire, les êtres humains ont utilisé les toutes dernières technologies pour s'en prendre à d'autres êtres humains. Aujourd'hui, une grande partie du contenu des médias sociaux est de l'intimidation antisociale. C'est un problème qui découle de notre esprit divisé, dualiste, gouverné par l'ego, le bien et le mal, le haut et le bas, le bon et le mauvais, un esprit qui ne se tait jamais. Nous avons tous vu des gens déambuler en se parlant à eux-mêmes. En réalité, nous ne sommes pas différents. Nous nous parlons constamment à nous-mêmes, commentant, critiquant, étiquetant absolument tout. Combien de fois avez-vous parlé à quelqu'un qui avait l'esprit ailleurs? Son esprit lui parlait. Combien de fois avez-vous été cette personne?

Pour que les êtres humains évoluent, l'éducation devra passer à un autre niveau. Elle nécessitera que nous fassions taire notre esprit et que nous le connections à Dieu.

Encore une fois, je ne parle pas de religion. J'appuie la liberté de choix en cette matière. Nous savons tous que les religions donnent lieu à la critique et qu'un grand nombre de fanatiques religieux peuplent le jardin d'Éden.

Si les êtres humains n'apprennent pas à faire taire leur télé mentale à écran divisé, leur esprit dualiste où se disputent le bien et le mal, ils utiliseront la technologie créée avec cet esprit pour se détruire. Si nous n'apprenons pas à faire taire notre esprit, ce sera la fin de l'humanité.

Nous sommes tous des anges

Au cours de l'un des séminaires New Age auquel j'ai assisté, le présentateur a raconté l'histoire suivante:

> *Il n'y a pas si longtemps, nous étions tous de petits anges heureux, flottant au paradis.*
>
> *Un jour, DIEU (le directeur général de tout ce qui est) a annoncé: « J'ai besoin de quelques volontaires qui accepteront de descendre sur Terre et d'y créer un paradis. »*

Immédiatement, tous les petits anges ont levé la main, disant : « Choisissez-moi, j'irai. Je veux sauver le monde. »

Après avoir sélectionné les nouvelles recrues, Dieu les a préparées au processus de la naissance et des parents, leur a assigné un pays et leur a souhaité bonne chance.

Avant de dire au revoir à Dieu et à tous les autres anges, l'un des futurs nouveaux êtres humains a demandé : « Que peut-il y avoir de difficile dans notre mission ? Les êtres humains qui sont en bas ne veulent-ils pas tous le paradis sur la terre ?

— Oui, ils le veulent, a répondu Dieu en souriant. N'oubliez pas qu'ils sont des anges eux aussi.

— Alors pourquoi notre tâche sera-t-elle difficile ? Pourquoi aurons-nous tant de mal à créer un paradis sur terre ?

— Parce que j'ai donné un esprit à tous les êtres humains.

— Qu'y a-t-il de mal avec le fait d'avoir un esprit ?

— Lorsqu'on a un esprit, celui-ci prend le contrôle et efface tout souvenir du paradis. La première chose que vos parents feront sera de commencer à éduquer votre esprit pour l'amener à penser comme le leur. Ils vous enverront à l'église afin que vous appreniez qui est le vrai Dieu. Et ils vous enverront à l'école où l'on vous enseignera qu'il y a des gens brillants et des gens stupides.

— Donc, lorsque nous arriverons sur terre, notre tâche consistera à nous rappeler de passer outre notre esprit, de nous rappeler que nous sommes tous des anges, et de créer ensuite un paradis sur la terre ?

— C'est exact, a dit Dieu en souriant. Le mot qu'utilisent le plus souvent les êtres humains est le mot "je". Le "je" est un produit de l'ego et de l'esprit. Le "je" est une illusion. Le "je" crée la scission, et non l'unité. Dès qu'un enfant apprend à dire "je", toute connexion avec le paradis est coupée. »

Les anges ont écouté les mises en garde de Dieu à propos du mot « je *». À la fin, l'un d'eux a demandé : « Et qu'arrivera-t-il si nous* *oublions que nous sommes tous des anges, si nous ne réussissons pas à créer un paradis sur terre?*

— Vous mourrez et renaîtrez encore et encore jusqu'à ce que vous vous rappeliez enfin qui vous êtes vraiment... de petits anges.»

Les petits anges se sont regardés les uns les autres avant de rediriger leur regard vers Dieu.

«C'est la dernière fois que je communique directement avec vous», a dit Dieu. «Dans un instant, le paradis sera effacé de votre mémoire et vous recevrez votre esprit.

— Mais comment ferons-nous pour vous parler? a demandé l'un des anges.

— Lorsque vous arriverez sur terre, vous apprendrez à prier. Lorsque vous priez, vous parlez. Pas moi.

— Mais comment nous parlerez-vous?

— Vous n'entendrez plus jamais ma voix, a dit Dieu en souriant. Je communiquerai avec vous dans la sérénité.

— Vous voulez dire le silence?

— Non, a répondu Dieu. La sérénité est cette paix qui se trouve au-delà du silence. Vous éprouverez cette sérénité en regardant un lac tôt le matin, avant que le vent y dessine des vagues. La sérénité est la paix que vous ressentirez lorsque vous lèverez les yeux vers le ciel.

— Comment saurons-nous que c'est vous qui nous parlez?

— Lorsque votre esprit sera silencieux et votre être paisible, vous saurez que je suis avec vous. Tant que votre esprit parlera, vous ne m'entendrez pas. L'esprit est très arrogant. Votre esprit croira qu'il est capable de me comprendre et pensera qu'il est plus intelligent que moi. Votre esprit est très arrogant, mais il ne sait rien.

— Comment saurons-nous que vous nous parlez? a demandé un ange.

— Vous saurez que je suis avec vous lorsque vous ne ferez qu'un avec un magnifique coucher de soleil, les étoiles, un arbre, une fleur, un ruisseau chantant. Lorsque vous ne ferez qu'un avec ce qui est à l'extérieur de vous, vous sentirez que je suis avec vous. Lorsque votre esprit sera silencieux et votre être paisible, que votre âme ne fera qu'un avec la fleur ou le ruisseau ou l'être humain qui est en face de vous, je serai avec vous dans le présent, le maintenant.

— Lorsque nous ne ferons qu'un, nous serons avec vous ? a demandé l'un des anges.

— Oui. Dès que vous recevrez votre esprit, vous deviendrez distincts. Chacun d'entre vous sera distinct de toutes mes autres créatures et créations. Votre esprit cataloguera, critiquera, jugera et prétendra être Dieu.

— Comment pourrons-nous entrer en contact avec vous ?

— Grâce à la sérénité que vous apportera l'étroite communication que vous établirez avec mes créations. Et aussi grâce à la méditation. Lorsque vous connecterez votre beauté intérieure à celle de ce qui vous entoure dans un état serein et méditatif, je serai avec vous.

— En priant, nous vous parlerons. Pour vous parler, nous devons nous exercer à faire taire notre esprit, à être sereins, à méditer, et vous nous répondrez ?

— Oui, mais je le ferai en silence.

— Qu'arrivera-t-il si nous nous exerçons à trouver la sérénité, à méditer, à être dans le présent ? a demandé l'un des anges.

— Vous serez de plus en plus avec moi. Un jour, vous verrez une fleur et votre âme, et non votre esprit, dira : "Oh, mon Dieu". Vous me parlerez à travers cette fleur. Un jour, vous sentirez l'innocence d'un enfant et votre âme soufflera : "Oh, mon Dieu". À ce moment-là, je vous parlerai à travers cet enfant. Chaque fois que votre âme dira : "Oh, mon Dieu", je serai avec vous.

— C'est ainsi que vous nous parlerez ? » a encore une fois demandé l'ange.

Dieu a hoché la tête. « Il est temps de partir. Vous n'aurez aucun souvenir de cette conversation, mais lorsque vous sentirez la paix et l'émerveillement envahir votre âme de plus en plus chaque jour, vous serez avec moi parce que vous vous rappellerez alors que vous êtes de petits anges et que vous travaillez avec moi dans le but de créer un paradis sur la terre.

— Et un jour, nous vivrons peut-être dans un état d'émerveillement permanent ? »

Pour toute réponse, Dieu s'est contenté de hocher la tête.

« Mais nous ne serons pas de petits anges sur terre, n'est-ce pas ? » a demandé un autre ange.

« Non », a répondu Dieu en souriant. « C'est pour cette raison que je vous donne un esprit dualiste, gouverné par l'ego. En tant qu'êtres humains, vous aurez toujours la liberté de choisir l'un ou l'autre de deux écrans. N'oubliez jamais que tout est dualité sur la terre. Vous aurez deux yeux et deux mains. Vous ferez la distinction entre le bien et le mal, entre le haut et le bas. En tant qu'êtres humains, votre défi consistera à ne faire qu'« un avec la vie », à vous connecter à tout, à ne pas diviser votre être. »

Il était temps de partir. Dieu a alors offert un présent joliment emballé à chaque petit ange. « Voici votre esprit. Chaque esprit est unique, ce qui signifie que vous serez tous humains. Vous devrez apprendre à vivre ensemble, à communiquer par l'esprit et à vous aimer les uns les autres en dépit de vos différences. »

Alors que tous les anges acceptaient leur présent, Dieu a dit : « Maintenant, allez-y. » Et au moment même où les anges ont accepté le présent de Dieu, tout souvenir du paradis a été effacé de leur mémoire.

En 1972, le jour où j'ai lancé un S.O.S., je n'ai pas demandé de l'aide uniquement pour moi, mais également pour mes frères, pour mon équipage de cinq marines. Même en temps de guerre, nous faisons tout en notre pouvoir pour créer un paradis ici sur terre. La guerre et la paix sont les deux côtés d'une même médaille.

Une grenouille de bénitier

Ma mère était une femme dévote. Chaque fois que je voyais Dana Carvey dans son rôle de grenouille de bénitier à l'émission *Saturday Night Live*, j'éclatais de rire. Ma mère n'était pas aussi bigote, mais certaines de ses amies l'étaient.

Mon père n'aimait pas particulièrement fréquenter l'église. Il préférait passer la matinée du dimanche à lire le journal en buvant une tasse de café.

Ma mère insistait pour que ses quatre enfants aillent à l'église et fréquentent l'école du dimanche. Un jour, mon jeune frère s'est rebellé, et j'ai emboîté le pas. Mes deux sœurs aimaient l'église. L'une d'elles est devenue une nonne bouddhiste, l'une des rares Occidentales ordonnées par Sa Sainteté le dalaï-lama.

J'ai conclu une entente avec ma mère. Je me suis engagé à aller à l'église jusqu'à l'âge de 12 ans, mais à condition de pouvoir choisir laquelle. Je ne voulais pas fréquenter la même église qu'elle. Je n'aimais tout simplement pas le pasteur qui la dirigeait. Il ne parlait pas d'amour et de paix, mais toujours d'enfer, de péché et de damnation.

Pendant environ deux ans, j'ai fait le tour des églises de la ville avec mes camarades de classe. J'ai beaucoup appris en assistant à des services religieux de différentes confessions. C'est l'église pentecôtiste que je préférais, ou l'église des « évangélistes » comme ma mère et ses amies grenouilles de bénitier se plaisaient à l'appeler. Ma mère était un peu embarrassée par ce choix que j'avais fait, mais en chantant, en tapant des mains et en secouant mon tambourin, je sentais la présence de Dieu.

Le jour de mon 12e anniversaire, j'ai cessé de me rendre à l'église et je suis allé faire du surf.

Il n'y a pas d'athées dans les tranchées

Au Vietnam, à la veille de chaque mission, j'allais m'asseoir à la proue du porte-avions. J'y restais assis tranquillement pendant une heure, écoutant le bruit des vagues que fendait la coque. Je me sentais serein dans cette solitude silencieuse alors que le navire suivait le mouvement de la houle. Je méditais, me tournant vers l'esprit de Dieu. Et pendant les dernières minutes, je priais. Je ne demandais pas à Dieu de vivre ou de tuer. Je priais pour voler avec courage… je ne pensais pas à moi, mais à mon équipage. Si la mort nous attendait, eh bien, ce serait la mort. Mais nous serions allés au-devant d'elle avec courage. Le mot « courage » vient du vieux français *corage*, ou « cœur ». Nous volions avec amour, ne faisant qu'un l'un avec l'autre.

Il y a un vieil adage qui dit : « Il n'y a pas d'athées dans les tranchées ». Assis seul à l'avant du navire, avant chaque mission, je me rappelais que ma mère tenait à ce que je fréquente l'église. Je savais maintenant pourquoi c'était important pour elle.

Un jour, nous avons dû effectuer une évacuation médicale d'urgence. Un jeune marine avait marché sur une mine terrestre et nous l'avons transporté dans un hôpital de campagne. Il avait perdu une jambe. Il faisait une hémorragie. Il réclamait sa mère en criant alors que la vie le quittait. Il a cessé de hurler juste avant que nous arrivions à l'hôpital. Tout l'équipage était en pleurs lorsque des infirmiers ont sorti sa dépouille de l'hélicoptère.

Je suis allé faire une promenade. J'ai trouvé un endroit tranquille et j'ai remercié ma mère. Elle était décédée deux ans plus tôt à l'âge de 48 ans alors que j'étais encore étudiant à l'école d'aéronautique en Floride. À la veille de chaque mission, elle était présente dans mes pensées et mes prières lorsque je m'assoyais à la proue du navire. Je sentais que son esprit était présent dans mon cœur lorsque je volais le lendemain matin.

Environ un mois plus tard, alors que nous nous étions posés dans une prairie isolée, j'ai surpris trois garçons en train de placer des charges explosives dans notre appareil. J'ai aussitôt pensé qu'ils appartenaient au Viet-Cong. Je ne les ai plus vus comme des enfants. Ils étaient maintenant l'ennemi. J'en ai aussitôt attrapé un, j'ai posé le canon de mon arme sur sa tempe et j'ai demandé aux autres de s'éloigner de l'appareil. Le garçon que je tenais m'a donné des coups de pied et m'a mordu en tentant de se libérer. J'ai tiré le chien de mon arme, me préparant à l'abattre.

Soudain, j'ai entendu ma mère me supplier: « Je t'en prie, ne le tue pas. Je ne t'ai pas donné la vie pour que tu prennes celle de l'enfant d'une autre mère. »

J'ai interrompu mon geste, réalisant qu'il valait mieux que j'écoute ma mère avant de faire quelque chose qui laisserait une cicatrice sur mon âme, et j'ai remis en place le chien de mon arme. Tenant toujours le garçon d'une main, j'ai saisi un ballon de football de l'autre et j'ai signifié d'un geste à ses camarades de faire une partie avec moi. Cela a pris un certain temps, mais nous n'avons bientôt plus fait qu'un, nous étions tous de petits garçons jouant au football au lieu de s'entretuer.

Pendant le vol de retour ce soir-là, j'ai compris que ma carrière de marine était terminée.

Le secret de mon succès

On me demande souvent: « Quel est le secret de votre succès ? » « Comment avez-vous fait pour écrire l'ouvrage traitant de finances personnelles le plus populaire de tous les temps ? » « Comment avez-vous fait pour participer à l'émission d'Oprah Winfrey ? » « Comment avez-vous fait pour écrire deux livres en collaboration avec Donald Trump, qui est aujourd'hui le président des États-Unis ? » « Comment avez-vous surmonté les hauts et les bas dans votre vie, les énormes erreurs, les échecs, les trahisons d'amis et associés, les millions de dollars de pertes et de gains ? »

Il n'y a pas de réponse logique à ces questions. Tout ce que je peux vous dire, c'est que le secret de mon succès n'a rien à voir avec ce que j'ai appris à l'école. Le secret de mon succès repose sur ma quête de professeurs spirituels, des professeurs tels que ma mère,

Linda, la petite amie de mon camarade pilote qui m'a libéré de mon ego, sur des séminaires New Age et des ouvrages spirituels écrits par des maîtres spirituels, d'hier et d'aujourd'hui, qui m'ont enseigné le silence et la sérénité, qui m'ont appris à devenir un élève de Dieu, le directeur général de tout ce qui est.

Les nouveaux temps anciens

Pendant les années 1950 et 1960, l'ancienne sagesse orientale et asiatique a touché les côtes de l'Amérique. Des hippies qui avaient parcouru le monde, souvent en quête de drogues, sont rentrés à la maison et se sont mis à prôner et enseigner des pratiques telles que la méditation transcendantale (MT) et l'analyse transactionnelle (AT). Les Beatles sont allés en Inde pour y étudier avec un gourou et leur musique a bientôt été colorée d'une influence orientale.

La culture occidentale étant ce qu'elle est, ces pratiques orientales ont été modernisées, souvent améliorées, remaniées et rendues plus acceptables. Les Occidentaux n'ont pas le temps ou la patience de méditer 16 heures par jour pendant 20 ans afin de trouver l'illumination. Les Occidentaux veulent que tout se passe mieux et plus rapidement. D'où l'émergence d'EST, Shirley MacLaine, Timothy Leary, du LSD et des séminaires New Age, ainsi que de Tony Robbins qui enseigne à des millions de gens à marcher sur des charbons ardents.

Aujourd'hui, on parle de « pleine conscience » et l'entreprise de Werner Erhard, EST, est devenue Landmark.

Heureusement, de plus en plus de gens demandent de l'aide. Aujourd'hui, Michael Phelps, l'athlète olympique le plus décoré de tous les temps, est le porte-parole de la thérapie en ligne. Le prince Harry a reconnu avoir besoin d'aide, n'ayant jamais pu surmonter la perte de sa mère, la princesse Diana.

Demander de l'aide est la première étape de la guérison dont tous les êtres humains ont besoin.

Diviser est facile – unir est difficile

Étant donné qu'unir est difficile et que diviser est facile, les membres de mon équipe s'adonnent aux mêmes pratiques spirituelles que moi. Cela contribue à rendre l'équipe plus soudée, plus forte et plus productive.

Nous suivons tous le processus décrit dans *Tout se joue avant 8 heures* d'Hal Elrod :

1. Nous méditons en nous inspirant de la technique Holosync, une combinaison de méditation orientale et de processus occidentaux développés par Ilya Prigogine, lauréat du prix Nobel de chimie en 1977, et des résultats des recherches de Georgi Lazanov dans le domaine de la « suggestopédie », une méthode pédagogique qui permet d'apprendre plus rapidement et qui fait appel à la suggestion et à l'inconscient par le biais de la méditation.

2. Deux fois par année, nous nous réunissons et consacrons trois jours à l'étude de deux livres, l'un traitant de commerce et l'autre de spiritualité. Voici des exemples de livres spirituels que nous avons analysés :

   Rules for a Knight (Les règles de la chevalerie) d'Ethan Hawke
   Quand la conscience s'éveille du père Anthony de Mello
   The Untethered Soul (L'âme sans entraves) de Michael Singer
   Le Pouvoir du moment présent d'Eckhart Tolle

Je remercie ces auteurs de m'avoir inspiré dans la parabole des petits anges.

En étudiant ensemble deux fois par année et en adoptant les mêmes pratiques spirituelles chaque jour, notre équipe demeure unie dans un monde qui est constamment divisé, ce qui inclut notre système scolaire.

L'histoire de Judas

Lorsque je fréquentais l'école secondaire, le père de l'un de mes amis est venu en classe pour nous montrer une pièce qu'il affirmait être l'une des 30 pièces d'argent versées à Judas pour trahir Jésus. La pièce et l'histoire de la trahison de Judas m'ont fasciné.

En 1972, j'ai été envoyé sur l'île d'Okinawa pour y faire un « stage » avant de rejoindre une escadrille de combat opérationnel au Vietnam.

Notre commandant sur l'île d'Okinawa a été celui que j'ai préféré au cours de mon service dans la Marine. Il était un « mustang », c'est-à-dire qu'il avait commencé sa carrière en tant qu'homme de troupe et avait été fusilier pendant la Seconde Guerre mondiale.

Pendant la guerre de Corée, il est devenu officier et a piloté un Skyraider A1, un bombardier à hélices. Le A1 était surnommé « la benne volante », car il pouvait transporter beaucoup de matériel et avait un très large rayon d'action.

Pendant la guerre du Vietnam, il a été promu commandant et sa tâche a désormais consisté à former de nouveaux pilotes tels que moi, à nous former avec rigueur avant de nous envoyer au combat.

Un jour, pendant la réunion matinale des pilotes, il a dit : « L'un de vous est un Judas. »

Et comme dans l'histoire du Christ et des disciples ayant participé à la Dernière Cène, les huit pilotes ont demandé : « Est-ce moi ? Suis-je le Judas ? »

Notre commandant a gardé le silence pendant environ cinq minutes, nous observant. Et nous, au supplice, nous nous interrogions chacun de notre côté sur la possibilité que ce soit nous.

Finalement, l'un des lieutenants a levé la main et a demandé : « Qu'est-ce qui vous fait croire que l'un de nous est un Judas ? »

Notre commandant a souri, ravi que l'un d'entre nous lui pose enfin cette question. Affichant un large sourire pendant encore une minute, il a dit : « Parce qu'il y a un Judas en chacun de nous. »

Pensifs, les huit nouveaux pilotes sont restés assis en silence pendant un moment.

Lentement, notre commandant a ajouté : « Lorsque vous rejoindrez votre escadrille de combat, ne vous attendez pas à ce que tout le monde vous souhaite la bienvenue ou soit aimable avec vous. Personne ne vous fera confiance, car personne ne vous connaît. Les pilotes d'expérience ne voudront pas voler avec vous parce que les nouveaux pilotes trouvent souvent la mort avant 30 jours. Ils ne savent pas qui prendra les commandes : un pilote de la marine ou un Judas. Ils ne sauront pas s'ils peuvent vous faire confiance tant que vous n'aurez pas fait votre baptême du feu. Tant que vous n'aurez pas été mis à l'épreuve, vous serez le FN, le f**** nouveau, un Judas potentiel qui se trahira lui-même et qui trahira ses camarades.

Après que mon équipage et moi avons été secourus dans l'océan, j'ai été promu de FN au grade de pilote.

Le pouvoir de la spiritualité

Aujourd'hui, la chose la plus importante que je fais est de suivre le processus décrit dans *Quand la conscience s'éveille*. La méditation et l'étude des maîtres spirituels sont ce qu'il y a de magique dans ma vie, car j'exerce ainsi un meilleur contrôle sur le Judas qui est en moi.

Ray Dalio, le fondateur de Bridgewater Associates, qui est actuellement l'une des plus riches et plus prospères sociétés de fonds de couverture, a parlé de la méditation à Justin Rohrlich, journaliste au magazine *Maxim*. Ce dernier a écrit :

> *Ray Dalio, comme tout gestionnaire de fonds de couverture digne de ce nom ne révélera pas les secrets de sa stratégie d'investissement. Cependant, il affirme que la méditation transcendantale, qu'il a commencé à explorer pendant ses études lorsqu'il a appris que les Beatles la pratiquaient, « a été la principale cause de son succès. »...*
>
> *Dalio a versé des millions de dollars à la fondation David Lynch, qui prend le parti et soutient cette technique de méditation*

(Martin Scorsese et Jerry Seinfeld en sont également des adeptes), et il paie les frais d'inscription et de formation à tous ses employés qui souhaitent l'étudier.

Voici ce que je pense de la méditation, de l'éducation spirituelle et de Judas.

Judas est un faux professeur. Les individus qui permettent au Judas qui est en eux de donner aux autres des coups de poignard dans le dos – ou de se poignarder eux-mêmes – jouent à Dieu et ne sont plus des élèves de Dieu.

Le véritable but de la méditation et de l'éducation spirituelle est de rappeler au Judas qui est en nous… « que nous sommes tous de petits anges ».

TOUJOURS À LA RECHERCHE D'HOMMES ET DE FEMMES SAGES
Entrevue diffusée à la Rich Dad Radio

À l'école du dimanche, j'ai appris un grand secret de la vie : Les trois Rois Mages étaient sages parce qu'ils étaient partis à la recherche d'excellents professeurs. À l'âge de neuf ans, je suis allé au-devant d'un professeur qui allait devenir mon père riche. Ma quête d'excellents professeurs se poursuit encore aujourd'hui.

De nos jours, la plupart des gens font attention à la nourriture qu'ils ingèrent. Combien de gens font attention à l'*information* qu'ils laissent entrer dans leur cerveau ? Tout comme il y a des gens et des entreprises qui vendent de la malbouffe, il y a des gens et des entreprises qui vendent de l'information poubelle.

Lorsqu'il s'agit d'argent, combien de gens choisissent bien leurs professeurs ? Lorsqu'il s'agit d'argent, combien de gens lisent des livres et assistent à des séminaires, en quête d'hommes et de femmes sages ? Combien de gens aimeraient le faire, disent-ils, mais « n'en ont pas le temps ? » La Rich Dad Radio a été créée pour eux.

Il y a trois volets de mon travail que j'adore. Ce sont :

1. Je me rends au bureau et j'apprends auprès de mes associés et conseillers. Chaque jour est une leçon donnée par

la vraie vie... et non pas de la théorie ou de l'apprentissage dans les livres.

2. Je suis invité comme orateur lors de séminaires et de conférences partout dans le monde. Et je n'assiste qu'à des conférences et des séminaires auxquels sont invités des orateurs intéressants... des gens auprès de qui je peux apprendre.
3. J'interviewe de vrais professeurs, des hommes et des femmes sages. Ces entrevues sont ensuite diffusées pendant le Rich Dad Radio Show. J'y invite d'excellents professeurs dont j'ai fait la connaissance lors de séminaires.

En d'autres termes, je passe la majeure partie de mon temps à travailler et à apprendre... auprès d'hommes et de femmes sages.

Je vous invite à vous joindre à Kim et moi, chaque semaine, et d'être à l'écoute du Rich Dad Radio Show. Chaque semaine, pendant une heure, nous discutons de divers sujets avec certains des plus grands esprits et leaders éclairés du monde actuel. En seulement une heure, vous en apprendrez davantage qu'en une semaine au travail. Le Rich Dad Radio Show est un balado diffusé à l'échelle mondiale qui vous donne l'occasion d'écouter de vrais professeurs et d'en tirer un enseignement.

Toutes les entrevues réalisées à la Rich Dad Radio sont archivées, ce qui signifie que vous pouvez les écouter quand bon vous semble. Si l'un de nos balados présente un intérêt pour vos amis, votre famille ou des collègues, vous pouvez l'écouter ensemble et discuter de ce que vous avez appris. Vous constaterez alors une grande progression dans l'apprentissage et votre compréhension du sujet.

Garder la paix dans un monde en constante évolution

Comme vous le savez, le monde de l'argent est en train de changer. Rapidement. Même si l'économie mondiale ralentit... tout va de plus en plus vite dans le monde de l'argent. Bucky Fuller a prédit que l'humanité entrerait dans une ère de « développement exponentiel ». Malheureusement, à cause d'un système d'éducation désuet, des millions d'individus éprouvent des difficultés financières… et le gouffre devient de plus en plus profond.

Voici quelques-unes des entrevues que vous trouverez sur la Rich Dad Radio – des entrevues avec des hommes et des femmes sages qui viennent de l'intérieur du véritable monde de l'argent. Pour ceux d'entre vous qui veulent mettre leurs connaissances à jour, prendre de l'avance et les conserver dans le monde de l'argent qui est aujourd'hui en pleine évolution, je vous recommande les entrevues suivantes…

G. Edward Griffin

G. Edward Griffin a ouvert les yeux du monde au fonctionnement interne de la mystérieuse et plus puissante des banques – la Réserve fédérale des États-Unis. Ed est un chercheur. Il creuse pour trouver la vraie vérité. Je saisis toutes les occasions d'écouter Ed Griffin.

Richard Duncan

Richard Duncan était économiste au Fonds monétaire international et à la Banque mondiale. Cet initié partage ses idées du point de vue des plus grandes banques du monde. Aujourd'hui, Richard vit en Thaïlande et agit comme conseiller auprès d'individus fortunés et de fonds d'investissement privés.

Chaque fois que je veux savoir ce qui se passe dans le macromonde de l'argent, j'appelle Richard.

Richard offre un service d'abonnement à Macro-Watch. Ce service se distingue par les diagrammes que Richard y présente. Ils facilitent la compréhension des chiffres et l'on obtient alors une « image claire » de la situation monétaire mondiale.

Nomi Prins

Nomi Prins est une initiée de Wall Street… elle en a une connaissance approfondie. Elle a été directrice générale chez

Goldman Sachs et Bear Stearns. Après le krach de 2008, Nomi a voyagé partout dans le monde où elle a pu observer ce qui se passe *vraiment* depuis cette crise. Elle a réuni ses trouvailles dans *Collusion: How General Bankers Rigged the World* (Collusion : comment le secteur bancaire a manipulé le monde).

Bert Dohmen

Si votre fortune est placée dans les marchés boursiers, vous voudrez peut-être envisager de vous abonner à *The Wellington Letter*. L'habileté de Bert à prédire et expliquer les fluctuations du marché relève du génie. Il a aidé des gens à se retirer rapidement – et il explique pourquoi. Bert a la troublante faculté de voir ce qui se passe réellement à l'intérieur des marchés.

Bien que je n'investisse pas dans les marchés boursiers, je suis toujours impatient de recevoir *The Wellington Letter*. Mettant à profit ses 40 ans d'expérience, Bert prend le temps d'éduquer le public et de l'informer. Il explique les causes des soubresauts des marchés mondiaux. Il est un vrai professeur, un ami et un invité régulier à la Rich Dad Radio.

James Rickards

Jim est un avocat et un banquier d'affaires. Il connaît de l'intérieur l'industrie des fonds de couverture. Il a travaillé pour LTCM, Long Term Capital Management, une géante parmi les sociétés de fonds de couverture, fondée par des économistes lauréats du prix Nobel. LTCM a frôlé la faillite lorsque le rouble russe s'est effondré en 2008.

Ce revers a fait comprendre à Jim la fragilité de l'économie mondiale. C'est une expérience qu'il a emportée avec lui lorsqu'il est devenu consultant auprès du département de la Défense des États-Unis et de la CIA, la Central Intelligence Agency. Les ouvrages de Jim, ses présentations et ses entrevues offertes à la Rich Dad Radio sont électrisants.

Les archives du Rich Dad Radio Show comptent également des entrevues avec les personnes suivantes :

- Donald Trump : « Le Donald » annonce qu'il songe à se lancer dans la campagne présidentielle.
- David Stockman : David était le directeur de l'Office of Management and Budget[7] sous la présidence de Ronald Reagan.
- Ken Langone : Ken est le fondateur de Home Depot.
- Mohamed El-Erian : Mohamed est l'ancien PDG de la firme d'investissement PIMCO.

Ces entrevues vous sont offertes gratuitement. La Rich Dad Radio n'offre pas de conseils. Nous ne vendons rien. Nous ne faisons qu'éduquer… en faisant appel à de vrais professeurs. Vous pourrez en apprendre davantage en visitant RichDad.com.

7. Office of Management and Budget (OMB) : sorte de Conseil du Trésor qui dirige et coordonne les budgets des départements. *(Note de la traductrice)*

VOS QUESTIONS... LES RÉPONSES DE ROBERT

Q: Est-ce que les membres de l'équipe qui vous entoure ont une personnalité similaire à celle des militaires qui ont combattu à vos côtés au Vietnam?

Alejandro B. - Colombie

R: Oui et non. La plus grande différence entre les Marines et les civils du monde des affaires est que les Marines vivent une expérience extrême qui les soude. La plupart des civils ont entendu parler des camps d'entraînement, de la formation des équipes mer-air-terre ou des écoles de parachutisme. Lorsque je volais avec mon équipage, nous étions avant tout des Marines.

Cette expérience intense a fait de nous une équipe plus forte. Nous venons de la même « culture », « famille » ou « tribu ».

Lorsque nous montions dans notre hélicoptère, nous avions tous des tâches différentes à effectuer, après avoir suivi une formation différente. Par exemple, deux d'entre nous étaient pilotes, deux autres étaient des spécialistes en armement, et un dernier était mécanicien d'aéronefs. Malgré ces diverses tâches, nous avions avant tout été formés en tant que Marines.

Dans le monde civil, les gens qui travaillent ensemble ont vécu des expériences diverses, ils sont issus de différentes cultures et tribus. Ils ne partagent pas une expérience extrême qui les a soudés.

Lorsque j'ai travaillé chez Xerox, après avoir étudié à l'Académie et fait partie du Corps des Marines, l'entreprise consacrait beaucoup de temps et d'argent à des efforts visant à « souder » ses employés et à développer chez eux un « esprit d'équipe », une « culture d'entreprise ». Xerox offrait des ateliers, des périodes de réflexion et des dîners de reconnaissance, espérant ainsi développer l'« esprit de corps » que l'on trouve dans l'armée.

Même si je trouvais ces ateliers intéressants et utiles, ils étaient loin de développer la même culture qui est créée dans le Corps des Marines. Sur une échelle de 1 à 10, Xerox se situait à cet égard à 1, et le Corps des Marines à 100 (*Note de la traductrice*: c'est sans doute sa façon d'insister sur l'écart qui existe entre les civils et les militaires).

Et il y a une chose que la promotion de l'esprit de corps en milieu de travail ne peut pas accomplir. Lorsque mon équipage et moi montions dans notre appareil, il y avait entre nous un code tacite. Celui-ci n'avait pas trait au service rendu à Dieu, à notre pays ou au Corps des Marines, mais au fait que nous étions prêts à donner notre vie l'un pour l'autre, pour nos « frères ». (Il n'y avait pas de femmes pilotes au combat à cette époque.)

Un jour, mon ingénieur naviguant a appris qu'il était père. Le même jour, nous sommes allés en mission. En tant que pilote, ma tâche consistait à veiller à ce que mon équipage soit prêt à combattre et, si nécessaire, à mourir.

Je me rappelle très bien lui avoir demandé : « Tu n'es pas inquiet à l'idée que ton fils pourrait grandir sans père ? » Hochant la tête, il a dit sans hésitation : « Non, monsieur ». La bonne nouvelle, c'est qu'il est rentré chez lui six mois plus tard afin de faire la connaissance de son premier enfant.

Les mantras des Marines sont :

> « *Semper fidelis* », qui signifie « toujours fidèles ».
>
> « *La mort avant le déshonneur* », qui n'a besoin d'aucune explication

En termes simples, les Marines sont prêts à donner leur vie pour sauver celle de leurs camarades. Je n'ai jamais trouvé un tel « esprit de corps » dans le monde civil.

Q : En songeant à votre expérience d'« extériorisation », diriez-vous que cela ressemble énormément à la théorie de la relativité d'Einstein, c'est-à-dire que le temps peut être différent pour l'observateur tout dépendant de la situation ?

Brian R. – États-Unis

R : Je ne sais pas. Il faudrait poser cette question à Einstein.

À mon avis, l'extériorisation n'est pas aussi complexe. C'est être tout simplement conscient des pensées qui naissent dans notre esprit. Par exemple, hier je me trouvais dans un magasin de vêtements et je pouvais entendre mon esprit qui me disait : « Ce veston t'irait vraiment bien. Les gens te trouveront cool lorsque tu arriveras au club ainsi vêtu. »

Ai-je acheté ce veston dont je n'avais pas besoin ? Oui. Cela est un exemple réel de mon esprit, de mon ego – et non de mon âme – qui gouvernent ma vie.

Si j'ai parlé du phénomène de l'« extériorisation », c'est pour souligner que les écoles se donnent pour mission de développer notre esprit... pas notre âme. L'Académie et le Corps des Marines ont développé mon âme, pas mon esprit. C'est pour cette raison que les mots *mission*, *honneur*, *code*, *discipline* et *respect* sont au cœur du vocabulaire militaire.

J'entends parfois des gens dire : « Qu'est-ce que cela me rapportera ? » Ce sont là des mots qui reflètent leur cupidité.

Le secret d'une santé, d'une richesse et d'un bonheur authentiques est de ne *pas* permettre à notre esprit et à notre ego de gouverner notre vie.

L'esprit veut savoir : « Combien d'argent cela me permettra-t-il de gagner ? » L'âme veut savoir : « Combien de personnes puis-je servir ? » Vous devrez peut-être recourir à l'« extériorisation » lorsque vous vous poserez cette dernière question.

Q: Comment fait-on la différence entre un « bon » séminaire et un autre donné par un charlatan qui tente de nous soutirer de l'argent ?

Mark K. - États-Unis

R: Je fais de mon mieux pour éviter les mots bon et mauvais.

Plus j'ignore mon esprit et je vis dans mon cœur, j'arrive à voir « du bon dans le mauvais » et « du mauvais dans le bon ».

En décembre 2018, j'ai été critiqué lorsque j'ai dit : « J'espère que le marché boursier s'effondrera. »

Un véritable investisseur est capable de voir les bons et les mauvais côtés d'un krach boursier.

Un faux investisseur vit dans un monde imaginaire. Il croit (ou croit croire) qu'un krach boursier est mauvais.

Dans le monde réel, le meilleur moment d'investir est immédiatement après un krach. Dans le faux monde de l'investissement, les marchés sont toujours à la hausse. Les marchés ne s'effondrent jamais. C'est délirant.

Mon père riche nous a enseigné à son fils et moi :

« Le bon et le mauvais sont les deux côtés d'une même médaille. »

F. Scott Fitzgerald a dit :

« La marque d'une intelligence de premier ordre, c'est la capacité d'avoir deux idées opposées présentes à l'esprit, en même temps, et de ne pas cesser de fonctionner pour autant. »

Pendant mes ateliers, je dis :

« Si nous voulons davantage de paix et de prospérité dans notre vie, nous devons entraîner notre cerveau à voir les deux côtés d'une même médaille. »

Q: Croyez-vous que l'apparition du réseau Internet, du iPhone et des autres technologies exposera un jour l'élite et révélera ce qu'elle a infligé au monde?

Joao B. - Brésil

R: C'est une question très intéressante. Ma réponse est oui et non.

Fuller a prédit que l'humanité entrerait dans l'ère de l'intégrité. Les nouvelles technologies nous permettront de mieux «voir» ce que les êtres humains étaient jusque-là incapables de voir, de faire la lumière sur les fautes de l'élite.

Le problème, c'est que l'ère de l'intégrité sera le théâtre d'un plus grand chaos et d'un plus grand nombre de perturbations alors que les gens tenteront de survivre lorsqu'ils se retrouveront exposés ou ruinés, alors que la technologie continuera de tout enlever à l'ignorant, à celui qui est corrompu et inefficace, en plus du paresseux.

Chaque fois que je me sens trop à l'aise et satisfait de moi, je me rappelle l'entreprise Kodak. Un jour, elle dominait le monde de la photographie. Et le lendemain, en un éclair, la photographie numérique a eu raison de cette société gigantesque.

Cela signifie qu'aucun de nous n'est en sécurité dans un monde où la technologie connaît un développement exponentiel.

Comme Andy Grove, le fondateur d'Intel, l'a écrit: «Seuls les paranoïaques survivent.»

C'est pour cette raison que je recommande l'éducation financière. Votre esprit est paranoïaque. Votre âme cherche à être plus forte que votre esprit.

TROISIÈME PARTIE

FAUX ACTIFS

Mon banquier dit toujours :

« Votre maison est un actif. »

Mais en fait… de qui est-elle vraiment l'actif ?

— RTK

INTRODUCTION

TROISIÈME PARTIE

Pourquoi les pauvres et la classe moyenne s'appauvrissent-ils toujours davantage ?

Parce qu'ils investissent dans de faux actifs qu'ils croient être de véritables actifs.

— RTK

Introduction

FAUX ACTIFS

« Les riches ne travaillent pas pour l'argent. »

« Les épargnants sont des perdants. »

« Votre maison n'est pas un actif. »

Ce sont là des énoncés tirés de *Père riche, Père pauvre*, un ouvrage paru en 1997.

Ces énoncés étaient tellement controversés à l'époque que tous les éditeurs à qui j'ai soumis mon manuscrit l'ont rejeté. Quelques-uns d'entre eux m'ont dit : « Vous ne savez pas de quoi vous parlez. »

C'était il y a plus de 20 ans.

En 2018, de nombreux membres de l'élite très instruite continuent de dire que je ne sais pas de quoi je parle. Des énoncés tels que « votre maison n'est pas un actif » et « les épargnants sont des perdants » perturbent chaque cellule de leur cerveau. Ils veulent croire que leur maison est un actif et qu'épargner est la chose la plus intelligente à faire.

Mais le problème, c'est qu'une maison est un faux actif. Tout comme l'épargne – notre argent et nos économies en prévision de la retraite.

Dans la troisième partie de cet ouvrage, vous apprendrez que la plupart des gens investissent dans de faux actifs ou comptent sur de faux actifs pour toucher un revenu jusqu'à la fin de leurs jours, une fois qu'ils auront quitté le marché du travail.

Dans la troisième partie, Faux actifs, vous découvrirez que la plupart des gens investissent dans de véritables éléments de passif, et non dans de véritables actifs.

Heureusement, vous y trouverez *pourquoi* la plupart des gens investissent dans de faux actifs... et vous apprendrez comment investir dans de véritables actifs.

Chapitre 14

POURQUOI PRENDRE SA RETRAITE À UN JEUNE ÂGE?

LA PROCHAINE GRANDE CRISE

En juin 1974, j'ai obtenu mon certificat de libération et j'ai quitté la Base aérienne de la Marine d'Hawaï. Après un dernier salut, je me suis installé au volant de ma voiture et, en homme libre, je me suis rendu à ma nouvelle résidence à Waikiki. J'avais été dans l'armée depuis le mois d'août 1965, le mois où j'étais entré à l'Académie de marine marchande à Kings Point, dans l'État de New York.

J'habiterais dorénavant dans un condo d'une chambre à coucher à l'Hôtel Ilikai, un luxueux établissement situé sur la plage de Waikiki. J'ai choisi l'Ilikai parce qu'il propose des condominiums qui peuvent être placés dans le pool locatif de l'hôtel, me permettant ainsi de transformer un élément de passif en un actif générateur de revenu. J'avais tout de même accès à toutes les installations hôtelières – piscine, gymnase, restaurants, boîtes de nuit et service à l'étage. Le prix était correct: seulement 32 000 $ pour un minuscule condo de 55 mètres carrés. Étant un célibataire de 27 ans, 55 mètres carrés au cœur de la vie nocturne de Waikiki était tout ce dont j'avais besoin.

J'ai commencé à travailler à la Xerox Corporation au centre-ville d'Honolulu le lundi suivant. Je n'ai pas pris de vacances parce j'avais maintenant une hypothèque à rembourser.

La retraite dans 20 ans

Mon père pauvre ne voulait pas que je quitte la Marine. Il voulait que j'y fasse carrière encore 20 ans.

Tant du côté de la famille de ma mère que de celle de mon père, les prestations de retraite semblaient plus importantes que l'emploi lui-même. Deux des frères de ma mère avaient fait carrière au sein du service des incendies de l'État d'Hawaï. Après 20 ans, ils touchaient une pension de l'État. Âgés de 40 ans, rien ne les obligeait plus à travailler. Ils sont allés à la pêche et ont joué au golf pendant le reste de leur vie. Une fois par année, ils faisaient un pèlerinage à Las Vegas, sur le continent. Ils avaient une retraite très agréable.

Du côté de mon père, c'était la même histoire. Quelques membres de sa famille avaient deux pensions de l'État (et un autre, même *trois*) en plus de bénéficier de la Sécurité sociale et de Medicare. Cet oncle qui touchait trois pensions avait tout d'abord pris sa retraite de l'armée après 20 ans de service, et ensuite occupé un emploi au gouvernement fédéral pendant cinq ans, et il s'apprêtait à en toucher une troisième de l'État d'Hawaï. Ils faisaient l'envie de mon père et c'est pour cette raison qu'il voulait que je fasse carrière dans la Marine.

Le plan 401(k)

En 1971, le président Richard Nixon a mis un terme à la convertibilité du dollar américain en or. Cette initiative a marqué le début d'un exode massif des richesses des travailleurs vers l'élite universitaire et financière. C'est de cette élite dont Steven Brill parle dans *Tailspin.*

Plus tôt dans cet ouvrage, j'ai cité Steven Brill qui explique comment les universités les plus prestigieuses de notre pays ont commencé à créer des produits financiers sophistiqués tels que les TGC et les TACH, des instruments dérivés qui ont très peu profité à l'économie et qui ont détroussé la classe ouvrière en enrichissant grassement l'élite universitaire et financière.

Puis 1974, l'année où j'ai quitté la Marine, a également été l'année de l'entrée en vigueur de la Loi sur la protection du revenu de retraite des travailleurs (ERISA), une loi qui protégeait les régimes de retraite complémentaires offerts par les employeurs. Quatre ans plus tard, le plan 401(k), un autre régime de retraite qui est le produit de l'ingénierie financière, a vu le jour.

Mais il y avait un problème. On s'attendait à ce que, soudain, des hommes et des femmes sans éducation financière deviennent des investisseurs. Cela a été le début d'une extorsion massive perpétrée par les banques «trop solides pour s'écrouler», le gouvernement américain et Wall Street.

Les années 1971 à 1974 marquent un tournant dans l'histoire. Dans 50, peut-être 100 ans, des érudits se pencheront sur cette époque et diront que c'est à ce moment-là que les membres de l'élite américaine ont orchestré une énorme escroquerie financière, volant les richesses de millions de baby-boomers qui avaient participé, en toute innocence, à cette magouille de plusieurs trillions de dollars, sanctionnée par le gouvernement, et appelée… régimes de retraite.

Soit dit en passant, 1972 a été l'année où Nixon a ouvert les portes du pays à la Chine.

Un désastre imminent

Aujourd'hui, le monde fait face à de nombreux désastres qui ne cessent de s'aggraver – la destruction de l'environnement, une dette mondiale monstrueuse et le cyberterrorisme.

Un désastre imminent auquel peu de gens prêtent attention est le même qui a frappé mon père pauvre dans années 1970: la retraite – sans indemnités de retraite.

Les régimes de retraite en route vers la faillite

Examinez ces rapports :

16 AVRIL 2018

INVESTOR'S BUSINESS DAILY

La crise des régimes de retraite : Alors que les médias mettent sans cesse l'accent sur la dette galopante du gouvernement fédéral, un nouveau rapport indique que les États ont une bombe à retardement entre les mains : l'obligation de verser des sommes considérables en prestations de retraite à leurs employés de la fonction publique. La réforme ne sera pas facile, mais il n'y a rien d'autre à faire.

22 JUIN 2018

SIMON BLACK, SOVEREIGN MAN

La caisse de retraite des employés, actifs et retraités, de la ville de San Diego enregistre une insuffisance de fonds de l'ordre de 6,25 milliards de dollars.

L'État du New Jersey a une dette non capitalisée de 90 milliards de dollars.

Et, bien entendu, la Sécurité sociale et Medicare en ont une qui s'élève à 10 trillions de dollars.

La situation n'est pas différente en Europe.

En Espagne, pendant plusieurs années, le fonds de prévoyance de la Sécurité sociale a été fortement investi dans des obligations d'État – **des obligations dont le taux de rendement moyen a été de MOINS 0,19 %.**

Vous avez bien lu.

Il n'est donc pas étonnant que la caisse du régime de retraite de l'Espagne soit pratiquement à sec.

Le Royaume-Uni a quant à lui une dette non capitalisée de plusieurs trillions de livres.

Même le régime de retraite universel de la Suisse conservatrice n'est approvisionné qu'à 69 % – un chiffre apparemment fantastique si on le compare au tableau mondial qui est plutôt sombre.

L'an dernier, le gouvernement suisse a proposé un plan de sauvetage, demandant que l'âge de la retraite soit haussé d'un an pour les femmes (passant de 64 à 65 ans, l'âge auquel les hommes sont éligibles à la retraite), ainsi qu'une augmentation de la TVA de l'ordre de 0,3 %.

Mais le plan a été rejeté par les électeurs suisses lors d'un référendum – c'était la troisième fois en 20 ans qu'un plan de réforme ne faisait pas l'unanimité.

Et le véritable problème ici, c'est que les régimes de retraite sont pratiquement moribonds partout dans le monde.

La plupart du temps, les politiciens se contentent d'ignorer la question et tentent de refiler le problème à l'administration suivante.

Mais il arrive qu'ils fassent une tentative pour trouver une solution.

Toutefois, chaque fois qu'ils le font… les électeurs rejettent leur proposition. Ou les syndicats intentent des poursuites. Ou autre chose leur met des bâtons dans les roues.

Cela ne fait qu'accélérer l'inévitable: les fonds des régimes de retraite s'épuisent.

4 MARS 2018

MARTIN ARMSTRONG, ARMSTRONG ECONOMICS

Le plus grand régime de retraite complémentaire des États-Unis est le régime de retraite des employés du gouvernement de la Californie (CalPERS). La Californie se trouve dans une grave situation d'insolvabilité. Nous recommandons fortement à nos clients de se retirer avant qu'il ne soit trop tard. Je les ai avertis que CalPERS était au bord du dépôt de bilan. Je les ai avertis que CalPERS faisait secrètement du lobbying auprès du Congrès afin qu'il saisisse tous les plans 401(k) et leur en confie la gestion. En amalgamant des fonds privés à des fonds publics, CalPERS serait en mesure de se soustraire un peu plus longtemps à l'insolvabilité. Bien entendu, CalPERS est incapable de gérer ses propres fonds, alors comment pourrait-on s'attendre à ce qu'il fasse mieux avec des fonds privés ? En fait il ne ferait que voler les citoyens pour payer les prestations de retraite des employés du gouvernement et des politiciens.

CalPERS a fait des investissements pour afficher sa rectitude politique en matière de préoccupations environnementales plutôt que de privilégier des projets axés sur l'économie. Ensuite, CalPERS a désespérément tenté de **cacher ceci et d'autres faits** pour se soustraire à toute transparence. Et puis, l'an dernier, comme il estimait que le cours des actions était surévalué, il a opté pour des **obligations**, au beau milieu de la bulle obligataire. Bref, l'économie californienne a connu la courbe de croissance prévue et, depuis, nombreux sont les résidents qui quittent l'État.

30 JUILLET 2018

SARAH KRAUSE, *THE WALL STREET JOURNAL*

Moody's Investors Service estime que les régimes de retraite de l'État et les fonds de pension locaux sont sous-approvisionnés d'environ 4 trillions de dollars, ce qui équivaut pratiquement à la production économique de l'Allemagne, la quatrième puissance économique mondiale.

11 OCTOBRE 2018, AFP

« Une valeur nette de plusieurs trillions de dollars américains vulnérable à la récession : FMI »

Le plus grand risque vient des régimes de retraite publics et privés qui peuvent perdre de l'argent lorsque Wall Street fléchit – les budgets des gouvernements locaux étant donc responsables de l'insuffisance de fonds.

Les villes et les États doivent alors réduire leurs dépenses ailleurs, ce qui freine l'économie.À l'échelle nationale, de tels régimes de retraite sont déjà sous-approvisionnés de l'ordre de 8 % du PIB.

Poursuivez votre lecture… pour connaître des faits alarmants qui poussent à la réflexion.

ZIMBABWE

En 2000, la monnaie du Zimbabwe est devenue la risée du monde entier lorsque le président Robert Mugabe a commencé à imprimer des trillions et des billiards de fausse monnaie afin de payer les pensions des employés du gouvernement et de rembourser ses dettes de guerre.

De nombreux pays occidentaux et riches adoptent la politique financière du Zimbabwe et impriment, impriment et impriment de la fausse monnaie.

NICARAGUA

En 2018, le Nicaragua se trouve au bord de la révolution parce que le gouvernement est dans l'incapacité de verser leurs prestations de retraite à ses employés.

VILLES RICHES

Aujourd'hui, en 2019, des millions de familles vivent dans les rues de plusieurs grandes villes telles que New York, San Francisco, Seattle et Honolulu.

ITALIE

Le 13 octobre 2018, *The Economist* rapportait que : « L'Italie, en particulier, est une bombe à retardement… Il n'en faudrait pas beaucoup pour déclencher une nouvelle crise, une crise qui serait extrêmement difficile à contrôler. Une panique en Italie pourrait s'étendre à tous les marchés financiers, freinant les investissements et la croissance partout dans le monde. »

19 JUILLET 2018

THE WALL STREET JOURNAL

ÉTATS RICHES

Les trois États ayant les régimes de retraite les mieux approvisionnés sont :

1.	Dakota du Sud	approvisionnés à 100 %
2.	Wisconsin	approvisionnés à 99,9 %
3.	Washington	approvisionnés à 98,7 %

ÉTATS PAUVRES

Et les trois États ayant les programmes les moins approvisionnés sont :

48.	Connecticut	approvisionnés à 51,9 %
49.	Kentucky	approvisionnés à 48,9 %
50.	Illinois	approvisionnés à 47,1 %

« L'état critique dans lequel se trouvent les régimes de retraite des travailleurs de l'Ohio est symptomatique d'un problème national. »

27 JUILLET 2018

MARK MILLER, REUTERS

Roberta Dell travaille depuis 46 ans dans le domaine de la confiserie et elle adore ça. Mais elle est inquiète à l'idée que sa retraite ne soit pas aussi « sucrée » que les sucettes Dum Dum qu'elle emballe.

Mme Dell est à l'emploi de la Spangler Candy Company à Bryan, en Ohio – une entreprise familiale qui emploie 550 travailleurs et qui fabrique ce célèbre bonbon. En 1950, Spangler a été structurée par le syndicat de la Fraternité internationale des

Teamsters et son régime de retraite a été jumelé au programme interentreprises du Centre des États-Unis en 1972.

Mais l'horizon est extrêmement incertain pour Roberta Dell. Le régime de retraite des États du Centre se dirigera vers l'insolvabilité au cours des 10 prochaines années. Le régime, qui couvre plus de 400 000 retraités et travailleurs actifs, est devenu un symbole pour tous les problèmes que les régimes de retraite interentreprises ont connus – régimes de retraite à prestations déterminées traditionnels qui sont approvisionnés conjointement par des groupes d'employeurs. Ces derniers sont généralement de petites entreprises évoluant dans les secteurs de la construction, de l'exploitation minière et alimentaire dont la structure ne comprend pas de régime de retraite.

« J'ai toujours pensé que je toucherais des prestations lorsque viendrait le moment de prendre ma retraite », a dit Roberta lors d'une entrevue. « Je considérais mon régime de retraite comme un régime d'épargne. »

Plus tôt ce mois-ci, Mme Dell, qui est la déléguée syndicale en chef des Teamsters, a déclaré sous serment lors d'une audience spéciale d'une commission spéciale du Congrès des États-Unis, que l'Ohio examine des solutions possibles pour des travailleurs comme elle.

Plus de 10 millions de retraités sont couverts par 1 400 régimes de retraite interentreprises. Mais environ 200 d'entre eux sont sérieusement sous-financés – une conséquence des krachs boursiers de 2001 et 2008-2009, et du déclin industriel qui a entraîné une régression de l'emploi.

Ces problèmes menacent non seulement les prestations de retraite des travailleurs, mais entraîneront d'ici 10 ans l'insolvabilité du programme d'assurance interentreprises de la Pension Benefit Guarantee Corporation. La PBGC est l'agence gouvernementale américaine qui fait office de crédit de sûreté auprès des régimes de retraite en difficulté en assurant les prestations de millions de travailleurs américains.

REMARQUE : Très peu de travailleurs américains ont entendu parler de la PBGC. Mais ils connaîtront son existence lorsqu'elle fera faillite et que leurs prestations seront réduites.

... Roberta Dell a 65 ans et elle est veuve – son mari était également à l'emploi de Spangler avant son décès en 2015. Elle entend travailler encore quelques années avant de prendre sa retraite et prévoit que ses prestations seront d'environ 1 200 $ par mois. La Sécurité sociale lui versera également la somme de 1 400 $. Mais dans l'état actuel des choses, on peut prévoir des réductions de prestations vers 2025.

Le dilemme de mon père pauvre

En 2019, des millions d'employés seront dans la même situation que mon père pauvre l'était en 1974 : ils prendront leur retraite mais ne toucheront pas de prestations de retraite. Des millions de baby-boomers pourront voir leurs rêves s'envoler en fumée si un krach géant balaie leur épargne-retraite et la PBGC.

L'investissement dans de faux actifs

C'est ce qui arrive lorsque les gens investissent dans de faux actifs ou confient leur épargne-retraite à de faux gestionnaires de fonds qui investissent dans de faux actifs tels que les valeurs mobilières, les obligations, les fonds communs de placement, les FNB, l'assurance et au comptant.

L'ÉCART

Le diagramme de la page suivante raconte l'histoire du déclin de l'Amérique, qui s'achemine vers la pauvreté.

L'ÉCART
Variation de la part du revenu *vs* 1979, après impôts et inflation

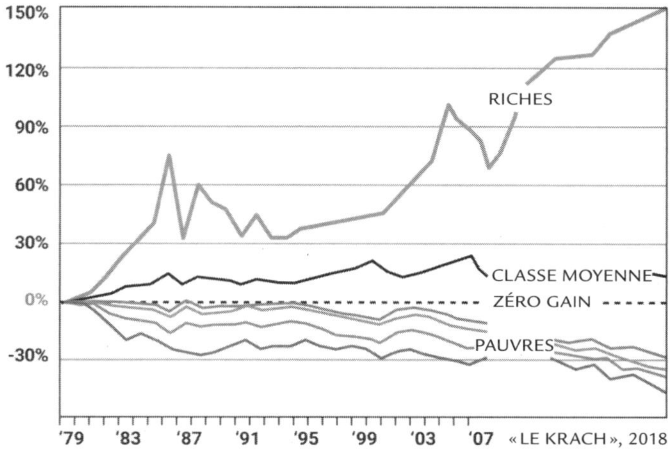

Source: Service d'études budgétaires du Congrès

Une étude réalisée en 2018 par le Schwartz Center for Economics Policy Analysis (Centre d'analyses économiques Schwartz) à la New School, une université new-yorkaise, révèle que 40 % des Américains appartenant à la classe moyenne glisseront dans la pauvreté au moment de la retraite.

Les pauvres de demain ont un emploi aujourd'hui, mais pas de retraite assurée en vue.

La retraite à un jeune âge

En 1974, je me suis juré de prendre ma retraite à un jeune âge. Non pas parce que je voulais cesser de travailler, mais parce que je voulais *me lancer un défi.* Si je ne réussissais pas, j'aurais encore de nombreuses années devant moi pour atteindre cet objectif. Je ne voulais pas avoir 65 ans et constater que mon épargne-retraite avait été balayée par un krach boursier ou découvrir que je n'avais pas suffisamment d'argent pour subvenir à mes besoins jusqu'à la fin de mes jours.

Comme je l'ai dit dans les chapitres précédents, j'ai connu de nombreux échecs au cours de ma vie. J'avais 47 ans lorsque j'ai découvert la formule qui m'a permis de prendre ma retraite. J'avais été prêt à échouer et à faire des erreurs parce que c'est en échouant et en tirant un enseignement de mes erreurs que j'ai pu devenir un entrepreneur et, ultimement, une personne qui n'aurait plus jamais besoin d'un emploi, de toucher un chèque de paie courant ou des prestations de retraite.

Cela m'a pris 20 ans. Si j'étais resté dans la Marine, si j'avais fait « mes 20 ans » comme mon père pauvre le souhaitait, je n'aurais pas été aussi avisé ni aussi riche au même âge.

La retraite à un jeune âge, riche

Si j'ai bien voulu échouer et apprendre de mes erreurs, c'est parce que je voulais prendre ma retraite à un jeune âge, riche. Dans les années 1970, un revenu de 500 $ par mois à la retraite était considéré comme étant excellent. Aujourd'hui, un tel revenu mensuel équivaut à vivre dans la pauvreté.

En 1974, je visais un revenu hors exploitation de 120 000 $ par année. Ainsi, je pourrais prendre ma retraite, riche.

En 1994, Kim et moi avons atteint cet objectif. Kim avait 37 ans, et moi 47. Encore une fois, cela m'a pris 20 ans. Il n'a fallu que 10 ans à Kim.

Une fois que nous avons réussi à générer un revenu annuel de 120 000 $, notre prochain objectif a été 1,2 million de dollars par année. Et ensuite, 12 millions de dollars par année.

C'était notre défi personnel. Tout d'abord, prendre notre retraite à un jeune âge… et riches. Le calcul est simple. Tout d'abord, nous devions gagner 10 000 $ par mois, et puis 100 000 $, et puis un million de dollars.

Si j'étais resté dans la Marine pendant encore 20 ans, j'aurais probablement gagné 5 000 $ par mois.

En 1990, je me rappelle qu'une femme nous a dit» : «Vous ne gagnez que 120 000 $ par année?» Ce qu'elle ne comprenait pas, c'était que notre ménage engrangeait cette somme sans que nous ayons à travailler. Son mari, un avocat, gagnait environ 500 000 $ par année, mais il devait pour cela continuer à travailler.

Aujourd'hui, Kim et moi gagnons plus d'argent en deux semaines, sans travailler, que cet avocat n'en gagne en un an.

Donner au suivant

Kim et moi nous étions fixés comme objectif de faire un don d'un million de dollars par année à des œuvres caritatives lorsque nous prendrions notre retraite. Notre plan était de gagner de l'argent et ensuite de donner au suivant.

Kim et moi étions jeunes lorsque nous avons trouvé la formule qui nous permettrait de prendre notre retraite. Et ensuite, nous sommes devenus riches.

Tout d'abord, le secret a été d'investir dans ce que nous aimions. Nous n'avons pas investi dans ce que certains planificateurs financiers nous conseillaient.

Vous ne pouvez peut-être pas vous empêcher de vous demander : *Combien d'argent vous fallait-il gagner pour que ce soit assez?* Notre but et notre plan visant à atteindre la liberté financière et la fortune n'ont rien à voir avec la notion de «suffisance». J'avais dépassé cela depuis longtemps.

Pourquoi ai-je besoin de gagner autant d'argent? Je n'ai pas ce besoin. Gagner de l'argent dans les quadrants P et I n'est qu'un jeu pour moi. Certains individus passent leur vie à pourchasser une petite balle blanche sur un terrain de golf, espérant rester au-dessous du par. Certains individus passent leur vie à chanter, à espérer être découverts ou de devenir une vedette de cinéma ou une superstar sportive. C'est leur jeu.

La question importante qu'il convient de se poser est : Est-ce que votre jeu vous passionne?

C'est une grande question. Les gens passionnés font ce qu'ils ont envie de faire. La passion est souvent égoïste. Toutefois, il vaut mieux être passionné que détester ce que l'on fait. De nouvelles études démontrent que 70 % des Américains détestent ce qu'ils font… contre 62 % quelques années plus tôt.

On me demande souvent si m'enrichir toujours davantage est mon but dans la vie. Non. De nombreux individus travaillent dans un but bien précis – mettre de la nourriture sur la table, payer les frais de scolarité de leurs enfants, ou effectuer des tâches qu'ils jugent significatives.

En 1983, alors que j'étudiais avec Richard Buckminster Fuller, il a dit : « Je fais ce que Dieu veut que je fasse. » Donc, je me suis demandé : *Qu'est-ce que Dieu veut que je fasse ?* J'encourage tout le monde à se poser cette question.

En 1983, j'œuvrais dans l'industrie du rock & roll. Je m'amusais. J'étais cool, je côtoyais les meilleurs groupes de l'époque, comme The Police et Van Halen. Mais je ne peux pas dire en toute honnêteté que c'est Dieu qui voulait que je fabrique des produits promotionnels pour des groupes de rock & roll, même si c'était très lucratif.

Je me suis donc posé cette question : *D'après toi, qu'est-ce que Dieu veut que tu fasses ?*

Je ne peux pas l'affirmer, mais je soupçonne que Dieu ne souhaite pas que les gens vivent dans la pauvreté. Donc, j'ai commencé à enseigner ce que mon père riche m'avait appris à propos de l'argent, et il m'a semblé que Dieu m'appuyait.

J'ai donc continué à enseigner. Et – oui – à gagner beaucoup d'argent. Je serais un faux professeur si j'enseignais aux autres comment s'enrichir en étant moi-même pauvre.

Maintenant, permettez-moi de vous poser quelques questions.

Que croyez-vous que Dieu veut que vous fassiez… et que vous souhaitez également faire ?

Êtes-vous prêt à faire ce que Dieu veut que vous fassiez ?

Si vous pouviez trouver un remède contre le cancer, le feriez-vous?

Si vous pouviez éradiquer la faim dans le monde, le feriez-vous?

Si vous pouviez stopper le réchauffement climatique, le feriez-vous?

Ou ne souhaitez-vous que gagner suffisamment d'argent pour vous-même?

En 1974, j'avais déjà occupé deux professions hautement rémunérées, l'une en tant qu'officier sur un pétrolier de la Standard Oil et l'autre comme pilote. Toutes deux étaient des carrières bien rémunérées dans le quadrant E. Je voulais découvrir si j'étais capable de réussir dans les quadrants P et I.

Je traverse l'enfer

Winston Churchill a dit: « Si vous traversez l'enfer… continuez d'avancer. »

Cette transition vers les quadrants P et I n'a pas été facile. Comme je l'ai mentionné dans le chapitre précédent, je n'aurais pas réussi sans mon éducation spirituelle et sans professeurs spirituels.

Cette traversée de l'enfer aux côtés de Kim m'a rendu plus avisé et plus fort, davantage en mesure de faire ce que Dieu voulait que je fasse.

Mon père riche disait: « Plusieurs portes mènent au paradis financier. Et il y en a encore davantage qui mènent à l'enfer financier. »

Comme vous le savez, la plupart des entrepreneurs traversent l'enfer avant de réussir financièrement dans les quadrants P et I. Steve Jobs a quitté Apple, sa propre entreprise. Bill Gates a été poursuivi parce que Microsoft exerçait un monopole. Mark Zuckerberg a été poursuivi par les jumeaux Winklevoss qui prétendaient que Facebook était leur idée. Même Jeff Bezos a connu quelques revers lorsqu'il a fondé Amazon.

Mon père riche m'avait donné cet avertissement : « De nombreux individus choisissent une porte qui mène à l'enfer financier et ne reviennent jamais. »

Comme vous le savez, de nombreux individus vendent leur âme dans l'espoir de s'enrichir. De nombreux individus ont détroussé des millions de gens. Un grand nombre d'entre eux sont toujours au pouvoir et occupent les plus hauts échelons dans le secteur bancaire, plus particulièrement Goldman Sachs, la Réserve fédérale et le Trésor américain.

Quelques-uns des plus célèbres coupables sont Bill Clinton, Robert Rubin, Larry Summers, Alan Greenspan, Jack Lew, Tim Geithner, Hank Paulson, Ben Bernanke, Warren Buffett et Phil Gramm. Ils prétendent avoir sauvé l'économie. En fait, ils ont sauvé les riches. Mauvais karma.

Si une autre catastrophe financière se produisait, des millions d'individus innocents, des travailleurs acharnés, seraient envoyés dans un enfer financier par ces dirigeants sans âme.

C'est pour cette raison que je critique un système qui n'offre aucune éducation financière, qui punit les élèves qui font des erreurs et qui considère que la coopération est de la tricherie.

Notre système d'éducation… est un système sans âme. Tout le monde utilise l'argent. Tous les jours. Pourquoi ne pas aborder ce sujet à l'école ?

J'apprends à devenir un entrepreneur

En 1974, j'ai commencé à travailler chez Xerox afin d'apprendre les techniques de la vente. Je n'étais pas un vendeur naturel. J'ai eu de la difficulté. Je détestais cogner aux portes et subir rejet après rejet. À la fin de la journée, je restais au bureau et je rédigeais des propositions de vente à l'intention de nouveaux clients éventuels. Si je ne vendais pas, je ne pouvais pas manger ni rembourser mon hypothèque. Si je n'apprenais pas à vendre, je ne serais jamais un entrepreneur dans les quadrants P et I. J'ai échoué pendant deux ans avant de devenir le meilleur vendeur des bureaux de Xerox à Honolulu.

Entre 1974 et 1976, j'ai suivi un cours afin de devenir planificateur financier agréé (CFP). C'était un excellent cours. C'était difficile. C'était éreintant. Mais j'en ai beaucoup appris sur la planification financière professionnelle.

Il y a une différence significative entre les CFP et les planificateurs financiers qui obtiennent aujourd'hui leur licence en quelques semaines seulement. Comparativement, il faut environ deux ans à un massothérapeute pour obtenir sa licence.

De nos jours, la plupart des planificateurs financiers ne connaissent pratiquement rien de l'investissement. Ils n'étudient que pour obtenir une licence de série 7.

La différence entre ces planificateurs financiers et les CFP est similaire à celle qu'il y a entre un commis comptable et un CPA.

Après avoir obtenu leur licence, les planificateurs financiers partent à la recherche de clients. La plupart d'entre eux cherchent des individus qui ne sont pas satisfaits du planificateur financier qui les conseille déjà. Le nouveau planificateur financier les convainc ensuite de lui confier les « actifs » de leur plan 401(k) ou de leur régime de retraite individuel, affirmant que la magie opérera. La plupart du temps, il ne se produit rien de magique. Comment cela serait-il possible ? Au fond, tous les planificateurs financiers vendent les mêmes produits : des valeurs mobilières, des obligations, des fonds communs de placement, des FNB, de l'épargne et de l'assurance.

Le nœud du problème

La magie n'opère pas parce que les sociétés de planification financière ne rendent *pas* leurs clients « riches ». Elles ne jouent qu'avec des « fonds sous mandat de gestion ». Si vous écoutez le canal financier CNBC ou lisez les publicités que l'on trouve dans des magazines financiers tels que *Money*, vous verrez celle-ci : « The Big Magic

Fund, 100 milliards de dollars en actif sous mandat de gestion ». Pour l'individu moyen, la somme de 100 milliards de dollars est impressionnante. Toutefois, cela ne veut pas dire grand-chose pour l'investisseur moyen. La principale tâche du planificateur financier est d'accroître le nombre d'actifs sous mandat de gestion de la société pour laquelle il travaille, et non pas de veiller à ce que ses clients aient un avenir assuré. Je traiterai plus en détail des fonds sous mandat de gestion un peu plus loin.

Si j'ai suivi un cours de CFP, c'est avant tout pour ne pas devenir un planificateur financier agréé. Si j'ai suivi un cours de CFP, c'est avant tout pour découvrir comment prendre ma retraite le plus tôt possible. Cela a été une expérience très enrichissante. Voici ce que j'ai appris :

1. Il y a essentiellement deux catégories de planificateurs financiers. Ceux qui sont rémunérés à l'heure, et ceux qui touchent une commission en vendant les actifs de leurs clients.

2. La plupart d'entre eux ne connaissent que les actifs titres tels que les valeurs mobilières, les obligations, les fonds communs de placement, les FNB, l'épargne et l'assurance. Les planificateurs financiers ne sont pas des entrepreneurs, des investisseurs qui acquièrent des biens immobiliers, de l'or ou de l'argent. Plus important encore, la plupart d'entre eux ignorent comment utiliser l'endettement et la fiscalité pour s'enrichir.

3. La plupart des planificateurs financiers et des CFP ne sont pas des investisseurs professionnels. La plupart d'entre eux sont des employés ou des travailleurs autonomes qui travaillent pour toucher un chèque de paie, des primes et des commissions.

4. En étudiant pour devenir CFP, je n'ai pas appris comment prendre ma retraite à un jeune âge ou à le faire sans me soucier de mes vieux jours.

5. J'ai beaucoup appris sur les assurances étant donné que c'est ce que la plupart des CFP s'efforcent de vendre parce que les commissions sont plus importantes.

Le plan de mon père riche

Mon père riche nous a enseigné à son fils et moi qu'il existe quatre types fondamentaux d'actifs. Ce sont :

1. Entreprise ;
2. Immobilier ;
3. Actifs titres (valeurs mobilières, obligations, fonds communs de placement, FNB et épargne) ;
4. Marchandises (or, argent, pétrole, aliments, eau).

La plupart des planificateurs financiers et des CFP ne vendent que des actifs titres et de l'assurance de manière à toucher des commissions.

Investissez dans ce que vous aimez

On a enseigné à la plupart des gens à « faire ce qu'ils aiment ». Mon père riche a enseigné à son fils et moi à « investir dans ce l'on aime ».

Après avoir terminé mon cours de CFP, je savais dans quoi j'investirais.

1. Je savais que je voulais devenir un entrepreneur et ériger des entreprises dans le quadrant P, et non pas dans le quadrant T. Je me suis lancé comme défi de devenir un entrepreneur dans le quadrant P et d'avoir 500 employés ou plus.
2. Je savais que j'aimais l'immobilier. Après avoir réussi à générer un revenu de 25 $ par mois sans sortir un sou de ma poche, j'ai été conquis, et je ne payais pas d'impôts, en toute légalité. J'ai été conquis par le revenu infini, par l'art de gagner de l'argent sans argent.

3. Les actifs titres ne m'intéressaient pas, et encore moins après avec suivi de cours de CFP. Je savais que les actifs titres étaient de faux actifs. Je savais également que les actifs titres convenaient mieux à l'individu moyen, à celui qui évolue dans les quadrants E et T, et qui n'a pas de véritable éducation financière.

4. Je savais que j'aimais les marchandises. J'adorais l'or, ayant acheté ma première pièce d'or véritable à Hong Kong en 1973. Je m'intéressais également au pétrole parce que j'avais suivi une formation pour devenir officier sur un pétrolier lorsque j'étudiais à l'Académie de marine marchande.

Encore une fois, les actifs titres conviennent mieux à l'individu moyen, à quelqu'un qui n'a pas une éducation financière poussée.

Les actifs liquides

Si les actifs titres conviennent mieux à l'individu moyen, c'est parce qu'ils sont «liquides», c'est-à-dire qu'ils peuvent être achetés ou vendus rapidement. Si vous faites une erreur, vous pouvez vendre presque immédiatement

La même chose est vraie pour l'or et l'argent. Ils sont presque aussi liquides que les actifs titres.

Les actifs titres présentent autant d'inconvénients que d'avantages. Ils sont liquides. En cas de krach et de panique, la vente massive de ces actifs peut balayer en quelques minutes le portefeuille de l'investisseur moyen.

Aujourd'hui, avec les transactions à haute fréquence (THF), les actifs titres peuvent être achetés et vendus par blocs de 10 000 en une seconde.

L'investisseur moyen qui investit à long terme peut se retrouver ruiné pendant l'heure du déjeuner.

Les marchés opaques

Au début de cet ouvrage, j'ai dit que l'argent est aujourd'hui en grande partie invisible. La monnaie moderne est virtuelle. La même chose est vraie avec les actifs titres. Les « marchés opaques » sont le théâtre des transactions des investisseurs institutionnels tels que les banques et les sociétés de fonds de couverture, et les investisseurs professionnels tels que Warren Buffett se rencontrent pour acheter et vendre en secret. Aujourd'hui, on estime que 40 % de tous les actifs titres sont négociés sur les marchés opaques. L'investisseur moyen n'a aucune idée de ce qui se passe.

Lors du prochain krach, l'investisseur moyen pourrait bien perdre son épargne-retraite en un éclair.

Lorsque Alan Greenspan a été interrogé au sujet du krach de 2008, il a dit quelque chose comme : « Eh bien, personne ne l'a vu venir. » Cette déclaration était-elle vraie ou fausse ?

Greenspan est un économiste professionnel qui évolue dans le quadrant I. « I » correspond également à « initié ». Greenspan est un initié. Aujourd'hui, je suis un « initié » en matière d'investissement. L'investisseur moyen qui suit les conseils de son planificateur financier ne l'est pas.

Au début de 2008, six mois avant la faillite de Lehman, j'ai annoncé à Wolf Blitzner, sur les ondes de CNN, que les marchés allaient s'effondrer. Si *je* l'ai vu venir, Greenspan devait aussi être au courant. Les initiés qui évoluent dans le quadrant I savaient ce qui nous attendait.

Un krach à l'horizon

Si vous voulez voir la vidéo de mon passage à CNN lorsque j'ai prédit la faillite de Lehman et du krach de 2008, allez sur https://vimeo.com/183740821.

Q : Comment avez-vous pu prédire le krach ?

R : Je suis un initié, un investisseur qui évolue dans le quadrant I. Des années avant le krach, j'ai lancé des avertissements à la télévision et à la radio relativement à cet effondrement du marché immobilier.

Q : Que saviez-vous que les autres ne savaient pas ?

R : J'ai vu les tendances. Entre 2005 et 2008, nos immeubles locatifs ont perdu des locataires. Un grand nombre d'entre eux, qui avaient à peine les moyens de payer un loyer de 500 $ par mois, sont partis et ont acheté des maisons d'une valeur de 300 000 $ à 500 000 $.

Q : Comment ont-ils fait pour acheter de telles maisons ?

R : Ils ont obtenu des prêts sans offrir de garanties suffisantes. Ils ont contracté des prêts à haut risque parce qu'ils étaient des emprunteurs à haut risque.

Q : Comment savez-vous que Warren Buffett était au courant ?

R : Parce que l'entreprise de Buffett, Berkshire Hathaway, a des intérêts dans Moody's, la société qui classifie ces prêts dans la catégorie de « prêts à risque ». Une fois placés dans cette catégorie, ils ont été vendus en tant que titres adossés à des créances hypothécaires et titres garantis par des créances (instruments dérivés) à des régimes de retraite, des gouvernements, des sociétés de fonds de couverture, des fonds d'investissements spéculatifs, des fonds de capital-investissement et d'autres gros investisseurs partout dans le monde.

L'essence est un instrument dérivé du pétrole. Le carburéacteur est un instrument dérivé de l'essence. Plus l'instrument dérivé est éloigné de l'original, dans ce cas le pétrole, plus il devient volatile.

En 2008, ces « instruments dérivés » ont explosé lorsque les emprunteurs à haut risque sont devenus insolvables et que l'économie mondiale s'est pratiquement effondrée.

Des millions d'individus ont perdu leur emploi, leur maison et leur épargne-retraite, mais les « grands de ce monde » n'ont pas été poursuivis en justice, exception faite d'une petite banque du quartier chinois de New York qui a finalement été blanchie de toute accusation.

La chaîne de télévision PBS a réalisé un documentaire sur cette banque : *Abacus, Small Enough to Jail* (Un simple boulier passible d'emprisonnement). Le gouvernement s'en est pris à une minuscule banque plutôt qu'aux véritables criminels.

Comme presque tout le monde le sait, les banques « trop solides pour s'écrouler », comme Goldman Sachs, Wells Fargo et Citibank, ont provoqué le krach, accumulé des milliards de dollars, et aucune n'a été poursuivie. Les banquiers qui se sont enrichis grâce à de faux actifs ont également touché des milliards de dollars sous forme de primes après le krach. À mes yeux, c'est criminel.

Donc, si je savais qu'il était criminel d'accorder ces prêts à haut risque et qu'un krach était imminent, je soupçonne Warren Buffett de l'avoir su également. Je soupçonne qu'il savait que le classement de Moody's était frauduleux.

Après tout, c'est Warren Buffett qui qualifie les instruments dérivés d'« armes de destruction massive ».

Il y a donc un avantage à être un « investisseur initié » dans le quadrant I et à avoir une véritable éducation financière.

Lorsque les marchés se sont effondrés en 2008, Kim et moi avons gagné des millions de dollars.

C'est pour cette raison que je n'investis pas dans des actifs titres tels quel les valeurs mobilières, les obligations, les fonds communs de placement, les FNB et l'épargne. J'aime faire partie des initiés. De plus, tous les actifs titres sont une forme d'instruments dérivés. Ce ne sont pas de vrais actifs. Ce sont de faux actifs.

Toutefois, les actifs titres sont ce qu'il y a de mieux pour l'investisseur « moyen » qui n'a pas d'éducation financière, car ils sont liquides. Ils sont faciles à acquérir et à vendre.

Les entreprises et l'immobilier

Le problème avec les entreprises et l'immobilier, c'est qu'ils sont illiquides. Si vous faites une erreur, vous devenez le capitaine du *Titanic*. Je le sais. En tant qu'entrepreneur, j'ai été plusieurs fois le capitaine du Titanic.

Je n'ai jamais perdu d'argent à la suite de mes investissements dans l'immobilier. Aussi, je vous recommande fortement de suivre un cours dans ce domaine avant d'investir. Je vous recommande de commencer à petite échelle, de vous inspirer du diagramme illustrant les compétences du professeur, et de vous exercer, encore et encore.

N'oubliez pas que les entreprises et l'immobilier sont illiquides. Cela veut dire que vous devez être beaucoup plus avisé que l'investisseur moyen, car lorsqu'on est un entrepreneur dans ces catégories, on est un initié.

Ma formule

Lorsqu'on me demande quelle est ma formule, j'ai deux réponses à offrir.

Réponse n° 1 : Je dis que mon éducation financière a débuté lorsque mon père riche a joué au *Monopoly* avec son fils et moi. Kim et moi jouons au *Monopoly* dans la vraie vie. Kim et moi aimons les vrais actifs, et non pas les instruments dérivés d'actifs. Kim et moi aimons être des initiés.

Réponse n° 2 : Je dis que Kim et moi avons adopté la formule de McDonald's pour nous enrichir. Dans *Père riche, Père pauvre*, je cite Ray Kroc, le fondateur de McDonald's. Il s'adressait à des étudiants au programme de MBA de l'Université du Texas. Il leur a demandé : « Sur quoi est fondée mon entreprise ? » Un étudiant a donné la réponse la plus évidente : « Les hamburgers. »

Ray a alors dit : « Non, McDonald's est fondée sur l'immobilier. »

J'ai donc adopté la formule de McDonald's. Mes entreprises sont fondées sur l'immobilier.

Cette formule ressemble à ceci :

J'y reviendrai un peu plus loin.

Le pouvoir des mots

Lorsqu'on me demande quel est le secret pour devenir riche, je dis : « Il y a de “nombreux” secrets. L'un d'eux est le pouvoir des mots. Si un individu souhaite devenir riche, il doit apprendre à exercer un contrôle sur les mots qu'il pense et prononce. La plupart des gens pensent et prononcent des mots qui les appauvrissent et les maintiennent dans la pauvreté. »

À l'école du dimanche, j'ai appris : « Et le Verbe s'est fait chair et il a habité parmi nous. » (Évangile selon saint Jean 1:14)

Mon père riche m'a appris :

Les pauvres disent : « Je ne peux pas me permettre d'acheter cela. »
Les riches disent : « Comment puis-je me permettre d'acheter cela ? »

Les pauvres disent : « L'argent ne m'intéresse pas. »

Les riches disent : « Si l'argent ne vous intéresse pas, l'argent ne s'intéresse pas à vous. »
Les pauvres disent : « Je ne serai jamais riche. »
Les riches disent : « La richesse est essentielle. »

LEÇON : Les individus qui emploient le vocabulaire des pauvres devraient recourir aux services d'un planificateur financier et investir dans des actifs titres.

Pour ces individus, les valeurs mobilières, les obligations, les fonds communs de placement, les FNB, l'épargne et l'assurance sont suffisants, et *peut-être* préférables à l'inaction.

Actifs *vs* éléments de passif

Mon père riche faisait cette distinction entre les actifs et les éléments de passif :

Les actifs mettent de l'argent dans votre poche.

Les éléments de passif retirent de l'argent de votre poche.

N'oubliez pas que les noms doivent être accompagnés d'un verbe. Pour déterminer si quelque chose est un actif ou un élément de passif, il faut un nom qui soit accompagné d'un verbe. Par exemple, le mot « actif » est un nom. Il doit être accompagné de la locution verbale « couler à flots ». Votre maison peut être soit un actif, soit un élément de passif. Tout dépend du flux de trésorerie.

Lors du krach de 2008, des millions de E, des employés, ont perdu leur emploi et, peu après, leur maison, réalisant soudain qu'elle était un élément de passif, et non un actif.

Faux actifs et véritables éléments de passif

Des milliards d'individus investissent dans de faux actifs.

Le plan 401(k) est un faux actif parce qu'il retire de l'argent de votre poche… pendant des années. Un régime de retraite individuel est un faux actif parce qu'il retire de l'argent de votre poche… pendant des années.

Un régime de retraite gouvernemental est un faux actif parce qu'il retire de l'argent de votre poche… pendant des années.

Un fonds commun de placement est un faux actif. Tout comme les valeurs mobilières, les obligations, les FNB et l'épargne. Ce sont tous des instruments dérivés. De plus, les fonds communs de placement sont assortis de frais, des frais qui enrichissent les riches. Et qui vous appauvrissent.

Les initiés savent que les individus qui investissent dans des fonds communs de placement prennent la totalité des risques en ne touchant cependant que 20 % des profits.

Encore une fois, les fonds communs de placement et les FNB, qui sont des instruments dérivés (et de faux actifs) conviennent mieux aux investisseurs moyens, aux investisseurs passifs qui n'ont pas de véritable éducation financière.

Le problème, c'est que s'il y a un autre krach, l'argent de ces investisseurs pourrait bien disparaître, comme cela a été le cas en 2008.

RAPPEL :

Les actifs mettent de l'argent dans votre poche.
Les éléments de passif retirent de l'argent de votre poche.

Dans le prochain chapitre, vous découvrirez qui empoche l'argent qui disparaît lors d'un effondrement des marchés.

VOS QUESTIONS... LES RÉPONSES DE ROBERT

Q : Vous parlez de « ce que Dieu veut que l'on fasse ». Quels signes vous a-t-il envoyés qui vous ont fait croire que vous faisiez la bonne chose ?

Bruno T. - France

R : Je ne prétends pas que Dieu m'a parlé. Et je ne suis pas assez présomptueux pour croire que « Dieu m'a choisi pour faire ce que je fais ». De plus, il faut avoir une grande arrogance ou une imagination délirante pour croire que l'on sait ce que Dieu pense. Je doute sincèrement que l'esprit humain soit capable de raisonner au même niveau que celui de Dieu… si Dieu existe.

Bucky Fuller m'a fait comprendre que je faisais ce que la majorité des gens rêvent de faire – c'est-à-dire ce que j'aimais… tout en gagnant de l'argent.

Je faisais ce que j'aimais. J'étais un entrepreneur. J'étais le propriétaire de mon entreprise. J'étais le patron et je travaillais avec les plus grands groupes de rock du monde. J'avais aussi des laissez-passer qui me donnaient accès aux coulisses. J'adorais ça. Mon ego adorait ça. C'était amusant. J'habitais dans un luxueux condo sur la plage de Waikiki, j'avais des usines en Corée et à Taïwan, et des bureaux dans plusieurs villes des États-Unis. Je possédais une Harley-Davidson et une Mercedes décapotable et je sortais avec des femmes superbes. J'étais plus que cool.

Et pourtant, tout au fond de moi, je savais que les produits que je fabriquais pour l'industrie du rock & roll n'apportaient pas grand-chose au monde. Dieu n'a pas eu à me dire que mes produits ne contribuaient pas à rendre meilleur le monde dans lequel nous vivons. Je le savais. Mes produits étaient ce que Fuller qualifiait de « nuisances ». Des produits malsains fabriqués par une entreprise malsaine.

Comme M. Fuller me l'a suggéré, j'ai ouvert les yeux et je me suis demandé ce que Dieu voulait que je fasse. Fuller, un futuriste, était constamment à l'affût de l'évolution de l'évolution. Il se demandait : *Qu'est-ce que Dieu veut pour l'humanité, pour la planète, pour l'avenir ?*

Richard Buckminster Fuller croyait que les êtres humains étaient le fruit d'une *expérience de plusieurs millions d'années*, que Dieu cherchait à découvrir si les êtres humains étaient capables de « saisir ». Fuller croyait que Dieu voulait savoir si les êtres humains utilisaient leur esprit pour créer *le paradis sur terre* ou *l'enfer sur terre.*

Il croyait également que les êtres humains étaient en train de passer l'« examen final ». Il croyait que s'ils ne « saisissaient » pas, nous (la race humaine) utiliserions notre esprit pour nous détruire et détruire notre minuscule planète. M. Fuller disait qu'après l'« extinction » de la race humaine, Dieu donnerait le temps à la planète de guérir et que la vie y réapparaîtrait. Dieu y enverrait un nouveau groupe de primates et une autre expérience de plusieurs millions d'années se déroulerait.

La vision du monde de Bucky Fuller se mesurait en millions d'années. La vision du monde des êtres humains se mesure en décennies. C'est pour cette raison que ses prédictions de l'avenir ont été aussi précises. Il regardait l'avenir à travers le prisme de l'esprit de Dieu, et non de l'esprit humain.

C'est après avoir passé une semaine aux côtés de M. Fuller que j'ai commencé à me demander : *Qu'est-ce que Dieu veut que je fasse ?* » Et non : *Qu'est-ce que je veux faire ?*

Étant donné que je détestais la pauvreté, et que je doutais que Dieu veuille que les gens soient pauvres, j'ai vu l'éducation financière comme une solution possible pour éradiquer la pauvreté. J'ai commencé à enseigner ce que mon père riche m'avait appris. Cela a été un acte de foi.

Bucky avait traversé un processus similaire. Il s'était demandé : *Que puis-je faire ? Je ne suis qu'un p'tit gars.*

Après s'être posé cette question, il a cessé de travailler pour l'argent et a commencé à se demander ce que Dieu voulait qu'il fasse… et ce qu'il pouvait faire.

J'ignore si Dieu veut la *prospérité* ou la *pauvreté*, mais c'est ainsi que la Rich Dad Company a été créée. Nous croyons qu'il vaut mieux enseigner aux gens à pêcher plutôt que de leur donner un poisson.

Q: Croyez-vous qu'une autre guerre mondiale pourrait éclater si les choses ne changent pas ?

Melinda G. - Australie

R: Oui. Nous y sommes déjà. Cette guerre se déroule sur plusieurs fronts et à divers paliers. Aujourd'hui, on parle de guerre des devises, de guerre des marchés, de terrorisme, de guerre technologique, de guerre militaire et de guerre médiatique.

Pour reprendre les paroles d'Alexis de Tocqueville :

> « Tous ceux qui cherchent à détruire la liberté au sein d'une nation démocratique doivent savoir que le plus sûr et le plus court moyen d'y parvenir est la guerre. »

J'ai bien peur que l'Amérique dans laquelle je suis né n'existe plus, tout comme le rêve américain.

J'ai bien peur que nous soyons déjà engagés dans une autre guerre mondiale, cette fois une guerre dans laquelle les médias sociaux et les mafias incitent à la cupidité et à la haine.

J'ai bien peur que nous vivions un moment charnière, que nous soyons à l'aube du monde que décrit Ayn Rand dans *La Grève*. D'un monde gouverné par des bureaucrates socialistes et fascistes, par les illuminati, alors que les véritables capitalistes, les véritables producteurs de richesses, entreront dans la clandestinité.

Et à bien des égards, nous y sommes déjà.

Q: Croyez-vous que la dévaluation du dollar américain et l'hyperinflation exposeront finalement les membres de l'élite et mettra fin à leur domination sur 99 pour cent de la population?

William J. - Suède

R: Non. Il y aura toujours des individus qui voudront dominer, opprimer et priver les autres de la liberté.

Cela fait partie de la nature humaine, du caractère arrogant, oppressif, cupide et dominateur auquel Fuller faisait référence lorsqu'il parlait des êtres humains qui ne «saisissaient pas» et de la raison pour laquelle ils sont en train de passer l'«examen final».

Il parlait alors de l'évolution humaine, d'une période de transition où vous et moi cesserions de travailler uniquement pour nous-mêmes, où vous et moi travaillerions pour un monde où il fera bon vivre... un monde qui ne sera pas conçu uniquement pour ceux qui sont instruits et riches.

Pour reprendre encore une fois les paroles d'Alexis de Tocqueville:

> «La grandeur de l'Amérique n'est pas d'être plus éclairée que toute autre nation, mais repose plutôt sur sa capacité à réparer ses fautes.»

L'Amérique a perdu sa grandeur lorsque la Réserve fédérale a détroussé le monde en imprimant des trillions de dollars en 1998, 2008, et encore aujourd'hui. L'Amérique a perdu son compas moral lorsqu'elle a imprimé de l'argent afin de protéger les riches, détruisant au passage la classe moyenne et créant une sous-classe de travailleurs instruits et pauvres.

Notre système d'éducation est complice de ce processus dans lequel l'élite instruite détrousse le reste de l'humanité, détruit notre environnement, et ce, au nom de la fausse monnaie.

Chapitre 15

QUI A PRIS MON ARGENT ?

COMMENT LES RÉGIMES DE RETRAITE ET LES FAUX ACTIFS APPAUVRISSENT LES PAUVRES ET LA CLASSE MOYENNE

Depuis 2008, les quatre plus grandes banques centrales ont imprimé plus de 9 trillions de dollars dans le but de sauver l'économie mondiale.

Où est allé cet argent ? *Qui a pris cet argent ?*

Vous ?

Et pourquoi les caisses de tant de régimes de retraite sont-elles vides ?

Des menaces pour l'économie mondiale

Aujourd'hui, au moment où j'écris ces lignes à la fin de 2018, quatre menaces sérieuses planent sur l'économie mondiale. Ce sont :

1. La hausse des taux d'intérêt

Après 2008, les banques centrales du monde entier ont abaissé les taux d'intérêt au plus bas niveau de l'histoire récente. Les banques centrales avaient besoin que les gens empruntent de l'argent.

Ces emprunts à faible intérêt ont créé d'énormes bulles spéculatives. Les valeurs mobilières, les obligations, l'immobilier et les entreprises sont devenus des ballons de baudruche.

La hausse des taux d'intérêt dégonflera ces ballons.

2. La Chine

La Chine est en difficulté. La Chine a sans doute le pire ratio dette/PIB de tous les grands pays. La Chine a emprunté et prêté plus d'argent que toute autre nation. Si la Chine s'effondre, le monde en fera autant.

Des pays comme l'Australie et le Brésil qui exportent des matières premières vers la Chine souffrent lorsqu'elle éprouve des ennuis.

3. Un dollar américain fort

Lorsque le président Trump a abaissé les taux d'intérêt, plus particulièrement pour les entreprises du quadrant P, les États-Unis sont devenus un paradis fiscal. Des milliards de dollars ont été injectés dans l'économie américaine, rendant encore plus fort le dollar américain.

Un dollar fort n'est pas bon pour les travailleurs parce que les produits américains deviennent plus dispendieux, et des emplois sont perdus si la demande pour ces produits fléchit.

Un dollar fort n'est pas bon pour les pays émergents qui empruntent en dollars américains. Un dollar fort entraîne un affaiblissement de leur devise. Et il devient plus difficile pour ces petits pays et leurs petites entreprises de rembourser en dollars américains.

4. Les régimes de retraite

Comme je l'ai dit dans un chapitre précédent, les régimes de retraite des travailleurs sont sous-approvisionnés partout dans le monde.

Aux États-Unis, la Sécurité sociale et Medicare sont moribonds, au moment même où des millions de baby-boomers prennent leur retraite et doivent pouvoir compter sur ces programmes sociaux.

Voici un fait que vous connaissez peut-être: Les dépenses médicales sont la principale cause de faillite en Amérique.

> En 2030, l'année où les baby-boomers entreront dans la catégorie des citoyens les plus âgés (85+), les régimes de retraite pourraient s'écrouler partout dans le monde – au moment même où les baby-boomers auront le plus besoin de cet argent.

Au chapitre précédent, j'ai parlé de la crise grandissante qui touche les régimes de retraite. J'ai cité les faits suivants:

Le FMI:

> « Le plus grand risque vient des régimes de retraite publics et privés. »

SIMON BLACK:

> « Il n'est donc pas étonnant que la caisse du régime de retraite de l'Espagne soit pratiquement à sec. »
>
> « Même le régime de retraite universel de la Suisse conservatrice n'est approvisionné qu'à 69 % – un chiffre apparemment fantastique si on le compare au tableau mondial qui est plutôt sombre. »

MARTIN ARMSTRONG:

> « Le plus grand régime de retraite complémentaire des États-Unis est le régime de retraite des employés du gouvernement de la Californie (CalPERS). La Californie se trouve dans une grave situation d'insolvabilité. Nous recommandons fortement à nos clients de se retirer avant qu'il ne soit trop tard. »

REUTERS:

> « Ces problèmes menacent non seulement les prestations de retraite des travailleurs, mais entraîneront d'ici 10 ans l'insolvabilité du programme d'assurance interentreprises de la Pension Benefit Guarantee Corporation. La PBGC est l'agence gouvernementale américaine qui fait office de

crédit de sûreté auprès des régimes de retraite en difficulté en assurant les prestations de millions de travailleurs américains. »

Si des millions de travailleurs ont cotisé des trillions de dollars dans ces régimes de retraite, pourquoi les caisses sont-elles vides ? Qui a pris tout cet argent ?

Une meilleure question pourrait être : Pourquoi les riches s'enrichissent-ils ?

L'ÉCART
Variation de la part du revenu *vs* 1979, après impôts et inflation

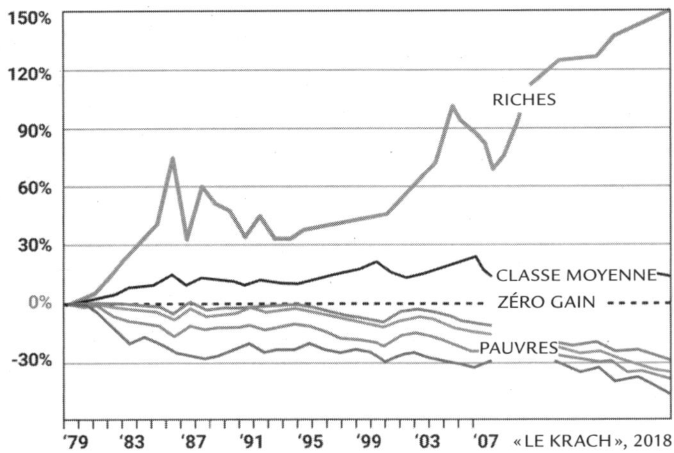

Source : Service d'études budgétaires du Congrès

R : Une image vaut mille mots. Ce diagramme illustre que l'argent des régimes de retraite est passé de la poche des pauvres et de la classe moyenne à celle des riches.

Q : Attendez une minute. Êtes-vous en train de dire que ce sont les riches qui ont vidé les caisses des régimes de retraite des pauvres et de la classe moyenne ?

R : Oui. Sans véritable éducation financière, les pauvres et la classe moyenne sont perdus dans l'espace. Ils n'ont aucune idée de la façon dont leur argent et leurs richesses leur sont subtilisés par le biais de l'argent pour lequel ils travaillent, les impôts qu'ils paient, leur maison, leur épargne et leurs comptes de retraite.

La grande escroquerie financière

En 1983, j'ai lu *Grunch of Giants* de Bucky Fuller. Vous vous rappelez sans doute que Grunch est un acronyme formé à partir de **Gr**oss **Un**iversal **C**ash **H**eist (une grossière escroquerie à l'échelle mondiale). En 1983, je suis devenu un étudiant pour la première fois de ma vie. Je voulais savoir comment nos richesses nous étaient enlevées par l'élite.

J'ai découvert que l'élite nous dépouille de nos richesses par le biais des gouvernements, du système d'éducation, de notre argent, des religions, des banques et de Wall Street.

Voici cinq façons qu'utilise l'élite pour nous dépouiller de nos richesses par le biais de l'argent, l'épargne et les investissements.

Cinq raisons pour lesquelles les pauvres et la classe moyenne sont des perdants

RAISON N° 1 : Des joueurs dirigent le casino

Pendant les années 1950 et 1960, seuls les joueurs investissaient à la Bourse. C'était considéré non éthique pour un conseiller financier de recommander les valeurs mobilières à ses clients.

La peur que le grand krach boursier de 1929 a occasionnée et les décennies de dépression qui ont suivi étaient encore fraîches dans la mémoire de la génération de la Seconde Guerre mondiale. Pendant les années 1950 et 1960, les investisseurs avisés achetaient des obligations du Trésor ou épargnaient.

Pendant les années 1950 et 1960, mon père pauvre et mon père riche étaient des épargnants. L'épargne était plus sûre que le marché boursier parce qu'après l'adoption de la Loi sur les accords de Bretton Woods en 1944, le dollar américain a été soutenu par l'or. Le dollar américain est devenu la monnaie de réserve mondiale, « aussi bonne que l'or ».

En 1971, Nixon a enfoncé le dernier clou du cercueil de l'étalon-or.

Le dollar et tout l'argent du gouvernement sont devenus une dette. Les joueurs ont pris le contrôle du casino du gouvernement. Les débiteurs sont devenus des gagnants et les épargnants sont devenus des perdants.

Les systèmes d'éducation du monde entier ne mentionnent jamais cette tournure critique des événements dans l'histoire.

Mon père pauvre a continué à épargner. Il n'a pas changé. Il comptait sur son épargne et une pension de l'État pour survivre.

Mon père riche a changé. Il le devait parce que, en tant qu'entrepreneur, il ne pouvait pas compter sur une pension de l'État.

En 1973, mon père riche a changé de refrain. En 1973, après avoir réalisé ce que le gouvernement s'apprêtait à faire, il a créé sa première leçon : « Les riches ne travaillent pas pour l'argent. »

En 1973, mon père riche a réalisé que l'argent était toxique, conçu pour dérober les richesses de tous les individus qui travaillent pour lui, qui épargnent ou investissent dans des instruments parrainés par le gouvernement tels que les plans 401(k), les régimes de retraite individuels, les fonds communs de placement et les FNB.

En 1973, mon père riche nous a conseillé à son fils et moi d'apprendre à utiliser l'endettement pour acquérir des actifs. C'est pour cette raison que j'ai suivi un cours sur l'investissement, ainsi que sur les valeurs mobilières et les obligations, et que j'ai étudié pour devenir CFP.

**ÉVOLUTION DES TAUX D'INTÉRÊT
DES OBLIGATIONS DU TRÉSOR AMÉRICAIN**

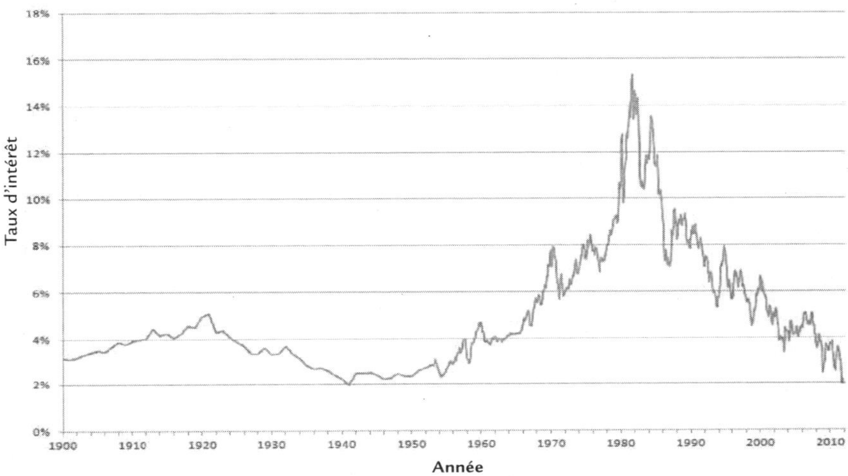

Source : Observations (ObservationsAndNotes.blogspot.com)

Comme vous pouvez le voir sur ce diagramme, les épargnants s'en sont bien tirés jusque vers environ 1990.

Après 1990, les taux d'intérêt ont commencé à baisser. En épargnant, les pauvres et la classe moyenne sont devenus des perdants.

Après 1990, les joueurs, menés par la Réserve fédérale, les grandes banques et le Trésor américain, ont commencé à imprimer de plus en plus l'argent, pour se sauver eux-mêmes et sauver leurs amis riches.

POURQUOI LES ÉPARGNANTS SONT DES PERDANTS

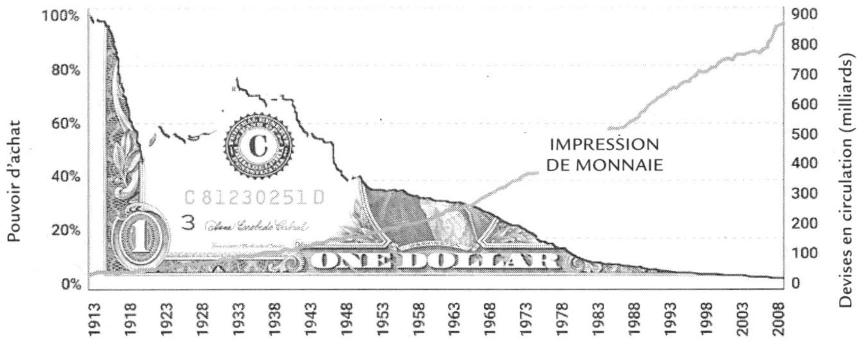

Cette impression d'argent a appauvri les pauvres et la classe moyenne parce que la fausse monnaie provoque l'inflation et que l'inflation rend la vie plus dispendieuse.

LA LEÇON N° 1 DE MON PÈRE RICHE :
« Les riches ne travaillent pas pour l'argent. »

LA LEÇON DE MON PÈRE PAUVRE :
« Va à l'école, trouve un emploi et travaille pour l'argent, épargne, et débarrasse-toi de tes dettes. »

Je n'ai pas écouté mon père pauvre.

Une brève histoire de la grande escroquerie

Après 1971, les joueurs sont devenus des gagnants. Le diagramme de la page suivante illustre l'évolution du Dow Jones sur une période de 125 ans. Remarquez la courbe ascendante accélérée qui s'amorce après 1971.

ÉVOLUTION DU DOW JONES
SUR UNE PÉRIODE DE 125 ANS
1895–2015

(Les zones ombragées indiquent des périodes de récession aux États-Unis)

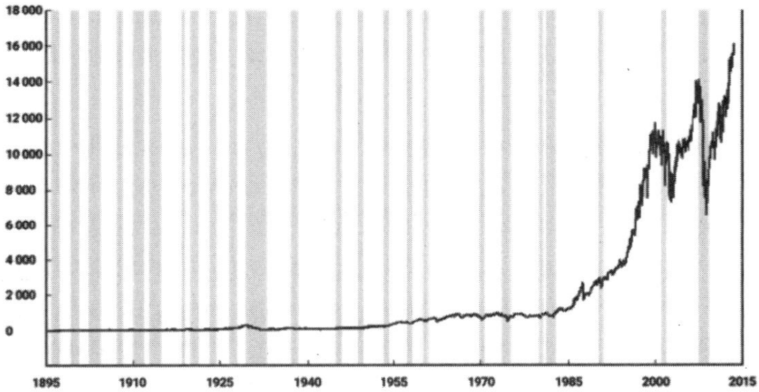

Pendant les années 1970, les écoles de commerce ont commencé à dénigrer l'or, le qualifiant de « relique barbare du passé » en reprenant les mots de John Maynard Keynes. Aujourd'hui, la plupart des diplômés des programmes de MBA et des dirigeants d'entreprises ne connaissent que la fausse monnaie et les faux actifs. Ils connaissent peu de choses à propos de l'argent de Dieu, l'or et l'argent.

Pendant les années 1970, des enfants des pauvres et la classe moyenne ont été admis dans les établissements d'enseignement de l'Ivy League. Dans *Tailspin*, Steven Brill explique comment ces enfants, y compris lui, sont entrés dans ces universités prestigieuses et ont commencé à côtoyer des enfants très riches, héritiers d'une grande fortune familiale, des enfants dont les parents étaient des propriétaires d'entreprises et de biens immobiliers, comme les Kennedy, la famille Bush et la famille Trump.

Ces étudiants pauvres et de la classe moyenne qui ont fréquenté nos meilleures écoles, par exemple, Barack Obama et Bill et Hillary Clinton, ont réalisé qu'ils se devaient de se hisser au niveau de leurs camarades de classe riches. Remarquez qu'ils sont avocats tous les trois. Comme l'écrit Steven Brill, lui aussi un avocat diplômé de Yale, les avocats issus de familles pauvres et de la classe moyenne ont commencé à créer de faux actifs, des instruments dérivés, qui les ont enrichis, mais qui ont détroussé les pauvres et la classe moyenne.

En 1972, le président Nixon a ouvert les portes des États-Unis à la Chine. Le travailleur pauvre s'est appauvri lorsque les salaires ont stagné ou les emplois sont disparus.

En 1974, l'ERISA, la Loi de protection du revenu de retraite des travailleurs, a été adoptée. L'ERISA est l'œuvre de lobbyistes, des grandes banques, de la Réserve fédérale, de Wall Street et de milliers d'autres groupes d'intérêts spéciaux, de l'armée, de syndicats d'enseignants et d'ONG (« le marécage » comme les appelle le président Trump) qui voulaient s'approprier l'argent du fisc. Quatre ans plus tard, nous assistons à la naissance du plan 401(k).

L'ERISA, les plans 401(k) et les régimes de retraite individuels sont des produits du « marécage ».

L'ERISA a pavé la voie pour ces produits. L'ERISA a ouvert les portes du grand casino connu sous le nom de marchés boursier et obligataire et y ont invité des millions d'individus pauvres et de la classe moyenne qui n'avaient aucune éducation financière.

Alors que les dirigeants imprimaient de l'argent, détroussant la majorité des travailleurs, quelques investisseurs de la classe moyenne, comme mon père riche, ont repéré l'escroquerie et s'en sont bien tirés quand les bulles spéculatives créées par les marchés boursier, obligataire et immobilier ont éclaté.

En 1978, des millions d'amateurs ont été entraînés de force dans les grands casinos que sont les banques et Wall Street, qui sont la propriété des riches.

Mon père riche appelait ces casinos géants des « châteaux de cartes ».

Ce « château de cartes » est devenu encore plus instable en 1999 lorsque la Loi Glass-Steagall, qui sépare les activités des entreprises de celles des banques d'investissement, a été abrogée.

Le président Bill Clinton et sa bande de bandits appartenant à l'élite et dirigée par le secrétaire du Trésor Robert Rubin, l'ancien coprésident de Goldman Sachs et président émérite du Conseil des Relations internationales, ont enfoncé le dernier clou du cercueil de la classe ouvrière pauvre et de la classe moyenne.

Q: Comment la Loi Glass-Steagall a-t-elle enfoncé le dernier clou du cercueil de la classe ouvrière pauvre et de la classe moyenne?

R: Cette loi a permis aux banquiers de s'emparer de l'épargne du citoyen moyen et d'investir ses économies dans le grand casino.

Lorsque le casino a perdu cet argent, la Réserve fédérale et le Trésor américain l'on renfloué, sauvant les riches aux dépens de l'avenir des pauvres et de la classe moyenne.

Les riches ont misé l'argent du citoyen moyen, ont perdu cet argent, et ce sont les pauvres et la classe moyenne qui ont écopé en payant des impôts, et l'argent du renflouage a abouti sous forme de primes dans la poche des riches.

Le château de cartes s'effondre

Malgré tous ces abus aux dépens des pauvres et de la classe moyenne, tout allait bien. Après tout, qui se soucie du sort de seulement quelques millions d'individus?

Et puis, le château de cartes a commencé à vaciller.

En 1998, les fondations du casino mondial ont commencé à s'effriter et des krachs géants se sont mis à se produire.

Après le krach de 2008, les banques centrales du monde entier et le gouvernement américain ont imprimé environ 9 trillions de dollars, pour se sauver et sauver leurs amis.

Au moment où j'écris ces lignes en 2018, le monde se trouve dans une autre économie d'emballement géante. Les valeurs mobilières, les obligations et l'immobilier ont beaucoup enrichi les joueurs.

Entre 1971 et 2018, les joueurs ont été des gagnants.

Entre 1971 et 2018, les pauvres et la classe moyenne qui travaillaient d'arrache-pied à gagner de la fausse monnaie, qui épargnaient de la fausse monnaie et investissaient dans de faux actifs dirigés par de faux gestionnaires de fonds formés dans nos meilleures écoles de commerce, sont devenus les grands perdants.

Trois bulles géantes

BULLE GÉANTE Nº 1 :

1998 : Il y a crise en Thaïlande.

1999 : La société de fonds de couverture Long-Term Management Capital s'effondre.

2000 : Les sociétés point-com dégringolent.

BULLE GÉANTE Nº 2 :

2008 : Les instruments dérivés immobiliers s'écroulent.

BULLE GÉANTE Nº 3 :

2018 marquera-t-elle le point culminant ?

En 2018, alors que les taux d'intérêt augmentaient, les marchés boursier et immobilier s'effondraient.

Selon le canal financier CNBC, les Asiatiques « ultra-riches » ont perdu plus de 100 milliards de dollars au cours des six premiers mois de 2018 sur les marchés baissiers de l'Asie.

On rapporte qu'entre le 1er et le 14 octobre 2018, environ 6 trillions de dollars se sont évaporés des marchés financiers.

La fin est-elle proche ?

Les krachs de 2018 sont-ils un signe que les riches ont quitté le casino ?

Dix ans après 2008, le citoyen moyen est-il encore sur le point de perdre ?

Le triple sommet

Lorsque je fréquentais l'école secondaire, je passais la majeure partie de mon temps à faire du surf ou à laisser mon regard vagabonder à travers les fenêtres de la salle de classe, contemplant les vagues.

Tous les surfeurs savent que les vagues géantes arrivent en séries. Généralement, des séries de trois. Cela signifie que si l'on rate les deux premières vagues, il suffit de se tourner vers le large pour y voir venir la troisième.

Je me souviens très clairement de la plus grosse vague que j'ai chevauchée. C'était l'hiver, l'époque où des déferlantes géantes viennent s'écraser sur les rives d'Hawaï. Je n'aurais pas dû me trouver dans l'eau. J'aurais dû me trouver sur la plage avec la foule réunie pour assister au spectacle. Les vagues étaient trop hautes pour mes habiletés de surfeur, et pourtant mon ego m'a poussé dans l'eau et m'y a gardé.

Ce jour-là, j'ai entendu un surfeur au loin me crier : « À l'extérieur ! » Il m'indiquait que j'étais trop loin à l'intérieur de la vague, au beau milieu de la zone d'impact.

Immédiatement, j'ai tourné ma planche et j'ai pagayé frénétiquement, espérant me rendre « à l'extérieur ».

La première déferlante était comme une montagne. C'est à peine si je suis arrivé à me hisser sur la crête où j'ai tout de suite vu la deuxième montagne qui se dirigeait vers le rivage. Alors que je franchissais la première vague, j'ai vu que les surfeurs qui étaient « à l'extérieur » pagayaient encore. Je savais que la troisième déferlante arrivait. Je savais qu'il me fallait franchir la deuxième vague. Sinon, je serais écrasé par la troisième.

C'est avec un peu de retard que je me suis engagé sur la deuxième vague. J'évalue qu'elle s'élevait à une hauteur de quatre à cinq mètres.

Elle a probablement culminé à 5,5 mètres lorsque j'ai franchi la crête et amorcé ma descente. Les jambes chancelantes, je coursais devant la vague qui s'écrasait derrière moi, mais j'ai réussi à maintenir mon équilibre, à glisser le plus loin possible, à arriver à la plage, à agripper ma planche et à courir aussi vite que j'ai pu pour échapper à la vague qui commençait à s'écraser.

La vue d'autres surfeurs qui tentaient de se hisser au sommet de la vague, qui n'y arrivaient pas, qui observaient la crête, qui tombaient, leurs planches volant dans les airs, restera à jamais gravée dans ma mémoire.

Lorsque les gens me demandent comment j'ai appris à prévoir les marchés, je réponds simplement : « J'ai grandi en faisant du surf. »

Le diagramme ci-dessous illustre les plus grandes vagues financières de l'histoire.

POURQUOI LA RICH DAD COMPANY A ÉTÉ CRÉÉE

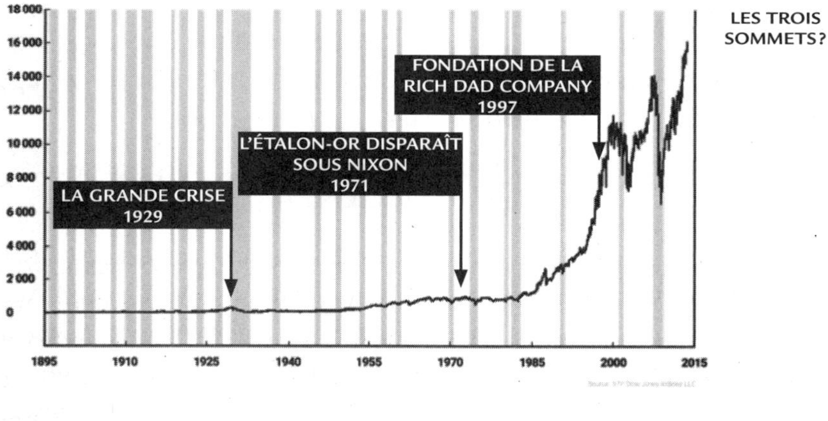

Remarquez les trois sommets. Dans le jargon des contrepartistes, ce diagramme est connu sous le nom de « triple sommet ».

Le premier sommet a été atteint en 1998. Le second en 2008. Quand verrons-nous le troisième?

Historiquement, le troisième sommet est le signal d'un mouvement à la baisse. Il y a souvent une dégringolade après le troisième sommet.

Entre 2019 et 2025, un grand nombre de joueurs amateurs qui sont riches aujourd'hui deviendront probablement les plus grands perdants de demain.

Q: Quand le krach géant se produira-t-il?

R: J'ai grandi sur la grande île d'Hawaï, une île dont le volcan est actuellement en éruption. Avant chaque éruption, il y a des « séismes précurseurs », de petits tremblements de terre qui avertissent les résidents qu'une éruption ou un gros tremblement de terre surviendra bientôt. Après une éruption ou un gros tremblement de terre, il y a des répliques.

Aujourd'hui, au moment où j'écris ces lignes, le nombre de séismes précurseurs augmente. Au moment où j'écris ces lignes, la plupart des Américains sont heureux parce que le taux de chômage est bas, les emplois sont nombreux et les salaires sont à la hausse.

Q: Quels sont certains de ces séismes précurseurs?

R: La dette nationale et les dépenses reliées aux programmes sociaux qui augmentent, les krachs éclairs sur les marchés boursier et obligataire, les catastrophes environnementales qui font grimper les primes d'assurance, le cyberterrorisme, une guerre sans fin menée contre le terrorisme à l'échelle mondiale, et les chefs d'État qui se chamaillent et se traitent de tous les noms au lieu de résoudre les problèmes nationaux et mondiaux.

… et Néron jouait du violon

Il y a un vieil adage qui dit: « Néron jouait du violon pendant que Rome brûlait. »

Le diagramme ci-dessous illustre une Amérique en flammes pendant que nos dirigeants réunissent des fonds pour financer leur prochaine campagne électorale.

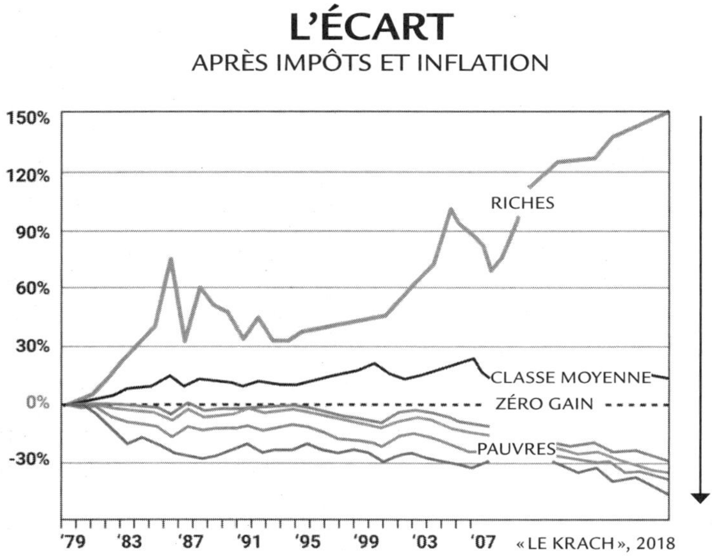

Source : Service d'études budgétaires du Congrès

Est-ce que l'âge d'or des joueurs tire à sa fin ?

Comme le dit l'adage : « Jouer est le plus sûr moyen de perdre. »

Dans l'Évangile selon saint Matthieu (20:16), on peut lire : « Voilà comment les derniers seront les premiers, et les premiers seront les derniers. »

Ce livre est dédié à tous ceux qui pourraient être les derniers demain, et qui veulent être les premiers.

Voici les quatre autres raisons pour lesquelles l'épargne-retraite, les régimes de retraite et les faux actifs appauvrissent les pauvres et la classe moyenne.

RAISON Nº 2 : L'inflation

« Bénis sont les jeunes, car ils hériteront de la dette nationale. »

— *Herbert Hoover*

« S'il n'y avait pas de prêts étudiants garantis par le gouvernement, les frais de scolarité seraient beaucoup moins élevés. »

— *Gary Johnson*

Préoccupation en ce qui a trait aux générations futures

Les baby-boomers américains ont eu une vie facile. Ils ont grandi dans le plus grand boum économique de l'histoire du monde.

Leurs enfants et petits-enfants – la génération X, les milléniaux nés après 1982, et la génération Z, les membres de la génération Internet nés après 1995 – auront un chemin difficile à parcourir. Non seulement les milléniaux sont-ils souvent sans emploi ou encore sous-employés, mais ils sont nombreux à commencer leur vie adulte en ployant sous le fardeau d'une énorme dette étudiante. Ils héritent également d'une grosse dette nationale, d'un désastre financier laissé derrière eux par leurs parents, leurs grands-parents et leurs arrière-grands-parents.

L'histoire hantera les générations futures

Si les générations futures ne modifient pas un système corrompu, de quoi hériteront leurs enfants et leurs petits-enfants ?

« Grâce à une inflation incessante, les gouvernements peuvent à l'insu de tous confisquer une part importante de la richesse de leurs *citoyens.* »

— *John Maynard Keynes (1883-1946)*

« Le meilleur moyen d'écraser la bourgeoisie (la classe moyenne) est de la broyer entre les meules de la fiscalité et de l'inflation. »

— *Vladimir Lénine (1870-1924)*

« L'inflation détruit l'épargne, gêne la planification et décourage l'investissement. Cela entraîne une productivité moindre et un niveau de vie inférieur. »

— *Kevin Brady (1955-)*

Q : Pourquoi le gouvernement souhaite-t-il l'inflation ?

R : Pour rembourser la dette nationale à moindre coût.

Q : Qu'arrive-t-il si le gouvernement n'arrive pas à créer l'inflation ?

R : L'autre côté de la même médaille est la déflation. En cas de déflation excessive, les États-Unis et l'économie mondiale pourraient glisser dans une autre grande crise.

Q : Dites-vous que le gouvernement veut que nous travaillions pour des dollars dépréciés qui perdront constamment de la valeur ?

R : Oui.

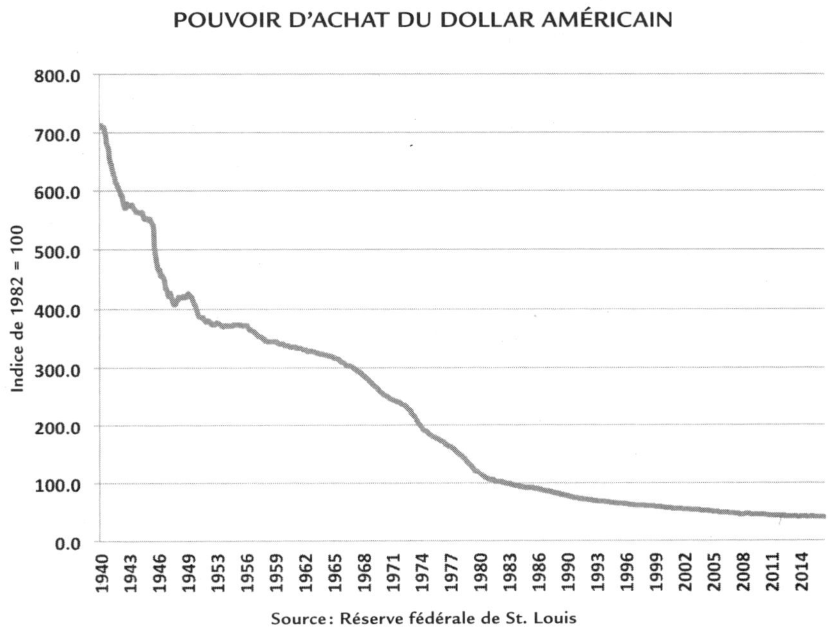

Ce diagramme illustre comment l'inflation aux États-Unis a érodé le pouvoir d'achat du dollar.

Q : Comment le gouvernement crée-t-il l'inflation ?

R : Il y a trois façons de créer l'inflation. La première est l'impression d'argent. Le dollar perd donc de la valeur. Tant et aussi longtemps que le gouvernement et les banques imprimeront de l'argent, les épargnants seront des perdants. Et les débiteurs seront des gagnants.

RAPPEL : Le système bancaire est fondé sur l'impression d'argent. Cette pratique est connue sous le nom de système des réserves fractionnées. Cela signifie que pour chaque dollar qu'un épargnant dépose à la banque, cette dernière a le droit d'en prêter une « fraction ». Si la réserve fractionnée est fixée à 10 %, la banque peut prêter 9 $ pour chaque tranche de 10 $ de l'épargne qui lui est confiée. Lorsque ces 9 $ se trouvent déposés à la banque de l'emprunteur, cette dernière peut en prêter 8,10 $. La triste vérité, c'est que la véritable épargne ne s'élève alors qu'à 1 $. C'est pour cette raison que si les épargnants paniquent, les banques ne seront pas en mesure de leur redonner leur argent.

Renflouages

Nous avons tous entendu parler de renflouage. Dans l'avenir, le contraire pourrait se faire. Cela signifie que l'argent que vous avez à la banque pourrait être converti en « actions bancaires ». Vous deviendriez alors un investisseur.

C'est pour cette raison qu'il peut être sage de se procurer un coffre-fort à l'épreuve du feu et de conserver à la maison de l'or, de l'argent, du papier-monnaie et d'importants documents.

Faux coffres-forts

Certains individus possèdent de « faux coffres-forts ». En cas de cambriolage, le propriétaire pourrait montrer au voleur son faux coffre-fort et lui donner de faux objets de valeur, par exemple de faux bijoux et de fausses montres Rolex. Il vaut donc mieux conserver son véritable coffre-fort loin de la maison, dans un entrepôt sécurisé ou derrière un « faux mur ».

Encore mieux, si vous avez beaucoup de biens à protéger, vous voudrez peut-être les entreposer dans un autre pays… mais faites-le en toute légalité. De nombreux individus cachent secrètement de l'argent et des richesses outremer, mais le font *illégalement*. Tout peut alors être confisqué. Il existe des avocats qui sont spécialisés dans ce genre de services bancaires extraterritoriaux.

Si vous faites ce dont je parle dans cet ouvrage, faites-le légalement.

La définition de la monnaie

Dans la première partie de cet ouvrage, j'ai parlé des critères auxquels doit répondre la « véritable monnaie ».

1. **La monnaie est une réserve de valeur :** Après 1971, la monnaie fiduciaire, l'argent du gouvernement, est devenue toxique et ne pouvait plus être considérée comme une réserve de valeur. Par définition, tout l'argent du gouvernement n'est plus de l'argent parce qu'il n'a plus de valeur.
2. **La monnaie est une unité de compte :** Le dollar américain est mondialement accepté comme unité de compte, du moins pour l'instant.
3. **La monnaie est un instrument d'échange :** Encore une fois, le dollar américain est mondialement accepté comme instrument d'échange, du moins pour l'instant.

Q : Donc, si les pauvres et la classe moyenne s'appauvrissent, c'est en partie parce qu'ils font confiance à l'argent du gouvernement, au dollar américain ?

R : Oui. Après 1971, tout l'argent du gouvernement est devenu toxique, dépouillant de leurs richesses les individus qui travaillent pour l'argent et épargnent.

RAISON N° 3 : Les véritables actifs enrichissent les riches

Jeff Bezos, le fondateur d'Amazon, est milliardaire. Croyez-vous qu'il soit devenu milliardaire parce qu'il a reçu un chèque de paie d'un milliard de dollars ?

Le revenu moyen d'un employé d'Amazon était de 28 446 $ en 2017.

Jeff Bezos gagne plus de 28 466 $ en 12 secondes. Le chèque de paie annuel de Jeff Bezos n'est que de 1,7 million de dollars.

Bien que ce revenu annuel de 1,7 million de dollars puisse paraître (techniquement) peu élevé, ce n'est pas sans raison que l'on considère Bezos comme l'homme le plus riche du monde. Sa valeur nette ne cesse de monter en flèche. Cela est surtout attribuable au fait qu'il possède des actions d'Amazon – environ 80 millions.

Le diagramme suivant explique pourquoi Jeff Bezos est si riche.

L'ÉCART

APRÈS IMPÔTS ET INFLATION

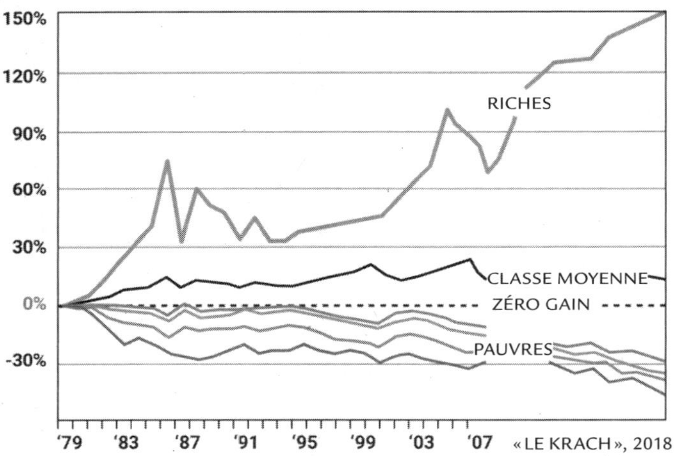

Source : Service d'études budgétaires du Congrès

Chaque mois, une portion des milliards de dollars qui sont placés dans les plans 401(k) et les régimes de retraite des travailleurs est injectée dans les actions d'Amazon.

Jeff s'enrichit même si son salaire reste le même.

LEÇON : « Cashflow » est le mot le plus important dans l'univers de l'argent. Chaque mois, l'épargne-retraite des travailleurs du monde passe dans la poche des Jeff Bezos du monde.

RAISON Nº 4 : Les krachs enrichissent les riches

Lorsque les marchés s'effondrent – et ils le font toujours –, les pauvres et la classe moyenne sont frappés de plein fouet.

Lorsque les marchés s'effondrent, les riches empruntent tout simplement de l'argent et rachètent les actions des travailleurs à un prix avantageux.

RAISON Nº 5 : Les dîners de « poulet en caoutchouc »

Lorsque j'étais à la recherche d'une formule pour devenir riche, je participais à des dîners de « poulet en caoutchouc », ce genre d'événements qui fait penser aux soirées que les politiciens organisent pour faire une collecte de fonds et où la nourriture est infecte. Pendant ces dîners, des clients éventuels (des gens comme moi) mangent en écoutant la présentation d'une société de gestion financière ou d'un planificateur financier.

Il m'est souvent arrivé d'avoir envie de vomir pendant ces dîners. Je n'arrivais pas à *croire* que des gens puissent gober tout ça.

Q : Comment les riches font-ils pour s'enrichir si les caisses des régimes de retraite sont presque à sec ?

R : Le nœud du problème, ce sont les « fonds sous mandat de gestion ».

Même si l'investisseur moyen ne gagne pas d'argent, les riches s'enrichissent avec les innombrables frais qu'entraînent les fonds sous mandat de gestion.

> *Forbes*, 27 mai 2013
>
> « Le lourd tribut des frais de gestion »
>
> « La seule idée de verser chaque année 40 % du rendement du capital pour défrayer les frais de gestion de portefeuille et de conseils financiers rebute beaucoup de gens. Cependant, c'est le prix qu'ils paient lorsqu'ils ont recours à un conseiller en placement pour gérer leur portefeuille de fonds communs de placement ou de fonds négociés en Bourse (FNB). »

NerdWallet, 11 mai 2016

« Comment des frais de gestion de 1 % **peuvent soustraire 590 000 $ de l'épargne-retraite des milléniaux** »

« L'analyse de NerdWallet a révélé que de l'âge de 45 à 65 ans, la perte qu'entraîne les frais de gestion de portefeuille augmente de 12 à plus de 25 %.

« "Tout le monde parle des **avantages des intérêts composés**, mais on fait rarement mention des **dangers des intérêts composés**" », dit Kyle Ramsay, directeur des placements de retraite chez NerdWallet. (C'est moi qui souligne.)

Le coût d'un dîner de « poulet en caoutchouc »

J'ai participé à un grand nombre de ces dîners. J'ai écouté des experts financiers me dire comment leur formule magique ferait de moi un homme riche.

Lors de l'une de ces soirées, j'ai sorti ma calculatrice, j'ai lu les passages en petits caractère de la brochure et j'ai calculé les frais que je devrais payer si je commençais à investir à l'âge de 35 ans.

Les chiffres étaient stupéfiants. Si je commençais à n'investir que 750 $ par mois dans un plan 401(k), je paierais des frais de plus de 2,5 millions de dollars, plus des frais cachés si mon placement me rapportait 8 % d'intérêt par année. On peut s'offrir beaucoup de dîners de « poulet en caoutchouc » pour la somme de 2,5 millions de dollars.

J'ai demandé à mon comptable de vérifier mes calculs et tout ce qu'il m'a dit est : « Vous avez bien fait de ne pas aller de l'avant. »

J'avais été troublé par le nombre d'individus qui, eux, allaient de l'avant. Un grand nombre d'entre eux faisaient la queue pour conclure une entente d'analyse financière personnelle.

Pourquoi faisaient-ils la queue ? Parce que la plupart d'entre eux n'étaient pas satisfaits du rendement qu'ils obtenaient avec leur conseiller financier.

Comme je l'ai mentionné plus tôt, les «fonds de gestion sous mandat» sont le nœud du problème, et non le «rendement du capital investi».

La nouvelle formule magique de cet expert de New York n'était pas aussi magique qu'il le prétendait. En fait, cette formule magique n'était rien de plus que de suivre l'indice S&P 500, quelque chose que n'importe qui ayant une 5e année peut faire.

Le même expert prétendait que ses frais n'étaient que de 1%. Mais en lisant bien les passages en petits caractères, j'ai pu constater qu'ils étaient beaucoup, beaucoup plus élevés. Mais cela n'empêchait pas des individus désespérés de lui confier des centaines de milliers de dollars – et peut-être même des millions de dollars.

Q: Pourquoi les gens étaient-ils désespérés?

R: La plupart des investisseurs cherchent un rendement du capital investi (RCI), un gain en capital. Ils veulent que leur argent fructifie, et non le contraire.

Moins de 5% des administrateurs de fonds «battent le marché». Cependant, les administrateurs de fonds gagnent toujours même si vous perdez.

Plutôt que de suivre les fluctuations du marché, je crois qu'il est plus sage de se pencher sur le pourcentage de frais que facturent les administrateurs de fonds.

Et il y a toutes sortes de frais:

- **Frais de compte de courtage:** Il peut s'agit de frais annuels de gestion du compte de courtage, de frais de recherche afin d'établir une stratégie de placement ou d'un pourcentage des frais généraux.
- **Commission de négociation:** Frais facturés par un courtier lorsque vous achetez ou vendez certains investissements, comme des actions.

- **Frais de transaction liés à la gestion d'un fonds commun de placement :** Frais facturés par un courtier pour acheter ou vendre certains fonds communs de placement.
- **Pourcentage des frais généraux :** Frais annuels facturés par tous les fonds communs de placement, les fonds indiciels et les fonds négociés en Bourse sous forme d'un pourcentage de vos investissements.
- **Frais d'acquisition :** Frais d'entrée ou commission à l'achat de certains fonds communs de placement qui sont versés au courtier ou au vendeur.
- **Frais de gestion ou de consultation :** Généralement, un pourcentage des fonds sous mandat de gestion, payé par l'investisseur à un conseiller financier.
- **Frais liés à un plan 401(k) :** Frais d'administration du plan, souvent exigés au participant par l'employeur.

Un véritable planificateur financier agréé

Un ami de longue date, John MacGregor, est conseiller financier agréé depuis plus de 25 ans. John a écrit *The Top 10 Reasons the Rich Go Broke* (Les 10 principales raisons pour lesquelles les riches se retrouvent sans le sou). Il y relate de véritables histoires d'horreur de gens qui ont suivi les conseils d'un planificateur financier et qui ont tout perdu. Le livre de John est une lecture incontournable pour quiconque a confié son épargne-retraite à un fonds commun de placement.

John raconte une anecdote amusante. Lors d'un dîner de « poulet en caoutchouc », il lui a semblé que le visage de l'expert financier lui était familier. John a soudain réalisé que l'« expert » n'était pas un administrateur de fonds, mais un acteur d'Hollywood qu'il avait vu dans de nombreuses publicités à la télévision. Il avait été embauché pour jouer le rôle d'un administrateur de fonds.

John dit que cela l'a rendu malade de voir presque tous les participants faire la queue pour confier leur argent à cet acteur.

Le rendement de ces frais

Je sais que les gens ont besoin d'argent. C'est pour cette raison que les firmes de courtage facturent des frais, des commissions, des conseils et des opérations de gestion.

Je ne conteste pas ce droit de facturer des frais ou d'exiger des commissions.

Je tiens plutôt à souligner que les investisseurs doivent être conscients des mots « en moyenne », car les moyennes sont des mensonges : RCI ou RDF, « rendement des frais ».

Analysez vos frais

Si vous avez un compte de retraite ou si vous investissez dans un programme garanti par le gouvernement tel qu'un plan 401(k), un régime de retraite individuel composé de fonds communs de placement et de FNB, ou encore un compte de dépôt du marché monétaire, examinez d'abord les frais, et non le rendement. Si vous n'êtes pas calé en mathématiques ou avez du mal à lire les petits caractères, ayez recours aux services d'un comptable ou d'un avocat afin qu'il les lise et les analyse pour vous. Cette seule démarche pourrait valoir des millions de dollars à long terme – beaucoup, beaucoup plus que les honoraires que vous aurez versés à ce spécialiste.

Les honoraires que vous versez à votre comptable ou à votre avocat pour lire les petits caractères pourraient bien valoir plus qu'une éducation universitaire.

Je paie beaucoup de frais.

Pourquoi ? Parce que leur rendement est fantastique.

Je verse des milliers de dollars à la société d'investissement immobilier de mon associé Ken McElroy, qui est aussi conseiller à la Rich Dad Company.

Pourquoi ? Parce que le rendement du capital investi de Ken est infini. Ken ne facture aucuns frais tant que l'investisseur n'a pas récupéré sa mise initiale. Ensuite, Ken partage avec lui le RCI, ce qui représente des millions de dollars pour Kim et moi. Un rendement infini est l'antithèse de « faux ».

J'en parlerai plus longuement un peu plus loin.

Un plaidoyer en faveur de commissions plus élevées

Lorsque Kim et moi avons déménagé à Phoenix il y a plus de 20 ans, nous avons voulu savoir qui était le meilleur courtier immobilier commercial en ville.

Il ne nous a pas fallu longtemps pour le découvrir. Kim et moi avons fait la connaissance de Craig. Il nous a plu et nous avons aimé sa philosophie de l'investissement. Nous lui avons alors fait une offre que nous faisons à tous les excellents courtiers immobiliers. Nous verserions plus que les 6 % qu'exigent la plupart des agents immobiliers. Nous nous sommes entendus sur 10 %, plus encore 10 % du RCI, et il est devenu notre associé.

Laissez-moi vous expliquer pourquoi Kim et moi faisons cela.

Kim et moi avions remarqué que de nombreux investisseurs demandent à leur courtier de travailler pour un pourcentage inférieur. Par exemple, les courtiers de l'acheteur et du vendeur entreprennent des négociations. Juste avant que l'entente soit conclue, il arrive souvent que l'acheteur ou le vendeur « baisse sa commission », c'est-à-dire accepte une rémunération moindre. Par exemple, ils peuvent demander au courtier d'accepter 3 % au lieu des 6 % exigés.

Pourquoi les gens font-ils cela ? Je l'ignore. Ils doivent penser qu'ils sont astucieux lorsqu'ils réussissent à convaincre un courtier de baisser sa commission.

Kim et moi ne faisons pas cela. Si notre courtier est le meilleur en ville, nous voulons nous associer avec lui.

Examinez le Quadrant du CASHFLOW.

Du côté gauche : les pauvres et la classe moyenne. Du côté droit : les riches.

La plupart des gens voit le monde avec les yeux des gens qui évoluent dans les quadrants E et T. La plupart des gens traitent les courtiers immobiliers comme des individus appartenant au quadrant T.

Me situant dans les quadrants P et I, je veux des associés qui évoluent dans les quadrants P et I s'ils sont les meilleurs. Kenny est notre associé dans les quadrants P et I. Craig est notre associé dans le quadrant I.

Un jour, l'un de mes amis m'a demandé comment j'arrivais à trouver d'aussi bons investissements. Je lui ai répondu : « Je traite les agents immobiliers comme des associés, et non comme de simples courtiers. »

Nos associés ont fait de nous des millionnaires, plusieurs fois. Nous avons gagné des millions de dollars pendant que la plupart des investisseurs tentent de faire baisser la commission de leur courtier.

Le pire conseil jamais reçu

Il y a quelques années, un ami nous a suggéré à Kim et moi de changer de cabinet comptable. Toujours prêts à approfondir nos connaissances, Kim et moi avons accepté de rencontrer un représentant d'un cabinet national bien connu.

Nous avons accepté qu'il analyse nos états financiers.

Quelques semaines plus tard, une rencontre de suivi a eu lieu.

Le chef comptable nous a annoncé : « Notre expert en planification financière est venu de Washington, DC, afin de vous donner des conseils quant à la gestion de votre portefeuille. »

L'expert, vêtu dans le style BCBG de la côte est et portant des lunettes à montures écaille de tortue, s'est assis et a dit : « J'ai examiné votre portefeuille. Vous avez trop de biens immobiliers. Je vous suggère de tout vendre et d'investir dans des valeurs mobilières, des obligations et des fonds communs de placement. »

Kim et moi avons éclaté de rire. Nous pensions qu'il plaisantait. Ne pouvait-il pas voir que la majeure partie de nos revenus provenait du cashflow généré par nos propriétés ?

Il ne blaguait pas. Il était sérieux.

Plus tard, j'ai demandé à Tom Wheelwright, un CPA et notre comptable personnel : « N'a-t-il pas vu que nos propriétés nous rapportent des millions de dollars, exonérés d'impôts ? »

Tom a hoché la tête. « Oui, il l'a vu.

— Alors pourquoi nous a-t-il recommandé de tout vendre ?

— Parce qu'il ne toucherait pas de commission sur vos transactions immobilières.

— D'où tire-t-il ses revenus ? avons-nous demandé.

— Des fonds sous mandat de gestion. »

Le pouvoir des mots

Enfants, nous avions l'habitude de dire : « Des pierres et des bâtons me briseront les os, mais les mots ne peuvent rien contre moi. »

Rien ne pourrait être plus loin de la vérité. Les mots ont un grand pouvoir – un très, très grand pouvoir. Nous avons tous été blessés par des mots. Nous nous sommes tous sentis merveilleusement bien en entendant certaines paroles. Nous avons tous été inspirés ou découragés par des mots. Avec des mots, on nous a tous déçus, mentis et trompés.

Ce sont entre autres des mots qui m'ont poussé à abandonner mon programme de MBA. De nombreux professeurs n'utilisaient pas les mots que l'on utilise dans le vrai monde des affaires. La plupart d'entre eux utilisaient des mots appartenant à la théorie, et non à la réalité.

C'est mon professeur de comptabilité qui a tout fait basculer. Lorsqu'il a donné de fausses définitions des mots « actif » et « élément de passif », j'ai quitté l'université.

Voici comment l'on définit ces mots à l'école :

Actif (*n*) : une ressource ayant une valeur économique que possède ou contrôle un individu, une entreprise ou un pays.

Je ne sais pas ce que vous en pensez, mais cette définition est vague et ambigüe. Elle n'est ni claire ni utile.

Élément de passif (*n*) : les dettes ou obligations, financières et juridiques, d'une entreprise qu'elle contracte dans le cadre de ses activités commerciales.

C'est pour cette raison que tant de gens et tant de comptables qualifient d'« actifs » la maison, la voiture et le réfrigérateur d'un individu.

Ces définitions ambigües font en sorte que les comptables et les gens « se mentent à eux-mêmes ».

C'est pour cette raison que tant de gens disent que leur maison est un « actif » lorsqu'en réalité elle est un élément de passif.

C'est pour cette raison que, lorsque quelqu'un me dit : « Ma valeur nette est de … », je décroche. Souvent, la valeur nette ne vaut rien parce qu'elle est basée sur des mensonges, des espoirs, des rêves et des hallucinations. Un individu peut considérer sa voiture comme une valeur nette, et donner une valeur exagérée à ses meubles, ses vêtements, sa maison et même ses œuvres d'art. C'est pourquoi mon père riche répétait sans cesse : « La valeur nette ne vaut rien. »

LEÇON : Mon père riche disait souvent : « L'individu qui a une grande maison et une belle voiture est souvent plus pauvre que l'individu qui n'a rien. L'individu qui a une grande maison et une belle voiture peut paraître riche et avoir une valeur nette élevée, mais il peut tout aussi bien se retrouver à 30 jours de la faillite s'il perd son emploi. »

Il disait également : « Ton banquier voudra voir tes états financiers, et non ton bulletin scolaire. Tes états financiers sont le reflet de ton intelligence financière, du discernement dont tu fais preuve en ce qui a trait à ton argent. »

Mon père riche voulait des chiffres exacts. Des chiffres qu'il pouvait mesurer et vérifier. C'est pour cette raison qu'il nous a enseigné à son fils et moi que le mot le plus important en affaires est « cashflow ».

Les professeurs de mon père riche

Comme je l'ai mentionné plus tôt, mon père riche s'est instruit auprès de vrais professeurs. Il n'avait que 13 ans lorsqu'il a repris l'entreprise familiale. Ses professeurs ont été des banquiers, des comptables, des avocats, des commis comptables, entre autres.

Étant donné son jeune âge, ces professeurs ont dû miser sur la simplicité.

C'est pour cette raison que mon père riche nous a enseigné à son fils et moi, alors que nous avions environ 10 ans : « Les actifs et les éléments de passif sont des noms. Vous devez utiliser un verbe pour savoir si le nom est un actif ou un élément de passif. Par exemple une maison est un nom. Vous ne saurez pas si elle est un actif ou un élément de passif tant que n'y adjoindrez pas le mot "cashflow" – de la locution verbale "couler à flots". »

Si une maison est un immeuble à vocation locative, et qu'elle met de l'argent dans votre poche, c'est un actif.

La maison que vous habitez retire de l'argent de votre poche et c'est donc un élément de passif.

Le fils de mon père riche et moi avons appris :

1. Les actifs mettent de l'argent (cashflow) dans votre poche.
2. Les éléments de passifs retirent de l'argent (cashflow) de votre poche.

Votre plus important élément de passif

Dès votre naissance, votre plus important élément de passif est votre retraite... le jour où vous quitterez le marché du travail ou ne serez plus capable de travailler.

Si vous avez la chance de connaître une longue vie, vous constaterez qu'elle devient toujours plus dispendieuse.

C'est pour cette raison que les caisses de la Sécurité sociale et de Medicare sont vides aujourd'hui, au moment même où les baby-boomers prennent leur retraite.

Les écureuils savent instinctivement qu'ils doivent emmagasiner des noix pour survivre à l'hiver. Pas les êtres humains. Si un être humain est incapable de mettre suffisamment d'argent de côté pour survivre après sa vie active sur le marché du travail, l'hiver de sa vie et la vie des membres de sa famille pourraient bien ressembler à la vie de l'écureuil qui épuise sa réserve de noix avant la fin de l'hiver.

Un de mes amis n'arrivait plus à prendre soin de sa mère à la maison. Il a trouvé un centre d'hébergement où elle recevrait les soins médicaux dont elle avait besoin, 24 heures sur 24. Cela lui coûte 9 000 $ par mois. Sa mère y séjourne depuis six ans et tout laisse croire qu'elle vivra encore longtemps.

Rien ne laissait présager cette longévité. Les coûts reliés à son hébergement excèdent ce qu'il gagne. Son épouse et lui doivent puiser dans leur épargne-retraite.

Qui prendra soin de vous lorsque vous ne pourrez plus gagner votre vie ?

On ne peut pas pêcher un poisson en eau claire

J'ai déclaré plus tôt dans cet ouvrage : « Après 1971, l'argent est devenu invisible. »

Sans véritable éducation financière, la plupart des gens sont incapables de voir l'argent.

Aveugles, la plupart des gens nagent en eaux troubles. Sans véritable éducation financière, la plupart des gens sont incapables de faire la différence entre un actif et un élément de passif.

Cela facilite grandement les choses pour les ultra-riches qui contrôlent les banques centrales, les gouvernements, Wall Street, les banques qui sont « trop solides pour s'écrouler » et nos écoles que fréquente l'élite. Les ultra-riches peuvent ainsi s'enrichir encore davantage… en attrapant de petits poissons qui nagent aveuglément en eaux troubles.

Une fois que ces poissons sont piégés et nagent dans les filets géants de la fausse monnaie, les ultra-riches vendent leurs faux actifs – comptes d'épargne, valeurs mobilières, obligations, fonds communs de placement et FNB.

Pour l'investisseur moyen, la retraite est le plus important élément de passif s'il vit longtemps.

Les ultra-riches le savent.

Ils leur vendent de faux *actifs* car, pour eux, ces faux actifs sont de vrais actifs. Remarquez le flux de trésorerie.

Suivez l'argent

Pour comprendre ce qui distingue les vrais actifs des faux actifs, jetez encore une fois un coup d'œil à tous les diagrammes et suivez l'argent.

L'ÉCART
APRÈS IMPÔTS ET INFLATION

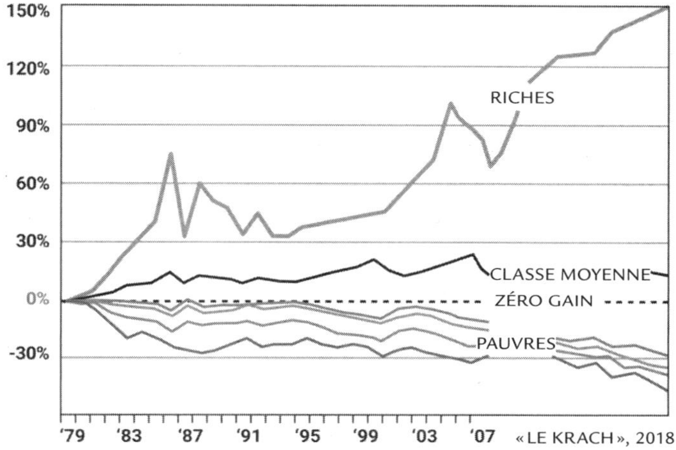

Source : Service d'études budgétaires du Congrès

POURQUOI LES ÉPARGNANTS SONT DES PERDANTS

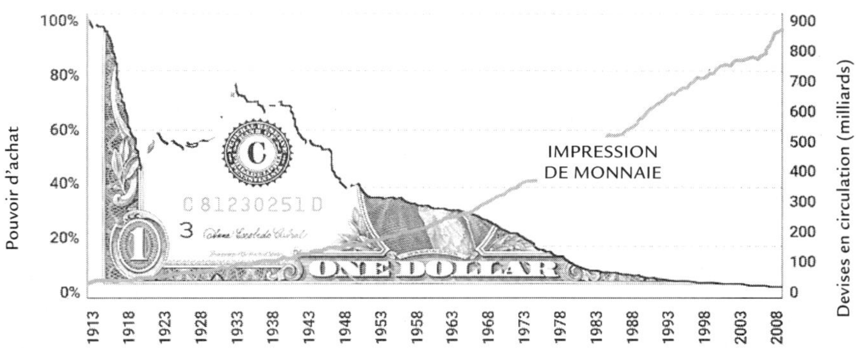

POUVOIR D'ACHAT DU DOLLAR AMÉRICAIN

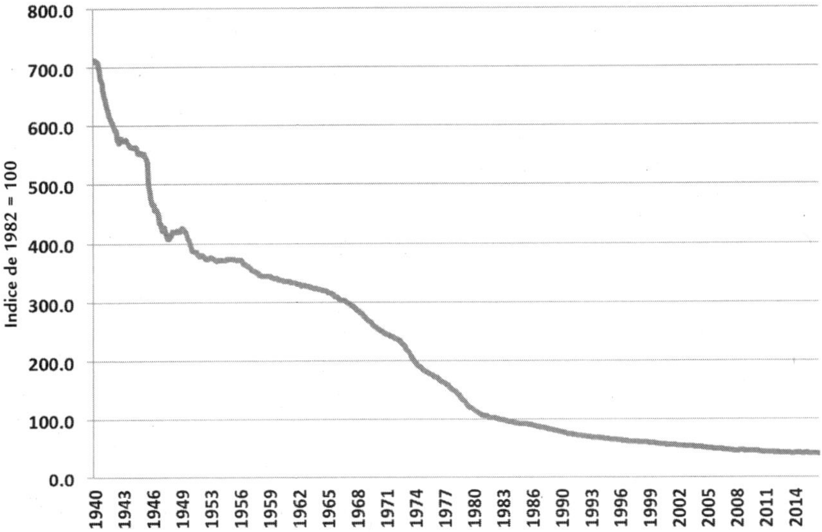

Source : Réserve fédérale de St. Louis

OR *VS* FAUSSE MONNAIE
Principales devises comparées à l'or | 1900-2018

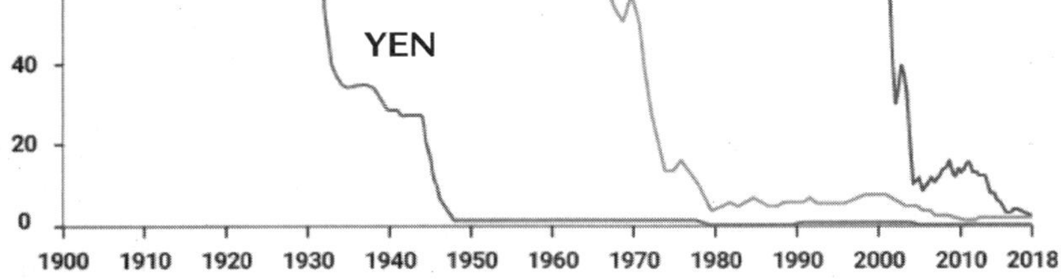

Est-ce un triple sommet?

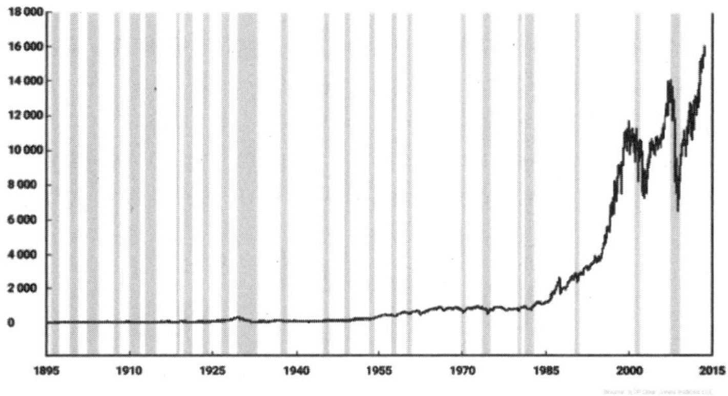

Le Quadrant – et les impôts

Lorsque l'on combine le Quadrant du CASHFLOW aux impôts, les eaux troubles s'éclaircissent un peu.

Ce sont les individus qui travaillent pour l'argent qui paient le plus d'impôts.

Et ce sont ceux qui investissent l'argent des travailleurs qui s'enrichissent le plus et qui paient le moins d'impôts.

Le pire conseil financier

C'est pour cette raison que le conseil poussant les gens à « aller à l'école, trouver un emploi, travailler dur, épargner, acheter une maison, se débarrasser de leurs dettes et investir dans un portefeuille diversifié composé de valeurs mobilières, d'obligations, de fonds communs de placement et de FNB » pourrait bien expliquer l'écart illustré sur le diagramme suivant :

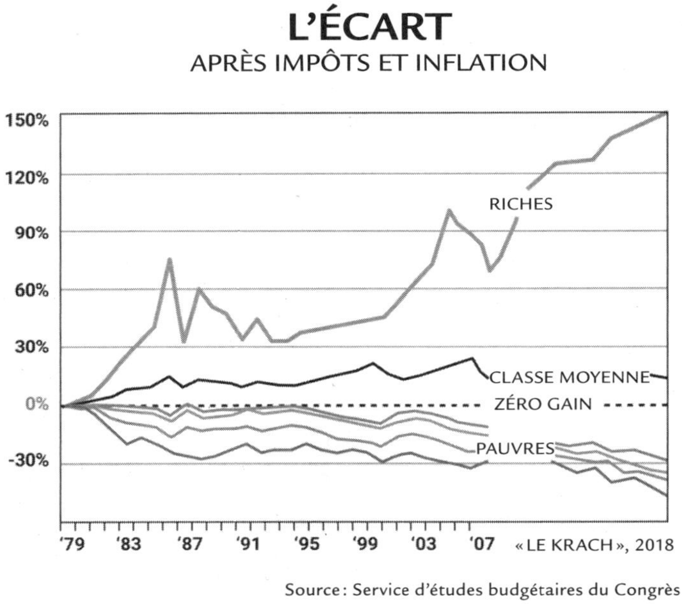

Sans véritable éducation financière dans nos écoles, la fin des pauvres et de la classe moyenne est proche.

Ceci m'amène à me poser quelques questions :

Qu'arrivera-t-il si l'écart grandit encore ?

Le monde se dirige-t-il vers une société composée de deux classes : un monde paisible dans lequel se côtoieront les riches et les pauvres ?

Ou bien le monde se dirige-t-il vers une autre Révolution française ou russe, vers une guerre qui opposera les riches et les pauvres... ceux qui *n'ont rien* à ceux qui *ont tout* ?

Cet écart entre les riches et les pauvres peut-il être réduit ?

Est-ce qu'un peu d'éducation financière pourrait changer l'avenir du monde ?

Oui, l'écart peut être réduit avec un peu de véritable éducation financière. Mais il vous faudra la trouver vous-même.

Notre système d'éducation est contrôlé par des individus qui souhaitent que les eaux restent troubles.

Q : Qui contrôle notre système d'éducation ?

R : En 1903, des ultras-riches tels que John D. Rockefeller ont joué un rôle en créant le Conseil général de l'éducation. Aujourd'hui, les riches continuent d'exercer un contrôle sur les matières qui sont enseignées dans nos écoles. C'est pour cette raison qu'elles n'offrent pas de véritable éducation financière.

En conclusion

Mon père riche disait souvent : « Lorsque ton banquier te dit que ta maison est un actif, il ne ment pas. Il ne fait qu'éviter de dire la vérité. Ce qu'il ne te dit pas, c'est que ta maison est un actif pour la banque, et non pour toi. »

On peut dire la même chose de l'épargne, des valeurs mobilières, des obligations, des fonds communs de placement, des FNB et des régimes de retraite. Ce sont tous de faux actifs parce que l'argent va dans les poches des ultra-riches par le biais de frais et de dépenses qui s'additionnent.

Il suffit de suivre l'argent et vous verrez qui l'empoche.

Comme l'a dit le légendaire investisseur John Bogle, le fondateur du Vanguard Group : « [Les investisseurs] injectent 100 % du capital, prennent 100 % des risques, et ne touchent que 33 % du rendement. »

Et si le fonds commun de placement s'écroule, les investisseurs perdent tout. Si le fonds commun de placement est rentable, les investisseurs touchent 20 % du rendement, alors que les administrateurs du fonds en empochent 80 %.

N'oubliez pas que l'objectif ici n'est pas de « veiller sur l'argent de l'investisseur », mais d'« administrer des fonds sous mandat de gestion ».

Même si l'investisseur moyen perd tout, et même si le fonds s'écroule et est réduit à néant, les administrateurs du fonds gagnent toujours à cause des innombrables frais qu'ils exigent.

La solution : une eau claire

Warren Buffett a dit : « Si vous jouez au poker depuis une demi-heure et que vous n'avez toujours pas identifié le pigeon, alors sachez que c'est vous. »

Il suffit que l'eau soit claire pour voir :

1. D'où provient l'argent ;
2. Qui empoche cet argent.

On est alors à même de voir où se trouvent les vrais actifs et les vrais éléments de passif. Plus important encore, on peut alors discerner qui est le véritable pigeon.

Si vous voulez apprendre à voir les mouvements des flux de trésorerie, suivez des cours de comptabilité auprès de véritables comptables, lisez *Tax-Free Wealth*, un ouvrage de Tom Wheelwright, conseiller financier à la Rich Dad Company, (un *véritable* comptable), et amusez-vous en jouant au jeu de table *CASHFLOW*.

Kim et moi avons créé *CASHFLOW* en 1996 afin que les gens puissent s'enseigner mutuellement à voir les mouvements des flux de trésorerie. Aujourd'hui, il existe des milliers de clubs CASHFLOW à travers le monde.

En ayant conscience des mouvements des flux de trésorerie, vous serez mieux outillé pour détecter la fausse monnaie, les faux professeurs (et plus particulièrement les faux conseillers financiers et les faux courtiers), ainsi que les faux actifs.

Plus important encore, vous ne serez plus un poisson qui nage en eaux troubles.

Dans le prochain chapitre, vous découvrirez ce que voient les riches, et pourquoi ils s'enrichissent toujours davantage.

VOS QUESTIONS... LES RÉPONSES DE ROBERT

Q : Il semble que l'attention des gens soit détournée de ces importantes questions (par la télévision, les sports, les fausses nouvelles, etc.). Le prochain krach ne sera-t-il pas l'avertissement final qui nous ouvrira les yeux sur ce qui se passe vraiment ?

Ellie B. - Roumanie

R : Espérons-le. Le monde se trouve *dans un marché haussier depuis environ 70 ans*. Cela signifie que les marchés et l'économie sont orientés à la hausse depuis la conférence de Bretton Woods qui a eu lieu en 1944, l'année où les États-Unis ont pris le contrôle de l'économie mondiale, et l'année où le dollar américain est devenu la monnaie de réserve mondiale.

Je crois que ce marché haussier touche à sa fin parce que l'Amérique a utilisé son autorité financière pour enrichir les riches aux dépens des pauvres et de la classe moyenne du monde entier. Il s'agit de la grossière escroquerie financière dont parlait Richard Buckminster Fuller.

Nous entrons peut-être dans un *marché baissier*... et il se peut que nous soyons les témoins de l'effondrement du dollar américain et d'une nouvelle dépression à l'échelle mondiale. Comme le dirait mon père riche en parlant des changements économiques : « La chasse d'eau sera actionnée. »

C'est une mauvaise nouvelle pour la plupart des gens. Mais cela peut également être une excellente nouvelle pour ceux qui sont conscients et préparés à entrer dans le nouveau monde de l'argent.

Q : De nombreux individus croient qu'il est approprié de donner du poisson aux gens – une éducation gratuite, de la nourriture et des soins de santé. Quelle est la bonne solution ?

Michael S. - Écosse

R : Les deux solutions sont bonnes. Cela dépend de ce que cherche un individu. Une question plus importante serait : « Que croyez-vous que Dieu veuille que nous fassions ? »

Q : Croyez-vous que le prochain krach donnera lieu à la naissance d'un gouvernement totalitaire aux États-Unis, comme cela s'est produit dans l'Allemagne nazie des années 1930 et 1940 ?

Lydia J. – Lituanie

R : Oui. Le mot juste est fascisme, une forme de gouvernement dirigé par des bureaucrates. Il y a une grande différence entre les entrepreneurs et les bureaucrates. Ces derniers sont des fascistes qui établissent les règles et s'attendent à ce que tous les respectent. Il y a des bureaucrates dans toutes les couches de la société.

Comprenez-moi bien. Les règles sont importantes. Nous en avons besoin. Par exemple, il est préférable que nous conduisions tous du même côté de la route et que nous respections les limites de vitesse.

Le problème, c'est que les bureaucrates veulent que nous vivions tous dans un monde gouverné par leurs règles. Le problème, c'est que la majorité des bureaucrates, comme la majorité des membres de l'élite, ne vivent pas dans le véritable monde de l'argent. La majorité des bureaucrates sont souvent socialistes et communistes, et non capitalistes.

Ayn Ryan en parle dans *La Grève.* Cet ouvrage traite d'un monde dans lequel l'économie est anéantie, d'un monde où rien ne va plus parce que les bureaucrates le gouvernent. La situation pousse le dernier des capitalistes à entrer dans la clandestinité, refusant d'être exploité par des parasites improductifs.

Chapitre 16

PÊCHER EN EAU CLAIRE

LES FAUSSES NOUVELLES… ET LA TRANSPARENCE

Voici quelques grands titres qui devraient vous faire réfléchir… et vous faire comprendre certaines notions à propos de ce qui est vrai et de ce qui ne l'est pas…

> **Selon certaines sources, Jared Kushner n'a payé aucun impôt fédéral pendant des années**
>
> *New York Times*
>
> 13 octobre 2018
>
> « Au cours de la dernière décennie, l'entreprise familiale de Jared Kushner a dépensé des milliards de dollars dans l'acquisition de biens immobiliers. La valeur de ses investissements boursiers a monté en flèche. Son avoir net a quintuplé pour atteindre près de 324 millions de dollars.
>
> « Et pourtant, pendant des années, M. Kushner – le gendre du président Trump et haut conseiller à la Maison-Blanche – semble n'avoir payé pratiquement aucun impôt fédéral, si l'on en croit le contenu de documents financiers confidentiels obtenus par le *New York Times*. »

De fausses nouvelles… ou des journalistes stupides ?

Warren Buffett a dit :

> « Plus les journalistes sont intelligents, mieux se porte la société. Les gens lisent la presse pour s'informer – et meilleur est le professeur, mieux se porte l'élève. »

Q : Les journalistes du *New York Times* sont-ils intelligents, stupides ou des promoteurs de fausses nouvelles ?

R : Nous ne le saurons peut-être jamais. Si vous ne faites que lire le grand titre, il semble que Jared Kushner, le mari d'Ivanka, la fille du président Trump, ne soit qu'un autre escroc, un peu comme son beau-père, « Le Donald ».

Sans éducation financière, des millions d'individus, plus particulièrement des universitaires tels que mon père pauvre, disent : « Les riches sont des escrocs. »

Voici quelques questions auxquelles vous voudrez peut-être réfléchir : Warren Buffett a-t-il raison ? Avons-nous besoin de journalistes intelligents pour avoir une société plus avisée ? Les gens lisent-ils la presse pour s'informer ?

Si Warren Buffett a raison – et je crois que c'est le cas –, qu'apportent à notre société les fausses nouvelles, les médias sociaux antisociaux et les journalistes (blogueurs inclus) qui n'ont pas de véritable éducation financière ? Combien de journalistes sont comme mon père pauvre, des gens brillants, très instruits et financièrement naïfs qui croient fermement que les riches sont des escrocs ?

Les réponses ? Nous ne les connaîtrons peut-être jamais.

L'article du *New York Times* rapporte encore (c'est moi qui souligne) :

> « La facture fiscale peu élevée de [Kushner] résulte d'une pratique courante visant à réduire les coûts fiscaux qui, année après année, a généré pour M. Kushner des pertes de l'ordre de plusieurs millions de dollars, selon les documents obtenus. Mais ces pertes n'apparaissent que sur papier – en vérité, M. Kushner et son entreprise ne semblent pas avoir perdu d'argent. *Ces pertes étaient liées à la dépréciation, un avantage*

fiscal qui permet aux investisseurs immobiliers de déduire chaque année une portion du coût de leurs immeubles de leur revenu imposable.

« En 2015, par exemple, M. Kushner a empoché 1,7 million de dollars en salaire et gains de placement. Mais ces gains ont été occultés par 8,3 millions de dollars de pertes, principalement à cause d'une « dépréciation significative » des biens immobiliers de M. Kushner et de son entreprise, selon les documents obtenus par le *New York Times.* »

Autres sujets de réflexion :

Les journalistes disent-ils ou insinuent-ils que « Jared Kushner soit un escroc » ? (Pour votre information, ce n'est pas le cas. L'article précise clairement : « Rien dans les documents obtenus ne laisse entendre que M. Kushner et son entreprise ont enfreint la loi. »)

Comment M. Kushner a-t-il pu empocher 1,7 million de dollars en salaire et faire en sorte que ses gains soient occultés par des pertes de l'ordre de 8,3 millions de dollars ?

S'il a perdu 8,3 millions de dollars, pourquoi Jared Kushner n'a-t-il pas déclaré faillite ?

La *dépréciation* est-elle une faille fiscale mystérieuse qui est utilisée par de vils escrocs bien nantis ? Ou la *dépréciation* est-elle un incitatif fiscal légal qui peut être utilisé par tout le monde, incluant les journalistes ?

La dépréciation est un incitatif fiscal légal offert par le gouvernement qui peut être utilisé par tout le monde : vous, moi, et même les journalistes.

Q : Jared a-t-il empoché 1,7 million de dollars sans payer d'impôt parce qu'il a perdu 8,3 millions de dollars à cause de la dépréciation ?

R : Oui.

Q : Est-ce légal ?

R : Oui.

Q : Les journalistes veulent-ils que les gens croient que Jared, sa famille et les Trump sont des escrocs ?

R : Vous seul pouvez répondre à cette question.

L'article du *New York Times* se poursuit ainsi :

« Rien dans les documents obtenus ne laisse entendre que M. Kushner et son entreprise ont enfreint la loi. Un porte-parole de l'avocat de M. Kushner dit que ce dernier "a acquitté la totalité de sa facture fiscale".

« En théorie, la provision pour dépréciation est censée protéger les promoteurs immobiliers contre la détérioration de leurs immeubles.

« En pratique, toutefois, cette mesure est souvent lucrative pour des promoteurs tels que MM. Trump et Kushner. »

Q : Pourquoi les journalistes utilisent-ils des mots incendiaires tels que « mesure lucrative pour des promoteurs tels que MM. Trump et Kushner » ?

R : C'est un exemple de « presse à sensation ».

Q : Qu'est-ce que la presse à sensation ?

R : La presse à sensation, ou sensationnalisme, selon Wikipédia, désigne le journalisme qui diffuse des nouvelles peu ou pas documentées en y accolant des titres racoleurs dans le but d'augmenter les ventes. Ces techniques peuvent inclure l'exagération, des rumeurs scandaleuses ou l'exploitation du sensationnel.

Q : Pourquoi les journalistes n'enseignent-ils pas les mêmes leçons fiscales que votre conseiller personnel Tom Wheelwright ? Tom précise que le code des impôts ne consacre que quelques pages à *la façon de payer des impôts*. La majorité des milliers de pages de ce code est dédiée à *la façon de ne pas payer d'impôt en toute légalité.*

R : Dans son ouvrage intitulé *Tax-Free Wealth*, Tom enseigne à des gens comme vous et moi qu'un gouvernement capitaliste a besoin de partenaires.

- Dans un gouvernement capitaliste, la démocratie veut que les citoyens comme vous et moi soient des partenaires en investissant dans des projets que le gouvernement souhaite être réalisés.
- Un gouvernement communiste est centralisé et la majorité des grands projets sont dirigés par des bureaucrates. En Chine, par exemple, la plupart des riches sont des amis de bureaucrates, ou des « princes héritiers », des enfants de bureaucrates.
- Aux États-Unis, une « économie de marché libre » signifie que des gens ordinaires et des citoyens entrepreneurs sont encouragés par des incitatifs fiscaux à participer à des projets que le gouvernement souhaite être réalisés.

Les incitatifs fiscaux pour l'habitation

Par exemple, le gouvernement a besoin que des entrepreneurs fournissent des immeubles d'habitation. C'est pour cette raison que la « dépréciation » est un incitatif fiscal pour les investisseurs immobiliers.

Les incitatifs fiscaux pour l'emploi

Le gouvernement veut également que des entrepreneurs créent des emplois. C'est pour cette raison que les individus qui évoluent dans le quadrant P et qui ont plus de 500 employés paient moins d'impôt.

En 2018, Amazon cherchait une nouvelle ville où relocaliser son nouveau siège social. De nombreuses agglomérations auraient adoré compter des milliers de citoyens hautement rémunérés et c'est pourquoi elles ont offert des incitatifs fiscaux à l'entreprise.

Elon Musk, de Tesla Motors, a bénéficié d'un incitatif fiscal de plus d'un milliard de dollars pour construire son usine de batteries au Nevada.

Les incitatifs fiscaux pour des employés hautement rémunérés

Amazon et Tesla ont des milliers d'employés hautement rémunérés. D'une façon générale, plus le salaire d'un employé est élevé, plus il paie d'impôt. Les employés hautement rémunérés attirent des centaines de petites entreprises. Les propriétaires de petites entreprises paient davantage d'impôt. C'est pour cette raison que les gouvernements locaux offrent des incitatifs fiscaux à des entreprises telles qu'Amazon et Tesla pour qu'elles relocalisent leurs opérations dans des villes et des États un peu partout aux États-Unis.

Les grandes entreprises attirent les petites entreprises, ce qui signifie un plus grand nombre d'emplois et, donc, plus d'immeubles d'habitation, d'écoles, de fonctionnaires et de recettes fiscales pour les villes et les gouvernements étatiques.

Les incitatifs fiscaux pour l'énergie

La civilisation ne peut prospérer sans énergie. Si l'énergie devenait rare ou très dispendieuse, la civilisation péricliterait.

Le gouvernement veut donc également que des entrepreneurs fournissent de l'énergie et il offre donc des incitatifs fiscaux pour la prospection pétrolière et gazière.

Aujourd'hui, les États-Unis dépendent moins du pétrole étranger.

Les incitatifs fiscaux pour l'alimentation

Le gouvernement veut que vous et moi produisions de la nourriture et il offre donc des incitatifs fiscaux en ce sens.

Si les gens ont faim, des émeutes éclatent.

Des incitatifs fiscaux et non des failles fiscales

Ces incitatifs ne sont pas des failles ou des « erreurs » dont profitent des escrocs sans scrupules, comme ces journalistes veulent nous le laisser croire. Ces incitatifs sont intentionnels, légaux et à la portée de tout le monde, incluant les journalistes.

Encore une fois, l'impôt et les incitatifs fiscaux sont le moteur du capitalisme.

Qui paient des impôts ?

Si vous examinez le Quadrant du *CASHFLOW*, vous y voyez un portrait des contribuables.

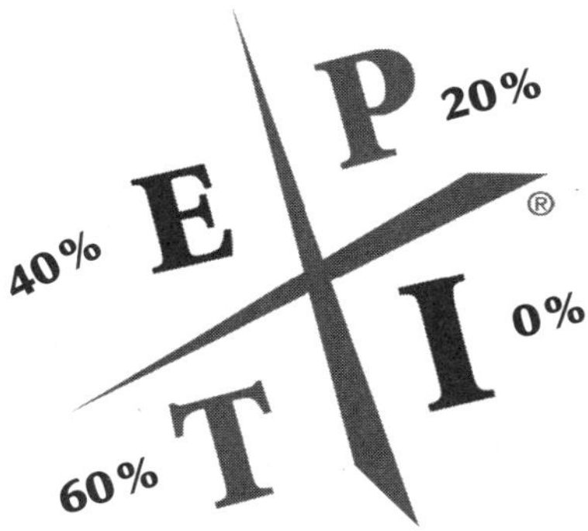

Les riches tels que les Trump et les Kushner préparent leurs enfants pour qu'ils évoluent dans les quadrants P et I.

Les journalistes ont probablement bien réussi à l'école et acquis les habiletés et la mentalité propres aux quadrants E et T. Ils sont soit des journalistes de la « presse à sensation » ou bien ils nagent tout simplement en eaux troubles, inconscients de ce qui se passe dans les quadrants P et I.

On peut encore lire dans l'article du *New York Times* :

> « La loi considère que la valeur des immeubles diminue chaque année alors que, en réalité, ils prennent souvent de la

valeur. Son incroyable souplesse permet aux investisseurs immobiliers de déterminer eux-mêmes le montant de leur facture fiscale. »

Q : La loi permet aux investisseurs immobiliers de déterminer le montant de leur facture fiscale ? Et même de ne pas payer d'impôt ?

R : Oui. Et les investisseurs immobiliers professionnels peuvent bénéficier de déductions liées à la dépréciation auxquelles les propriétaires n'ont pas droit.

Q : Pourquoi tout le monde ne fait-il pas ça ?

R : Les impôts ne sont pas un sujet abordé dans les écoles secondaires.

Q : Avez-vous appris quelque chose à propos des impôts à l'école secondaire ?

R : Non. J'ai été initié à l'argent, à l'endettement et à la fiscalité lorsque j'ai travaillé pour mon père riche alors que j'avais neuf ans.

Q : Cela vous a-t-il donné un bon départ financier dans la vie ?

R : Oui. C'est pour cette raison que Kim et moi avons créé le jeu *CASHFLOW* en 1996 et avons écrit *Père riche, Père pauvre,* puis nous avons fondé la Rich Dad Company en 1997. Nous voulions que tout le monde puisse bénéficier de ce même bon départ qu'a rendu possible mon père riche… une éducation que j'ai transmise à Kim.

En 1996, nous avons soumis le jeu *CASHFLOW* à Harvard pour une évaluation. Il a été rejeté d'emblée et nous a été retourné. La boîte n'avait même pas été ouverte.

Cela a été une bonne chose. Une gifle en plein visage. Une mise en garde.

Après ce rejet, une idée a germé. Nous avons compris que les gens apprennent par le biais de « simulations », en s'amusant et en faisant des erreurs, et nous avons réalisé que nous axions la commercialisation de notre jeu sur une population composée de gens tels que mon père pauvre, des universitaires ayant un emploi.

L'échec est le revers du succès. Le fait qu'Harvard n'ait pas évalué notre jeu a été une bénédiction. Nous avons su dès lors qui était notre public. Nous avons compris qu'il ne s'agissait pas d'universités, d'écoles ou de professeurs.

Des gens qui enseignent aux gens

Kim et moi étions maintenant certains de connaître notre clientèle.

En 1997, j'ai écrit *Père riche, Père pauvre*. Le livre a été originellement présenté comme une « brochure », un livre tout simple, une histoire vraie visant à expliquer l'importance des états financiers et de la comptabilité, et à faire la promotion du jeu *CASHFLOW* auprès de gens qui voulaient apprendre… et non de professeurs à l'esprit fermé qui connaissent toutes les réponses.

La même année, nous avons fondé la Rich Dad Company. Notre mission : « Accroître le bien-être financier de l'humanité ».

Pour nous acquitter de notre mission, nous savions que nous aurions à contourner un système d'éducation dépassé, dispendieux, lent, ennuyeux, arrogant et déconnecté de la réalité. Notre plan d'affaires était simple : enseigner ce que les écoles n'enseignent pas… enseigner le sujet de l'argent. Un sujet – une compétence de vie – qui concerne tous les habitants de la planète.

La Rich Dad Company s'est concentrée sur la création de produits d'éducation financière conçus pour instruire en amenant les *gens à enseigner aux gens.*

Il faut aller à l'école pour devenir un médecin ou un avocat, un ouvrier qualifié ou un employé hautement rémunéré. Mais il n'est pas nécessaire de fréquenter l'école pour devenir un riche entrepreneur ou un investisseur prospère.

On peut lire sur la couverture de *Père riche, Père pauvre* : « Ce que les parents riches enseignent à leurs enfants à propos de l'argent afin qu'il soit à leur service. »

Ce que sait Jared Kushner

Cet autre extrait de l'article du *New York Times* explique ce que les parents riches enseignent à leurs enfants, ce que des individus tels que Jared Kushner savent et que les pauvres et la classe moyenne ignorent.

> « Les pertes de M. Kushner, découlant en grande partie de déductions rendues possibles par la dépréciation, semblent avoir effacé son revenu imposable pendant presque toutes les années couvertes par les documents obtenus.
>
> « Il signale ces pertes même s'il a acquis ses propriétés avec des capitaux empruntés. Dans de nombreux cas, M. Kushner a fait une mise initiale de moins de 1 % du prix d'acquisition, toujours selon les documents obtenus. Même cette petite somme a généralement été empruntée. »

Q : Jared Kushner a emprunté le 1 % qu'il a versé en guise de mise initiale pour l'acquisition de biens immobiliers d'une valeur de plusieurs milliards de dollars ? Cela signifie-t-il qu'il l'a fait sans arrhes ?

R : Oui. On parle ici de « rendement infini »… c'est-à-dire d'un « rendement à partir de rien ». C'est la leçon que j'ai apprise en 1973 lorsque je me suis inscrit à mon premier séminaire d'investissement immobilier.

Q : Donc, il n'est pas nécessaire d'avoir de l'argent pour devenir riche ?

R : C'est exact. Mais vous devez avoir une véritable éducation financière et de l'expérience.

Dès que j'ai compris le concept du rendement infini, je n'ai plus jamais eu à dire : « Je ne peux pas me permettre d'acheter cela. Je n'ai pas d'argent. »

Vous n'avez pas besoin d'avoir de l'argent pour devenir riche une fois que vous comprenez le pouvoir du rendement infini.

Le rendement infini de l'information

VIDÉO GRATUITE : Tom Wheelwright et moi avons fait une présentation d'une durée de 45 minutes lors de la New Orleans Investment Conference en 2018.

Le titre de cette présentation était : « Un RCI infini : la valeur de l'information ».

En visionnant cette vidéo, vous comprendrez mieux comment et pourquoi Jared Kushner peut acquérir des biens immobiliers d'une valeur de plusieurs millions de dollars sans arrhes et sans payer d'impôt. Kim et moi utilisons la même formule.

L'article du *New York Times* se poursuit ainsi (c'est moi qui souligne) :

> « Le résultat : M. Kushner essuie des pertes qui lui accordent des réductions fiscales en dépensant de l'argent qui ne lui appartient pas, ce qu'autorise le code des impôts. Les déductions liées à la dépréciation sont également permises dans d'autres industries, mais elles n'incluent généralement pas les pertes encourues à la suite d'un emprunt. …
>
> « Aux yeux de l'Internal Revenue Service[8], les Kushner ont perdu de l'argent pendant des années. [...]
>
> « Contrairement aux salariés, les propriétaires de telles entreprises peuvent déclarer des pertes à des fins fiscales. Lorsqu'une organisation telle que Kushner Companies déclare des dépenses supérieures à ses revenus, ces dernières

8. Internal Revenue Service : agence fédérale des États-Unis, responsable de la gestion et de l'inspection des obligations fiscales. *(Note de la traductrice)*

entrent dans la catégorie des “pertes d’exploitation nettes”. Ces pertes peuvent effacer tout impôt que le propriétaire de l’entreprise *devrait autrement verser à l’État. Tout dépendant de l’importance des pertes, ces dernières peuvent même être utilisées pour récupérer des sommes versées au fisc lors d’années précédentes ou éliminer de futures factures fiscales.* »

Q : L’endettement et les impôts peuvent donc enrichir les riches ?

R : Oui, mais il faut avoir une solide éducation financière, beaucoup d’expérience et une équipe de conseillers très avisés comme celle de Tom Wheelwright. N’oubliez jamais ceci :

« Plusieurs portes mènent au paradis financier. Et il y en a encore davantage qui mènent à l’enfer financier. »

On peut ensuite lire dans l’article du *New York Times* :

« “Si je devais revivre ma vie, j’évoluerais dans le monde de l’immobilier”, a dit Jonathan Blattmachr, un avocat bien connu, spécialisé en fiducies et successions et aujourd’hui directeur chez Pioneer Wealth Partners. C’est lui qui a passé en revue les documents se rapportant à Kushner. “C’est fantastique. Vous obtenez des déductions fiscales pour des choses qui ne vous ont pas coûté un sou.” »

Q : Même un avocat très intelligent, spécialisé en fiducies et successions, ignore comment les riches utilisent l’endettement et la fiscalité pour s’enrichir toujours davantage ?

R : C’est exact. Très peu de gens le savent. Je vous conseille de regarder la vidéo que Tom et moi avons enregistrée. Vous apprendrez ce que peu de gens savent.

On peut encore lire dans l’article du *New York Times* :

« L’an dernier, la loi fiscale a retiré cet avantage à toutes les industries, sauf l’immobilier. »

Q : Est-ce pour cette raison que vous avez vendu l'ensemble de vos valeurs mobilières en portefeuille, de vos obligations, de vos fonds communs de placement et de vos FNB en 2016 ?

R : D'après vous ?

Nager en eau claire

Dans un autre article, le *New York Times* rapporte que Jared Kushner et Ivanka Trump ont touché un revenu hors exploitation de 82 millions de dollars en 2017. Probablement en franchise d'impôt.

C'est l'*information* qui enrichit les riches… pas l'argent. Une information que notre système d'éducation ne dévoile pas.

Les diagrammes parlent souvent davantage que les mots. Voici une illustration de ce qui est enseigné à l'école.

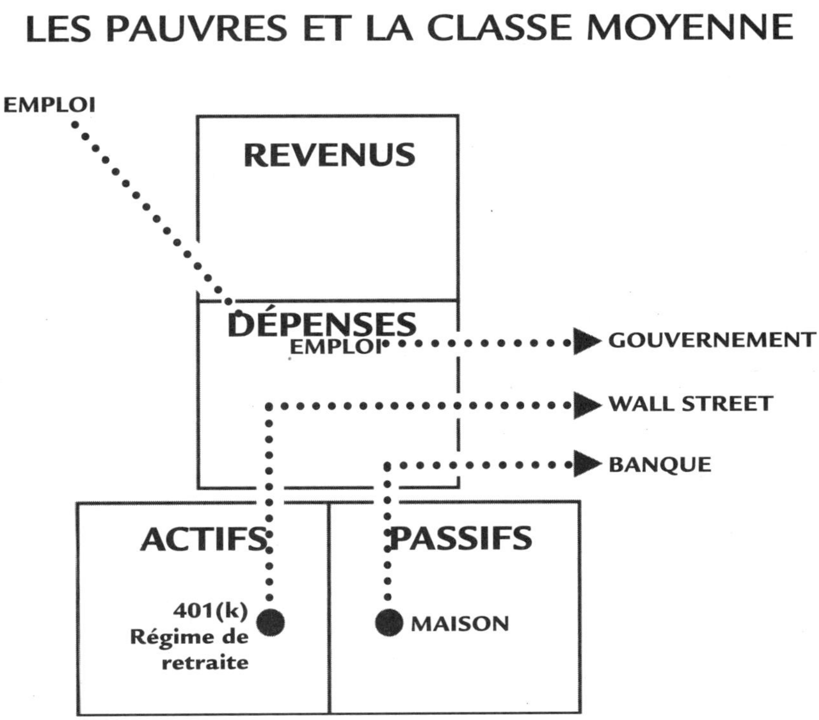

C'est ce que les élèves apprennent à l'école. Remarquez le mouvement des flux de trésorerie.

C'est à cela que les eaux troubles ressemblent. C'est ce qui arrive lorsqu'on dit à un enfant d'aller à l'école, de trouver un emploi, d'acheter une maison, de se débarrasser de ses dettes et d'investir à long terme. Ce mantra rend l'eau boueuse… très boueuse.

L'eau s'éclaircit-elle ?

LA FORMULE DE MCDONALD'S

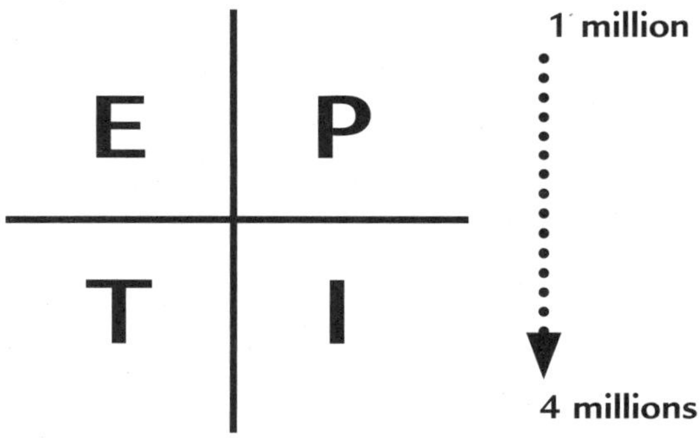

Dans *Père riche, Père pauvre,* je cite Ray Kroc, le fondateur de McDonald's qui a posé cette question à des étudiants au programme de MBA de l'Université du Texas : « Sur quoi mon entreprise est-elle fondée ? »

Un étudiant a répondu : « Les hamburgers. »

Et Ray a alors dit : « Non, McDonald's est fondée sur l'immobilier. »

Dans le film intitulé *Le Fondateur*, l'idée selon laquelle McDonald's s'inscrit dans l'industrie de l'immobilier est présentée très clairement.

La Rich Dad Company évolue dans l'immobilier

La Rich Dad Company évolue également dans l'immobilier. Comme le montre le diagramme de la page précédente, si la Rich Dad Company gagne un million de dollars, nous en empruntons 4 millions. Nous augmentons notre revenu hors exploitation et nous sommes alors en mesure de déclarer des pertes passives de l'ordre de 5 millions de dollars.

Comme Jared Kushner, nos pertes passives liées à l'immobilier compensent les revenus générés par nos entreprises et nous ne payons pas d'impôt, ou très peu… en toute légalité.

Q: La loi fiscale vous encourage à emprunter, et ensuite à investir afin de vous enrichir ?

R: Oui. Si Kim et moi n'empruntons pas et n'investissons pas dans l'immobilier, nous payons des impôts.

Rappelez-vous que, en 1971, le dollar américain est devenu une dette. Si les gens cessent d'emprunter, l'argent disparaît et l'économie s'écroule.

C'est pour cette raison que les sociétés émettrices de cartes de crédit offrent des incitatifs aux détenteurs afin qu'ils utilisent ces cartes… et, essentiellement, empruntent de l'argent.

C'est pour cette raison que la dette étudiante est le principal actif du gouvernement des États-Unis.

La dette est de l'argent.

Les individus qui recommandent de « vivre sans dettes » nuisent à l'économie. Plutôt que de vivre sans dettes, suivez des cours d'immobilier et apprenez à *utiliser* l'endettement pour vous enrichir.

Nager en eau claire

Voici à quoi ressemble l'eau claire. Le diagramme suivant illustrant les mouvements des flux de trésorerie montre comment les riches pêchent en eau claire.

Grâce à une véritable éducation financière, les riches savent :

1. Comment utiliser les impôts pour acquérir des actifs.
2. Comment utiliser l'endettement pour acquérir des actifs.
3. Comment réinvestir leurs gains sans payer d'impôt.
4. Pourquoi il est sensé d'acheter de l'or et de l'argent, et non de la fausse monnaie.

POURQUOI LES RICHES S'ENRICHISSENT

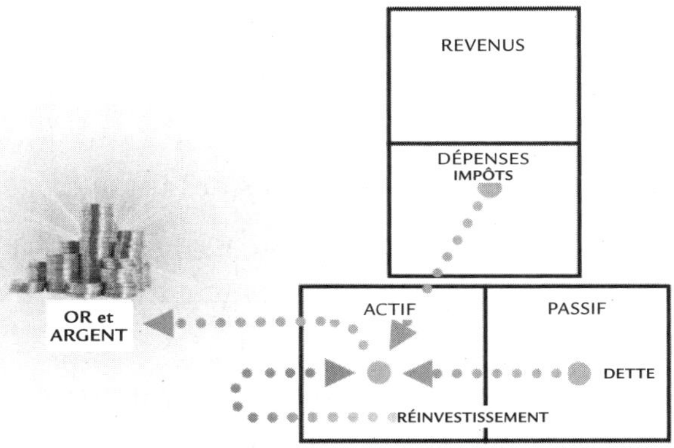

« Vous ne pouvez pas faire ça ici »

Peu importe où Tom Wheelwright et moi allons, chaque fois que nous présentons ce diagramme, quelqu'un lève la main et dit : « Vous ne pouvez pas faire ça ici. »

Nous avons présenté ce concept et ce diagramme au Royaume-Uni, au Japon, en Russie, en Australie, en Nouvelle-Zélande, au Canada, en Chine et partout aux États-Unis.

À la fin de chaque présentation (et explication du diagramme), quelqu'un dit : « Vous ne pouvez pas faire ça ici. »

Q : Que répondez-vous à l'individu qui dit : « Vous ne pouvez pas faire ça ici » ?

R : Tom et moi répondons en lui demandant : « Y a-t-il des restaurants McDonald's ici ? »

Sans éducation financière, la plupart des gens sont incapables de voir les occasions qui valent plusieurs millions de dollars et qui se trouvent juste devant leurs yeux.

Comme je l'ai déjà mentionné, on peut lire dans l'article du *New York Times* (c'est moi qui souligne) :

> « La facture fiscale peu élevée de [Kushner] résulte d'une pratique courante visant à réduire les coûts fiscaux qui, année après année, a généré pour M. Kushner des pertes de l'ordre de plusieurs millions de dollars, selon les documents obtenus. Mais ces pertes n'apparaissent que sur papier – en fait, M. Kushner et son entreprise ne semblent pas avoir perdu d'argent. *Ces pertes étaient liées à la dépréciation,* un avantage fiscal qui permet aux investisseurs immobiliers de déduire chaque année une portion du coût de leurs immeubles de leur revenu imposable. »

Il n'y a pas que la dépréciation

REVENU EN FRANCHISE D'IMPÔT

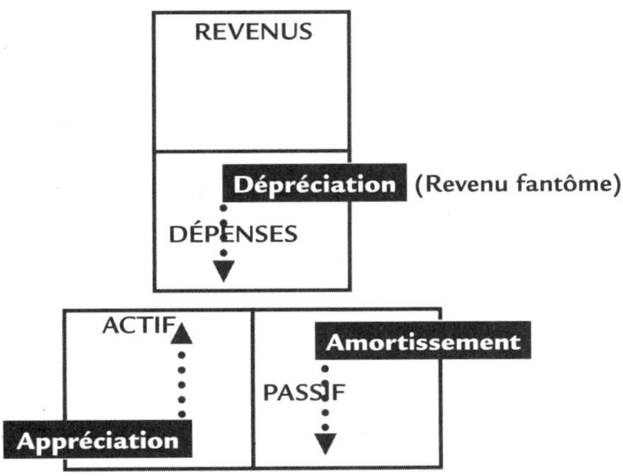

Les journalistes du *New York Times* ne se sont attardés qu'aux avantages fiscaux de la dépréciation. Une véritable éducation financière doit inclure les avantages fiscaux de la dépréciation, de l'amortissement et de l'appréciation.

1. DÉPRÉCIATION

   La dépréciation est une perte passive accordée aux investisseurs immobiliers professionnels.

   La dépréciation couvre la « détérioration » des immeubles et de leurs composantes – tapis, éclairage et autres éléments essentiels à la gestion d'une société de placement immobilier.

2. AMORTISSEMENT

   L'amortissement est la réduction au fil du temps de la dette liée à un emprunt.

   L'amortissement, la réduction de la dette liée à une propriété, est payé par le locataire.

   Les gains obtenus grâce à l'amortissement sont exonérés d'impôts. Une façon de tirer de l'argent d'une propriété consiste à la refinancer, augmentant ainsi l'endettement, tant et aussi longtemps que le locataire effectue les paiements.

   L'argent emprunté afin de refinancer la propriété est exonéré d'impôts parce qu'il s'agit d'une dette.

   Lorsque l'investisseur moyen refinance sa maison, cet argent est également exonéré d'impôts parce qu'il s'agit d'une dette.

   Le problème, c'est que l'investisseur moyen est justement le locataire qui effectue les paiements mensuels.

   Des millions d'individus se sont retrouvés sans le sou juste avant 2008 lorsqu'ils se sont servis de leur maison comme d'un guichet automatique, en en refinançant l'appréciation pour payer leurs dettes.

Lorsque le marché s'est effondré, cette appréciation s'est évaporée, et des millions d'individus se sont retrouvés avec une dette immobilière supérieure à la valeur de leur maison.

Des millions de maisons n'ont pas encore retrouvé la valeur qu'elles avaient avant 2008.

Dans mon quartier, des maisons qui se vendaient 4 millions de dollars en 2008 se vendent aujourd'hui entre 2 et 3,5 millions de dollars.

Après 2008, de nombreux fonds de capital-investissement et sociétés de fonds de couverture ont acquis à des prix défiant toute concurrence des milliers de propriétés ayant fait l'objet de forclusion.

En 2018, alors que le prix des maisons augmente, ces fonds vendent ces mêmes propriétés, en continuant à en bloquer les prix.

3. APPRÉCIATION

L'appréciation est le rêve de tout propriétaire.

Des millions de gens croient encore que « la valeur d'une propriété ne cesse d'augmenter ».

Les individus qui pratiquent la rétrocession, les spéculeurs immobiliers, rêvent de plus-value.

Le problème avec la rétrocession de propriétés, c'est que le gain en capital est imposable.

C'est pour cette raison que je préfère emprunter, car l'endettement n'est pas imposable.

Dans la vidéo traitant du revenu infini, il y a un exemple de refinancement d'une propriété expliquant comment les

> riches utilisent l'endettement pour gagner des millions de dollars sans payer d'impôt.
>
> Jared Kushner et Donald Trump utilisent la même formule.

Mise en garde : L'endettement est comme une arme à feu chargée, qui peut vous protéger tout comme elle peut vous tuer.

Au cours du prochain krach ou effondrement des marchés, l'endettement (plus particulièrement l'endettement d'entreprise) anéantira l'avenir financier de millions d'employés. L'effondrement de l'économie leur fera mal, même s'ils ne sont pas eux-mêmes endettés, parce que les entreprises pour lesquelles ils travaillent crouleront sous les dettes et seront dans l'incapacité de les rembourser.

Si des millions d'employés perdent leur emploi, ils n'auront plus les moyens de conserver la maison dans laquelle ils vivent ou la voiture qu'ils conduisent, parce qu'une maison et une voiture ne sont pas de vrais actifs.

Voici un rappel historique : En 1929, l'indice Dow Jones a atteint un sommet historique de 381 points. Il a fallu ensuite attendre 25 ans, jusqu'en 1954, pour que ce palier soit de nouveau atteint.

Pour reprendre les mots d'un homme riche

Ce commentaire de Warren Buffett vaut la peine d'être répété :

> « Plus les journalistes sont intelligents, mieux se porte la société. Les gens lisent la presse pour s'informer – et meilleur est le professeur, mieux se porte l'élève. »

Warren Buffett privilégie le rendement infini. Il n'utilise pas son propre argent. C'est pour cette raison qu'il est riche.

Le rendement de l'information

Encore une fois, si vous voulez en savoir plus au sujet du pouvoir du rendement infini, visionnez la vidéo que Tom et moi avons présentée lors de la New Orleans Investment Conference en 2018.

Si vous désirez vraiment en apprendre encore davantage, visionnez la même vidéo avec des amis, des membres de votre famille et des collègues, et discutez-en.

La discussion et l'apprentissage doivent être dynamiques, passionnés et intenses.

Les gens diront: « Les riches sont des escrocs. »

Les individus qui détestent le président Trump l'auront encore plus en aversion parce que Tom explique comment il accorde des allégements fiscaux aux riches et en prive les gens qui travaillent pour l'argent.

Kim et moi avons choisi de ne pas être politisés. Les débats politiques sont une perte de temps et d'énergie. Nous avons tout simplement choisi d'être riches légalement, moralement et éthiquement.

La plupart des investisseurs moyens croient que le RCI signifie « rendement du capital investi ». Pour les riches, le RCI représente un « rendement de l'information »... une information que l'on ne trouve pas dans les écoles, la majorité des livres, les journaux ou les publications financières.

Si vous voulez nager en eau claire, vous aurez besoin d'informations claires.

Dans le prochain chapitre, vous apprendrez comment vous préparer au prochain effondrement d'un système monétaire corrompu, ainsi qu'à l'avenir de l'argent.

VOS QUESTIONS… LES RÉPONSES DE ROBERT

Q: Comment faire comprendre à la population que des individus très instruits, mais qui en savent très peu sur les sujets de l'investissement, de la haute finance ou des finances personnelles, écrivent pourtant des articles qui en traitent et sont considérés comme des experts en la matière ?

Ella M. – Espagne

R: Je ne comprends pas votre question. Me demandez-vous combien d'experts financiers appartenant à l'élite ne savent pas de quoi ils parlent ?

Ma réponse est : « Demandez-vous pourquoi un auteur écrit un article donné. » Cet article a-t-il pour but de :

1. Vous vendre quelque chose ?
2. Vous renseigner ?
3. Vous mettre en garde ?
4. Faire gagner de l'argent à son auteur ?
5. Le faire paraître intelligent ?

Q: Quel est le moyen le plus efficace de révéler à des millions d'individus que le code des impôts est rédigé de manière à offrir des allégements fiscaux aux investisseurs de manière à ce qu'ils fassent ce que le gouvernement veut qu'ils fassent ? Cela semble être un défi colossal si l'on considère toutes les distractions. Est-ce faisable ?

Robert C. – Islande

R: J'en doute. Si tout le monde savait comment et pourquoi les riches peuvent gagner davantage d'argent et payer moins d'impôt, il pourrait y avoir une révolution parce que – malheureusement – peu de gens ont eu accès à une véritable éducation financière qui leur a appris comment payer moins d'impôt.

Rappelez-vous que notre système d'éducation est conçu pour enseigner aux gens à devenir des E et des T, et non des P et des I.

Q: Les entreprises qui se situent dans le quadrant P disposent de plusieurs moyens (ou incitatifs) pour réduire leurs obligations fiscales et payer – dans certains cas – peu ou pas d'impôt; les individus qui évoluent dans le quadrant T et qui touchent un revenu élevé ne bénéficient pas de ces incitatifs. On n'en parle jamais dans les médias lorsque le Congrès adopte une loi fiscale. Pourquoi?

Julia H. – États-Unis

R: Je doute que les grands manitous de la grossière escroquerie financière souhaitent que les médias et notre système d'éducation soient au courant.

Je suis heureux de constater que vous souhaitez en apprendre davantage à propos des impôts. Cette volonté d'apprendre est la première étape de l'apprentissage. Je ne recommande pas cet apprentissage à des gens qui ne souhaitent pas apprendre. Comme le dit le vieil adage: «N'enseignez pas à un cochon à chanter. C'est une perte de temps et cela ennuie le cochon.»

Chapitre 17

LA FIN DU DOLLAR AMÉRICAIN ?

CYCLES DE CROISSANCE ET DE CONTRACTION, KRACHS… EFFONDREMENT ?

James Rickards, dans *En marche vers la faillite*, présente le thème de son ouvrage en citant un passage du *Berceau du chat*, écrit par Kurt Vonnegut en 1963 :

Bien, bien, très bien –
Tellement de gens différents
Dans un même instrument.

Q : Rickards dit-il que nous sommes tous rassemblés comme du bétail, enfermés dans un corral dans l'attente de la traite ou d'être conduits à l'abattoir ?

R : Oui. Je le crois.

Q : Est-ce que cet « instrument » est l'argent ?

R : Oui. Comme tout instrument financier ou instrument dérivé de l'argent.

Q : Tout n'est-il pas relié à l'argent ? Veut-il dire que l'économie mondiale, la civilisation et la vie elle-même sont prises au piège ?

R : Oui. C'est ce qu'il dit.

James Rickards est un vrai professeur. Il est exceptionnellement brillant et a fréquenté les meilleures écoles. Membre de l'élite universitaire, avocat, initié du monde des affaires et expert financier, il a été conseiller chez Long-Term Capital Management (LTCM) dont la quasi-faillite a été l'une des plus grandes catastrophes financières des temps modernes. La chute de LTCM a été une « sonnette d'alarme » pour Jim. C'est ce qui l'a amené à effectuer des recherches afin de déterminer les causes de cet échec et d'examiner plus à fond l'univers obscur de l'argent, du pouvoir et de ceux qui dirigent véritablement le monde.

Ses trouvailles et ses idées l'ont conduit à devenir conseiller auprès de la Défense des États-Unis en matière de « guerres des devises » – d'où le titre de l'un de ses livres, *Currency Wars* –, et ensuite à travailler avec le directeur du renseignement national, ainsi qu'avec des entités dirigeantes des banques centrales qui gouvernent l'économie mondiale.

M. Rickards est un vrai professeur parce qu'il est un « initié des initiés ». J'ai lu *Currency Wars* lorsqu'il a été publié en 2011. Je ne suis pas un initié et je souhaitais être capable de voir en « eaux troubles », et cette lecture a été comme enfiler un masque de plongée et entrer dans un univers que peu de gens connaissent. Ses ouvrages suivants sont encore plus éclairants.

Si vous avez des questions concernant l'or, l'argent de Dieu, vous devez absolument lire *Nouveau plaidoyer pour l'or*, paru en 2016.

Si vous désirez comprendre ce vers quoi les États-Unis et le monde se dirigent, *En marche vers la faillite*, du même auteur, fera la lumière sur la situation.

Je suis honoré de travailler en collaboration avec James Rickards et d'offrir aux gens une éducation et des produits financiers qui leur permettent de se préparer à entrer dans le nouveau monde de l'argent.

Le dernier flocon de neige

James Rickards utilise la métaphore de l'avalanche pour décrire le krach imminent et l'effondrement possible du dollar. Pendant des années, de la neige s'accumule sur le sommet d'une montagne qui surplombe un village. Plutôt que de provoquer de petites avalanches qui ruineraient la saison de ski, les autorités érigent des barricades afin d'attirer davantage de skieurs, et la neige s'accumule toujours plus. La menace d'une avalanche catastrophique grandit d'année en année.

Et puis un jour, un minuscule flocon de neige se pose sur le sommet de la montagne et le village se trouve soudain enfoui sous des tonnes de neige.

Cette métaphore illustre ce qui se passe depuis 1971, l'année où le président Richard Nixon a mis fin à la convertibilité du dollar américain en or. Après chaque effondrement des marchés, plutôt que de régler le problème, nos dirigeants ont imprimé de la fausse monnaie – et la montagne de dettes n'a cessé de grossir, et le problème s'aggrave toujours plus chaque année.

Le village qu'est le monde est sur le point d'être balayé par une avalanche de dettes, de faux investissements et de fausse monnaie.

Il ne suffira que de ce dernier flocon de neige.

La fin du dollar

En 1944, 44 nations se sont réunies lors de la Conférence de Bretton Woods afin d'établir les nouvelles règles du système monétaire international d'après-guerre.

Avant la Seconde Guerre mondiale, la livre britannique faisait la pluie et le beau temps dans le monde de l'argent. Mais l'Angleterre a dû acheminer son or vers les États-Unis pour défrayer ses dépenses militaires.

Vers la fin du conflit, les États-Unis détenaient la majeure partie des réserves d'or mondiales.

Étant donné que l'Amérique possédait cet or, elle a promis de s'en servir pour soutenir le dollar, et la devise américaine est devenue la « monnaie de réserve mondiale ». En 1944, le dollar américain était aussi solide que l'or. Littéralement. Le dollar inspirait confiance et respect. Mais cela n'a pas duré.

Entre 1950 et 1960, l'Allemagne, le Japon, l'Angleterre et le reste de l'Europe se sont relevés et ont commencé à exporter des produits vers les États-Unis. Les dollars soutenus par l'or ont quitté le pays et Nixon et ses copains ont paniqué.

En 1971, Richard Nixon a trahi la promesse faite à Bretton Woods et les États-Unis ont commencé à exporter de la fausse monnaie en échange de véritables marchandises telles que des Volkswagen et des Toyota.

Le monde a volontiers accepté ces faux dollars tant et aussi longtemps qu'il a fait confiance aux dirigeants des États-Unis. Cette confiance a sérieusement été mise à l'épreuve après 2008.

Cette confiance s'est-elle volatilisée ? La fin est-elle proche ? La montagne de dettes est-elle trop haute ? L'impression de fausse monnaie empêchera-t-elle l'avalanche de déferler sur le monde ? Le dernier flocon de neige s'apprête-t-il à tomber ?

Trois types de monnaie

Plus tôt dans cet ouvrage, j'ai écrit qu'il existe trois types de monnaie. Ce sont :

1. **L'argent de Dieu :** l'or et l'argent.
2. **L'argent du gouvernement :** le dollar, le peso, le yuan, le yen, l'euro.
3. **L'argent du peuple :** le bitcoin, l'éthéreum et la cryptomonnaie basée sur la technologie des chaînes de blocs.

La différence entre le communisme et le capitalisme

Communisme : le communisme est basé sur un gouvernement centralisé.
Capitalisme : le capitalisme est basé sur des banques centralisées.

Les banques centrales n'aiment pas l'or parce qu'elles ne peuvent pas en imprimer.

Les banques centrales n'aiment pas le bitcoin et la technologie des chaînes de blocs parce que l'argent du peuple n'a pas besoin d'elles pour exister.

Les banques centrales impriment l'argent du gouvernement.

L'argent du gouvernement n'a pas d'intégrité.

L'argent de Dieu et l'argent du peuple ont davantage d'intégrité que l'argent qu'impriment les banques centrales. Pourquoi ?

Q : Pendant encore combien de temps l'argent du gouvernement existera-t-il ?

R : À mon avis, pas très longtemps. Le dollar américain était autrefois soutenu par l'or et l'argent. Lorsque je fréquentais l'école secondaire, un « certificat d'argent » figurait dans la partie supérieure des billets de banque américains. Aujourd'hui, le gouvernement imprime « En Dieu nous avons confiance » sur sa fausse monnaie.

La prochaine monnaie

Jim Rickards affirme que l'argent du gouvernement se transformera bientôt en DTS, ou droits de tirage spéciaux, une autre forme de fausse monnaie – cette fois mise en circulation par le Fonds monétaire international (FMI).

Les DTS ne dureront pas. Ils sont une autre forme de fausse monnaie. Les DTS marqueront-ils la fin, l'effondrement à l'échelle mondiale de l'argent du gouvernement? J'espère que de nombreux individus se posent cette question.

Le vrai problème

Le problème avec l'argent du gouvernement est le mot « confiance ».

Tant que les gens feront confiance à nos gouvernements et aux banques centrales, ces fausses monnaies que sont le dollar, le yen, le yuan, le peso et l'euro sont en sécurité.

La confiance est le dernier flocon de neige.

Dès que cette confiance tombera, ce sera la fin de l'argent du gouvernement. Le dollar s'effondrera et l'avalanche déferlera du haut de la montagne, décimant tout sur son passage.

Mon père riche aimait bien cette définition de l'argent :

> « L'argent est un concept
> qui s'appuie sur la confiance,
> qui représente le travail bien fait,
> et qui est échangeable. »

Les affirmations qui suivent vous feront comprendre pourquoi l'argent du gouvernement tire à sa fin.

1. L'argent n'est qu'un concept. L'argent n'existe pas.
2. Pour que l'argent existe, la confiance en nos dirigeants et nos banques doit exister.
3. La véritable monnaie représente le travail bien fait. L'impression de fausse monnaie ne nécessite pas de véritable travail.
4. La véritable monnaie a une véritable valeur. La fausse monnaie est privée de valeur. C'est pour cette raison que la fausse monnaie n'est pas une réserve de valeur.
5. L'impression de fausse monnaie détrousse les gens et dévalue leur travail.

6. L'impression de fausse monnaie enrichit ceux qui l'initient.
7. Lorsque les gens se réveilleront et que leur confiance se sera envolée, la fausse monnaie du gouvernement ne sera plus échangeable, et une avalanche de dettes dévalera les flancs de la montagne.
8. L'éducation financière est un moyen d'autodéfense contre la cupidité des pauvres et des riches.

John Maynard Keynes a dit il y a des décennies :

« Le capitalisme est la croyance stupéfiante selon laquelle les pires des hommes feront les pires choses pour le plus grand bien de tout le monde. »

Voici quelques citations de Doug Casey, un autre vrai professeur. Il parle ainsi de la stupidité :

> « La stupidité est une tendance involontaire à l'autodestruction. »
>
> « Le moindre mal n'est toujours que le moindre de deux maux. »
>
> « Le contraire de la gratitude est l'habilitation. »

L'auteur français Alexandre Dumas a dit sur le même sujet :

> « Le génie humain a des limites, quand la bêtise humaine n'en a pas. »

L'inventeur américain et homme d'État Benjamin Franklin a dit sur l'ignorance :

> « Il était tellement instruit qu'il pouvait nommer un cheval en neuf langues ; et tellement ignorant qu'il a acheté une vache en guise de monture. »

Et voici une citation de Ben Bernanke, l'ex-président de la Réserve fédérale :

> « Le gouvernement américain a une technologie qui se nomme la planche à billets... qui l'autorise à produire autant

> de dollars américains qu'il le souhaite à un coût quasiment nul. »

À un coût quasiment nul ? Vraiment ? Ben Bernanke n'a-t-il pas été professeur à Stanford et Princeton ? Ne devrait-il pas avoir plus de jugeote ?

Ben Bernanke est-il conscient du fait que l'impression de fausse monnaie coûte leur emploi, leur maison, leur épargne et leur avenir financier à des millions de gens ? Qu'en pensez-vous ?

Comment quitter le bateau, ou l'« instrument »

Je répète cet extrait du *Berceau du chat* de Kurt Vonnegut :

> *Bien, bien, très bien –*
>
> *Tellement de gens différents*
>
> *Dans un même instrument.*

Cela soulève la question suivante : Comment faire pour quitter le bateau ?

D'aucuns croient que la solution consiste à revenir à l'étalon-or. C'est ce que j'ai fait en 1972.

Petit retour en arrière… En 1972, j'avais déjà établi mon propre étalon-argent.

En 1964, après avoir remarqué une tranche cuivrée sur les pièces d'argent américaines, j'ai commencé à échanger du papier monnaie contre des rouleaux de pièces d'argent, à en retirer les pièces d'argent véritable, et à retourner à la banque les fausses pièces, celles qui avaient une tranche cuivrée.

En 2018, une véritable pièce d'argent de 10 ¢ datant d'avant 1965 vaut environ 2 $.

J'ai toujours des sacs remplis de ces pièces d'argent véritable, de pièces de 10, 25 et 50 ¢.

En 1972, après m'être aventuré derrière les lignes ennemies à la recherche d'or, j'ai senti qu'il y avait anguille sous roche. J'ai soupçonné que l'on nous mentait à propos de la guerre du Vietnam et de l'argent.

En 1972, à Hong Kong, j'ai acheté ma première pièce d'or, un Krugerrand sud-africain, pour la somme d'environ 50 $.

J'étais désormais un criminel. En 1972, les Américains n'avaient pas le droit de posséder de l'or.

J'ai toujours cette pièce, en sécurité dans un dépôt légal à l'étranger, et non pas dans une banque.

Aujourd'hui, ce Kruggerand vaut environ 1 200 $.

En 1973, j'ai suivi mon premier véritable cours d'investissement immobilier. J'ai découvert le rendement infini. Dès lors, je n'ai plus eu besoin de fausse monnaie. J'avais trouvé un vrai professeur. Cette année-là, j'ai abandonné mes études.

Depuis 1973, je vis selon mon propre étalon-or et mon propre étalon-argent. De plus :

1. Je me suis retiré du système d'éducation traditionnel.
2. J'assiste à des séminaires et je lis, en quête de vrais professeurs.
3. J'investis dans de véritables actifs et je suis partenaire du gouvernement. En investissant dans ces actifs que le gouvernement préconise, je paie peu ou pas d'impôt, en toute légalité.
4. La Réserve fédérale imprime de l'argent. J'imprime le mien.
5. Je ne suis pas touché par les cycles de croissance et de contraction, l'effondrement des banques qui sont « trop solides pour s'écrouler » et les soubresauts du marché qui secouent les banques d'investissement de Wall Street.
6. J'utilise l'endettement pour générer un rendement infini et je ne paie pas d'impôt.

J'applique la formule de McDonald's pour m'enrichir… alors que la plupart des gens disent : « Vous ne pouvez pas faire ça ici. »

Q : L'endettement ne vous inquiète pas ?

R : Pas du tout.

Q : Comment composez-vous avec l'endettement ?

R : J'étudie et je prête attention à l'économie mondiale. J'étudie auprès de vrais professeurs. Je compense l'endettement avec l'or et l'argent. L'or et l'argent sont une « protection », une assurance contre la stupidité du gouvernement et la mienne.

Les images sont plus efficaces que les mots

Comme je l'ai mentionné dans un chapitre précédent, les diagrammes ci-dessous expliquent la formule que j'utilise pour revenir à l'étalon-or et à l'étalon-argent.

POURQUOI LES RICHES S'ENRICHISSENT

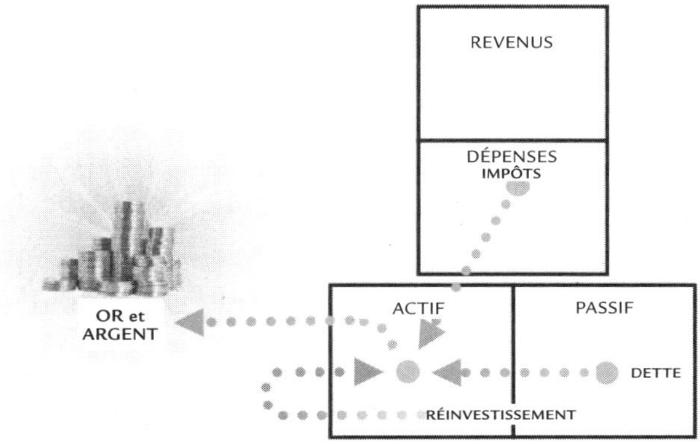

J'achète de l'or et de l'argent, et non de l'argent du gouvernement. Ces diagrammes racontent comment je reste hors du bateau.

Q: Dois-je absolument appliquer votre formule?

R: Bien sûr que non. En fait, ne le faites pas. Il existe de meilleures formules, plus simples. J'ai appliqué cette formule parce que je voulais relever un défi et acquérir beaucoup d'actifs. On peut y arriver si l'on devient le partenaire du gouvernement, que l'on n'a pas besoin d'argent et que l'on ne paie pas d'impôt, en toute légalité.

Q: Devenez-vous un partenaire du gouvernement lorsque vous utilisez l'endettement?

R: Oui. Le gouvernement veut que les gens empruntent et s'endettent. C'est pour cette raison que l'endettement n'est pas imposable. Si les gens n'empruntent pas, il n'y a pas d'argent qui est créé.

Les cartes de crédit émises par les lignes aériennes offrent à leurs détenteurs qui les utilisent des primes sous forme de points de voyage et de surclassement. Elles deviennent ainsi les partenaires du gouvernement en créant davantage d'argent.

Si j'investis avec des dollars qui sont le fruit de mon labeur, ces dollars sont après impôt. Épargner de l'argent pour lequel on a travaillé est long. Je préfère investir avec un capital en franchise d'impôt, de l'argent pour lequel je n'ai pas travaillé, et c'est pour cette raison que j'ai recours à l'endettement. J'aide le gouvernement à créer de l'argent et le gouvernement m'aide à faire de même. Veuillez suivre un cours d'investissement immobilier avant de franchir le pas.

Mon père riche disait souvent: « Entre les mains d'un idiot... l'endettement tourne au désastre. »

Nous avons suffisamment d'idiots qui dirigent le monde. Je vous en prie, ne rejoignez pas leurs rangs.

La meilleure formule « étalon-or »

La meilleure formule pour rester hors du bateau est de suivre les conseils de Jim Rickards: Conservez votre emploi habituel et votre plan 401(k), achetez de l'or et de l'argent, et gardez-les dans un coffre-fort à l'extérieur des banques.

M. Rickards recommande également de conserver un peu d'argent liquide à l'extérieur des banques. Kim et moi conservons de l'argent à l'extérieur des banques et à l'extérieur du pays.

Q: Mais l'or coûte très cher. Que faire si je n'ai pas les moyens d'en acheter?

R: Commencez par acheter de l'argent. C'est ce que j'ai fait. N'importe qui peut acheter une pièce d'argent véritable pour la somme d'environ 20 $. De fait, l'argent pourrait bien être un meilleur investissement que l'or.

Q: Pourquoi l'argent serait-il un meilleur investissement que l'or?

R: L'argent est un métal précieux industriel. Il est donc en demande et les réserves diminuent chaque jour.

N'attendez pas

Je suis certain que vous avez déjà entendu cet adage: *Il n'y a pas de meilleur moment que l'instant présent.* Je suis d'accord. Commencez à investir dès aujourd'hui.

Q: J'ai des économies et j'ai beaucoup investi dans les valeurs mobilières. Pourquoi ne pas attendre que le cours de l'or et de l'argent soit en hausse avant d'en acheter?

R: Parce que l'or et l'argent véritables ne sont pas de la fausse monnaie ou des actifs titres. Aujourd'hui, les riches économisent l'or et l'argent.

Q: Pourquoi cette économie de l'or et de l'argent est-elle importante?

R: Parce qu'il n'y a qu'une certaine quantité d'« or flottant ». Il s'agit de l'or véritable qui est disponible sur les marchés. Les pays riches et les gens riches achètent de l'or flottant et l'entreposent sous bonne garde.

Les États-Unis et la Chine ont manipulé le cours de l'or, le maintenant aussi bas que possible de manière que la Chine puisse en acquérir.

Une fois que la Chine en possédera suffisamment, elle fera en sorte que son cours augmente, de concert avec les États-Unis.

Pourquoi les États-Unis aident-ils la Chine? Parce que la Chine détient des obligations du Trésor américain d'une valeur de plusieurs trillions de dollars. Lorsque les États-Unis impriment de la fausse monnaie, la valeur de ces obligations chute.

Si la Chine se met à brader ces obligations, l'économie américaine s'effondrera.

Les États-Unis ont donc intérêt à collaborer avec la Chine et à maintenir le cours de l'or à un bas niveau afin que la Chine puisse en acquérir à bas prix et, ainsi, compenser ses pertes liées aux obligations du Trésor qu'elle détient.

En 2016, le yuan a rejoint le club très fermé des monnaies de réserve du FMI.

Maintenant que la Chine possède suffisamment d'or, les États-Unis et elle sont prêts à ouvrir la porte à l'inflation et à une hausse du cours de l'or.

L'inflation détruira le dollar américain. La Chine compensera ses pertes liées aux obligations du Trésor qu'elle détient grâce à cette hausse du cours de l'or.

Q : Lorsque l'avalanche se déclenchera et que le monde réalisera qu'il n'y a plus d'« or flottant », le cours de l'or augmentera-t-il rapidement ?

R : Comme le dit Jim Rickards, vous et moi n'auront plus les moyens d'acheter de l'or véritable.

Q : À combien montera le cours de l'or ?

R : M. Rickards a fait le calcul, comparant la quantité de faux dollars qui sont en circulation et le cours que l'or devrait atteindre pour les soutenir. En 2017, ce cours aurait dû pour cela être de 10 000 $ l'once.

Q : Les riches ne vendraient-ils pas leur or si le cours augmentait à ce point ?

R : Non. Les ultra-riches n'ont pas besoin de vendre, car ils n'ont pas besoin d'argent. Rappelez-vous l'article portant sur Jared Kushner. Les riches utilisent l'endettement en guise d'argent.

Q : Qu'en est-il de l'or et de l'argent qui sont négociés en Bourse ?

R : Il n'y a pas d'or et d'argent dans ces FNB. Ces fonds négociés en Bourse sont émis par des banques et sont assujettis au même système des réserves fractionnées que tous les actifs titres, incluant le papier-monnaie. Pour chaque once d'or ou d'argent qu'emprunte un FNB, ce dernier vendra entre 50 et 100 onces de faux actifs titres à des investisseurs crédules.

L'individu qui vend ses FNB touchera de l'argent, qui perd de sa valeur, et non pas de l'or ou de l'argent, dont la valeur augmentera.

RAPPEL : Le jeu auquel jouent les grandes banques et Wall Street est : « Tête, je gagne. Pile, vous perdez. »

En 1972, j'ai décidé de ne pas jouer à ce jeu.

Vivre dans un village à l'ombre d'une montagne enneigée

Bien, bien, très bien –

Tellement de gens différents

Dans un même instrument.

Aujourd'hui, des milliards d'individus vivent dans ce genre de village. Ils sont pris dans l'engrenage des banques centrales que possèdent les ultra-riches. L'existence des banques centrales ne relève pas d'un système démocratique et elles ne doivent rendre de comptes à personne. C'est pour cette raison que l'or et le bitcoin sont une menace pour elles.

En établissant votre étalon-or et votre étalon-argent – avant que ne tombe le dernier flocon de neige, avant l'avalanche –, vous vous éloignez de la montagne. Si l'avalanche détruit le système de distribution d'électricité, alors l'argent du gouvernement et l'argent du peuple seront fortement ébranlés. Les guichets automatiques fermeront. Wall Street fermera, et l'argent du peuple disparaîtra en même temps que le Web.

N'oubliez jamais que l'or et l'argent étaient présents lors de la formation de la Terre, et que l'or et l'argent seront encore là bien après notre disparition.

C'est pour cette raison que je suis d'accord avec James Rickards lorsqu'il recommande que nous conservions 10 % de notre fortune sous forme de monnaie véritable, d'or et d'argent véritables, à l'extérieur du système bancaire mondial électronique.

Q : Et si vous aviez tort ? Et si rien ne se passait ? Et s'il ne se produisait pas de catastrophe à l'échelle mondiale ? Et si l'économie mondiale continuait de prospérer ?

R : Pour l'amour du monde, Jim et moi *souhaitons* avoir tort. Et, même si nous avons tort, la valeur de l'or et de l'argent continuera d'augmenter. Et la valeur du dollar américain continuera de chuter.

Q : Comment pouvez-vous avoir cette certitude ?

R : Je laisserai quelqu'un de plus sage que moi répondre à cette question :

Comme l'écrit James Rickards dans *Currency Wars* :

> « Depuis sa création en 1913, le plus important mandat de la Réserve fédérale a été de maintenir le pouvoir d'achat du dollar ; toutefois, depuis 1913, le dollar a perdu 95 % de sa valeur. En d'autres termes, il faut aujourd'hui 20 dollars pour acquérir ce qu'un dollar permettait d'acheter en 1913. »

Voltaire (1694-1778), écrivain français, historien et philosophe pendant le siècle des Lumières, aurait dit :

> « La monnaie-papier finit toujours par retourner à sa valeur intrinsèque, c'est-à-dire zéro. »

George Washington (1732-1799), premier président des États-Unis :

> « Le papier-monnaie a l'effet qu'il aura toujours dans votre État pour ruiner le commerce, opprimer les honnêtes gens et ouvrir la porte à la fraude et à l'injustice. »

Ron Paul (1935-), membre du Congrès des États-Unis et candidat à la présidence :

> « L'or est une monnaie honnête, c'est pourquoi il est détesté par les gens malhonnêtes. »

L'autre côté de la médaille

Comparez ces affirmations à celles que ferait un banquier. De l'autre côté de la médaille se trouve le banquier allemand Mayer Amschel Rothschild (1744-1812) :

> « Donnez-moi le contrôle sur la monnaie d'une nation, et je n'aurai pas à me soucier de ceux qui font ses lois. »

Il y a eu de nombreux débats entourant la paternité de cette citation. Elle a également été attribuée à la Maison des Rothschild, ainsi qu'aux « prêteurs du Vieux Monde ». Je me demande souvent si on le saura un jour avec certitude. N'est-ce qu'un autre exemple d'eaux troubles et de fausses nouvelles ? Nous ne le saurons jamais.

Qu'est-ce qui est vrai ? Est-ce que les ultra-riches contrôlent réellement la masse monétaire ? N'est-il pas vrai que la dynastie des Rothschild a des intérêts majoritaires dans la majorité des banques centrales du monde ?

Pour des opinions qui donnent froid dans le dos, il est temps d'écouter Nomi Prins.

L'histoire qui n'est pas racontée en Amérique

Nous avons écouté des hommes sages. Il est maintenant temps d'entendre les propos d'une femme sage.

Dans son ouvrage intitulé *Collusion*, Nomi Prins, comme Jim Rickards, se révèle être une vraie professeure, une initiée. Elle a travaillé chez Lehman Brothers, Bear Stearns London et comme directrice générale chez Goldman Sachs.

Comme Jim Rickards, Nomi Prins est une initiée des initiés. Elle a vu le fonctionnement interne de la machine. Dans *Collusion* et en tant qu'invitée à la Rich Dad Radio, Mme Prins raconte la véritable histoire de la collusion, une histoire qui n'est pas racontée en Amérique.

Elle parle de l'argent occulte. Je le qualifie de fausse monnaie. Voici une histoire vraie, racontée dans les propres mots de Nomi Prins :

Qu'est-ce que la monnaie occulte ?

La monnaie occulte est une monnaie créée ou « fabriquée » électroniquement par la Réserve fédérale et d'autres banques centrales majeures partout dans le monde et qui est acheminée vers de grandes banques privées et les marchés financiers. Il est impossible d'en suivre la trace. La Réserve fédérale, de concert avec la Banque centrale européenne (BCE) et la Banque du Japon, a créé de la monnaie occulte d'une valeur de près de 15 trillions de dollars. Ajoutons à cela la Banque populaire de Chine (BPC), et le chiffre grimpe à un stupéfiant montant de 23 trillions de dollars. Cette monnaie occulte se retrouve tout d'abord dans les plus grandes banques et institutions financières privées. De là, elle se répand dans des directions apparemment infinies, ayant diverses conséquences sur différents actifs financiers.

Pourquoi la monnaie occulte est-elle mauvaise ?

La monnaie occulte représente une nouvelle forme de collusion entre les divers gouvernements, les banques centrales et les banques privées. Ils travaillent en partenariat pour s'attribuer encore davantage de pouvoir et d'argent en utilisant les lois, le marchandage politique et des échanges de bons procédés. La monnaie occulte est une version de la fausse monnaie, car elle n'est pas le fruit de la véritable économie. Elle est un stimulant artificiel pour les marchés et provient d'une source externe. Elle peut être à l'origine d'une manipulation et d'une distorsion des marchés, les privant de leur habileté à se comporter comme des marchés libres ou réglementés.

Pourquoi nous trouvons-nous dans une nouvelle normale ?

Les banques centrales sont devenues plus puissantes que les gouvernements en vertu de leur habileté à créer des sommes considérables sans aucune restriction ou limitation juridique. Les marchés, les banques et les spéculateurs sont devenus dépendants de cette manne que leur offrent les banques centrales, non pas seulement en situation d'urgence, mais aussi dans le cadre de leurs activités courantes.

Q: Qu'est-ce que tout cela signifie?

R: Cela signifie que quelqu'un ne ment pas lorsqu'il dit: «Donnez-moi le contrôle sur la monnaie d'une nation, et je n'aurai pas à me soucier de ceux qui font ses lois.»

Une fausse requête

En 2008, Hank Paulson, alors secrétaire du Trésor américain et ancien PDG de Goldman Sachs, a adressé au gouvernement américain et à la population une demande de 700 milliards de dollars afin de renflouer les banques «trop solides pour s'écrouler».

Q: Pourquoi est-ce une fausse requête?

R: C'est l'histoire que Nomi Prins, une initiée de Goldman Sachs, comme Hank Paulson, raconte dans *Collusion*.

En termes simples, les «banques centrales» n'ont pas besoin de demander la permission d'imprimer de l'argent. La Réserve fédérale n'avait pas besoin de Hank Paulson, de George W. Bush, du Congrès ou de la population des États-Unis pour obtenir la permission d'actionner la planche à billets.

Q: Est-ce là la nouvelle normale? La Réserve fédérale et les banques centrales du monde entier font-elles ce qu'elles veulent, sans demander quelque permission que ce soit?

R: Je le crois. Aujourd'hui, les ultra-riches ne se soucient pas de qui fait les règles, de quel parti est au pouvoir (républicain ou démocrate, conservateur ou libéral) et de si le pays est capitaliste, socialiste ou communiste.

Q: Comment en sommes-nous arrivés là?

R : La Loi sur les mesures de stabilisation économique d'urgence de 2008 a permis la création du Plan Paulson. La loi Dodd-Frank sur la réforme de Wall Street et la protection des consommateurs, promulguée en 2010, a fait en sorte que la somme autorisée soit réduite à 475 milliards de dollars.

Q : Le gouvernement a donc rejeté la requête de 700 milliards de dollars ?

R : C'est exact. Les législateurs l'ont fait passer de 700 à 475 milliards de dollars.

Q : Que s'est-il passé ensuite ?

R : Le 11 octobre 2012, le Service d'études budgétaires du Congrès a encore limité la requête à 431 milliards de dollars.

Q : Mais *ensuite*, que s'est-il passé ?

R : Les paroles de Mayer Amschel Rothschild sont devenues vraies. Lorsque nos dirigeants disent « non », les banques centrales prennent la relève et, comme l'indique Nomi Prins, la nouvelle normale s'installe.

Pour reprendre les mots de Nomi Prins :

> « Les banques centrales sont devenues plus puissantes que les gouvernements en vertu de leur habileté à créer des sommes considérables sans aucune restriction ou limitation juridique. »

Le 11 octobre 2012, lorsque le Service d'études budgétaires du Congrès a limité le Plan Paulson à 431 milliards de dollars, les paroles de Rothschild sont devenues vraies. Comme le dit Prins :

> « La Réserve fédérale, de concert avec la Banque centrale européenne (BCE) et la Banque du Japon, a créé de la monnaie occulte d'une valeur de près de 15 trillions de dollars. Ajoutons à cela la Banque populaire de Chine (BPC), et le chiffre grimpe à un stupéfiant montant de 23 trillions de dollars. Cette monnaie occulte se retrouve tout d'abord dans

les plus grandes banques et institutions financières privées. De là, elle se répand dans des directions apparemment infinies, ayant diverses conséquences sur différents actifs financiers. »

Q : Cela signifie-t-il que mon vote, la personne pour qui je vote, le parti auquel j'appartiens ou la personne qui remporte l'élection ne compte pas vraiment ?

R : Je vous laisse répondre à cette question. De nombreux individus croient que leur vote compte.

Dans *Collusion*, Nomi Prins vous donne un aperçu de l'intérieur de la machine. Au moins, vous verrez l'autre côté de la médaille.

Et vous pourrez déterminer vous-même si votre vote compte vraiment.

Q : Cela veut-il dire que les marchés financiers sont manipulés ?

R : Oui, oui et oui. À une certaine époque, les investisseurs professionnels pouvaient compter sur le « processus de détermination du prix ». Le marché libre fixait le véritable prix d'un actif. Aujourd'hui, les banques centrales du monde entier contrôlent le prix des actifs.

Q : Cela signifie-t-il que sans « véritable processus de détermination du prix », le prix des actifs est faux ?

R : Oui… L'argent occulte est manipulé dans des eaux troubles, hors de notre vue. Même le cours de l'or et de l'argent est manipulé.

Q : Si le cours de l'or est manipulé, pourquoi achetez-vous de l'or et de l'argent véritables ?

R : Même réponse. Parce que l'or et l'argent sont l'argent de Dieu. L'or et l'argent véritables ne présentent aucun risque de contrepartie.

Tous les faux actifs présentent un risque de contrepartie.

Le *risque de contrepartie* signifie que la valeur d'un actif dépend de quelqu'un d'autre, d'une contrepartie. Par exemple, la valeur réelle du dollar américain dépend des dirigeants du gouvernement américain. La valeur d'une action dépend de la valeur de l'entreprise qui l'émet. Si vous prêtez de l'argent à votre beau-frère, votre argent dépend de lui.

Q : Qui est la contrepartie de l'or et de l'argent ?

R : Dieu.

Lorsque le château de cartes des banques centrales s'effondrera, l'or et l'argent seront toujours de l'or et de l'argent… parce que l'or et l'argent véritables sont l'argent de Dieu.

Dans le prochain chapitre, vous découvrirez ce que vous pouvez faire pour vous préparer à l'avalanche et quitter le bateau.

VOS QUESTIONS… LES RÉPONSES DE ROBERT

Q : Croyez-vous que Jim Rickards et Nomi Prins mettent leur vie en danger en révélant ces vérités financières ?

Amanda E. - États-Unis

R : Oui. Comme vous le savez, les médias sociaux sont souvent antisociaux. Si quelqu'un veut vous attaquer, vous deviendrez la cible d'une foule d'individus courroucés et moralisateurs. Dans le tribunal de grande instance des médias sociaux, vous êtes coupable… sans possibilité de prouver votre innocence.

Ce n'est pas uniquement vrai pour Jim et Nomi. C'est vrai pour tout le monde.

Q : Croyez-vous que le gouvernement des États-Unis interdira de nouveau la possession d'or comme il l'a fait en 1933 ?

José F. - Nicaragua

R : J'en doute, mais on ne sait jamais. En 2018, quelques banques centrales ont commencé à acheter de l'or pour la première fois en 10 ans. Si une frénésie d'achat se transforme en panique, et que le dollar américain s'effondre, qui sait ce que fera le gouvernement des États-Unis ?

Q : Pendant encore combien de temps (et termes d'années) croyez-vous que les gens feront confiance au dollar américain ? Si cette confiance disparaît… à quoi ressemblera l'économie mondiale ?

Denes T. - Hongrie

R : Je l'ignore. Mais voici ce que je sais :

1. Le gouvernement américain, l'économie et la population nagent dans les dettes.
2. Les programmes de prestations sont automatiquement financés.
3. Chaque jour, 10 000 baby-boomers prennent leur retraite.

4. Les régimes de retraite des baby-boomers sont vraiment sous-financés.
5. Les États-Unis livrent une guerre au terrorisme que nous ne pouvons pas gagner.
6. Les États-Unis continuent d'emprunter de l'argent pour payer leurs factures.
7. L'IA, l'intelligence artificielle, éliminera davantage d'emplois que la Chine.
8. Après 2008, le monde a cessé de faire confiance au dollar américain.

Si vous faites confiance à nos dirigeants pour régler ce problème, continuez à épargner de la fausse monnaie.

Q : Je ne crois pas que les gens arriveront un jour à bien comprendre cette supercherie – et encore moins à renverser le système. Convainquez-moi du contraire.

Akira Y. – Japon

R : La colère et la frustration augmentent, souvent répandues par les médias antisociaux. Soyez à l'affût d'une agitation civile grandissante, un peu comme c'est actuellement le cas au Venezuela. La voyoucratie remplacera la loi et l'ordre.

Q : Il est évident que le système bancaire parallèle exerce un contrôle total sur nous. Que devra-t-il se produire pour que cesse cette domination ?

Renaldo J. – Phillipines

R : Le système bancaire détrousse les épargnants depuis des milliers d'années. Il y a 1 000 ans, un épargnant confiait son or ou son argent à un banquier pour qu'il le mette sous bonne garde. Le banquier lui remettait alors un certificat de dépôt. L'épargnant utilisait ce document en guise d'argent. Le banquier prêtait ensuite l'or ou l'argent de l'épargnant à un emprunteur. Il répétait cette opération encore et encore.

L'inflation est causée la création excessive de monnaie. L'inflation fait diminuer le pouvoir d'achat de la monnaie. La valeur de l'or ou de l'argent de l'épargnant a diminué à mesure qu'il se répandait dans une économie prise dans une spirale inflationniste.

De nos jours, ce système bancaire est connu comme le nom de « système des réserves fractionnées ». Seule une fraction des avoirs de l'épargnant demeure à la banque, à titre de « réserve ». Le reste est en majeure partie prêté encore et encore, à toujours plus d'emprunteurs.

La banque agit ainsi pour gagner davantage d'argent sous prétexte de développer l'économie.

Le système bancaire parallèle est une extension du système des réserves fractionnées. Des individus empruntent de l'argent pour en prêter à d'autres et à des organisations, sans être soumis aux restrictions d'un système bancaire réglementé. L'économie se développe de plus en plus à mesure que davantage d'argent est prêté et reprêté. Tout va bien tant que l'économie connaît cette croissance.

Si une petite entreprise est incapable de rembourser un prêt, le château de cartes s'écroule, parce que les réserves fractionnées et le système bancaire parallèle ont créé beaucoup plus de dettes qu'il n'existe de véritable monnaie.

La Chine a un énorme problème avec le système bancaire parallèle. Si l'économie de la Chine continue de décliner, et que les prêts ne sont pas remboursés, un krach chinois fera paraître la crise des prêts hypothécaires à risque de 2008 comme une goutte d'eau dans l'océan.

En 2008, les banques ont diminué les taux d'intérêt, certains sous zéro et, en même temps, le système bancaire a imprimé des trillions de dollars de fausse monnaie.

Non seulement les épargnants ont-ils perdu des intérêts créditeurs sur leur épargne, mais cette dernière a perdu son pouvoir d'achat face aux trillions de dollars imprimés par le système bancaire.

Les banques qui sont responsables de ce désastre ont été renflouées et leurs dirigeants ont touché des milliards de dollars sous forme de primes, alors que les épargnants sont devenus les plus grands perdants de l'histoire du monde.

La catastrophe imminente sera beaucoup plus grande que le krach de 2008. Et pourtant, les écoles continuent de conseiller aux élèves de se débarrasser de leurs dettes et d'épargner.

En 1971, le monde a changé, mais pas le système d'éducation.

Chapitre 18

PRÉPARONS UN AVENIR PLUS RADIEUX

POUR CONNAÎTRE LA SANTÉ, LA RICHESSE ET LE BONHEUR SPIRITUELS

Chaque matin ou presque, je me plonge dans la sagesse que renferme *Tout se joue avant 8 heures*, un ouvrage écrit par Hal Elrod. À peu près chaque matin, j'effectue une routine de yoga d'une durée d'environ 10 minutes, je médite pendant une demi-heure et je lis un livre spirituel pendant 10 minutes, et puis je tiens mon journal, y inscrivant mes pensées les plus intimes, à ma seule intention.

Cette heure matinale est la partie la plus importante de ma journée. Cette heure détermine la façon dont je la traverserai, ainsi que la qualité de mon avenir.

Le plafond de verre

Les femmes d'affaires parlent souvent d'un « plafond de verre ». Les hommes, et souvent certaines femmes, perçoivent fréquemment les femmes comme n'étant pas aussi compétentes que leurs homologues masculins... surtout lorsqu'il s'agit d'argent. Dieu merci, ce mythe est en train de disparaître.

Mon épouse, Kim, ne connaît pas ce plafond de verre. Elle est une entrepreneure qui se sent à l'aise aussi bien avec les hommes qu'avec les femmes. Et il n'y a pas de limite au revenu qu'elle peut toucher et aux sommets qu'elle peut atteindre.

L'argent et la fortune ne font pas de discrimination. L'argent et la fortune ignorent ce qui distingue un homme d'une femme, et ne pratiquent aucune distinction en fonction de l'âge, de l'éducation ou de la race… mais les gens le font. Souvent, les gens conspirent contre eux-mêmes. Alors, le Judas en eux se manifeste et dit : « Je ne serai jamais riche » ou « Je n'ai pas fréquenté l'université et, donc, je ne réussirai jamais ».

C'est pour cette raison que la méditation est importante pour moi. Chaque matin, je dois faire taire *mon* Judas et aller au-delà du silence jusqu'à ce que je trouve la tranquillité.

Les chefs de meute – et les faux chefs de meute

Les hommes aussi peuvent avoir un « plafond de verre ». Pour les hommes, il s'agit du syndrome du mâle alpha. Une grande partie de l'histoire de l'humanité relate les grandes choses que les mâles alpha ont apportées au monde, mais aussi les crimes à grande échelle qu'ils ont commis.

Le mâle alpha est souvent appelé « chef de meute ».

De nombreux hommes sont tyranniques, arrogants et pompeux, prétendant être des chefs de meute. Mais ce sont de faux chefs de meute. Ces faux chefs de meute ont besoin de « brebis » pour flatter leur énorme, quoique fragile, ego.

La plupart des désastres financiers qui se produisent dans les ménages, les familles, les entreprises et l'économie sont provoqués par de faux chefs de meute, des individus qui prétendent tout savoir à propos de l'argent.

Nous en connaissons tous.

Travaillez-vous pour un chef de meute ? Vivez-vous avec une brebis qui croit être un mâle alpha ?

De faux plafonds

Quiconque a de l'ambition, homme ou femme, s'est un jour ou l'autre heurté à un plafond de verre ou a trouvé un faux chef de meute sur sa route.

Dans la vraie vie, la majorité d'entre nous créons notre propre plafond de verre et les faux chefs de meute qui montent la garde à la porte de notre bonheur.

Ce plafond de verre, ce faux chef de meute et ce Judas en nous qui gouvernent notre vie se soldent souvent par un succès limité, le manque d'argent, l'absence de promotions, un emploi qui n'offre aucune perspective d'avenir, des relations sans issue, un passé trouble, de mauvais choix, un bonheur précaire, la dépendance, la dépression et plus.

Ce plafond de verre est une bonne chose, si vous en connaissez l'existence. La plupart des idiots ignorent qu'ils ont un plafond de verre au-dessus de la tête… jusqu'à ce qu'ils s'y cognent. J'ai souvent été cet idiot.

Heureusement qu'être cet idiot comporte ses avantages. Toutes les médailles ont deux côtés. Et l'un des côtés de l'*idiot* est le *génie*.

Donc, s'il vous est déjà arrivé d'être un idiot, sachez que vous êtes également un génie.

Le conte de fées est terminé

Des millions d'individus grandissent en croyant aux contes de fées. Nous savons qu'il s'agit d'un conte de fées quand il s'achève avec ces mots: « …et ils vécurent heureux pour toujours. »

Le problème avec les contes de fées, c'est qu'ils ont tous un plafond de verre. Par exemple, la princesse Diana, une magnifique jeune femme, a épousé un vrai prince, le futur roi d'Angleterre. La princesse Diana a donné à son pays deux formidables jeunes hommes (un autre futur roi, et son frère comme réserviste).

Diana Frances Spencer, née le 1er juillet 1961, a vécu le rêve d'un grand nombre de jeunes filles, le rêve d'être une princesse de conte de fées qui épouse un prince. Un *vrai* prince.

Tragiquement, la vraie vie de conte de fées de la princesse Diana s'est transformée en véritable cauchemar royal. Sa vie de conte de fées a commencé à bord d'une calèche royale le jour de son mariage... et s'est terminée dans une Mercedes tordue et broyée, coincée dans un tunnel de Paris.

LA LEÇON : Tous les contes de fées ont un plafond de verre.

Votre vie peut-elle être un conte de fées ?

Les gens ordinaires comme vous et moi peuvent-ils connaître une vie de conte de fées ? À mon avis, oui. Mais il y a une condition.

Nous pouvons connaître une vie de conte de fées tant et aussi longtemps que nous comprenons qu'il y a un cauchemar de l'autre côté de la médaille.

Réveillez-vous !

Heureusement, le *cauchemar* est la voie qui mène au *conte de fées*. Et la question qu'il convient de se poser est : Êtes-vous prêt à vous *réveiller*, et à rester éveillé et vivant jusqu'à la fin du cauchemar ?

La santé, la richesse et le bonheur

Ce que la majorité d'entre nous voulons vraiment dans la vie, c'est la santé, la richesse et le bonheur.

Ce chapitre traite de la façon de se rendre de l'autre côté de la médaille, de connaître la vie de conte de fées dont nous rêvons... une vie de santé spirituelle, de richesse spirituelle et de bonheur spirituel.

Est-ce possible ?

La santé spirituelle

Mon cardiologue, le Dr Radha Gopalan, m'a encouragé pendant des années à pratiquer la méditation, me rappelant que les médecins et la médecine sont synonymes de fausse santé… et que la spiritualité intérieure représente la vraie santé.

Radha est un vrai professeur, un mentor, un ami personnel et l'auteur de *A Second Opinion* (Une seconde opinion), un ouvrage traitant du pouvoir de la combinaison de la médecine orientale et de la médecine occidentale. Ce livre renferme un message essentiel pour quiconque a sa santé à cœur.

L'an dernier, lors de notre plus récente réunion des conseillers de la Rich Dad Company, d'une durée de trois jours, Radha a dirigé une discussion sur la façon dont la maladie peut mener à la santé spirituelle et à l'illumination.

Le Dr Gopalan est cardiologue et acupuncteur. Il a finalement réussi à faire comprendre à l'entêté que je suis que je sacrifiais ma santé et mon bonheur au profit de la fortune.

Ayant une personnalité de type A, j'adorais ce que je faisais. Chaque jour était amusant. Chaque jour était un défi. Chaque jour était stressant – et j'excelle en situation stressante. Le problème était que mon ego me gouvernait, et non mon esprit… et j'aimais cela aussi.

Comme le dit Eckhart Tolle dans son ouvrage intitulé *Le Pouvoir du moment présent* :

> *« Désirez-vous toujours être ailleurs que là où vous êtes ? Le "faire" est-il pour vous seulement un moyen d'arriver à une fin ? La satisfaction doit-elle toujours être imminente ou se réduit-elle à des plaisirs de courte durée comme le sexe, la nourriture, la boisson, les drogues, à des sensations fortes et à une certaine surexcitation ? Votre objectif est-il constamment d'atteindre, de devenir et d'accomplir ? Ou bien êtes-vous à la poursuite de nouvelles sensations, d'autres plaisirs ? Croyez-vous qu'en ayant davantage de possessions vous serez meilleur, plus satisfait ou psychologiquement plus complet ? Attendez-vous qu'un homme ou une femme donne un sens à votre vie ? »*

M. Tolle décrit peut-être une personne comme moi qui fuit son passé parce que « le futur comporte une promesse de salut » même si ce n'est qu'une illusion. Et il ajoute :

> *De façon générale, le futur est une réplique du passé. Des changements superficiels peuvent se produire, mais la véritable transformation est rare et dépend de votre capacité à devenir suffisamment présent pour que, en ayant accès au pouvoir du présent, le passé puisse se dissoudre.*

Avant que Radha me pousse à me « réveiller », à méditer, à lire des livres *spirituels* (et non pas uniquement des ouvrages financiers), et à pratiquer le yoga, et aussi à aller au gym, je n'étais qu'une brebis qui tentait de devenir un chef de meute. Quel gâchis !

Je n'étais pas conscient que j'étais en train de détruire ma santé, ma richesse et mon bonheur futurs lorsque je me précipitais au bureau chaque matin.

En tant que brebis qui tentait de devenir un chef de meute, je travaillais d'arrache-pied, me cognant la tête sur le plafond de verre que je m'étais imposé, transformant ma vie de conte de fées, mon mariage et mon entreprise en cauchemar.

Avant de connaître Radha, j'étais déjà ce que d'aucuns qualifient d'homme « prospère ». J'avais une merveilleuse épouse, une belle vie, de l'argent, une certaine notoriété, le bonheur et une bonne santé. Le problème, c'est que j'en voulais *plus*.

Pour que les choses changent… je devais d'abord changer moi-même

Aujourd'hui, je consacre la première heure de chaque journée à ma santé, ma richesse et mon bonheur spirituels.

Inspiré par Radha, j'ai commencé par chercher de nouveaux professeurs, cette fois des professeurs spirituels. Lors d'un séminaire, j'ai fait la connaissance de Hal Elrod, un jeune homme qui avait frôlé la mort dans un accident de motocyclette et qui s'était ramené à la vie. Il m'a donné son livre intitulé *Tout se joue avant 8 heures.* Il y présente le processus qu'il a utilisé pour reconstituer sa vie, sa santé, sa richesse et son bonheur spirituels.

Après avoir lu ce livre, j'ai mieux compris ce dont parlait Radha. En suivant le processus décrit par Hal, lentement mais sûrement, mon plafond de verre a commencé à se dissoudre. La brebis en moi a cessé de vouloir devenir un chef de meute.

J'avais tenté de fuir mon passé… cherchant le salut dans mon avenir. J'en étais désormais conscient. Et je voulais que ça change. Et je savais que le changement devait commencer par moi.

Je suis heureux de dire que des miracles se sont produits pendant que je vivais mes cauchemars au lieu de tenter de les fuir.

En termes simples, mes cauchemars étaient la voie qui menait à mon plafond de verre.

Un autre professeur spirituel

L'un des ouvrages que j'ai étudiés pendant cette première heure de la journée est *Quand la conscience s'éveille.* J'adore ce livre car il traite de mon genre de spiritualité.

Anthony de Mello est un vrai professeur spirituel. Je ne l'ai jamais rencontré. Je ne le connais que grâce à cet ouvrage. Anthony de Mello, qui était jésuite à Mumbai, en Inde, est décédé subitement en 1987.

Si Anthony de Mello n'avait pas été un homme d'Église, je suis certain qu'il aurait fait un excellent instructeur dans la Marine. Ses paroles de sagesse sont directes, claires et certainement *pas* politiquement correctes.

Je doute que M. de Mello aurait été bien accueilli sur les campus universitaires d'aujourd'hui, car il aurait heurté les sensibilités des professeurs et des étudiants.

Quand la conscience s'éveille commence avec l'histoire suivante :

« Un homme trouva un œuf d'aigle et le plaça dans un poulailler. L'aiglon vint au monde avec une couvée de poussins et poursuivit sa croissance avec eux.

« Se prenant pour un poulet, l'aigle ne cessa d'imiter le comportement des gallinacées qui l'entouraient. Il grattait la terre afin d'y trouver des vers et des insectes. Il gloussait et caquetait. Il battait des ailes, ne s'élevant qu'à quelques centimètres du sol.

« Les années passèrent et l'aigle devint très vieux. Un jour il aperçut, volant dans le ciel sans nuages, un magnifique oiseau. Avec une grâce majestueuse, ce dernier se laissait porter par les courants, agitant à peine ses puissantes ailes dorées.

« Le vieil aigle le regardait, émerveillé. "Quel est cet oiseau", demanda-t-il.

« "C'est l'aigle, le roi des oiseaux", lui répondit un de ses compagnons. "Il appartient au ciel. Nous, nous appartenons à la terre, nous sommes des poulets."

« C'est ainsi que l'aigle, dans la certitude d'appartenir à la basse-cour, vécut et mourut en poulet. »

Cette histoire m'amène à me poser la question que je vous pose également : Êtes-vous un aigle… qui vit avec des poussins ? Ou êtes-vous un aigle… qui essaie d'être un poulet ?

Qu'est-ce que la spiritualité ?

Anthony De Mello écrit :

Spiritualité signifie éveil. La plupart des êtres sont assoupis et l'ignorent. Ils sont nés endormis. Ils vivent dans leur sommeil ; ils se marient dans leur sommeil ; ils conçoivent leur progéniture dans leur sommeil ; et ils meurent sans même se rendre compte qu'ils ont passé leur vie endormis. …

Mais ce que je veux que vous compreniez tout de suite, c'est que la religion n'est pas nécessairement liée à la spiritualité. Laissons donc la religion en dehors de tout ceci pour l'instant.

Il est temps de se réveiller

Voici une autre histoire que raconte de Mello:

Un monsieur frappe à la porte de son fils. « Jaime, dit-il, réveille-toi !

— Je ne veux pas me lever, papa », répond Jaime.

Alors le père crie : « Lève-toi, tu dois aller à l'école. »

À quoi Jaime réplique : « Je ne veux pas aller à l'école.

— Pourquoi ? demande le père.

— Pour trois raisons, dit Jaime. « Un : l'école m'ennuie ; deux : les élèves me tourmentent ; trois : je déteste l'école.

— Eh bien, dit le père, je vais, moi, te donner trois raisons pour lesquelles tu dois aller à l'école. 1 : c'est ton devoir d'y aller ; 2 : tu as 45 ans ; 3 : tu es le maître d'école.

— Réveille-toi, réveille-toi ! Tu es un homme. Tu es trop grand pour rester endormi. Réveille-toi ! Arrête de t'amuser avec tes jouets. »

Ne croyez pas ces gens qui vous disent qu'ils veulent quitter le jardin d'enfants. Tout ce qu'ils attendent de vous, c'est que vous répariez leurs jouets brisés. « Rends-moi ma femme. Rends-moi mon travail. Rends-moi mon argent. Rends-moi ma réputation, mon succès. » C'est là ce qu'ils veulent : que vous leur rendiez leurs jouets. Rien de plus. Les plus grands psychologues vous diront que les gens ne désirent pas vraiment être guéris. Ils ne veulent qu'un soulagement passager. Le processus de guérison est trop douloureux.

Mon père riche disait souvent : « Tout le monde veut aller au paradis… mais personne ne veut mourir. »

Il disait également: «La plupart des gens ne veulent que de l'argent. Ils ne veulent pas vraiment être riches. Travailler pour l'argent est facile. N'importe qui peut le faire. Devenir riche est difficile.»

Mon père riche utilisait souvent le modèle Être – Faire – Avoir.

Il disait: «Il y a une différence entre être riche et avoir de l'argent. La plupart des gens ont comme objectif d'avoir de l'argent plutôt que de devenir riches.»

Mon père riche expliquait encore: «Mère Teresa est riche parce qu'elle n'a pas besoin d'argent pour faire son travail.»

Dans son ouvrage intitulé *Nouvelle Terre*, Eckhart Tolle écrit:

> *L'ego a tendance à assimiler l'avoir à l'être: j'ai, donc je suis. Et plus j'ai, plus je suis. L'ego vit de comparaison. La façon dont les autres vous voient devient la façon dont vous vous voyez. […] Le sens que l'ego a de votre valeur personnelle est dans la plupart des cas associé à la valeur que vous avez aux yeux d'autrui. Comme vous avez besoin des autres pour conférer un sens à votre Moi, et si vous vivez dans une culture qui associe dans une grande mesure la valeur personnelle à la fortune et aux possessions, et aussi si vous ne savez pas démystifier cette illusion collective, vous serez condamné à la quête des objets pour le reste de vos jours dans le vain espoir d'y trouver votre valeur personnelle et d'atteindre la réalisation de votre essence.*
>
> *Comment se débarrasser de l'attachement aux objets? N'essayez même pas, c'est impossible. L'attachement aux objets s'efface de lui-même quand vous n'essayez plus de vous trouver en eux. Entre-temps, soyez juste conscient de votre attachement. […]*
>
> *L'ego s'identifie avec l'avoir, mais sa satisfaction à avoir, réduite et de courte durée, est entachée d'un profond sentiment d'insatisfaction, d'incomplétude, de «pas assez». La notion du: «Je n'ai pas assez encore» de l'ego veut dire «Je ne* suis *pas assez encore.»*

Une leçon de mon père riche:

> «*Être* riche n'est pas la même chose qu'*avoir* beaucoup d'argent et de possessions.»

Q: Qu'est-ce qu'être riche?

R: Je ne sais pas. La réponse à cette question est personnelle. Seul vous pouvez y répondre. Mais voici ce que je sais: Des milliards d'individus *veulent* avoir davantage d'argent et *veulent* davantage de possessions.

La brebis en moi personnifiait mon plafond de verre, m'empêchant d'être, me répétant sans cesse: «Tu n'as pas encore réussi.»

C'est ce dont il me fallait guérir. Malheureusement, davantage d'argent et de succès n'étaient pas un remède. Ils ne représentaient qu'un soulagement temporaire.

Des pilules magiques

Dans les années 1960, il y avait une publicité à la télévision et à la radio dans laquelle on demandait: «Comment épelle-t-on le mot "soulagement"?» La réponse consistait à nommer une à une les lettres formant le nom d'un antiacide commercial: «R-O-L-A-I-D-S». Des millions d'individus se sont rués dans les magasins et ont acheté du «soulagement».

De nos jours, partout dans le monde, nous sommes bombardés de publicités vantant les mérites de «pilules magiques». Ces pilules magiques misent sur le profond sentiment d'insatisfaction des êtres humains.

Il existe des pilules magiques pour perdre du poids, s'enrichir rapidement, trouver l'amour, quitter son emploi, ne plus jamais avoir à travailler, et retourner sur les bancs d'école pour obtenir un diplôme d'études supérieures.

Celle que je préfère est la pilule brûle-graisse. Ayant lutté contre l'embonpoint pendant toute ma vie, je mords à l'hameçon lorsqu'une publicité me montre des photos «avant et après» d'un homme ou d'une femme superbe qui dit: «J'ai pris cette pilule magique et j'ai perdu 15 kilos. Je n'ai pas suivi de régime ni fait d'exercice et regardez-moi maintenant ! »

Certaines publicités étaient tellement convaincantes que j'ai sorti ma carte de crédit et commandé le produit miracle qui était annoncé. À ce jour, aucune pilule magique n'a été efficace. Je continue de lutter contre l'embonpoint.

Comme le dit de Mello : « [Les gens] ne veulent qu'un soulagement passager. Le processus de guérison est trop douloureux. »

La douleur est associée au régime et au programme d'exercice qui vient avec chaque boîte de pilules magiques. C'est la voie de la guérison.

Un gros lot d'un milliard de dollars

Les gens pensent que gagner à la loterie serait un soulagement à ce besoin d'argent qu'ils éprouvent.

En 2018, l'actualité a été remplie d'histoires à propos d'un gros lot approchant le milliard de dollars. Dès que la nouvelle s'est répandue, il a encore augmenté.

Pourquoi ? Parce que des millions d'individus cherchaient un soulagement financier, et non un remède à leurs problèmes. La plupart des gens veulent trouver un moyen facile de s'enrichir... et c'est pour cette raison qu'ils sont des millions à ne jamais faire fortune ou à trouver une solution à leurs problèmes financiers.

La même chose s'est produite lorsque le bitcoin a fait les manchettes. Soudain, des millions d'individus ont voulu investir dans le bitcoin. J'en faisais partie. J'ai rencontré quelqu'un qui a accepté de me vendre cinq des bitcoins qu'il possédait et qu'il avait achetés lorsque personne n'en connaissait l'existence. Nous avons échangé une poignée de main, et puis plus rien. Le vendeur et son avocat sont mystérieusement disparus, m'empêchant de faire une bêtise.

Je ne dis pas qu'il est ridicule d'acheter des bitcoins. C'est moi qui étais bête. Son cours était à la hausse et je ne voulais pas rater le bateau. Je n'en achetais que cinq afin d'apprendre, une pratique que je recommande. J'apprends lorsque je « risque ma peau ». J'ai fait la même chose avec l'or et l'argent, les valeurs mobilières et les obligations.

Finalement, j'ai fait l'acquisition d'une monnaie moins connue, une cryptomonnaie comme l'éthéreum. J'apprends en achetant à petite échelle, je prends quelques risques, et j'assimile les règles du jeu.

Je soupçonne que la cryptomonnaie, l'argent du peuple, deviendra éventuellement le plafond de verre du gouvernement. Je soupçonne que les brebis mordront le derrière du chef de meute.

Pourquoi les gens ne se réveillent pas

Comme l'écrit Anthony de Mello : « Spiritualité signifie éveil. »

> *C'est vrai que le réveil est pénible. On est si bien dans son lit. C'est agaçant de se faire réveiller. Voilà pourquoi le sage gourou n'essaie pas de réveiller les gens. J'espère que je vais être aussi sage et ne faire aucune tentative pour vous réveiller si vous êtes endormi. Cela ne me regarde vraiment pas, même si je vous dis parfois : « Réveillez-vous ! » Mon but est de faire mon travail en restant en accord avec mes convictions. Si vous en profitez, c'est très bien ; si vous n'en profitez pas, tant pis pour vous ! Comme disent les Arabes : « La pluie est toujours de même nature, et pourtant elle fait pousser aussi bien les épines dans les marais que les fleurs dans les jardins. »*

TRADUCTION : Les pilules magiques ne sont pas efficaces. Les gourous ne sont d'aucune utilité. Une nouvelle épouse ne changera rien à votre vie. Une nouvelle Ferrari non plus.

Si l'on se penche sur la formule Être – Faire – Avoir, le problème se situe dans le besoin d'en « vouloir davantage ».

Q : Si le soulagement – comme une nouvelle Ferrari, une nouvelle épouse, une plus grande maison, des chaussures neuves, de nouveaux vêtements ou davantage d'argent –

n'apparaît pas, comment traiter ce besoin de *vouloir*? Comment me débarrasser de mon insatisfaction?

R: Rappelez-vous que c'est le Judas en vous, le saboteur en vous qui dit: « Tu n'as pas encore réussi. »

Et Judas n'est pas vous.

En étant présent dans la douleur, conscient de la douleur, vous pouvez amorcer le processus de guérison au lieu d'engourdir votre mal-être avec de l'alcool, des drogues, du sexe, de la nourriture et des achats.

Être présent dans la douleur est une leçon qui figure dans *A Second Opinion* de Radha, *Le Pouvoir du moment présent* et *Nouvelle Terre* d'Eckhart Tolle, *Tout se joue avant 8 heures* d'Hal Elrod et *L'obstacle est le chemin* de Ryan Holiday.

Ces livres autonomiseront votre esprit, qui vit dans votre cœur, et lui enseigneront à prendre le contrôle de Judas, qui vit dans votre esprit.

Q: Donc, mon esprit se trouve de l'autre côté de la médaille?

R: Oui, c'est exact. Nous avons tous des points forts et des points faibles. Le courage et la peur, l'amour et la haine cohabitent en nous. Notre génie réside dans notre faculté d'unifier et non d'éviter, d'ignorer ou d'anesthésier l'autre côté de la médaille.

Comme le dirait Radha lorsqu'il m'encourage à me réveiller chaque fois que je le vois pour un bilan de santé, car je souffre d'hypertension artérielle, d'embonpoint et d'un début de diabète:

« Votre santé spirituelle se trouve dans votre maladie.

« Votre richesse spirituelle se trouve dans votre pauvreté.

« Votre bonheur spirituel se trouve dans votre tristesse. »

LEÇON: Être présent dans votre douleur, vos faiblesses, votre côté sombre et le Judas qui est en vous… là se trouve votre *véritable spiritualité.*

On enseigne aux enfants à être fragiles

L'éducation est en difficulté. L'éducation est le problème. L'éducation instruit l'esprit, et non l'âme.

Plus tôt dans cet ouvrage, j'ai parlé de *Tailspin*, un ouvrage de Steven Brill. Il traite des dommages que l'éducation supérieure cause dans le monde alors que d'anciens étudiants très brillants viennent corrompre le système juridique et les systèmes financiers en créant de faux actifs qui les enrichissent en détroussant le reste de la population.

Dans son ouvrage intitulé *Big Potential*, l'auteur Shawn Achor, diplômé de Harvard et conférencier, décrit comment les pratiques, les méthodes et les procédés de l'éducation moderne empêchent les étudiants, même les plus brillants, de développer pleinement leur potentiel.

Un autre ouvrage, *The Coddling of the American Mind* (La surprotection de l'esprit américain), de Greg Lukianoff et Jonathan Haidt, publié en 2018, brosse un portrait encore plus sinistre de l'éducation moderne.

Lukianoff est président de la Fondation pour les droits individuels en éducation. Il est diplômé de l'American University et de l'École de droit de Stanford. Il est spécialisé en liberté de parole et dans les questions liées au premier amendement de la Constitution des États-Unis en matière d'éducation supérieure.

Haidt est professeur de leadership éthique à l'École de commerce de l'Université de New York. Il a obtenu un doctorat en psychologie sociale à l'Université de la Pennsylvanie et a enseigné à l'Université de la Virginie pendant 16 ans.

The Coddling of the American Mind est un livre qui traite des causes sous-jacentes de la haine, de la colère, de l'intolérance et de l'insatisfaction qui prévalent dans le discours public mondial. Par exemple : Pourquoi le débat l'emporte-t-il sur la discussion ? Pourquoi y a-t-il de plus en plus de terrorisme et de haine ? Pourquoi y a-t-il des tueries partout en Amérique et dans le monde ? Pourquoi les

Républicains et les Démocrates s'attaquent-ils mutuellement au lieu de travailler ensemble ? Et pourquoi y a-t-il des émeutes sur les campus et pourquoi des étudiants s'en prennent-ils à des professeurs parce qu'ils se sentent « provoqués » et « menacés » par leurs propos ?

Dans cet ouvrage, Greg Lukianoff et Jonathan Haidt affirment : « De nos jours, les étudiants sont fragiles et c'est nouveau. »

Ils s'attardent plus particulièrement à la iGen, la « génération Internet », à ces étudiants qui sont nés après 1995 d'après la classification de la psychologue sociale Jean Twenge, ainsi qu'aux émeutes qui ont éclaté sur des campus en 2014. Les auteurs déclarent :

« De nombreux étudiants universitaires apprennent à penser de façon non objective, et ceci les prédisposent à une fragilité, une anxiété et une susceptibilité exacerbées. »

Avant d'écrire ce livre, les auteurs ont soumis à *The Atlantic* un article intitulé « Les campus : un terrain fertile pour les distorsions cognitives ». Cet article les a amenés à la rédaction de *The Coddling of the American Mind*. Voici comment ils décrivent le processus :

> *Dans cet article, nous soutenons que de nombreux enseignants, parents, professeurs au primaire et au secondaire, professeurs et administrateurs d'universités ont sans le savoir enseigné à toute une génération d'étudiants à prendre des habitudes que l'on observe normalement chez des individus souffrant d'anxiété et de dépression…*
>
> *De tels modèles de pensée ont eu un impact négatif sur la santé mentale des étudiants et ont nui à leur développement intellectuel – et parfois à celui des membres de leur entourage. Dans certaines écoles, une culture d'autocensure défensive a semblé émerger. Cela s'explique en partie par le fait que des étudiants s'emportent facilement ou blâment les autres pour de petites choses qu'ils jugent peu délicates – pour eux-mêmes ou pour un groupe qu'ils défendaient. Nous appelons ce modèle* protectionnisme punitif *et croyons qu'un tel comportement rend plus difficile pour toutes les étudiantes et tous les étu-*

diants de s'engager dans des discussions ouvertes au cours desquelles ils pourraient mettre en pratique des habiletés essentielles en matière de pensée critique et de gestion des litiges civils.

Q : Qu'est-ce que tout cela signifie ?

R : La violence, la haine et les litiges augmenteront probablement à cause de la technologie et d'une éducation supérieure des masses.

Aujourd'hui, les professeurs et les étudiants exigent la « sécurité ». Alors que la sécurité physique est importante, le concept de sécurité s'est élargi aux idées qui peuvent déranger les étudiants, autrement dit la sécurité émotionnelle. Cela signifie que la liberté de parole n'est plus.

Pour empirer les choses, si un étudiant se sent « menacé » par une idée, cette nouvelle culture lui permet d'user de représailles, d'attaquer, et même de blesser quelqu'un qu'il estime avoir « déclenché » en lui des émotions perturbantes.

C'est pour cette raison que la violence augmente. La liberté de parole perd du terrain.

The Coddling of the American Mind est un livre important, surtout si vous avez des enfants d'âge scolaire ou êtes un employé qui travaille avec la génération Internet. Mes amis militaires ont noté des différences significatives dans leurs interactions professionnelles avec les milléniaux et les iGen.

Messieurs Lukianoff et Haidt affirment que c'est la génération Internet qui donne aux milléniaux leur réputation de combattants excentriques. Le problème, c'est que l'attitude des iGen et des professeurs d'aujourd'hui contaminent toutes les générations, partout dans le monde.

Q : Comment se préparer à ce nouveau monde ?

R : *The Coddling of the American Mind* propose de nombreuses solutions, l'une étant celle de Nassim Taleb, l'auteur de l'ouvrage intitulé *Le Cygne noir*, un best-seller datant de 2007 et une bible financière aux yeux d'un grand nombre d'investisseurs professionnels.

Nassim Taleb est un statisticien, un négociant en valeurs mobilières, un érudit de génie et un professeur de gestion du risque à l'Université de New York. Il affirme qu'un grand nombre d'investisseurs ont une perception erronée du risque. Dans des systèmes et des sociétés complexes, il est impossible de prédire l'avenir. Et pourtant, nous persistons à tenter d'évaluer le risque en nous fondant sur des expériences antérieures. Cela ouvre donc la porte à des « cygnes noirs », des événements aléatoires ou imprévisibles.

Cygne noir (n) : un événement aléatoire ou imprévisible, généralement suivi de conséquences extrêmes.

C'est pour cette raison que Jim Rickards croit que les membres de l'élite, dont Ben Bernanke, l'ancien président de la Réserve fédérale, ont tout faux. Jim Rickards et Nomi Prins – de vrais initiés – estiment que nous rendons l'avenir plus précaire, et non plus fort, en pratiquant l'assouplissement quantitatif et en imprimant toujours davantage d'argent.

Ben Bernanke est un professeur de la Grande Crise. En 2008, il a fait ce que, d'après lui, la Réserve fédérale aurait dû faire en 1929 : imprimer davantage d'argent. Ben Bernanke avait l'avenir en tête, mais il regardait en arrière. Comme le dit le vieil adage : « Les généraux préparent toujours la dernière guerre. »

En 2008, Bernanke a mené la Guerre de 1929.

Dans *The Coddling of the American Mind* et *Antifragile : les bienfaits du désordre*, un ouvrage de Nassim Taleb paru en 2012, les auteurs soutiennent que nos écoles hypothèquent l'avenir des étudiants en les rendant fragiles au lieu de les préparer à faire face à des cygnes noirs.

M. Taleb nous demande de faire la distinction entre trois types d'individus :

1. Certaines personnes sont *fragiles*, comme de la porcelaine fine. Elles sont aisément meurtries et *incapables de se guérir elles-mêmes*, et il faut donc en prendre soin.

2. Certaines personnes sont *résilientes*, comme du plastique. Elles peuvent encaisser les grands chocs de la vie. Les parents donnent généralement des tasses en plastique à leurs enfants. Le problème, c'est que le plastique ne tire aucun enseignement des chutes et des manipulations brusques parce que le plastique n'apprend pas, ne grandit pas et ne devient jamais plus fort.

3. Certaines personnes sont *antifragiles*. Elles ont besoin de stress, de défis et d'épreuves pour apprendre, s'adapter et s'épanouir.

TRÈS IMPORTANT : Les systèmes antifragiles deviennent plus faibles, ankylosés et moins efficaces lorsqu'ils ne sont confrontés à aucun défi. Par exemple, en l'absence de stress, nos muscles deviennent plus faibles et nos os plus fragiles, et c'est pareil pour les enfants, parce que les enfants et tous les êtres humains ont des systèmes antifragiles.

Si un individu passe un mois au lit, ses muscles s'atrophient parce que des systèmes complexes s'affaiblissent en l'absence de stress.

Lorsque des parents sont surprotecteurs jusqu'à la névrose et que les professeurs protègent les élèves de la vraie vie, ils leur nuisent et mettent en péril l'avenir de notre monde.

De plus, les personnes fragiles deviennent violentes, défendant leur droit d'être protégées de la vraie vie.

La bougie *vs* le feu de camp

La métaphore de la bougie et du feu de camp en est un autre exemple. Si vous soufflez très fort sur la flamme d'une bougie, elle s'éteint. Si vous soufflez très fort sur les flammes d'un feu de camp, le bois s'embrase davantage.

Lorsque les écoles, les professeurs et les parents surprotecteurs mettent les enfants à l'abri du vrai monde, ils élèvent des « bougies », des enfants qui ne seront pas prêts à affronter les cygnes noirs de l'avenir et le monde dans lequel ils se retrouveront à l'âge adulte.

Comment se préparer pour l'avenir

De nombreux individus sont résilients et forts. Encore une fois, le problème, c'est qu'ils n'apprennent pas et ne s'épanouissent pas. Ils restent derrière alors que le monde entre dans l'avenir.

Je vous laisse avec cette pensée… une citation, de vieilles paroles de sagesse que les auteurs de *The Coddling of the American Mind* utilisent au début du premier chapitre de leur ouvrage : « Le mirage de la fragilité ».

> *Lorsque le paradis s'apprête à confier une grande responsabilité à un homme, il soumet son esprit à la souffrance, expose ses muscles et ses os à une forte pression, impose la faim à son corps, le place dans la pauvreté, met des obstacles sur sa route, et ce, afin de stimuler son esprit, d'endurcir sa nature et de parer à ses incompétences.*
>
> — Meng Tzu
> Quatrième siècle av. J.-C.

C'est ainsi que les êtres humains deviennent des aigles.

Tout comme Radha m'a poussé à ouvrir mon esprit et à apprendre que :

« La santé spirituelle se trouve dans la maladie.

« La richesse spirituelle se trouve dans la pauvreté.

« Le bonheur spirituel se trouve dans la tristesse. »

Les poussins sont résilients. Ils survivent, mais n'apprennent pas. Ils vivent à la ferme et sont nourris par le fermier. Ils permettent au fermier de vendre leurs œufs, de réduire leur descendance à l'esclavage, et de les manger.

Les aigles sont antifragiles. Ils adorent l'imprévisibilité des vents, le défi de nourrir leur descendance et la liberté des cieux.

J'ai donc quelques questions à vous poser :

- Êtes-vous un aigle ou un poussin ?
- Nos écoles enseignent-elles à nos enfants à devenir des aigles ou des poussins ?
- Qu'est-ce que l'école a fait de vous ?

Vous seul pouvez répondre à ces questions.

Dans le prochain chapitre, vous apprendrez à voler avec les aigles même si vous vivez dans un monde gouverné par des poussins.

VOS QUESTIONS... LES RÉPONSES DE ROBERT

Q: J'ai lu l'ouvrage Dr Gopalan, *A Second Opinion*, qui traite des philosophies orientales et occidentales en ce qui a trait à la médecine – et du pouvoir que nous avons tous d'avoir un impact positif sur notre santé et notre bien-être. Comment acheminer efficacement cette information vers les grandes masses d'individus ignorants?

Monique B. – États-Unis

R: Nous sommes tous ignorants à certains égards. Personne ne sait tout. Nous pouvons contribuer à l'édification des masses lorsque nous partageons ce que nous avons appris au cours de notre vie. J'éprouve de la gratitude pour le Dr Gopalan qui partage avec nous ses connaissances de l'Orient et de l'Occident.

Je recommande à tout le monde de lire ce livre. C'est ainsi que nous pouvons répandre les connaissances.

Q: D'après vous, pourquoi l'information donnée par le Dr Gopalan et les philosophies pleines de bon sens dont il parle ne font-elles pas partie intégrante de l'enseignement grand public en matière de santé?

Deepak J. – Inde

R: Le Dr Gopalan dit: « Les soins de santé actuels s'inscrivent dans un monde capitaliste. Les vrais soins de santé sont gratuits. » Les soins de santé seraient moins onéreux si, pour guérir, les gens suivaient les conseils du Dr Gopalan et misaient sur une bonne hygiène de vie, et non sur les médicaments.

Q: Est-ce que le « Judas » (comme vous l'appelez) qui se trouve en chacun de nous pourrait être éventuellement contrôlé si l'on y mettait suffisamment d'efforts?

Arturo S. – Mexique

R: Non. Judas ne sera jamais contrôlé. Mais pour diminuer son pouvoir, il suffit d'être conscient et d'être à l'écoute de ce qu'il fait et dit. Dès que Judas se rend compte que vous savez qu'il parle, son pouvoir diminue.

Chapitre 19

COMMENT VOLER AVEC LES AIGLES… DANS UN MONDE GOUVERNÉ PAR DES POUSSINS

PRENEZ LE CONTRÔLE DE VOTRE VIE

Mise en garde : Ce chapitre pourrait offenser quiconque s'identifie à un poussin.

Chez les individus qui sont aussi fragiles que de la porcelaine fine, ce chapitre pourrait être cet « élément déclencheur » dont parlent Greg Lukianoff et Jonathan Haidt dans *The Coddling of the American Mind*. Si vous en faites partie, il est préférable que vous ne le lisiez pas.

Pour ceux qui sont des aigles, qui sont résilients et antifragiles, ce dernier chapitre pourrait bien être ce que vous attendiez.

Conclusion : Une leçon pour les aigles

En 1972, j'ai fait la connaissance d'une marchande d'or vietnamienne. Elle était minuscule et ses dents étaient rouges, car elle mâchait des noix de bétel. Elle s'est avérée être l'un de mes meilleurs professeurs. Je pense souvent à elle.

Je garde un vif souvenir de ce jour où, en compagnie d'un camarade pilote, j'ai franchi les lignes ennemies, survolé d'anciens champs de bataille, atterri sur ce que je croyais être la terre ferme, éteint le moteur de l'hélicoptère, traversé un petit village, souriant et saluant ses habitants qui vendaient des fruits, des légumes, des canards et des poulets. Les paysans nous regardaient fixement, se demandant ce que deux marines américains non armés venaient faire en « territoire ennemi », demandant où se trouvait la mine d'or.

Je savais qu'il était stupide d'aller chercher de l'or derrière les lignes ennemies, très stupide. Ce n'était qu'une aventure. Aujourd'hui, je réalise que c'est l'une des choses les plus intelligentes que j'ai jamais faites.

La femme vietnamienne est devenue mon professeure lorsqu'elle a refusé de me consentir un rabais sur son or. Elle exigeait le *cours au comptant*, le prix auquel se vendait l'or sur les marchés internationaux ce jour-là.

À cette époque, j'ignorais ce qu'était le « cours au comptant ». J'avais un diplôme universitaire. Pourtant, elle en savait plus que moi sur la monnaie, l'or et le vrai monde de l'argent.

J'ai pensé à mon père riche et à mon père pauvre. Je me suis demandé ce que nous, les Américains supposément instruits, ne savions pas encore du vrai monde de l'argent. Pourquoi est-ce que je ne connaissais rien à propos de l'or ? Je me suis demandé si l'on ne faisait pas en sorte que nous soyons des pauvres très instruits.

La femme vietnamienne a changé mon avenir.

Aujourd'hui, mes assises financières reposent sur l'or et l'argent véritables, l'argent de Dieu… et non sur du faux papier-monnaie et de faux actifs titres fabriqués par l'homme.

Une monnaie stable, un monde stable ?

Je pense souvent à cette femme vietnamienne. Je me demande de quoi aurait l'air notre monde si nos écoles enseignaient ce qu'elle connaissait à propos du vrai monde de l'argent. Et, pour moi, cela soulève la question suivante : Si la monnaie était stable, aurions-nous un monde plus stable ? Aurions-nous un monde dans lequel l'écart entre les riches, les pauvres et la classe moyenne serait réduit, et non toujours plus grand ? Un monde qui serait un peu plus juste ?

Qu'est-ce que la spiritualité ?

Comme l'écrit Anthony de Mello dans *Quand la conscience s'éveille*:

> « Spiritualité signifie éveil. La plupart des êtres sont assoupis et l'ignorent. Ils sont nés endormis. Ils vivent dans leur sommeil; ils se marient dans leur sommeil; ils conçoivent leur progéniture dans leur sommeil; et ils meurent sans même se rendre compte qu'ils ont passé leur vie endormis. »

Lorsque la femme vietnamienne a refusé de me vendre son or à rabais, elle me disait: « Réveille-toi, réveille-toi, réveille-toi. »

Encore une fois, jetez un coup d'œil à ces diagrammes et vous verrez la leçon qu'elle m'a apprise.

OR *VS* FAUSSE MONNAIE

PRINCIPALES DEVISES COMPARÉES À L'OR 1900-2018

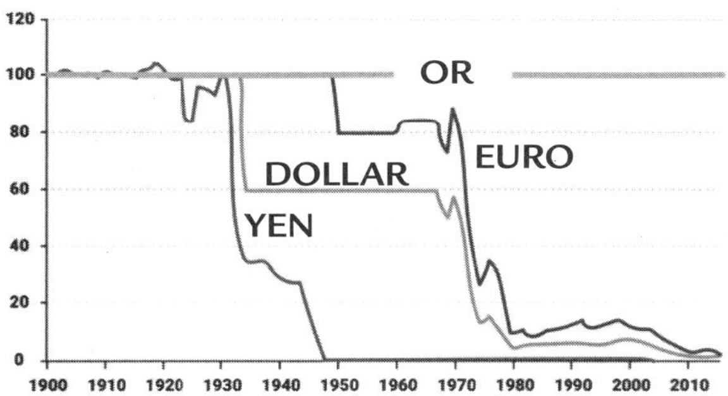

POURQUOI LES ÉPARGNANTS SONT DES PERDANTS

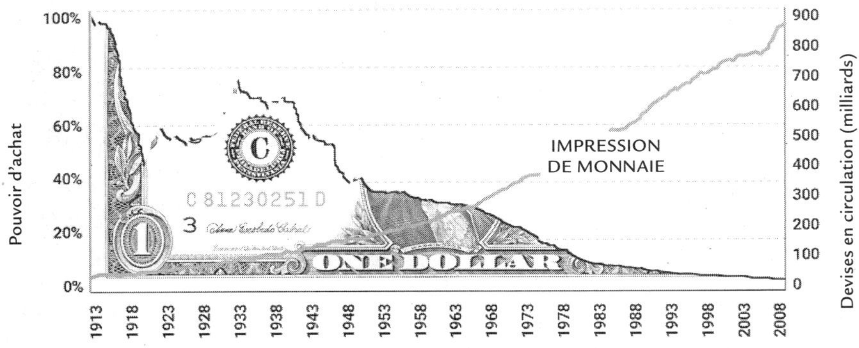

L'ÉCART

APRÈS IMPÔTS ET INFLATION

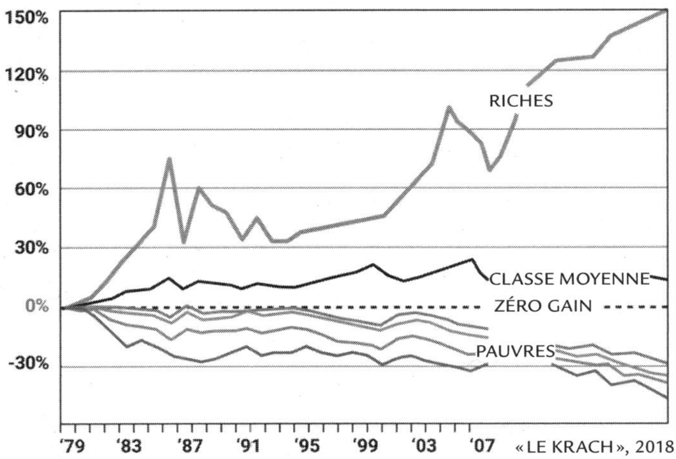

Source : Service d'études budgétaires du Congrès

ÉVOLUTION DU DOW JONES
SUR UNE PÉRIODE DE 125 ANS
1895–2015

(Les zones ombragées indiquent des périodes de récession aux États-Unis)

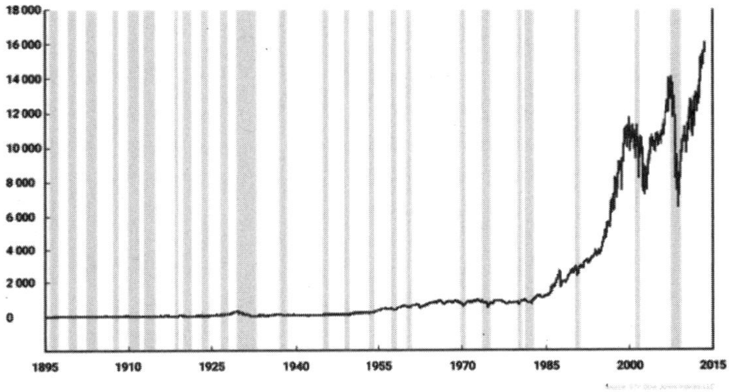

J'achète ma première mine d'or

Dans les années 1990, inspiré par cette femme vietnamienne, j'ai entrepris des recherches afin d'acheter ma propre mine d'or. Mes associés et moi avons finalement découvert l'un des plus importants gisements d'or du monde en Chine. Nous avons fait de cette mine une société ouverte en la faisant entrer à la Bourse de Toronto.

Mais une fois que nos opérations ont été rentables, le gouvernement chinois a repris la mine.

Comme le dirait de Mello, je m'éveillais au vrai monde de l'argent et du pouvoir.

Dans *En marche vers la faillite*, James Rickards écrit :

> *Paul Ryan, porte-parole de la Chambre américaine des représentants, a glissé une disposition dans la loi budgétaire, augmentant les droits de vote de la Chine au sein du FMI. Cela a entériné l'adhésion de la Chine au club sélect des pays qui dirigent le système monétaire international.*

Ces victoires éclatantes du pouvoir chinois sont allées de pair avec les efforts frénétiques déployés par la Chine, depuis 2006, pour acheter de l'or, et que l'on peut considérer comme un droit d'entrée à ce club sélect. En public, les responsables américains et ceux des autres principales puissances économiques dénigrent l'or. Pourtant, ces puissances en amassent pour être prémunies le jour où la confiance envers le papier-monnaie disparaîtra. Les États-Unis détiennent plus de 8000 tonnes d'or, la zone euro plus de 10000 tonnes et le FMI en détient presque 3000 tonnes. Les acquisitions discrètes de la Chine, qui totalisent 4000 tonnes, ainsi que celles qui sont en cours, lui confèrent un siège à la table des autres puissances détentrices d'or et de DTS.

LEÇON : Celui qui possède l'or dicte les règles.

C'est l'une des leçons que la femme vietnamienne m'a enseignées. Sans elle, je n'aurais pas commencé, lentement mais sûrement, à accumuler de l'or et de l'argent véritables… qui représentent les assises de la fortune que Kim et moi avons bâtie.

Sans cette marchande d'or vietnamienne, j'aurais peut-être misé sur la fausse monnaie et les faux actifs titres, et bâti un château de cartes instable.

En décembre 2017, David Stockman, directeur de l'Office of Management and Budget[9] sous la présidence de Ronald Reagan, a lancé cet avertissement :

« À ce tournant d'une époque… la Réserve fédérale s'apprête à apporter dans ses états financiers des inscriptions en rouge qui ébranleront les fondations du casino. »

La fin est-elle proche ?

Prenez connaissance de ceci :

---

9. Office of Management and Budget : sorte de Conseil du Trésor qui dirige et coordonne les budgets des départements. *(Note de la traductrice)*

Baron's, 15 novembre 2018 :

« Nous sommes probablement dans une bulle de crédit à l'échelle mondiale », dit l'un des pères de l'industrie des fonds de couverture

« Nous sommes probablement dans une bulle de crédit à l'échelle mondiale, une bulle d'endettement à l'échelle mondiale », a dit aujourd'hui Paul Tudor Jones II, le fondateur de la société de fonds de couverture Tudor Investment Corp., et l'un des pionniers de cette industrie, lors du forum économique qui s'est tenu à Greenwich, au Connecticut. Le ratio d'endettement dans le monde par rapport au produit intérieur brut atteint un niveau historique.

« Je ne sais pas si nous devrions nous ruer vers la sortie. Mais nous en sommes à un point où cet endettement galopant devient très inquiétant.

« Depuis la Conférence monétaire et financière des Nations Unies tenue à Bretton Woods en 1944, les niveaux d'endettement ont augmenté à cause d'un “cycle de confiance économique”, dit-il, “créé par les banques centrales qui se sont mises à coordonner leurs activités.” Cela a persisté pendant la crise financière. Mais les fondations commencent à se “fissurer”. »

De vrais professeurs

David Stockman et Paul Tudor Jones sont de vrais professeurs. Ils sont des aigles qui voient le monde de l'intérieur de la machine monétaire mondiale.

La même chose est vraie pour Nomi Prins et James Rickards. Ils lancent des avertissements similaires.

Comme Dorothée dans *Le Magicien d'Oz*, ils ont rencontré le magicien… et ils connaissent la vérité. Le « magicien » n'en est pas vraiment un.

La femme vietnamienne voyait également le monde de l'intérieur de son petit univers. C'est pour cette raison qu'elle était une vraie professeure. Jetez un autre coup d'œil au diagramme illustrant les compétences du professeur.

La femme vietnamienne voyait le monde du niveau supérieur. Elle évoluait dans le vrai monde. Elle vendait de l'or pour les propriétaires de la mine.

Dans son ouvrage intitulé *Nouveau plaidoyer pour l'or*, James Rickards vérifie les affirmations de Steven Brill selon lesquelles l'éducation supérieure a commencé à endoctriner les meilleurs et les plus brillants élèves dans les années 1970. James Rickards rapporte que, à cette époque, les meilleures écoles ont lancé une campagne contre l'or, le qualifiant, comme John Maynard Keynes, de « relique barbare du passé ».

Aujourd'hui, la plupart des experts financiers sont de faux professeurs. Ils condamnent l'or, mais savent très peu de choses à propos de l'or et de la monnaie véritables. Ils ont acquis leurs connaissances dans des écoles de commerce auprès de faux professeurs.

Aujourd'hui, la plupart des experts financiers ne sont pas des aigles; ce sont des perroquets qui répètent sans réfléchir les mots que l'élite universitaire leur a appris à prononcer… *et ils n'osent pas les remettre en question.* Ceci est vrai pour la majorité des planificateurs financiers, des courtiers en valeurs mobilières et des gestionnaires de régimes de retraite, et c'est pour cette raison que de nombreuses caisses de retraite sont vides. La plupart d'entre eux sont des perroquets, et non des aigles.

Avez-vous été endoctriné ?

La plupart des experts financiers disent que « l'or est une relique barbare du passé », car ils ont été endoctrinés. Ils répètent ce qu'on leur a enseigné à dire. C'est pour cette raison que si peu de gens possèdent de l'or véritable.

Avez-vous été endoctriné ? Vous a-t-on enseigné qu'il ne fallait pas posséder d'or ? Êtes-vous un adepte de l'épargne et de l'investissement à long terme dans un portefeuille diversifié composé de valeurs mobilières, d'obligations, de fonds communs de placement et de FNB ?

Il vaut la peine de citer le propos d'Anthony de Mello à propos de cet endoctrinement :

> *Des chercheurs ont fait des études intéressantes sur le lavage de cerveau. Il a été démontré que cette pratique consiste à « introduire » dans le cerveau d'un individu une idée qui ne lui appartient pas, une idée qui appartient à quelqu'un d'autre. Et le plus comique, c'est que cet individu sera ensuite prêt à mourir pour cette idée. N'est-ce pas étrange ? Le premier signe prouvant qu'un cerveau a été lavé et rempli ensuite de convictions et de croyances qui ne lui appartiennent pas se manifeste au moment où ces idées sont attaquées. Vous vous sentez*

comme assommé, vous réagissez irrationnellement. C'est là un des meilleurs signes – pas infaillible, mais un très bon signe cependant – démontrant que vous subissez les conséquences d'un lavage de cerveau. Vous êtes prêt à mourir pour une idée qui ne vous a jamais appartenu en propre. C'est ce qui arrive aux terroristes ou aux saints (aux soi-disant saints): ils reçoivent une idée, l'avalent en entier et sont ensuite prêts à mourir pour elle. Il est pratiquement impossible d'écouter un discours extérieur lorsqu'on réagit irrationnellement à propos d'une idée.

Je me suis réveillé

Je me suis réveillé au Vietnam lorsque j'ai compris que j'avais été endoctriné. Je me suis réveillé juste avant d'abattre un petit garçon. Je me suis réveillé en réalisant que nous ne combattions pas le communisme. Nous nous battions pour du pétrole.

Je me suis réveillé lorsque j'ai compris que j'avais été endoctriné. J'avais oublié que ma formation professionnelle à l'Académie avait fait de moi un officier qualifié pour travailler à bord d'un pétrolier. Pendant le cours d'économie mondiale que j'avais suivi à l'Académie de marine marchande à Kings Point, on nous avait enseigné que les États-Unis ne voulaient pas que la Chine ait accès au pétrole vietnamien. Mais j'avais oublié tout ça. Je suis entré au service du Corps des Marines et je suis allé à l'école de pilotage dans le but de défendre l'Amérique contre le communisme.

Nous étions au Vietnam en train de nous battre pour du pétrole. Nous le faisons encore. Depuis 1914, toutes les guerres ont eu un lien avec le pétrole.

Aujourd'hui, nous sommes en guerre en Iraq, en Iran, en Syrie, au Yémen et en Afghanistan. C'est pour cette raison que la Russie y est présente.

Les États-Unis se battent aux côtés de l'Arabie saoudite contre son ennemi mortel, l'Iran.

Comment croyez-vous que les « terroristes » trouvent l'argent pour acheter des armes ? Ils vendent du pétrole.

Les poussins deviennent des aigles lorsqu'ils se réveillent. Je me suis réveillé au Vietnam.

Comment les aigles apprennent à voler

ÉTAPE Nº 1 : « Réveillez-vous. »

Nous avons tous été endoctrinés en ce qui a trait à l'argent. Nous avons ainsi adopté des idées qui ne sont pas les nôtres. Les individus qui sont endoctrinés sont prêts à mourir ou à combattre pour défendre une idée. J'étais prêt à mourir pour l'Amérique. Je me suis réveillé lorsque j'ai réalisé que je tuais pour du pétrole. Nous le faisons encore.

Les individus qui sont endoctrinés sont contrariés lorsque je dis des choses telles que :

Les épargnants sont des perdants.

Votre maison n'est pas un actif.

Les riches ne travaillent pas pour l'argent.

Les riches utilisent l'endettement en guise d'argent.

Les riches ne paient pas d'impôt... en toute légalité.

Cela les contrarie. Quelques-uns se mettent même en colère. Ils deviennent émotifs parce qu'ils ont été endoctrinés. Ils sont contrariés – se sentent « provoqués » – par les idées qui contredisent leurs croyances *fragiles.*

Les aigles savent cela. Les poussins l'ignorent. Les poussins défendront leur droit de payer des impôts, d'épargner et d'investir à long terme dans un portefeuille diversifié composé de valeurs mobilières, d'obligations, de fonds communs de placement et de FNB, même s'ils perdent de l'argent.

Anthony de Mello écrit :

> *Le premier signe prouvant qu'un cerveau a été lavé et rempli ensuite de convictions et de croyances qui ne lui appartiennent pas se manifeste au moment où ces idées sont attaquées. Vous vous sentez comme assommé, vous réagissez irrationnellement. [...] Vous êtes prêt à mourir pour une idée qui ne vous a jamais appartenu en propre.*

Vous vous réveillez lorsque vous comprenez que vos économies, votre maison et votre épargne-retraite sont des actifs pour les riches.

Je ne vous dis pas de ne pas acheter une maison, de ne pas épargner et de ne pas investir à long terme sur le marché boursier. De fait, je recommande aux gens qui n'ont pas de véritable éducation financière de s'en tenir à ces croyances selon lesquelles ils doivent acheter une maison, épargner, se débarrasser de leurs dettes et investir à long terme sur le marché boursier. Ce mantra convient très bien à l'individu moyen, à l'individu qui n'est pas intéressé à investir du temps et de l'argent dans son éducation financière.

Tout ce que je dis, c'est: « Réveillez-vous. » Si vous devenez émotif et voulez défendre ces idées, alors vous avez été endoctriné.

Le côté des aigles

Si vous devenez émotif ou vous mettez sur la défensive, vous ne pouvez pas apprendre. Vous ne pouvez pas voir l'autre côté de la médaille, le côté où se trouvent les aigles.

ÉTAPE N° 2: Les aigles enseignent à leurs enfants les bases du système monétaire. Pas les poussins.

Comment croyez-vous que Jared Kushner savait utiliser la fiscalité, l'endettement et le rendement infini, alors que le journaliste l'ignorait?

Jared a-t-il acquis ses connaissances en matière d'endettement, de fiscalité, d'immobilier et de rendement infini à l'école, ou auprès de son père? Est-ce que Donald Trump a acquis ses connaissances en matière d'endettement, de fiscalité, d'immobilier et de rendement infini à l'école, ou auprès de son père?

Qui m'a appris à utiliser l'endettement, la fiscalité, l'immobilier et le rendement infini ? Mon père pauvre ?

L'éducation est très importante, mais nous devons nous poser la question suivante : Quel *genre* d'éducation ?

À l'âge de neuf ans, dans une salle de classe, entouré d'enfants riches, j'ai vite réalisé que ces derniers apprenaient quelque chose que je n'apprenais pas. Un grand nombre d'entre eux étaient initiés à l'argent, à la maison, par leur père.

C'est pour cette raison que mon père riche a fait notre éducation financière à son fils et moi après les heures de classe.

Mon père riche disait souvent : « La majorité des fortunes familiales disparaissent en l'espace de trois générations. La première génération la gagne, la deuxième en jouit, et la troisième la perd. »

C'est pour cette raison qu'il nous a enseigné à son fils et moi les rudiments du commerce et de l'immobilier. Il ne voulait pas que sa fortune disparaisse à la troisième génération.

Mon père riche parlait de « richesse dynastique », une richesse qui est léguée de génération en génération. Il disait également : « La plupart des parents pauvres et de la classe moyenne veulent seulement que leurs enfants aient un bon emploi. »

James Rickards, dans *En marche vers la faillite*, raconte avoir fait la connaissance en Italie d'une belle brune dont la fortune familiale datait de 900 ans. Si vous connaissez l'histoire de l'Italie, vous savez qu'y conserver une fortune familiale pendant aussi longtemps est pratiquement impossible.

Lorsqu'il lui a demandé comment sa famille avait pu préserver sa richesse pendant 900 ans, elle a répondu : « C'est facile. Nous investissons dans des choses durables. »

Lorsqu'il lui a demandé quels étaient ces investissements qui durent, elle a répondu : « Les terres, les œuvres d'art et l'or. »

Elle n'a pas parlé de monnaie, de valeurs mobilières, d'obligations, de fonds communs de placement ou de FNB.

C'est une autre des raisons pour lesquelles Kim et moi avons créé le jeu *CASHFLOW*, écrivons des livres et enseignons. Nous voulons que *les gens apprennent à enseigner aux gens*, et que *les parents apprennent à enseigner à leurs enfants* de manière que davantage de dynasties familiales soient créées, des dynasties dans lesquelles les richesses passeront de génération en génération.

Les aigles croient en la possibilité de léguer leur fortune pendant des générations. Ceci est connu comme étant le capitalisme.

Les poussins croient qu'ils peuvent laisser le gouvernement prendre leurs richesses et les redistribuer à d'autres poussins. Ceci est connu comme étant le socialisme et le communisme.

ÉTAPE Nº 3 : Les aigles font des erreurs et en tirent un enseignement. Pas les poussins.

Les poussins n'apprennent jamais parce qu'ils sont souvent trop froussards pour faire des erreurs ou prétendent ne pas en faire.

Nassim Taleb pourrait décrire un poussin comme étant « résilient », constant, fort, tenace, mais incapable d'apprendre, de changer et de s'épanouir. Les poussins n'apprennent pas et ne s'épanouissent pas parce qu'ils ont été endoctrinés à l'école et amenés à croire que « les gens qui font des erreurs sont stupides ».

Les écoles enseignent aux élèves à ne pas faire d'erreurs plutôt que de leur apprendre à en tirer un enseignement. Le système d'éducation semble enseigner aux élèves à être fragiles et à attaquer tous ceux qui ne sont pas d'accord avec eux ou qui portent atteinte à leurs sentiments. C'est pour cette raison que les poussins sont plus nombreux que les aigles.

ÉTAPE Nº 4 : Les aigles trichent… ils demandent de l'aide.

À l'école, demander de l'aide, c'est tricher.

Les poussins sont résilients, et ils ne demandent donc pas d'aide. Ils endurent l'état des choses, mais ils n'apprennent pas, n'étudient pas et ne s'épanouissent pas. Ils n'arrivent pas à devenir des aigles.

Les aigles demandent de l'aide. Les aigles ont des partenaires. Ils travaillent en équipe. Ils embauchent des mentors professionnels. Tous les sportifs professionnels ont un entraîneur. Les amateurs n'en ont pas.

L'argent est un jeu. Les écoles enseignent aux élèves à y jouer en tant qu'individus évoluant dans les quadrants E et T.

Comment les E et les T jouent au jeu de l'argent

Ils réussissent en solitaires

Dans *Big Potential*, Shawn Achor affirme que les méthodes d'éducation actuelles limitent les élèves à leur petit potentiel. Les meilleurs d'entre eux deviennent généralement des T hautement rémunérés – des spécialistes tels que des médecins et des avocats. Demander de l'aide est un signe de faiblesse.

Les spécialistes qui évoluent dans le quadrant T paient généralement un fort pourcentage d'impôt. Les poussins jouent individuellement au jeu de l'argent.

Comment les P et les I jouent au jeu de l'argent

Le jeu de l'argent est un sport d'équipe

Les All Blacks de la Nouvelle-Zélande, que l'on peut voir sur cette photo, sont la meilleure équipe de rugby du monde et représentent l'un des plus petits pays du monde.

Dans *Big Potential*, Shawn Achor écrit qu'apprendre à travailler en équipe accroît le grand potentiel d'un individu.

Comme tout entrepreneur le sait, le plus difficile dans une entreprise est les interactions avec les gens, les clients, les employés, les spécialistes et les bureaucrates du gouvernement. Les sports d'équipe permettent de développer des habiletés personnelles et des aptitudes en relations humaines, ce qui accroît le grand potentiel d'un individu. Le commerce et l'investissement sont des sports d'équipe.

À l'école, passer un examen en équipe s'appelle *tricher*.

Les aigles jouent au jeu de l'argent en équipe du côté P et I du Quadrant du CASHFLOW. Les poussins jouent au jeu de l'argent du côté E et T.

Le jeu de l'argent est un jeu de mentalités

Les gens qui évoluent dans les quadrants E et T sont des individualistes. Leur devise est : « Si vous voulez que les choses soient bien faites, faites-les vous-même. »

Les gens qui évoluent dans les quadrants P et I travaillent en équipe. L'équipe minimale d'un aigle est composée d'un commis-comptable, d'un comptable et d'un avocat.

Un commis-comptable compétent est le membre de l'équipe d'un P et d'un I qui lui coûte le moins cher, et pourtant sa contribution à l'équipe est inestimable. L'équipe d'un P et d'un I ne peut fonctionner sans chiffres exacts.

La plupart des entrepreneurs qui évoluent dans le quadrant T font leur propre tenue de livres, ou confie cette tâche à leur épouse. Ou ils n'en font pas du tout. C'est pour cette raison que les entrepreneurs qui évoluent dans le quadrant T fréquentent des poussins.

Lorsque Kim et moi nous sommes lancés en affaires, la première personne que nous avons embauchée est Betty. Nous avons embauché cette commis-comptable alors que nous n'avions pas d'argent. Betty était également un vrai professeur. Sans elle, Kim et moi ne serions pas financièrement libres aujourd'hui.

Les poussins disent : « J'embaucherai un commis-comptable lorsque j'aurai de l'argent. » C'est pour cette raison que la plupart des poussins restent des poussins.

Le mariage et l'argent

Le mariage est également un sport d'équipe.

Certains mariages sont le reflet d'une relation à la Tarzan-et-Jane – une relation dans laquelle Tarzan gère seul l'argent. Certains mariages sont des partenariats d'affaires. Kim est la PDG de notre mariage. Qui fait partie de votre équipe de gestion monétaire ?

ÉTAPE N° 5 : Les aigles investissent dans ce qu'ils aiment. Les poussins font ce qu'on leur dit de faire.

Et ce qu'on leur dit, c'est d'aller à l'école, de travailler dur, de payer des impôts, d'épargner et d'investir à long terme sur le marché boursier. Anthony de Mello dirait qu'ils sont endormis et endoctrinés.

La plupart des poussins croient en cette devise : « Faites ce que vous aimez et l'argent suivra. » Le problème, c'est que des études révèlent que 70 % des poussins détestent leur emploi.

Les aigles acquièrent des actifs qu'ils aiment. L'état des résultats ci-dessous explique la différence.

REVENUS

Poussins E et T :

« Faites ce que vous aimez. »

DÉPENSES

ACTIF	PASSIF
Aigles P et I : « Acquérez des actifs que vous aimez. » Entreprises Immobilier Actifs titres Marchandises	

Les entreprises et l'immobilier sont les actifs les plus risqués, car ils sont moins liquides. Si l'investisseur fait une erreur, ces actifs peuvent le faire couler. C'est pour cette raison que les entreprises et l'immobilier nécessitent une excellente éducation financière – et les meilleures équipes.

Les actifs titres et les marchandises telles que l'or et l'argent sont liquides. Si l'investisseur fait une erreur, il peut neutraliser ses pertes rapidement.

Le secret de mon succès

S'il y a un secret à mon succès, c'est l'amour. J'aime être un entrepreneur. J'aime créer des entreprises. J'aime l'immobilier et avoir recours à l'endettement, et j'aime payer le moins d'impôt possible. Et j'aime l'or, l'argent et le pétrole.

Les aigles adorent leurs actifs. Pas les poussins.

ÉTAPE N° 6 : Les aigles investissent dans le but de toucher un rendement infini. Les aigles investissent avec l'argent des autres. Les poussins sont les autres.

Un rendement infini peut être obtenu avec n'importe laquelle des quatre catégories d'actifs.

Les actifs titres sont l'instrument qui permet le plus facilement de toucher un rendement infini, mais pas si vous en confiez la gestion à un « expert financier ».

Voici un exemple simple :

> J'achète 100 actions à 1 $ chacune pour la somme de 100 $.
>
> Le cours de l'action grimpe à 10 $.
>
> Ensuite, je vends 10 actions à 10 $. J'ai récupéré mon investissement initial.
>
> Les 90 actions restantes représentent mon rendement infini, de l'argent qui ne m'a rien coûté... c'est mon rendement sur l'information.

Le pouvoir de l'effet de levier

Un rendement plus élevé peut être généré en utilisant des options sur titres, des options de vente et des options d'achat. Encore une fois, n'essayez pas ceci avant d'avoir investi dans des séminaires traitant d'options sur titres.

Les *options sur titres* et l'*endettement commercial et immobilier* sont des effets de levier. Soyez prudent et n'oubliez pas que plus grand est l'effet de levier, plus les risques, les récompenses, les gains et les pertes sont élevés.

Si vous n'êtes pas prêt à investir du temps et de l'argent dans une bonne éducation financière et ensuite de mettre encore et encore en pratique vos connaissances, il est plus avisé de demeurer un poussin.

Cinq affirmations

Voici cinq affirmations qui vous empêchent de voler avec les aigles. En les lisant, soyez conscient de ce que dit la petite voix dans votre tête.

« Je ne peux pas me permettre de faire ça. »

« C'est ridicule. »

« L'argent ne m'intéresse pas. »

« Je ne serai jamais riche. »

« Je ne suis pas assez intelligent pour faire ça. »

Rappelez-vous que Judas vit dans notre esprit. Judas nous poignarde dans le dos, nous et les autres. D'après mon expérience, trop de gens écoutent Judas.

Votre esprit vit dans votre cœur. Votre esprit vit dans le silence et le calme.

Si vous entendez Judas vous parler, respirez profondément, jetez un coup d'œil à la vie – un arbre, un ruisseau, une fleur – et restez silencieux, immobile, et donnez à votre esprit une chance de vous parler en silence.

Autres secrets

Le secret pour réaliser pleinement votre potentiel est l'amour, l'éducation et l'expérience. Si vous aimez vos actifs et si vous étudiez, faites des erreurs, mettez vos connaissances en pratique et apprenez, vous trouverez rapidement des moyens d'investir qui vous permettront de toucher un rendement infini.

Kim et moi aimons être des entrepreneurs. Nous aimons l'immobilier. Nous aimons l'or et l'argent. J'aime le pétrole plus que Kim, car le pétrole était ma matière principale à l'Académie.

Les valeurs mobilières *vs*... ce qu'elles représentent

Si j'investis 100 000 $ dans des actifs titres – disons des actions de la Standard Oil, une entreprise pour laquelle j'ai déjà travaillé –, je ne bénéficie d'aucune économie d'impôt. Si j'investis 100 000 $ dans un projet de développement pétrolier américain, je bénéficie immédiatement d'un allégement fiscal de l'ordre d'environ 40 %.

Cela signifie que je paie 40 000 $ de moins en impôt.

L'économie d'impôt compense l'obligation fiscale liée au revenu généré par mes livres de l'ordre de, disons, 40 000 $. L'allégement fiscal accordé à mon investissement dans le pétrole compense l'obligation fiscale liée à d'autres revenus, ce qui peut se solder par une facture fiscale nulle.

40 000 $ en impôt dû sur le revenu généré par mes livres

MOINS ‹40 000 $› d'allégement fiscal dû à mon investissement

0 $

On parle alors d'un « revenu fantôme » de 40 000 $. C'est un revenu invisible rendu possible par une exonération d'impôt.

LEÇON : Les allégements fiscaux sont similaires pour les P et les I, quoiqu'ils varient légèrement dans différentes parties du monde. Embaucher un comptable fiscaliste et un avocat fiscaliste peut être la chose la plus intelligente qu'un aigle puisse faire.

Les poussins ne retiennent pas les services de commis-comptables, de comptables fiscalistes et d'avocats fiscalistes.

Il est important que je souligne que tout le monde devrait consulter un comptable fiscaliste et un avocat fiscaliste avant d'investir dans le but de bénéficier d'un allégement fiscal.

LEÇON : La majeure partie du code des impôts ne traite pas de la façon de payer des impôts, mais de *la façon de payer moins d'impôt* grâce à des incitations fiscales. Le gouvernement américain propose des incitations fiscales aux investisseurs qui deviennent ses partenaires.

La civilisation a besoin d'énergie. Sans énergie, combustible fossile et biomasse renouvelable, la civilisation s'effondrerait. Les États-Unis ont besoin de pétrole, de beaucoup de pétrole. Si des incitations fiscales n'étaient pas offertes, le prix de l'essence monterait en flèche et la civilisation sombrerait dans le chaos.

Comment les aigles dépensent leur argent

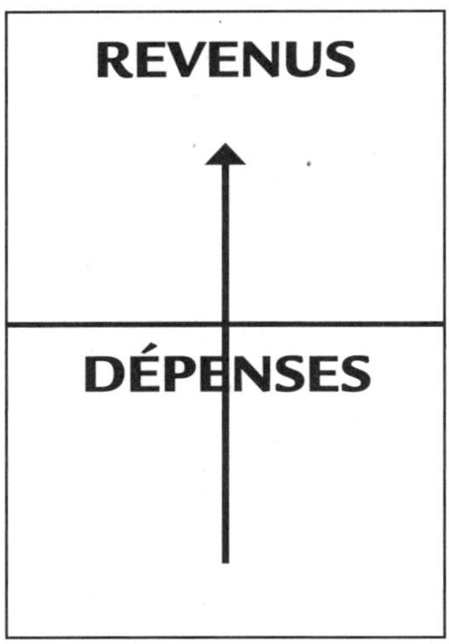

LEÇON : Les aigles dépensent leur argent pour augmenter leurs revenus – et l'injectent dans leur éducation (cours et séminaires) et les conseils professionnels de commis-comptables, de comptables et d'avocats.

La meilleure nouvelle de toutes ? Le gouvernement offre des allégements fiscaux aux gens qui dépensent de l'argent dans le but de gagner de l'argent.

LEÇON : Les poussins qui travaillent dur et qui s'efforcent de minimiser leurs dépenses de manière à épargner afin de pouvoir payer les impôts les plus élevés bénéficient de très peu d'allégements fiscaux.

Comment les poussins dépensent leur argent

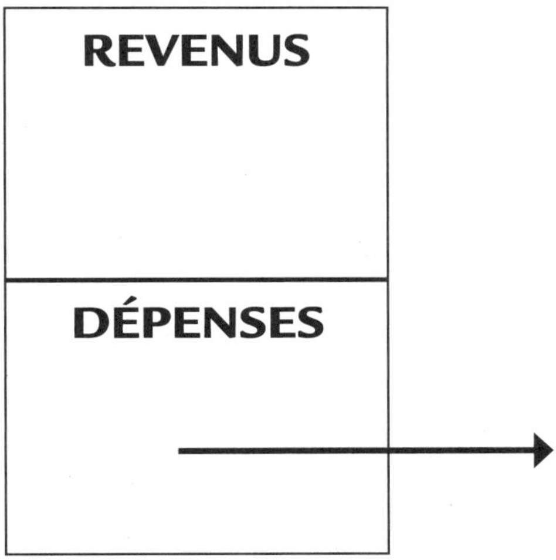

LEÇON : Les poussins dépensent leur argent et cet argent ne revient jamais.

Merci

Merci à Tom Wheelwright, auteur de *Tax-Free Wealth* et conseiller en stratégies fiscales et normes comptables à la Rich Dad Company. Tom rend l'éducation fiscale simple, et pourtant claire.

Pourquoi les poussins perdent

Les poussins font ce qu'on leur dit de faire et confient leur argent à des « experts financiers » tels que des planificateurs financiers et des gestionnaires de fonds afin qu'ils investissent pour eux. Le problème, c'est que les poussins n'apprennent rien lorsque l'expert gagne et n'apprennent pas plus lorsqu'il perd *leur* argent.

Comment les aigles apprennent à voler

En 1978, j'ai été nommé meilleur vendeur chez Xerox. J'avais atteint mon but. J'avais appris à surmonter ma timidité et ma peur du rejet, et j'avais appris à vendre, même si j'étais encore timide et si j'avais encore peur. Mais j'avais appris la plus importante des habiletés d'un entrepreneur : la vente.

En 1978, j'ai donné ma démission afin de créer ma propre entreprise et j'ai remercié Xerox pour ces quatre années de véritable éducation.

Pendant mes temps libres, avec un ami qui avait également travaillé chez Xerox, j'ai commencé à ériger ma nouvelle entreprise – la première à offrir des porte-monnaie pour surfeur en nylon et Velcro – juste en face des bureaux de Xerox, au centre-ville d'Honolulu.

Notre première cargaison de 100 000 porte-monnaies venait d'arriver à New York en provenance de la Corée. Il était temps de les vendre. Mon ami et moi étaient tous les deux excités et terrifiés. C'était tout ou rien.

Le jour où j'ai quitté Xerox, la réceptionniste, Elaine, a souri et a dit : « Vous échouerez… et vous reviendrez. »

Au fil des ans, Elaine avait vu de nombreux jeunes vendeurs vedettes comme moi partir pour créer leur propre entreprise, uniquement pour échouer et revenir chez Xerox. L'un de mes directeurs de vente était l'un d'eux.

Mon associé, qui est encore aujourd'hui l'un de mes meilleurs amis, et moi avons réussi. Nous avons réussi au-delà de nos rêves les plus fous. Nos porte-monnaie en nylon ont fait fureur partout dans le monde. On parlait de nous dans les publications consacrées aux équipements sportifs, à la course à pied, au surf, et même dans *Playboy.* L'argent entrait à flots. Nous avions réalisé le Rêve américain. Nous étions millionnaires.

Et puis, tout s'est écroulé. Nous avons tout perdu. Il m'a fallu près de huit ans pour rembourser mes investisseurs, dont mon propre père, mon père pauvre.

Cela a été une excellente éducation. Une véritable éducation.

Le jour de mon départ, j'avais répondu à Elaine: « J'échouerai peut-être, mais je ne reviendrai jamais. »

Et je ne suis jamais revenu. J'ai continué à réussir et à échouer. Je le ferai toujours, peu importe la fortune que j'aurai accumulée.

C'est ce que Nassim Taleb appelle être « antifragile ». Notre esprit, tout comme notre corps, a besoin de défis, de stress et d'adversité pour rester fort. Et notre esprit vit dans notre cœur.

Et c'est ainsi que les aigles apprennent à voler.

Nous sommes tous des aigles. Nous avons tous des ailes. Nous avons tous cet esprit que Dieu nous a donné et qui nous permet d'apprendre à voler.

La question est: En avons-nous le courage?

D'autres paroles de sagesse

> J'ai entendu dire que: « En premier, Dieu a créé les idiots. C'était pour s'exercer. Et puis, il a créé les conseils scolaires. »

Lorsqu'il s'agit d'argent, les conseils scolaires sont-ils composés d'hommes et de femmes sages, ou de souris financièrement aveugles?

Mon père riche disait souvent:

> « N'importe quel idiot peut dépenser de l'argent. Dépenser de l'argent ne nécessite ni talent ni éducation spéciale. Il faut des hommes et des femmes sages pour gagner de l'argent, le conserver et, plus important encore, le mettre à l'abri des idiots. »

Je pense à Mark Twain et je me demande, encore une fois : *Est-ce pour cette raison que les écoles n'offrent pas d'éducation financière ?* J'ai ma réponse. Quelle est la vôtre ?

Une réflexion d'Albert Einstein…

> « L'éducation est ce qui reste après qu'on ait oublié ce qu'on a appris à l'école. »

Étant donné que les gens apprennent peu de choses ou rien du tout à propos de l'argent, qu'est-ce qu'ils oublient ?

Albert Einstein a également dit :

> « L'imagination est plus importante que la connaissance. »

Mon père riche était d'accord. Et il ajoutait :

> « L'imagination *est* plus importante que la connaissance. Mais Albert Einstein ne dit pas que la connaissance n'est *pas* importante. La connaissance est très importante, car elle stimule l'imagination. »

Mon père riche disait aussi :

> « Tout le monde a des idées qui valent un million de dollars. Sans connaissance financière, les idées demeurent des idées, les espoirs demeurent des espoirs, et les rêves demeurent des rêves.
>
> « Et ce qui est pire, c'est que sans connaissance financière, de nombreuses idées qui changeraient le monde, des inventions qui amélioreraient la vie et des produits plutôt que des armes, des produits qui pourraient apporter la paix, restent prisonniers de l'imagination.
>
> « Sans connaissance, l'information ne vaut rien. Sans connaissance, la plupart des gens passent à côté de millions de dollars chaque jour.
>
> « La connaissance a le pouvoir de transformer l'imagination en réalité, et les idées en argent. »

Le rendement sur l'information n'est possible qu'avec la connaissance. Sans connaissance, l'information est inutile. Et l'information sans éducation financière ne peut être transformée en richesses.

Comme l'a écrit R. Buckminster Fuller :

> *Je veux que vous réfléchissiez à ceci en tant qu'individus. Un individu me dira : « Que puis-je faire ? Que puis-je faire ? Je ne suis qu'un p'tit gars. »*
>
> *Je répète quelque chose que je vous ai déjà dit – que nous sommes en train de passer l'examen final. Je vous ai dit hier soir que nous sommes une fonction dans l'univers. Nous sommes ici pour rassembler localement des informations, pour résoudre des problèmes locaux, pour assurer l'intégrité d'un univers en éternelle régénération.*
>
> *L'intégrité est l'essence. Dans un monde invisible, il n'y a pas d'esthétique visible. Dans un monde invisible, la seule esthétique est l'intégrité – dans ce vaste monde informatique vers lequel nous nous dirigeons.*

Je remercie mon ami hawaïen, Randolph Craft, de m'avoir fortement conseillé d'assister à l'événement de M. Fuller intitulé « The Future of Business » à Kirkwook, en Californie, près du lac Tahoe, en 1981.

À cette époque, écouter Fuller m'ennuyait prodigieusement. Les séances commençaient tôt le matin et se terminaient très, très tard le soir. Je m'endormais à tout instant. Encore une fois, c'est Randolph qui m'a poussé à me concentrer plutôt que de dormir comme je l'avais fait pendant la majeure partie de mes études.

Randolph m'a aidé à garder les yeux ouverts en me faisant entrer dans l'équipe d'enregistrement vidéo de l'événement. C'est ainsi que je suis resté réveillé et que j'ai prêté attention à l'une des plus importantes présentations auxquelles il m'ait été donné d'assister, un séminaire qui a changé le cours de ma vie.

Lorsque Bucky Fuller a parlé de l'ère de l'information comme de l'ère invisible, et de l'ère invisible comme de l'ère de l'intégrité, je me suis réveillé.

À cette époque, j'échouais lamentablement. Mon entreprise et ma vie étaient un véritable gâchis. Les paroles de Fuller m'ont réveillé – et m'ont poussé à me pencher sur ma vie et à chercher où je manquais d'intégrité. Et la liste était longue. Après 1981, j'ai été conscient que je manquais d'intégrité dans plusieurs domaines de ma vie et j'ai commencé à « rectifier les choses ».

Lors de ce premier séminaire, et durant les deux autres étés pendant lesquels j'ai étudié avec Fuller, il disait toujours : « L'intégrité est l'essence de toute réussite. »

Je n'ai jamais oublié son discours sur l'intégrité :

> « Je veux que vous réfléchissiez à ceci en tant qu'individus. Un individu me dira : "Que puis-je faire ? Que puis-je faire ? Je ne suis qu'un p'tit gars."
>
> « Je répète quelque chose que je vous ai déjà dit – que nous sommes en train de passer l'examen final. Je vous ai dit hier soir que nous sommes une fonction dans l'univers. Nous sommes ici pour rassembler localement des informations, pour résoudre des problèmes locaux, pour assurer l'intégrité d'un univers en éternelle régénération. »

Fuller est décédé le 1er juillet 1983, environ un mois après les derniers moments que j'ai passés avec lui.

Je roulais sur la H-1 à Honolulu lorsque j'ai appris la nouvelle. Je me suis rangé sur le côté et j'ai pleuré. J'avais supposé qu'il serait toujours là pour guider l'humanité hors du chaos… et voilà qu'il n'était plus. Ses paroles résonnaient en boucle dans ma tête : « Que puis-je faire ? Que puis-je faire ? Je ne suis qu'un p'tit gars. »

Quelques mois plus tard, j'ai lu *Grunch of Giants.*

En lisant, je me suis remémoré les leçons apprises pendant mon enfance auprès de mon père riche et de mon père pauvre, l'écrasement au Vietnam, la minuscule femme vietnamienne qui avait refusé de me vendre de l'or à rabais... et puis mon retour à Hawaï où j'ai trouvé mon père sans emploi parce qu'il s'était dressé devant l'un des gouvernements étatiques les plus corrompus des États-Unis. J'ai réfléchi à différentes perspectives et divers points de vue : mon père pauvre qui voulait que j'obtienne un diplôme de maîtrise et mon père riche qui me recommandait d'apprendre à utiliser l'endettement et la fiscalité.

En 1983, j'étais encore un p'tit gars, mais je savais ce que j'étais censé faire. En 1983, je travaillais dans l'industrie du rock & roll. C'était amusant, mais ce n'était pas un objectif de vie. J'ai donc cédé mes parts de l'entreprise à mes associés. Je ne leur ai rien demandé. C'était terminé pour moi.

Fuller disait souvent : « Libérez l'étudiant afin qu'il puisse retourner à ses études. »

En 1983, je suis devenu un véritable étudiant pour la première fois de ma vie. Pour la première fois de ma vie, je me sentais entier. J'étais complet. J'étais en intégrité avec mes études. Je n'étais plus un faux étudiant. J'étais maintenant un véritable étudiant. Je suis devenu un disciple de *Grunch*.

En 1984, alors que je me préparais à quitter Hawaï, j'ai fait la connaissance d'une femme magnifique. Nous avons parlé de nos objectifs de vie et nous sommes tombés amoureux.

Même si je n'avais pas d'emploi, pas d'argent et pas d'avenir, Kim et moi nous sommes tenus la main, avons fait un acte de foi, et quitté Hawaï pour nous établir en Californie. Nous avons vécu dans la rue pendant un certain temps, nous avons rencontré des personnes horribles et des gens merveilleux, et nous avons connu des hauts et des bas plutôt extrêmes. Mais nous n'avons jamais regardé en arrière. Kim et moi étions en intégrité l'un avec l'autre, avec notre mission et avec notre objectif de vie. Plus la vie devenait difficile, plus nous devenions antifragiles. Rien n'allait nous arrêter.

Les paroles de Fuller – « L'intégrité est l'essence de toute réussite » – étaient présentes dans notre esprit à l'époque… et le sont encore maintenant. Aujourd'hui, nous réalisons qu'elles donnent un sens additionnel à l'ère invisible, le monde actuel de la technologie invisible, des changements invisibles et de l'argent invisible.

Intégrité (n.)
1. Honnêteté et probité absolue ; droiture.
2. État de ce qui est entier et non divisé.

Je vous laisse avec de sages paroles de Bucky Fuller, des paroles qui nous ont permis à Kim et moi de persévérer lorsque nous étions sans emploi et, souvent, sans argent.

« Si le succès ou l'échec de cette planète et des êtres humains dépendait de mon attitude et de mes actes…

« Quelle serait mon attitude ?

« Qu'est-ce que je ferais ? »

VOS QUESTIONS… LES RÉPONSES DE ROBERT

Q: Devrais-je m'inquiéter au sujet des métaux contrefaits, plus particulièrement de l'or et de l'argent altérés?

Shawn T. - Canada

R: Vous devez être conscient que la contrefaçon existe et ne faire affaire qu'avec des marchands d'or et d'argent réputés.

Q: Y a-t-il des moments peu propices pour investir dans l'or?

Alexandra B. - États-Unis

R: Oui. Lorsque vous êtes cupide.

Q: J'étais sceptique à l'idée d'investir dans l'or et l'argent car je craignais que le gouvernement puisse le confisquer. Voyez-vous un scénario où cela pourrait se produire en 2019?

Liu X. - Chine

R: Tout est possible. Je doute que le gouvernement américain confisque votre or. D'un autre côté, on ne sait jamais. C'est pour cette raison que j'ai toujours un plan B.

Q: Que croyez-vous que vous dirait Fuller aujourd'hui à propos de votre réussite et de la création du jeu de table *CASHFLOW* qui vise à enseigner aux gens les rudiments de l'investissement?

Iru L. - Argentine

R: Je crois qu'il serait plus heureux que j'aie lu *Grunch of Giants* – et que je sois passé à l'action.

Une dernière pensée

Aujourd'hui, l'éducation est plus importante que jamais. Elle a un pouvoir incroyable.

Je vous pose une simple question : En choisissant vos professeurs, suivez-vous la trace de trois hommes sages… ou de trois souris aveugles ?

Nous sommes tous des aigles. Nous avons tous des ailes. Nous avons tous cet esprit que Dieu nous a donné et qui nous permet d'apprendre à voler.

Nous avons tous le pouvoir de choisir. La question est : En avons-nous le courage ?

Merci d'avoir lu ce livre.

Robert Kiyosaki

À PROPOS DE L'AUTEUR

Auteur de *Père riche, Père pauvre* – l'ouvrage traitant de finances personnelles le plus populaire de tous les temps – Robert Kiyosaki a fait voler en éclats les idées reçues à propos de l'argent et a transformé la façon dont des millions de gens à travers le monde le perçoivent. Entrepreneur, éducateur et investisseur, il croit que le monde a besoin d'un plus grand nombre d'entrepreneurs qui créent des emplois.

Avec ses opinions sur l'argent et l'investissement qui viennent souvent contredire la sagesse populaire, Robert a acquis une réputation internationale pour son franc-parler, son irrévérence et son courage en devenant un fervent défenseur de l'éducation financière.

Robert et Kim Kiyosaki sont les fondateurs de la Rich Dad Company, une entreprise à vocation éducative, ainsi que les créateurs du jeu *CASHFLOW®*. En 2014, l'entreprise a misé sur le succès mondial de ses jeux en faisant une percée dans les applications mobiles et les jeux en ligne.

Robert est considéré comme un visionnaire qui a le don de simplifier des concepts complexes – des idées reliées à l'argent, à l'investissement, aux finances personnelles et à l'économie – et il raconte son cheminement personnel vers la liberté financière d'une manière qui rejoint un public de tout âge et de toutes les couches de la société. Ses principes et ses messages fondamentaux – « votre maison n'est pas un actif », « investissez de manière à générer un cashflow » et « les épargnants sont des perdants », entre autres – ont déclenché la polémique… mais il n'a cessé de faire parler de lui au cours de la dernière décennie sur la scène économique mondiale avec ses propos à la fois troublants et prophétiques.

Il est d'avis que les « vieux » conseils – allez à l'école, trouvez un emploi, épargnez, débarrassez-vous de vos dettes, investissez à long terme sur le marché boursier et diversifiez – sont maintenant dépassés en cette ère de l'information où tout évolue rapidement. Sa philosophie et son message remettent en question le *statu quo*. Il encourage les gens à acquérir une éducation financière et à investir pour assurer leur avenir.

Auteur de 25 ouvrages, dont le best-seller international *Père riche, Père pauvre*, Robert a été invité par les médias du monde entier – CNN, BBC, Fox News, Al Jazeera, GBTV, PBS, *Larry King Live*, *Oprah*, *People*, *Investors Business Daily*, *Sydney Morning Herald*, *The Doctors*, *Straits Times*, *Bloomberg*, *NPR*, *USA TODAY*, et des centaines d'autres – et ses livres se sont inscrits parmi les plus grands best-sellers depuis plus d'une décennie. Il continue d'enseigner et d'inspirer des millions de gens partout dans le monde.

Pour en savoir davantage, consultez RichDad.com.